谨以此丛书献给万德珍女士：
感谢她为此生存理性存在之间
　　　　付出一生，
　　　　陪伴一生，
　　　　唱和一生！

四川师范大学重大成果孵化资助项目

论 尊 严

第8卷

唐代兴　著

中国社会科学出版社

图书在版编目（CIP）数据

论尊严 / 唐代兴著. -- 北京：中国社会科学出版社，2024. 8. -- （生存论研究丛书）. -- ISBN 978-7-5227-4025-6

Ⅰ. B82

中国国家版本馆 CIP 数据核字第 2024L7D569 号

出 版 人	赵剑英
责任编辑	刘亚楠
责任校对	张爱华
责任印制	张雪娇

出　　版	中国社会科学出版社
社　　址	北京鼓楼西大街甲 158 号
邮　　编	100720
网　　址	http://www.csspw.cn
发 行 部	010 - 84083685
门 市 部	010 - 84029450
经　　销	新华书店及其他书店

印刷装订	北京君升印刷有限公司
版　　次	2024 年 8 月第 1 版
印　　次	2024 年 8 月第 1 次印刷

开　　本	710×1000　1/16
印　　张	21.5
插　　页	2
字　　数	341 千字
定　　价	138.00 元

凡购买中国社会科学出版社图书，如有质量问题请与本社营销中心联系调换

电话：010 - 84083683

总　序

世界自在，而人立其中。其存在，须臾不离阳光、空气、气候、水、土地；其生存，总要努力于技术、科学、经济、政治、教育、艺术、宗教的武装，既丰富内涵，更挑战极限：

技术，创造生存工具，持续地挑战安全的极限；

科学，开拓存在疆界，持续地挑战经验的极限；

经济，增长物质财富，持续地挑战富裕的极限；

政治，平衡公私利欲，持续地挑战权利的极限；

教育，开发生命潜能，持续地挑战智力的极限；

艺术，追求生活善美，持续地挑战自由的极限；

宗教，赋予存在信仰，持续地挑战心灵的极限。

所有一切都有正反实用，唯有哲学，历来被视为无用之学。然而，无论技术、科学，或经济、政治、教育，甚至艺术或宗教，其正反实用达于极限状态，往往演化出绝望，因为绝望之于希望，才走向哲学，开出"存在之问"的**新生**之道。

一　哲学发问存在的当世取向

哲学在无用中创造大用，本原于它专注存在及其敞开，并从发问存在出发，开出存在之思而继续向前，始终行进于存在之问的当世之途，这构成哲学不同于哲学研究的根本性质定位和功能定位。

1. 哲学的自身定位

哲学乃存在之问，偏离存在之问，遗忘或丧失存在之问，哲学必然消隐。哲学一旦消隐，存在世界因丧失思想的光芒而沦为荒原，人必自得其乐于物质主义的愚昧进而沦为暴虐主义的耗材。这是因为哲学始终是当世的，以存在之问为基业的当世哲学，直接地源于人类的存在困境和生存危机。人类的存在困境和生存危机永远属于当世，是当世的必然**制造**：人类的每一个当世存在必然演绎出只属于此"在世之中"的存在困境和生存危机，哲学的存在之问就是直面人类的当世存在困境和生存危机而展开，以探求其根本的解救之道，这一根本的解救之道构成武装当世政治、经济、文化、教育、科学、技术的根本智慧、最高知识和统领性方法。这是哲学的当世消隐必然带来存在荒原和非人深渊的根本原因，这也是它与哲学研究根本不同的所在。

哲学是当世的，哲学研究是历史的。

哲学的当世取向及其努力，源于它对"在世之中"的人类发出存在之问，以探求其存在困境和生存危机的根本解救之道；哲学研究的历史取向及其努力，在于它只关注**已成的**哲学思想、知识、方法的历史及其具体内容的哲学著作，哲学理论，哲学思想、知识、方法体系，或与此关联的哲学思潮、哲学运动和哲学家。

所以，哲学关注的对象是人类的当世存在，具体地讲是人类当世的存在困境和生存危机；哲学研究关注的对象是已有的哲学成就，这些成就包括已经功成名就的哲学家，和这些功成名就的哲学家创造出来的哲学思想、哲学知识、哲学方法、哲学理论、哲学体系、哲学著作和由他们涌动生成的哲学思潮、哲学运动、哲学流派、哲学传统。

哲学研究追求严肃、严谨、庄重；哲学却崇尚使命和责任。

哲学研究**可能**成为事业，但对于更多的人或者大多数人来讲**只是**一种职业，所以哲学研究可以会聚形成庞大的群体，庞大的职业圈，庞大的师门承传，甚而至于可以汇聚成为课题、项目、获奖的江湖，或可曰：哲学研究可成为甚至往往成为敲门砖、工具、手段。哲学研究所拥有的这些都与哲学无缘：哲学作为对当世的存在之问的根本方式，不能成为职业，只能成为**事业**，所以哲学在任何时代都只是极少极少的人所能并眷顾。因为，哲学之为哲学的基本标志，是存在之问；哲学研究之为哲学研究的基本标志，是对哲学家的哲学成果（认知、思想、知识、方法、著作、体系）之问。

哲学研究可类分出东方或西方，也可类分出古代、近代或现代，更可类分出国度与种族，还可类分出思潮和流派、著作与人，以及阶级和门派。哲学却全然与这些无缘、无关，因为哲学**不仅是当世的，更是世界的**，它就是立足当世而开辟人类存在之问的**世界性**道路。

要言之，哲学研究是人类根本思想、根本知识、根本方法的历史学，或**历史阐释学**；哲学却是人类根本思想、根本知识、根本方法的当代学，或**当代创造学**。

2. 哲学的当世努力

哲学研究的对象产生于历史，哲学及其创造源于当世的存在困境和生存危机，这就是自古磨难出英雄，从来动荡激哲思。古希腊哲学诞生于存在的自然之问，并朝存在之伦理和政治哲学方向发展，前者不仅因为存在世界引发出惊诧和好奇，更是突破大海束缚开拓存在空间的激励；后者源于突围战乱的绝境而探求人性再造的生存反思。春秋战国之世，如果没有"天子失官，学在四夷"的存在困境和"道术将为天下裂"的生存危机，则不可能有探求如何解救时世的思想方案的诸子盛世的产生。

存在的困境，创造思想盛宴；生存的危机，孕育哲学盛世。

以直面存在困境和追问生存危机的方式彰显自身的哲学，始终是当世的。唯物质主义存在和祛魅化生存，基因工程和人工智能开启生物人种学忧惧，后环境风险带动地球生物危机，极端气候失律推动灾害世界化，加速迭代变异的病毒正以肆虐全人类的方式全面改写着人类的历史，而更新的殖民主义浪潮推动全球化的空间争夺、价值对决、军备竞赛、武器至上战争扩展危机等会聚生成、运演出风云突变的当世存在，构筑起以后人口、后环境、后技术化存在、后疫－灾、后经济－政治为基本向度的**后世界风险社会陷阱**，必然激发哲学追问以拆除学科藩篱、突破科学主义，摒弃细节迷恋，走向生态整体，以关注存在本体的方式入场，开启哲学的当代道路，探索哲学的当世重建。

哲学的当代道路，即是沿着经验理性向观念理性再向科学理性方向前进而必然开出生存理性（或生态理性）的道路①，因而，生存理性哲学，应该成为解救当世存在的根本困境和危机的根本之道的哲学。

哲学展开存在之问的方式，就是理性。哲学以理性方式敞开存在之问有多种形式，具体地讲，以理性方式敞开存在的经验之问，即是经验理性哲学；以理性方式敞开存在的观念之问，就是观念理性哲学；以理性方式敞开存在的科学（或曰方法）之问，就是科学理性（或曰"工具理性"）哲学；以理性方式敞开存在的生存之问，就是生存理性哲学。由于**存在敞开生存**始终呈自身的位态，所以生存理性哲学亦可称之为**生态理性**哲学。因为"生态"概念的本义是生命存在的固有姿态，当生命存在敞开生存时，其固有的姿态也随之呈现其存在敞开的本原性位态，这一本原性位态即是存在以自身方式敞开的生存朝向（详述参见"生存论研究"卷3《生成涌现时间》第1章第四部分），所以，生存理性哲学也就是生态理性哲学。

二 生态理性之思敞开的初步

生态理性哲学的基本主题是"当代人类理性存在何以可能"？它落实在生存上，则凸显出四个有待追问的基本问题：

一、人善待个人何以可能？
二、人善待环境何以可能？
三、人善待文明何以可能？
四、人善待历史何以可能？

生态理性哲学直面当世存在困境和生存危机而发问，探求其解决的根本之道，就是为人善待个人、人善待环境（即自然、存在世界）、人善待文明、人善待历史提供可能性，包括认知、思想、知识、方法及其生态整体路径等方面的可能性。因而，发问当世存在困境和生存危机，探索和创建生态理性哲学，不仅是当世哲学家的事业，也是当世文学家、科学家以及其他当世思想家的共同事业。

1. 生态理性哲学的形上视域

基于如上基本定位，生态理性哲学的认知起步，是重新思考人类书写，

---

① 参见唐代兴《生态理性哲学导论》，北京大学出版社2005年版。

考察人类书写事业的主体构成，由是于 1987 年、1988 年先后完成《书写哲学的生成》和《人类书写论》（1991）两本小册子。以此为起步，尝试思考生态理性的本体论和形而上学问题，于 1989 年完成生态理性本体论《语义场导论：人类行为动力研究》（1998 年初版，十五年后修订增加了 15 万字，于 2015 年以《语义场：生存的本体论诠释》再版），1990 年完成生态理性形上学《生态理性哲学导论》（2005），1991 年完成生态理性本体论美学《语义美学论纲：人类行为意义研究（1）》（2001 年初版，一年后市场上出版盗版本，2003 年重印）；1992 年完成生态理性政治哲学《语言政治学：人类行为意义研究（3）》（至今未出版）；1993 年完成生态理性美学《形式语义美学论纲：人类行为意义研究（2）》（因 2001 年家被盗，电脑被偷，此书稿因无纸质本而丢失）。继而尝试思考生态理性哲学方法问题，先后形成《思维方法的生态化综合》（1990 年 2 月）、《再论生态化综合》（1991 年 3 月）、《生态化综合：全球化语境下的文艺学方法》（1992 年 4 月）等论文，其后予以系统思考，于 2000 年完成《生态化综合：一种新的世界观》（2015）。

依照哲学传统，哲学应包括三部分内容，即形而上学、本体论，认识论和实践哲学。认识论是形而上学、本体论指向实践哲学的中介，实践哲学应该成为形而上学、本体论达于生活世界指导人生和引导社会的方法论。实践哲学，在经典的意义上是伦理学（或道德哲学）和政治学（或政治哲学）（比如亚里士多德就是如此定位实践哲学，笛卡尔在此基础上增加了医学和力学，黑格尔却以法哲学的方式将伦理学和政治哲学统合起来），但在完整的意义上，实践哲学的基本部分应包括伦理学、政治哲学、教育哲学和美学（或曰"美的哲学"）四个方面：伦理学，是哲学走向实践引导人如何善待人的根本方法和普遍智慧，或可说伦理学是哲学引导人如何与人"生活在一起"的根本方法和普遍智慧；政治哲学，是哲学走向实践引导社会如何善待人的根本方法和普遍智慧，或可说政治哲学是哲学引导社会如何与人人"生活在一起"的根本方法和普遍智慧；教育哲学，是哲学走向实践引导人如何成己成人立世的根本方法和普遍智慧，或可说教育哲学是哲学引导人如何从动物存在走向人文存在而成为人和进而成为大人的根本方法和普遍智慧；美学（有别于审美学）或曰"美的哲学"，是哲学走向实践引导人如何善待自己的根本

方法和普遍智慧，或可说美学是哲学引导人如何**悦纳**内在的自己而自由地存在、生活和创造的根本方法与普遍智慧。生态理性哲学的当世探索与创建，就是如上全境视域的。

2. 生态理性思想的伦理建构

从 2001 年始，生态理性哲学的探索性创建就从其基本问题转向生态理性的实践问题。实践哲学虽然主要由伦理学、政治哲学、教育哲学和美学构成，但此四者中，伦理问题却成为实践哲学的基础性问题。

伦理问题之所以构成实践哲学的基础性问题，是因为如斯宾诺莎和黑格尔所说，伦理是一种存在的精神实体。在西语中，ethics 源于古希腊语 ëthos（ηεoς），意为气禀和品性；但与 ëthos 关系密切的词是 ethos（εθος），意思是习惯、风俗。所以，气禀、品性、习惯、风俗构成 ethics 的基本语义。相对人而言，气禀和品性属内在的东西，构成**个体**的内在精神规范；习惯和风俗却是外在的东西，构成**社会共同体**对个体的外在规范：这种外在规范的个体化呈现，就是习惯；这种外在规范的群体性呈现，就是风俗。或者，习惯表述气禀和品性向外释放形成的个体行为约束方式，当这种行为约束方式因**共同行动的便利而约定俗成为主体间性**的行动自觉，就成为风俗。风俗是超越个体行为习惯的一种普遍性体认方式、行为模式、精神结构。

伦理作为一种存在的精神实体，是从个体出发，以个性精神为动力，以个体行为方式的**群体性扩散**所构筑起来的**伦理地存在**的**普世性**体认方式、行为模式和精神结构。伦理地存在，是指以个体为主体的体现普世性体认方式、行为模式和精神结构的存在方式。这种体认方式、行为模式、精神结构的内在规定性及基本诉求是什么呢？ethics 没有提供这方面的信息，但汉语"伦理"概念却为之提供了这方面的解释性依据。在汉语中，"伦理"之"伦，辈也"（《说文》），揭明"伦"的本义是**辈分**，辈分的本质是**血缘**。血缘和辈分既将人先天地安排在**各自该居**的关系位置上使之获得等级性，也规定了人与人界限分明的**类聚**关系，即血缘之内一类，血缘之外另一类。血缘、辈分、类聚，此三者生成性建构起人间之"伦"，简称人伦。人伦作为一种基本的人道，却是自然使然，因为血缘、辈分、类聚，都源自自然，因而都是自然的：血缘不由人选择，辈分也是天赋予人，当一个生命种子在母体中播下，辈分就产生了；原初意义的类聚是由血缘和辈分生成，比如，你生而为女人或生而为男人，以及你生而为丑女人或美女人、矮男人或高男人，或者生于富贵之家还是贫贱之家，均不由你选择，它对你来讲，是自然地生成，自然地带来，并自然地将你带进矮或高、丑或美、贫穷或富贵之"类"中，并且是强迫性地使之成为种种"类"的符号、代码，比如生于贫穷地域的贫穷人家，你就成为"穷人"一类中的"穷人"代码。从根本讲，血缘体现**自然生育法则**，辈分和类聚蕴含大千世界存在物如何**存在的天理**（即"自然之理"的简便说法）。遵循血缘这一自然生育法则和辈分、类聚这一存在天理向外拓展，就形成民族，建立国家，产生国家社会的人伦关系形态。亚里士多德在《政治学》中指出，人单独不能存在，更不能延续种类，相互依存的男女因为生理的成熟而结合，所以配偶出于生理的自然产生两种结果，一是男女出于生理的自然而结合组成家庭；二是男女因为生理的自然结合产生生育，所以生育亦是生理的自然。生育的繁衍，使家庭扩展成为村坊，村坊的横向联合，产生城邦。① 这一生成敞开进程，既遵循了自然生育法则，也发挥了辈分和类聚这一存在天理的功能。"伦"字所蕴含的这一双重之"理"，使它有资格与"理"字结合而构成"伦理"：《说文》释伦理之"理，治玉也"，意指"理"的本义为璞石之纹路，按照璞石的天然纹路将其打造成美玉的方式，就是"治玉"。所以"理"蕴含了自然形成、人力创造和改造自然事实的预设模式与蓝图这样三重事实。整体观之，"伦理"既指一种**自然存在事实**，也指一种**理想存在事实**，既蕴含自然之理，也彰显人为之道。因为"伦理"既是由"伦"生"理"，也是由"理"生"道"，这一双重的"生"机和"生"意的本质却是"信任"。作为源自自然而生成社会基本结构的伦理达于个体化的人与人"生活在一起"的道德的主体性桥梁，即是信任。（见下页"总图1"）

伦理作为一种存在事实，既是自然存在事实，也是人为存在事实。而凡存在事实，无论从形态学观还是从本体论讲，都具有内在关联性并呈现开放性生成的关系。所以，统合其自然存在事实和人为存在事实，伦理实是一种**人际存在关系**，简称为人际关系，它敞开人与人、人与群（社会）、人与物、

---

① ［古希腊］亚里士多德：《政治学》，吴寿彭译，商务印书馆1983年版，第5—6页。

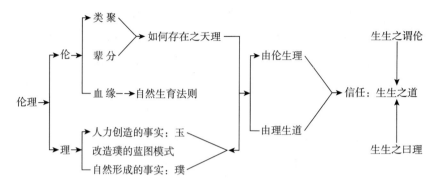

[总图1：汉语"伦理"蕴含自然—种族—社会三维精神结构]

人与环境（自然）诸多维度，形成一种**四面八方和四通八达**的开放性取向、态势或诉求。由于人是以个体生命的方式存在，并且其个体生命需要资源滋养才可继续存在，滋养个体生命的所有资源都没有现成，都必须要通过劳动付出甚至以生命为代价方可获得。人的存在之生，需要利的滋养，因为利而生发争夺，产生权利与权力的对抗、博弈或妥协，更因为利的得失而必生爱恨。所以，伦理本质上是一种**充满利害取向**的人际关系，或可说是一种充满利害选择与权衡的人际关系，蕴含生、利、爱、群——生己或生他、利己或利他、爱己或爱他、群己与群他——的对立统一朝向，这种对立统一朝向落实在个人存在敞开生存的日常行为中，就表现为其利害选择与权衡的德或非德，或德或反德。这一对立统一朝向落实到社会共同体的秩序构建上，就是善恶机制、价值坐标、社会方式的建立，并以此善恶机制、价值坐标、社会方式为依据，选择政体，形塑制度，建立边界和限度的法律体系。

从根本言，实践哲学的探讨，无论是政治哲学探讨，还是教育哲学探讨，或者美学探讨，其背后都伫立着一个**伦理坐标**，忽视这个伦理坐标，其探讨无论怎样深入，都会产生**不得其中**的局限。正是基于此，当运用初步形成的生态理性思想和方法来重构实践哲学时，首要工作就是做**伦理检讨**。

无论中西，伦理学既是最古老的学问，也是与世常青的学问。古老的伦理学发展到今天，存在许多最为根本的和基础的问题，这些问题集中表现在伦理学、道德学、道德哲学的混同、伦理的基础理论与方法的等同，道德与美德不分、功利与道义对立、责任与义务混淆，等等。但其症结却是对伦理学的性质定位错位，这即是人们总是擅长或者说喜欢从价值入手来定位伦理学，并以价值为依据、尺度、准则来考察伦理问题，由此很自然地忽视了**人性**问题和**利益**问题。更准确地讲，这种做法是无视人的他者性存在处境和生存状况而将伦理想象地观念化。从根本讲，伦理学**不是价值的科学**，而是**人性塑造的学问**。人性不是价值事实，而是天赋的存在事实。人性的存在敞开呈现出来的首要问题、根本问题、本质问题，不是价值的问题，而是"因生而活，为活而生"且"生生不息"的问题，具体地讲即存在安全和生活保障的问题，这一存在和生存的根本问题所开出来的第一要义，是"利"，即人"因生而活"关联起利，人"为活而生"也关联起利，人生生不息地诉求"因生而活，为活而生"的劳作同样关联起利。从个人言，人与人之间的爱恨情仇，均因为利，均以利为原发动力并以利为最终之行动目的；对社会言，人与群体、人与社会、人与政府等等之间的生存纽带，依然是利，政体的选择、制度的安排、法律的制定，都以利为原发机制和最终的校准器。伦理的价值主义，架空了人性和人性存在，这种架空人性和人性存在的做法无论是无意还是刻意，都是要洗白"因生而活，为活而生且生生不息"的"利"这一原发动力和原发机制，最终导致政体选择、制度形塑、法律制定丧失人性土壤和利益这块基石，而使野心家、阴谋家任性虚构存在，使地痞、流氓横行生活世界。

从生态理性思想出发并运用生态综合方法来检讨人类伦理，首先是走出**伦理学的科学主义和价值主义**怪圈，考察"利益"问题，于 2001 年完成《利益伦理》（2002），然后以"利益"为校准器，检讨制度形塑与公正的问题，于 2002 年完成《公正伦理与制度道德》（2003）。以此为两维视野，探讨引导国家成为"善业"并使人人能够过上"优良的生活"① 的道德应该是什么道德，于 2003 年完成《优良道德体系论》（2004）。以"优良道德"为判据，检讨社会的政体选择的道德基础和个人生存诉求幸福的知识基础这两个有关于**道德社会**的基本问题，先后完成并出版《宪政建设的伦理基础与道德维度》（2008）和《生存与幸福：伦理构建的知识论原理》（2010）。

从整体讲，如上关于"利益""优良道德""公正与制度道德""伦理价

---

① ［古希腊］亚里士多德：《政治学》，吴寿彭译，商务印书馆 1983 年版，第 7 页。

值构建与政体选择""生存与幸福"五个专题研究，仅仅是我为构建伦理学的
生境体系所做的"**准备性研究**"。

我将贯通生态理性哲学思想和生态化综合哲学方法的伦理学生境体系，
称之为生境伦理学。我所讨论的生境伦理，不是人们习惯性看待的"生态伦
理"，而是指伦理学是引导个人和社会尽可能释放其有限理性，在境遇化生存
中面对利害关系的选择与权衡时做到有边界和限度，既使自己生和生生不息，
同时也使他者（他人、群体、自然物、生命、自然环境、存在世界）生和生
生不息。从本质讲，伦理学是使人和人组构起来的共同体**共生存在**并生生
不息的伦理知识、学问和方法，这种伦理知识、学问和方法成为引导和激
励人**营造共生存在之生境的智慧**。我所致力于构建的生境伦理学体系，就
是这种性质的知识、学问和方法体系，它由三联书店出版的伦理体系（共
九卷）构成，包括导论《伦理学原理》（2018）和卷 1《生境伦理的人性基
石》（2013）、卷 2《生境伦理的哲学基础》（2013）、卷 3《生境伦理的知识
论原理》（2013）、卷 4《生境伦理的心理学原理》（2013）、卷 5《生境伦理
的规范原理》（2014）、卷 6《生境伦理的实践方向》（原书稿名《生境伦理的
宪政方向》）（2015）、卷 7《生境伦理的制度规训》（2014）和卷 8《生境伦
理的教育道路》（2014）。

3. 生态理性思想和方法的验证性运用

生态理性的哲学方法是生态化综合，其所敞开的思维视野是**生态整体性**，
诉求整体动力学与局部动力学的合生，具体地讲，就是在问题的拷问和理论
的建构过程中，始终诉求整体动力向局部动力的实现和局部动力对整体动力
的回归。仅就伦理思考及其理论建构言，即是将人性论、认知哲学、心理学、
政治哲学、教育学统合起来予以有序探讨，并形成初步的成功。于是运用生
态理性思想、方法和伦理学理论来做印证性研究，即检验生态理性思想、生
态化综合方法和伦理学的生境理论是否具有可拓展运用的可能性。这种尝试
研究主要从文化、环境和中国传统哲学三个方面展开。

第一个方面是运用生态理性思想、生态化综合方法和伦理学的生境理论
来研究文化，并不是主动为之，而是应北京大学"软实力课题组"邀请，完
成其"文化软实力"课题最终以《文化软实力战略研究》（2008）出版。这

种对"文化软实力"的思考虽告一段落，却在后来拓展到对一般文化的断断续续的思考，并于近年发表数篇文章并形成《文化创新文明论》（待出版）。

　　第二个方面是运用生态理性思想、生态化综合方法和伦理学的生境理论来检讨当世存在环境，追问环境伦理和环境哲学问题，却是源于主动为之，其契机是 2008 年汶川地震。在所有的宣传与说教中，地震是纯粹的自然现象，并且是无法预测。仅后者言，地震确实无法精确地预测准确爆发的时间和地点，但却能预测出爆发的大致时间域和范围域，旱震专家耿国庆的旱震理论及其被采用所产生的预测实绩无不表明这一点。就前者论，在人类的自然生存时代，具体地讲是在农牧时代，地震以及海啸、火山爆发、气候失律等自然灾变，都是纯粹的自然运动之呈现。但在人力改变地球状貌甚至地质结构的现代工业社会和后工业社会，气候极端失律、频发的海啸、地震等自然异动现象以及疫－灾，都渗透了人力因素，是人为破坏环境的负面影响层累性积聚突破自然生态容量极限时所爆发出来的**人为灾难**。科学研究发现，"过去几十年，地球快速变暖，并不是太阳能量释放发生变化所致"，而是人类无节制地向大气层排放温室气体所致。① 在深刻维度上，环境灾害却展露出人类存在危机和人类可持续生存危机。这一双重危机首先源于人类文明对自己的伤害，具体地讲，它"是人类决策和工业胜利造成的结果，是出于发展和控制文明社会的需求"②。所以历史学家池田大作和阿·汤因比如是指出，"在现代，灭绝人类生存的不是天灾，而是人灾，这已经是昭然的事实。不，毋宁说科学能够发挥的力量变得如此巨大，以至不可能有不包含人灾因素的天灾。"③ 基于汶川地震背后的**人力性**因素④和**人为性**灾难⑤而展开环境伦理思考，于 2010 年完成《灾疫伦理学：通向生态文明的桥梁》（2011）。其后，继续运用生态理性思想、生态化综合方法和伦理学的生境理论思考现代环境灾

---

　　① ［美］安德鲁·德斯勒、爱德华·A. 帕尔森：《气候变化：科学还是政治？》，李淑琴等译，中国环境科学出版社 2012 年版，第 80 页。

　　② ［德］乌尔里希·贝克：《什么是全球化？全球主义的曲解：应对全球化》，常和芳译，华东师范大学出版社 2008 年版，第 43 页。

　　③ ［日］池田大作、［英］阿·汤因比：《展望 21 世纪》，荀春生译，国际文化出版公司 1997 年版，第 37—38 页。

　　④ 卢清国：《汶川地震与三峡库区蓄水的关系》，《北京工业大学学报》2009 年第 4 期。

　　⑤ 范晓：《汶川大地震下的奥秘》，《中国国家地理》2008 年第 6 期。

难频发的宇观因素，也即是气候极端失律的人力因素，完成环境哲学－伦理学研究四卷，即卷1《气候失律的伦理》（2017）、卷2《恢复气候的路径》（2017）、卷3《环境悬崖上的中国》（未出版）和卷4《环境治理学探索》（2017），与此同时发表了50余篇环境哲学－伦理方面的论文，重在探讨环境**生境运动**的原发机制和环境**逆生态运动**的生变机制和原理，提炼出环境生态运动的场化原理和环境逆生态运动的层累原理、突变原理、边际效应原理，以及环境生态临界点和环境生态容量极限。对环境生态运动的系统性思考和理论建构，实已从环境伦理和环境哲学领域达于存在场域的自然哲学领域，为后续更为深入地和系统地展开生态理性本体问题的研究，打开了存在世界的自然之维。

环境问题，不仅是自然问题，更是社会问题，而且首先且最终是社会问题，所以，环境问题涉及自然环境和社会环境两个维度。就社会环境言，其整体的恶化态势主要由唯经济主义、唯技术主义和唯政治正确的集权主义、唯武器主义四者合生推动，最终将人类社会推进了后世界风险社会陷阱，近年来，就唯技术主义以加速度方式造就整个人类的**技术化存在**现实，分别集中检讨了两个方面的问题，一是检讨以计算机为运演工具、以会聚技术为认知方法、以大数据为分析方法、以基因工程和人工智能为主要形态的生物工艺学技术给当前和未来人类带来的整体危害和毁灭性危机；二是检讨生物环境以及微生物环境的整体破坏和病毒实验带动的全球化彼起此伏的疫灾，如何从整体上改变了地球生态和人类生态而形成一种我们至今不愿正视的**疫灾化存在的生态场域**。① 对前者的思考所形成的文章陆续刊发出十来篇，对后者的思考所形成的系列论文却一篇都未刊发出来。在如上两个方面的尝试探讨基础上，完成了《后世界风险社会》（将由上海三联书店出版）。

第三个方面是运用生态理性思想、生态化综合方法和伦理学的生境理论来思考中国先秦的孔子哲学，具体讲就是以生态理性思想和伦理学的生境理论为指导，运用生态化综合哲学方法尝试创建语境还原的方法和内证的方法来会通理解《论语》，抉发孔子哲学的思想生成逻辑和理论体系，完成并出版

---

① 参见唐代兴《后疫病时代的环境生态场域变异及重构》（《鄱阳湖学刊》2023 年第 3 期）和《疫灾生态场域的社会形成和人文审视》（《甘肃社会科学》2020 年第 6 期）。

了《〈论语〉思想学说导论》（2019）和《〈论语〉思想学说会通研究》（185万字，2023），为抉发本土文化之大传统即诸子思想资源，以为当世文化重建打开一扇新的门窗。

三　生态理性之思的继步向前

以生态理性为志业，将其意愿生成为持存的思维、认知的土壤是逆生态化的环境（自然环境和社会环境）、被立体地扭曲的人性和被连根拔起的文化和传统，以及在整体上被运动主义和二元社会结构重塑的荒原般贫瘠的农村，其志业意愿、思维、认知受孕于早年的生活经历和阅历，尤其是十年农民生活。展开其志业之旅的书写尝试始于 1985 年，经历两年的文论思考之后于 1987 年开始转向对生态理性问题的意识性关注。2001 年将问题思考的重心从生态理性哲学的基本问题转向人类伦理的生境问题，既是思维运动中对问题关注重心的自然转移，更是个人生存（工作和研究）环境因素的逼促和推动。2001—2020 年这 20 年间，从整体讲是围绕伦理问题展开，但具体言之，其关注重心也经历了从伦理基础理论的重建向环境哲学－伦理、技术哲学和中国传统哲学中孔子哲学诸领域之间的游弋，虽然其主题始终是生态理性的，但主要是对初建起来的生态理性思想和方法的运用，体现面的拓展，这种研究最终将存在之间的根本问题和基础问题又以更新的和更为深度的方式催发出来，吁求重新检视和拷问，由此转向"生存论研究"。

"生存论研究"的基本意向，是回到生态理性的基础认知和基本问题本身，对生态理性的源头问题、本原问题予以进一步澄清，在此基础上展开综合审问，由此敞开如下四个维度的"存在敞开生存"何以可能的再审问。

1. 生存论的形上认知

"生存论研究"关注的首要问题是生存的基础问题，分别从以下五个维度敞开其讨论。

第 1 卷《书写哲学的生成》讨论人类精神创造主体的书写哲学生成何以可能。

这是一个一直被忽视的问题，即一个人成为一代伟大写作家的主体条件何以具备。这个问题被聚焦于书写哲学（或曰写作哲学），即一切伟大的写作家创作文学、探索科学、创造哲学或建设思想体系的书写哲学何以生成的社会因素和个体条件。从思维方式观，人类伟大的写作家大致可以归为两种类型，一是擅长于运用**抽象性具象**的思维形式的文学家；二是擅长于运用**具象化抽象**的思维方式的科学家和哲学家、思想家。他们是运用语词语言或者是综合运用符号语言和语词语言从事存在书写的志业者。个体将自己成就为一代写作家的主体前提是具备个性人格化的书写哲学。写作家书写哲学的生成建构既以生存意向为基础，更以心灵意向为动力。前者由写作家之生活经历与人生阅历、生活变迁与自由阅读层累性生成，后者是写作家对天赋生命的意志因子、智慧因子、体质结构、气禀朝向的反身性体验、领悟和自为性觉解所生成，其原发动力是写作家的物种生命天性和人本存在天性，前者由物种本能、种族原型和个体性力构成原发性的生命意志机制，后者乃生存无意识的层累性积淀和成长无意识的创生性建构，其转换生成的必然方向是生命意志向生存意志的生成和生物无意识对文化无意识的激励，此二者有机整合生成性建构起写作家的书写哲学及精神意向。

第2卷《存在敞开的书写》讨论哲学展开存在之问并建构存在之思的本性、方式及面对后世界风险社会进程的生存理性消息。

哲学开启的存在之问，既牵涉存在**为何存在**之问，也带动存在**何以存在**之问。仅后者言，存在以敞开自身的方式存在。存在以敞开自身的方式存在，即是书写。而存在，既是存在世界的存在，也是人的世界的存在，并且，人总是以历史（自然史和人文史）性敞开的方式存在于存在世界中，而存在世界既自在，又存在于人的历史性敞开"过去→现在→未来"的不可逆进程中。哲学则屹立于过去走向未来的**当世交汇点**上展开世界性的存在之问并构建人的存在之思。无论存在世界或人，其存在始终敞开书写，并且，存在世界以自身方式敞开存在而书写着人，人既以自然存在的方式又以人文存在的方式敞开自身存在而书写着存在世界。所以，人与世界互为书写构成存在本身，哲学对人的世界与存在世界互为书写的存在之问构建存在之思的敞开过程，亦是存在书写。基此基本认知，首先梳理存在敞开书写的条件、源头方式及发展进程，然后从近代哲学向现代哲学方向演进切入，考察存在敞开书写的形式化道路呈现出来的时空视域与多元方式，揭示其存在敞开书写的自然之理以及整体动力向局部动力实现和局部动力向整体动力回归的认知方向。以此向前聚焦后世界风险社会的人类进程，探询存在书写运思的哲学方向，拷问人的世界性存在根基与存在世界存在的内在关联，报告**限度生存**的生态理性哲学消息。

第3卷《生成涌现时间》讨论生态理性哲学的场存在论和场本体论何以可能。

存在必然敞开自身。存在敞开自身既是存在的空间化铺开，更是时间的**生成性**涌现。《生成涌现时间》讨论的主题是存在敞开自身的空间化铺开如何以涌现方式生成时间。对此主题的讨论主要是梳理生态理性、共生存在、场态本体、生境逻辑这四个概念，通过这四个概念内涵及其关联生成的历史的梳理来呈现生态理性哲学之认知框架和思想体系构成的四个范畴。在发生学意义上，哲学的存在之问发生于生物存在的物向人文存在的人迸发的转捩点上，或可说哲学发生于自然人类学向文化人类学的萌生进程，其萌生的方式是**心觉的**，继而开出**知觉的**方式。哲学发问存在的发生学向继生论方向敞开，自然形成从天启向人为的方向演进，使理性成为哲学发问存在的基本方式，哲学发问存在的这一理性方式获得了调和心觉和知觉的功能。人为的哲学的最初形态是经验理性，继而开出观念理性，观念理性对主体主义的认识论形而上学道路的开辟，必然结出科学理性（或曰工具理性）之果，推动理性回返生态理性（或曰生存理性）的本原性道路。所以，生态理性，既是生态理性哲学发问存在的思维方式，也是其发问存在的认知视域和存在姿态。从生态理性出发，生态理性哲学发问存在的主题，既不是经验存在，也不是观念存在，更不是工具存在，而是生存书写的生态存在；并且生态理性哲学发问存在的存在论，既不是"变中不变"的静持存在论，也不是"不变中变"的动变存在论，而是"变中不变"和"不变中变"**互为会通**的共生存在论。生态理性哲学的共生存在论打开场态本体论的全新视域，并获得生境逻辑的支撑。

从根本讲，卷3是通过对"生态理性""共生存在""场态本体"和"生境逻辑"四个概念范畴的内涵及其生成演化的逻辑推证，来重建早已被遗忘和抛弃了的存在本体论，这即是生态理性本体论，或可称之为场本体论。生态理性哲学的场本体论的内在规定是存在语义场的自生成、自凝聚、自存在、自持守。在存在场本体论中，存在语义场的自敞开的存在，即是生境存在。

生境逻辑的自身规定是生境。在存在语义场中，生境属于本体范畴，是其存在场本体论的本体，存在语义场本体的内在规定性是生境；生境的本质是生，生境的本性是生生。并且，生境作为存在场本体论的本体概念，蕴含三个方面的内涵，并为解决三个维度的根本问题提供了可能性。首先，生境蕴含场化的存在世界的本原状态；其次，生境蕴含场化的存在世界的生成动力；最后，生境蕴含场化的存在世界的本质和本性。由此三个方面，生境敞开的逻辑，乃生境逻辑；生境敞开的方法，乃整体动力向局部动力实现和局部动力向整体动力回归的认知方法和思想方法。

第4卷《限度引导生存》讨论人与世界共生存在视域下限度生存的实然和应然问题。

此卷是在由生态理性、共生存在、场态本体、生境逻辑四个范畴建构起来的本体论框架和形而上学蓝图规范基础上讨论如下四个基本命题：

（1）心灵镜像视域的生成。

（2）人是世界性的存在者。

（3）自然为人立法，人为自然护法。

（4）限度生存的实然状态和必然方向。

世界原本是一个圆浑的存在整体，但因为人这种物种从自然人类学向文化人类学方向演化，原本动物存在的人踏上了人文存在的进化道路，于是世界的自身存在开出了一个人的存在，存在也因此呈现存在世界的存在和人的世界的存在。哲学的存在之问也就必然同时敞开存在世界的存在之问和人的世界的存在之问，哲学的存在之问所开辟出来的形而上学道路，同样有了人存在于其中的存在世界的本体论和存在世界存在于人的存在世界之中的本体论，卷3《生成涌现时间》，致力于讨论人存在于其中的**存在世界的本体论**，揭示人的存在和人的存在世界如何可能在存在世界中生成涌现，以及人的存在和人的存在世界得以生成涌现的根本标志或先决条件"时间"何以产生的原发机制和存在论动力。与此相对应，卷4《限度引导生存》则致力于讨论存在于其中的**人的存在世界的本体论**，即人的世界的存在本体何以生成建构。人从自然人类学向文化人类学方向演进，或者说人从动物存在向人文存在方向生成的人的存在和人的存在世界如何从存在世界中凸显出来的前提性条件，是人的自然人类学的**动物心灵**向文化人类学的**人文心灵**的形塑，这就是**人的心灵镜像**的生成。人的心灵镜像一旦自为地生成，则必然构建起人的**心灵镜像视域**。人的心灵镜像视域无论之于个体还是之于人类整体，都是以历史化的此在的方式或者说以"在世之中"的方式不断生成拓展，或外向的生成拓展，或向内的生成拓展，而始终生生不息地自我发展其存在敞开生存的精神意向。

人真正从动物存在的深渊中解脱出来成为世界性的人文存在者，始终行进在路上。这就是说，人作为世界性存在者并不是一种静持的存在状态，而是一个动变的生成性形塑的进程状态。在这一自我形塑的进程态中，人必须为走出其存在的实然而进入应然努力，不断地拓展其世界性存在的自然面向和社会面向，必须遵从和守护的自然律令，就是"自然为人立法，人为自然护法"。所以，"自然为人立法，人为自然护法"本身成为人的世界性存在的根本律令和法则，遵从和守护这一根本的律令和法则而存在于存在世界之中永相发展的基本方式，就是**限度生存**，这既是人的自然人类学的实然，也是其文化人类学的必然。

第 5 卷《律法规训逻辑》讨论宇宙创化的存在律法指南和规训人的智－力逻辑何以可能。

卷 3 是对存在世界的共生存在予以场态本体论拷问，从而建构起本体论形而上学；卷 4 是对人的世界性存在予以限度生存论的审查，以此建构起一种认识论的形而上学。从卷 3 的场本体论拷问到卷 4 的限度生存论构建，则铺开了人类作为一种自然人类学向文化人类学方向演化到底能走多远的张力问题。这一张力问题的实质即是共生存在的**本体的本体**，即其逻辑的体认和建构、遵从和运用的问题。

自然人类学向文化人类学进发的历史进程，使存在世界成为两分的世界，即自然存在的世界和人的存在世界，由此内在地呈现两分的逻辑，即存在世界的**存在逻辑**和人的世界的**人力逻辑**，可以将前者称为存在世界的**存在律法**，将后者称为人的世界的**智－力逻辑**。由于自然存在的世界和人的存在世界是互涵的，即人的存在世界存在于自然存在的世界之中，自然存在的世界亦部分地存在于人的存在世界之中，存在世界的存在律法与人的世界的智－力逻辑之间也就必然地出现合与分的问题，这种合与分的实质表述是：到底是由人的智－力逻辑来统摄存在世界的存在律法，还是由存在律法来规训人的世界的智－力逻辑？这就涉及一个根本问题，即到底是存在世界创造、养育了人类物种，为人类物种从自然人类学向文化人类学方向持续进化提供了土壤、条件、智慧、方法？还是人的世界创造、养育了存在世界，为存在世界持续地存在敞开提供了土壤、条件、智慧和方法？这个问题答案显然是前者。因而，存在世界的存在律法构成人的世界的智－力逻辑的源泉、准则、规训、原则，也规定了人的智－力逻辑对人的存在世界和宇宙自然世界的运用范围。基于如此基本认知，卷5《律法规训逻辑》首先讨论了人类的智－力逻辑的来源及生成建构和发展，具体分析知识探究（主要着眼于科学和哲学）的逻辑、思维规律的逻辑和生存规则的逻辑建构与发展的准则、原理、特征、功能、局限，以及无限度地运用智－力逻辑来服务人的存在所造成的根本局限和这种局限如何形成对人类存在歧路的开辟，对人类当代之根本存在困境和生存危机的制造。在此基础上讨论存在世界的存在律法，着重探讨存在世界的自然的律法、人文的律法、社会的律法，以及此三大律法的融贯与会通对智－力逻辑的引导和规训，如何可能引导人类重建安全存在的新文明。

2. 生存的人本条件

当展开存在世界的存在之问和人的世界的存在之问而建构起存在世界的本体论和人的世界的本体论之认知框架，才可正式进入人的问题的检讨。使人的问题的检讨有依据。

第6卷《意义与价值》讨论人得以存在的本原意义及其价值生成。

从本质讲，意义和价值对于存在世界本身并不具有本原性，因为意义和价值并不是造物主创化世界所成，而是存在世界继创生的产物，即意义和价值是后来生成的。以此观之，存在世界即是存在世界本身，不存在意义和价值的生成问题；并且，人处于自然人类学状态，也不存在意义和价值的生成问题。只有当自然人类学的人获得文化人类学的趋向、态势、特征并进入持续演进的进程之中，意义和价值的生成才在世界中产生。所以，意义产生于人的自然人类学向文化人类学方向演化，具体地讲，意义产生于人的动物存在向人文存在的努力。但意义的源泉却是存在世界本身，是人的自然人类学本身。

以存在世界（包括人的自然人类学）为源泉，意义构建起人的世界蓝图的内在框架，意义也构建起人的世界的基本格局，而充盈这一内在框架并撑起这一基本格局的内容却是价值。价值是意义的实项内容，但意义却是价值的来源，没有意义，不可能有价值，所以，意义生成价值，价值呈现意义。将存在世界、意义、价值三者贯通形成存在之整体的却是**事实**本身，即人的存在世界这一存在事实和宇宙自然世界这一存在事实。

第 7 卷《善恶的病理问题》讨论人的存在信仰敞开或遮蔽如何生成其生存论的善恶朝向。

以存在世界为源泉，构建以事实为依据，以意义为框架和以价值为基本格局的人的蓝图，必然涉及信仰和善恶。人从自然人类学走向文化人类学而生成意义，意义的充盈形式和呈现形态是价值，价值的本质内涵也即是意义的本体，是信仰：赋予意义框架以实项内容的是信仰，信仰充实意义使意义成为意义，并赋予意义以**自持存在的**不变方向和坚韧气质。信仰的自为坚守，创造价值；信仰的自为极端、信仰的人为异化、信仰的自我迷失，此三者从不同扇面解构价值。因而，价值的守与失、正与邪，必生发出善恶。从表面讲，价值创造出善恶，善恶构成价值的表征；从本质论，信仰既生成价值，也生成善恶。因为信仰有正邪之分，守正的信仰创造正价值，敞开为善；邪恶的信仰创造负价值，敞开为恶。

从本质讲，善、恶既不构成一一对应的关系，也不构成必然的关系。**恶是善的意外，而非善的必然**。因为善守正的信仰是人对存在意义的张扬和对生存价值的实现，信仰的迷失和信仰的异化（信仰的绝对化、极端化是信仰异化的基本形态）才造成人的世界——包括个人存在和社会存在——的世界的**精神病理学**，人的存在及其敞开一旦形成精神病理学特质，必然丧失存在的人本意义而扭曲或歪曲价值，沦为恶报。是以观之，善恶之间虽然不构成一一对应的必然性，却潜伏着**相互转换**的或然性，即开出"由善而恶"或"因恶而善"的可能性。这种或然性或可能性均需要追溯到信仰本身，因为信仰的正邪，构筑起心灵与精神的分野：守正的信仰是心灵性质的，生成心灵之善；**失正从邪**的信仰是属于精神学的，生成病理之恶。从来源讲，病理之恶生发于两类情况，一类是由**信仰的迷失**造成，一类是由**信仰的邪恶**造成。病理之恶，既可以暴力方式呈现，比如政体、制度及其结构的暴力方式，武装的暴力体系方式和语言的暴力方式；也可以非暴力方式呈现，平庸之恶、习俗之恶、传统之恶、社会风气之恶和善良意愿之恶等，构成非暴力之恶的主要方式。

从存在的在场性和存在的历史性两个方面拷问，信仰和价值的病理学方式造就了人间的暴力之恶和非暴力之恶。从本质言，无论是暴力之恶还是非暴力之恶，实是信仰和价值的**病毒**。信仰和价值的病毒一旦产生，就会传播，就会传染。病理之恶的传播和传染总是社会化的，这种社会化传播和传染的方式不仅腐蚀伦理，颠覆道德，而且可选择**邪恶**的政体，并通过构建邪恶的制度、法律、教育、市场和分配等社会机制而加速传播和传染其信仰和价值的病毒，最终将人沦为工具，进而将人作为**耗材**而任意处置，形成社会化的工具之恶和人的世界的耗材之恶。

第 8 卷《论尊严》讨论人之尊严存在的生存论形塑及方法。

人从自然人类学向文化人类学进化，产生人的存在意义，必通过信仰、价值、善而获得书写，其书写过程的实质性努力，是既要避免信仰的异化和迷失，更要防范价值的失范或扭曲而陷入精神病理之恶的深渊。但仅就人的存在个体言，其意义的生成、信仰的确立和价值的构建要避免滑入病理之恶的深渊而持守人的存在，其基本努力就是创造和守护尊严，因为尊严构成形塑**人的存在**的根本方式。

人作为个体是渺小的，却是**神性的和神圣的**，因为人的生命得之于天，受之于地，承之于血脉而最终才形之于父母，所以人是天地神人共创的杰作。人无论出身贫富，都具有天赋的神性和神圣性，这是人以尊严的方式存在于世界之中的**根源**，也是人以尊严的方式存在于苍天之下和大地之上的**底气**。不仅如此，人原本是物，属自然人类学，却自为地走出一条与众生命和万物根本不同的路，那就是以自然人类学为起步开出了文化人类学方向，使个体的人从动物存在持续地进化为人文存在。人的人文存在相对万物存在言，它**汇聚并会通**了造物主的神圣和存在世界的神性，而使自己成为神性的和神圣的存在。所以，人以尊严的方式存在，不仅拥有自然基础，更有人性依据，还有人自身的天赋条件。

天赋人尊严地存在的条件，就是人拥有生命并成为人的**个体权利**。

从根源、依据、条件三个方面讲，人从自然人类学走向文化人类学，从动物存在成为人文存在，应该完全拥有尊严而尊严地存在，但实际的存在并非如此，这源于人的先天的缺陷和后天的局限。人的先天的缺陷，体现在人是个体的、有死的而且是需要并非现成的资源滋养的生命存在，所以人是弱小的、有限的。人的后天的局限，体现在人永远不能真正解决存在安全和生活保障的问题。由此两个方面形成人必须互助智－力才能求得生存，因而必须组建社会。人的社会的产生，源于人致力于解决存在安全和生活保障的努力，而这一努力的本身构筑起社会必然成为不平等的根源。由此，等级、强权、暴力伴随社会，由政治、财富、知识形塑的威权主义必然导致人的尊严失迷；更根本的是，由暴力生成的生物主义强权，往往造成人的尊严的全面沦陷。所以，人要能够形塑尊严的存在，必须从根本上解决**人的**生物主义和威权主义，恢复人能够从动物存在的深渊中走出成为人文存在的人的权利。

第9卷《平等保障生存》讨论尊严存在的人敞开生存、诉求自由和幸福的根本条件。

人从动物存在的深渊中走出来成为人文存在的人，应该享有的根本的人的权利是什么？

从存在世界中开辟出的人的世界，实是自然人类学对文化人类学的开辟。自然人类学开辟出人文化人类学，就是人从动物存在的深渊中走出来成为人文存在的人。**人的人文存在必须用尊严来形塑**，这表明尊严虽有自然的依据、人性的依据和自身的条件，但它却不是天赋，而是后天**人为的努力**。尊严的后天人为性质和努力方式，将威权主义和生物主义凸显了出来，突出人的存在权利的重要和根本。用人的存在权利来抵制生物主义和解构威权主义，构成尊严形塑人的存在的根本方法。

人的存在权利涉及方方面面，但根本的方面有二，一是平等，二是自由。相对而论，平等是自由的绝对前提，自由是平等的实现方式。其他所有的权利由此衍生出来并回归于此。

平等的问题发生于人的存在，属于人的存在世界问题，但平等的土壤、平等的根源、平等的依据却来源于造物主创化的存在世界：造物主创化的存在世界既向四面八方敞开，也涌向四通八达。存在世界的四面八方性和四通八达性生成存在世界自身存在敞开的场化运动，存在世界存在敞开的动态化运动，构成平等的土壤；场化运动的存在世界的共生存在方式，构成平等的根源，存在世界自生生它的生生本质和生境逻辑，构成平等的依据。正是因为存在世界构成平等的土壤、根源、依据，平等之于人才获得了天赋性。

平等即是神圣的，这种神圣性注释了人的存在意义，并通过信仰来定型并以价值来显现。

平等又呈现永恒性，这种永恒性既有其自然的来源，更因为人的存在境况本身。这就是天赋的平等落实在人的文化人类学进程中，就是根本的不平等。这种根本的不平等不仅是生存论的，首先是存在论的。所以，从不平等的实然存在出发展开平等追求，客观地敞开存在论、生存论和实践论三个维度。

在存在论意义上，不平等来源于个体和社会两个方面：就个体言，不平等根源于出身、天资、环境、造诣四大因素。从社会讲，不平等构成社会的本质，也成为社会的本体结构，即社会是以不平等为准则构建起来，并以不平等为依据而运作。

存在论的不平等，必然落实在生存的方方面面而生成出生存论的不平等。生存论的不平等，既可是个人之为，更源于社会之为，并且主要来自社会之为。具体地讲，社会形塑社会的生存不平等才造就出个人的生存不平等。社会形塑社会生存不平等和个人生存不平等的实质方式，是通过选择政体、生成制度，建构法律和编制规程体系并最终通过国家机器和语言两种基本工具来实现。在生存论的不平等框架下，才形成实践论的不平等。实践论的不平等的具体呈现，从个体言，就是出身、天资、环境、造诣的无限度张扬；从社会讲，就是来自四面八方和四通八达的被规定性和被规训化，包括教育、择业、劳动、分配、消费和言行等方面的被规定性和被规训化。

存在的不平等是宿命的。在不平等的存在宿命框架下，诉求平等构成人的存在的根本权利，这根本权利的享有通道，只能是生存论的构筑和实践论的形塑。这种构筑和形塑也潜伏着四面八方的或然性和四通八达的可能性，但它却集中集聚于诉求的六个基本方面，它以尊严地存在为目标，诉求人格平等、起点平等、机会平等、原则平等和构筑运作原则的机制平等，由此努力最终诉求尊严平等而实现尊严地自由存在。

　　第10卷《自由化育美生——权利民主论》讨论人的存在自由和自由存在的善美敞开的社会条件即民主何以可能。

　　如果说人格、尊严、起点、机会、原则和运作原则的机制平等，构成人人拥有天赋权利而生存的根本保障，那么自由权利的平等配享却是人人创造美化生存的保障。

　　在人的存在权利体系中，作为根本的存在权利之平等和自由，虽具有生成论的逻辑关联，但其之于个体之人和由个体之人缔造出来的社会而言，根本功能和作用是各有其别：**平等是保障生存的，自由是创造生活的**，具体地讲，自由是创造美的生活的根本权利。

　　自由之于人和社会，是最为古老而又常青的问题。但在过去，思想家更多地将对自由的热情置于实践的论域，并更多地予以政治学的探讨，由此使自由问题成为生物主义和威权主义的最为敏感的问题，也成为病理学之恶得以泛滥之源，即生物主义和威权主义总是**任性地自由**，是从政治出发用强权来定义他们的自由和规训社会与众民的自由。但就其本身而言，自由，既是一个存在论问题，也是一个生存论问题，最后才是一个实践论问题。实践论的自由问题，本应该以生存论的自由为指南并必以存在论的自由为依据；并且，实践论的自由，始终是政治学性质的。要使政治学性质的实践论的自由获得人格、尊严、起点、机会、原则和运作原则的社会机制等方面的人人平等的性质规定，并发挥其如此性质规定的创造美生的功能，必须先立其存在论的自由依据和生存论的自由界标。

　　自由和平等一样，在本原意义上不是由人来确定，而是由造物主的创造所书写，因为自由是属存在世界的，是存在世界的自身方式，也是存在敞开自身的具象方式。存在世界以自身方式敞开存在，即是自由。造物主创化存在世界以同样的方式赋予存在于存在世界中的存在者以自身方式敞开存在，所以，造物主的创造中，存在者同样享有存在的自由。人类物种是存在世界之一存在者，它以自然人类学的方式敞开存在，亦是自由地存在。在造物主的创造中，存在世界以自身方式敞开存在的自由，即是自身的本性使然，存在世界中的存在者以自身方式敞开存在的自由，同样是自身的本性使然。自然人类学的人向文化人类学方向敞开，而使动物存在的自己从黑暗的深渊中走出来而显发为人文存在，同样是自身存在本性使然，这即是其自然人类学的存在本性向文化人类学的存在本性生成使然。作为文化人类学的人的存在本性，就是意识地觉醒自身存在的他者性中**"有权如此"**地存在，这种**"有权如此"**地存在的自由即是绝对自由。"有权如此"地存在就是人从自然人类学向文化人类学方向进发的存在自由。

人的存在自由源于天赋，是天赋的人权。天赋人权的存在自由之于自然人类学的人，是与所有存在者一样遵从造物主的创造本性而一体地存在，自然不会产生存在自由的**裂痕**，更不会出现其存在自由的**破碎**。人的存在自由生发出问题，出现裂痕并敞开破碎，完全在于人从自然人类学向文化人类学方向进发途中所生发出来的意识将以自身方式存在的本性膨胀，使其"有权如此"地存在突破了**他者性**的存在边界，为解决这一存在意义上的裂痕和破碎，只能抑制意识对本性的膨胀而诉求其存在敞开**"只能如此"**地生存。人的存在敞开只能如此地生存的自由，就是生存论的自由。人的生存论的自由，就是**以他者性为界**（他人、他物、他事以及他种存在环境）的自由，这种以他者性为界的自由，就是相对自由的**己他权界**的自由和**群己权界**的自由。这种以他者性为界的己他权界的自由和群己权界的自由落实在生活运动中——更具体地讲，落实在人与人生活在一起的言行中——就是**权责对等**的自由和**公私分明**的自由。

以他者性为界的生存论自由，从人与人和人与群（群体、社会）两个维度规定实践论的自由，落实在个体（个人、群体、权力组织、政府）的实践运动中，就是**生活的自由**。生活的自由，不仅是相对的自由，而且是内涵清晰、边界明确的自由，这即是**有责务的**自由和**有节制的**自由。这种以责务和节制为本质规定的生活的自由，一旦忽视、遗忘或强行拆除了权责对等的责务和公私分明的节制，就会滑向"有权如此"地存在的绝对自由。在生活世界里，能够独享"有权如此"地存在的绝对自由的人，只能是少数人，但它必然是以绝大多数人丧失相对自由的权利为前提条件。所以，在生活世界里，当"有权如此"地存在的绝对自由得到表彰性认同或成为"合法"的时，则是生活大众的"只能如此"地生活的相对自由也即是有责务和有节制的自由全面丧失的体现。这种人为地丧失其以责务和节制为本质规定的相对自由的基本环境，总是通过政体选择、制度生成和法律构建来呈现，来保障，来实现。因而，在生活世界里，人若要能获得平等的保障而创造美生的存在自由，却需要通过人权民主的政体、制度、法律来奠基。所以，在以他者性为界的生活世界要开辟美生存在的自由生活，不是个人所能做到的，需要"众人拾柴"的努力共同构筑权利民主的认知方式、价值体系和行动方法来全面清算生物主义和威权主义，前提是人人自觉地**自我医治**病处于理学状态的精神，诚心诚意地抛弃平庸之恶。因为生物主义和威权主义生产的精神病理学，总是传播垄断和谎言的病毒并传染平庸之恶。

3. 生存论的善业基础

第 11 卷《自然的善业—国家论》讨论自然生成的国家为何是善业和国家回归善业本原何以可能。

有关于"国家"，有两种定义，一是亚里士多德的定义，他在《政治学》中明确定义城邦（即国家）是一种善业，指出人们创建城邦（国家）的目的就是促使人人能过上"优良的生活"。二是马克思主义将国家定义为"暴力工具"和"压迫机器"。若对这两种"国家"定义予以选择，或许其民生者会取前者，威权者会取后者。但无论取向前者还是取向后者，都将如下基本问题凸显了出来：

第一，何为国家？或曰：国家是做什么的？

第二，国家何由产生？或曰：谁缔造了国家？

第三，国家得以缔造的依据何在？本体何在？本质何在？

第四，谁可以支配国家？或曰：谁才是国家的主人？进而，谁有权代表国家？

第五，何为正常的国家？或曰：正常国家的构成条件有哪些？

第六，如何使国家正常？进而，怎样使国家始终保持正常状态？

第七，在自然生成并遵从自然的法理的正常国家里，经济权、知识权、教育权、政治权（包括立法权、行政权、司法权）、媒体权如何有限度和有边界地配置，实现高效率地运作以保障人人存在安全、人人平等生存、人人生活自由和幸福。

如上构成第 11 卷所讨论的基本问题，并以期通过对如上基本问题的严肃

讨论而可清晰地呈现以存在律法（自然的律法、人文的律法、社会的律法）为依据、以天赋的人性为准则、以人类文明为指南、以"生存、自由和幸福"为目的善业国家样态及其回归之道。

第 12 卷以"文明牵引文化何以可能?"为主题讨论文明对文化的牵引和文化对文明的进阶何以可能。

在习惯性的和感觉经验性质的认知传统中，文化和文明是等义与互用的，但实际上，文化与文明有根本区别：

文化，是人的自然人类学向文化人类学方向演化的成果，这种成果可能是形态学的，也可能是本质论和本体论的。英语 culture 源自拉丁文 cultura，而 cultura 却从其词干 col 而来，col 的希腊文是 con，表农夫、农业、居住等义。所以 culture 一词指农夫对土地的耕作，并因其耕作土地而定居生活，亦有培育、训练以及注意、敬神等含义，后来引申出对人的培养、教化、发展等内涵。归纳如上繁富的内容，"文化"概念的原初语义有二，一是指人力作用于自然界（具体地讲土地），对自然事物进行加工、改造（具体地讲是耕作土地，种植并培育庄稼），使之适用于自己（具体地讲是生产出粮食以养活自己）。二是指人通过以己之力（比如耕作土地培育庄稼、饲养家禽并驯化动物）作用于自然界或自然事物的行动同时实现了对自身的训练，使自己获得智力发展并懂得其存在法则（比如自然法则）和掌握生存规律（比如人互借智－力地劳动和平等分享劳动成果等）地谋求生存、创造生活。要言之，文化即是**改变**（对象或自己）的成果，它可能是好，也可能是不好，更可能成为坏。"五毛"们所从事的文字书写工作，却每天都在实实在在地创造着文化，但其创造出来的文化，不仅不是好的，而且还是坏的。不好的文化，不是文明；坏的文化，更远离文明。只有蕴含文明内容和张力的文化，才是好的文化。

所以，**文化不等于文明，文明只是文化的进步状态**，只有蕴含一种进步状态和进步张力的文化，才是文明。

并且，**文化史也不等于文明史**。在存在世界里，只要人类存在，只要民族存在，其文化就不会中断而天天创新。文化创新是文化的本性，只要文化存在，只要活着的人还运用文化，文化就无时不在创新。但文化并不能保证文明，文化创新也不保证其有文明的诉求和文明的内涵，所以，**文化不会中**

断，但文明却可能中断，甚至常常中断。这种现象在人类文化史和民族文化史中比比皆是。

文明，是文化的进步状态。从文化到文明，其根本区别不在"文"，而在于由"化"而"明"。"明"的甲骨形式◖▪、◖▮、◖◑、◖▯，"从日，从月，象意字，日月为明。本义是光明。"卜辞义为"天明意。'其明雨，不其明雨'。"① 所以，《说文》释"明，照也。从月从▦，◑古文明从日。"无论甲骨文，还是《说文》，"明"字均表示自身乃日月所成。日月乃天之具体表征：天者，宇宙、自然、存在，相对人、人类言，它是存在于人和人类之外并且使人和人类必须伫立其中的存在世界。所以，"明"作为"天明意"，是指宇宙、自然、存在世界通过日月照亮，并以"明"的方式彰显天的意志、宇宙的力量和自然的法则，指引人和人类按照天意的方式存在。《尚书·舜典》"浚哲文明，温恭允塞。"孔颖达疏："经天纬地曰文，照临四方曰明。"② 其后，《易传·干·文言》曰"见龙在田，天下文明。"孔颖达疏"天下文明者，阳气在田，始生万物，故天下有文章而光明也"。《舜典》和《易传》关于"文明"的这两段文字可为互文，从四个不同的方面定义了何为"文明"。其一，文明是对人的教行。人（从动物到人）的本质（而不是形态、形式）的和本体的改变，是通过教行来实现。其二，文明以律法为本质规定，并以律法为指南。具体地讲，文明作为以教行改变人的根本方式，其最终依据是宇宙律令、自然法则和万物生长的原理，这就是"经天纬地曰文，照临四方曰明"的理由和"天下文明者，阳气在田，始生万物，故天下文章而光明也"的原因。其三，文明需要先行者，即以宇宙律令、自然法则和万物生长的原理为依据对人施以教行，使之成为人的前提，是必须"天明意"，即使自己明天意：只有明其天意的人，才可施教行。用宗教语言表述：文明需要天启者；用现代语言表述：文明需要先行者，文明始终是先行者的事业。其四，文明构成文化的指南的具体方式，就是文明先行者指引人的存在明天意、人的生存守律法，人的生活有边界，人的行为有限度。

---

① 马如森：《殷墟甲骨文实用词典》，上海大学出版社 2008 年版，第 165 页。
② 阮元校刻：《十三经注疏》，中华书局 2008 年版，第 125 页。

以此观之，人的存在世界更需要的是文明，而不是文化。因为野蛮也可能创造文化，流氓同样可以创造文化，愚昧更可以创造出文化来，而**文明总是抵抗野蛮、消灭流氓、解构愚昧的社会方式和人类方法**。

第 13 卷以"教育与律法、人性和文明"为主题讨论教育何为和何为教育及形塑人性的可能性条件。

比较而言，文化的创造更多地充盈功利、实利甚至势利，并有可能呈非人性、反道德取向；与此不同，文明的建设，始终需要祛功利、实利、势利。文明是人性的光华，呈道德和美德的光辉，它需要教育的入场。

教育历来被定义为"传道，授业，解惑"，这一教育观念在近代得到了全面的确立，那是因为近代以来的教育更加宣扬**知识的**教化和**技能的**训练。其实，如此定义和规训教育，已从根本上解构了教育本身，使教育丧失了它自身的本性。因为这种性质的教育全面贯通了实利主义甚至势利主义，并且是以文化知识为根本资源。

真实的和真正体现其自身本性的教育，只能是以存在世界为源泉，以存在律法为依据、以人性为准则，以**文明知识**为根本资源。要言之，教育的自身本性有三：一是**律法主义**；二是**人性主义**；三是**文明主义**。由此，对教育的理解和界定，既可以从遵从律法角度来定义，揭示教育就是引导人学会遵从律法而存在；也可以从人性再造角度来定义，突出教育就是训练人进行人性再造而共谋生存；还可以从会通文明知识角度来定义，强调教育就是激励人会通文明知识而服务生活。但无论从哪个方面切入来定义教育，都是实现使人成为人而**有人性地生活**和使人成为大人而**有神性地存在**。为此，讨论教育和探索实施教育，其首要前提是澄清如下四个基本问题：

（1）何为教育？这个问题涉及世界存在与人的存在问题，具体而言，涉及自然人类学与文化人类学的问题。

（2）为何教育？这个问题涉及人的动物存在与人文存在的问题。

（3）如何设定教育的目的？这个问题涉及人的存在本体论和生存论。具体地讲，首先涉及人在宇宙中的地位，人的神性存在；其次涉及人为何需要尊严地存在；最后涉及人在不平等的存在世界里诉求平等和自由的美好生活如何可能的问题。

（4）教育的正常展开需要哪些基本条件？这个问题首先涉及教育的本性和教育的异化；其次涉及国家的定义和定位；最后涉及文明的建设和文明如何可能形成对文化创造的引导与净化。

第 14 卷以"知识分子的形塑"为主题讨论技术化存在和实利主义生存场域中知识分子形塑何以可能。

知识分子的形塑问题实由两个具体的方面构成，即知识分子的自我形塑和知识分子的社会形塑。对这两个问题的澄清，涉及一个前提性问题，那就是国家社会和人类社会为何需要知识分子？这个问题总是被另一个问题缠绕和困惑，那就是谁是历史的创造者？或者（1）谁是文明的创造者？和（2）谁引领或推动了历史的进步和文明的前进？

如果民众可以创造历史，或者民众有能力推动历史的进步和文明的前进，实是可以不需要知识分子，或者知识分子可有可无，所以，采取威权主义和生物主义的双重方式来解构性矮小、软骨性诬化甚至从肉体到精神灭绝知识分子，是完全可行的，也是必要的，而且还应该是"合法"的。反之，如果创造历史或者说推动历史进步和文明前进应主要由知识分子来担当，那么，人类世界可以允许其他任何阶层堕落，也不能允许知识分子堕落。因为知识分子的堕落意味着人的世界重新沉沦到自然人类学的黑暗的渊谷，更意味着人从人文存在重新倒退到动物存在，牲畜猖獗于世，倒行逆施其绝对自由的丛林法则指导生活。

从历史观，历史的进步是以文明的前进为标志。而文明的产生和前进都需要先行者。这个先行者就是知识分子。作为文明先行者的知识分子，之所以有存在的依据和不可或缺的理由，就是**文明需要教行**。文明对教行的需要，则需要知识分子来担当和施行。知识分子担当和施行教行的基本方式有三：一是教育；二是探索真理、创造知识；三是道德的表率和激励。

因而，当历史进步和文明前进需要知识分子，当教育、真理探求、知识创造和道德表率与激励需要知识分子，知识分子的形塑问题就呈现出来成为至关重要的人类存在论和社会文明论问题，这个问题落实在知识分子本身，就是知识分子的自我形塑和知识分子形塑社会的问题。

知识分子的自我形塑需要诸多条件，但主要条件有三个方面：

一是个人方面的，即作为知识分子"不应该成为什么"和"应该成为什么"两个方面，具体到日常生活中，就是"不当为什么"和"当为什么"，对这两个方面的界定和澄清，才可"当为而必为"和"不当为而必不为"。

二是社会方面的，即社会在政体选择、制度生成、法律构建等方面形成善待、尊重、激励人成为知识分子的环境。这涉及社会对"人"的基本定位和人与社会、国家的本原性关联。

三是历史、文化、传统的祛虚构和净化。祛虚构和净化的历史、文化、传统是形塑知识分子的基本土壤，也是形塑知识分子的重要社会方式。

第 15 卷以"知识、学术与大学"为主题讨论知识分子不可取代的独立工作如何形塑人的进化和社会文明。

知识分子之可以作为独立的社会阶层而存在，在于它具有其他阶层不能取代的独特性，这种独特性就是**创造**。知识分子的创造最为集中地铺开为三个方面：一是创造知识，为此而必须探索真理，解构遮蔽；二是创造学术，为此而必须弘大批判的学问，抵制意见的奴役，克服思想的瘫痪；三是创造大学，为此而必须遵从存在的律法，追求普遍的道理，张扬创造的个性，鼓励自由的探索。

知识分子创造大学的努力，是使大学本身成为创造的方式，创造的中心，创造的动力源泉。

大学之所以成为大学的根本性质和自身本分，是能够立定"四不服务"的阵脚，即不服务宗教，不服务政治，不服务经济，不服务就业。大学一旦成为**服务器**，变成服务宗教、政治、经济和就业的**工作站**，大学则不复存在，即或是它具有硬件齐全的设施和阵容庞大的形式结构。

大学保持创造的基本面向，是追求**存在真理和创造知识理性**。

大学也肩负服务的职能，却是以探求存在真理和创造知识理性的方式来展开对人的服务，即服务人的**人性再造**，服务人的**心智成长**，服务人的存在自由和生活幸福。

知识、学术、大学，此三者因为知识分子而自为弘大，构成文明的象征。文明即是知识、学术和大学，它的土壤是思想，灵魂是信仰，准则是存在的律法。知识、学术、大学因为知识分子而存在、而创造和发展、而弘大和繁荣。所以，知识分子是文明的主体，大学是文明的核心阵地，知识和学术，是文明的形态和光辉；而存在律法、信仰和思想，是文明的源泉。

4. 生存论的美学智慧

第 16 卷以"美的存在"为主题讨论人的美生存在的依据和基础。

美的存在论问题，是美的形而上学问题。

美的形而上学问题，是从哲学的形而上学发散开来的问题，它的基石由哲学发问存在所构筑。

哲学发问存在的形而上学的核心问题，是存在何以存在的本体论问题，由此形成美的形而上学的核心问题，亦是美何以为美的本体论问题。

美的存在论问题也涉及两个世界的存在，即存在世界的存在和人的世界的存在。

美之于存在世界的存在论，实是存在世界（具体地讲存在事物）以何种方式敞开自身存在？对它的拷问揭发有两个方面：一是存在世界的存在之美敞开为简单与复杂之美；二是存在世界的存在之美敞开对称与非对称之美。由此，复杂创造简单和简单创造复杂，构成美的存在论源泉。

美之于人的世界的存在论，即是人的世界以何种方式敞开自身存在？对它的发问必然凸显出两个维度四个方面的存在之美：（1）物在美和人在美；（2）知识美和原则美。

美的存在论的探讨必然铺开美的本体论，无论是存在世界的简单创造复杂的存在之美，还是复杂创造简单的存在之美，或者人的世界的物在之美和人在之美，或者是知识之美和原则之美，其本体之美都是场态之美和场域之美。其本体的本体之美，必是以生为原发机制、以生生为动力之源的生境逻辑之美。

造物主创化的以宇宙自然为宏观构架并以万物和生命为实存样态的存在世界，就是它自身，它融通铸造真善美的律法于自身的内在神韵。只有人这种生命样态从自然人类学向文化人类学方向演化而推动动物存在的人从黑暗的深渊中走出来成为人文存在的人的这一过程中，构筑存在世界之内在神韵的真善美才因为人的意识的生成及自为弘大而获得了人为的"分"并立意于诉求意识地"统"。由此，美的存在论自然地生发其主体存在论。

美的主体存在论所必须讨论的核心问题有三：一是美的主体存在的发生学机制；二是美的主体存在的心灵学动力；三是美的主体存在的意向性方向。

第 17 卷以"美的形式"为主题讨论存在之美敞开自身的形态学。

存在，无论是存在世界存在，还是人的世界存在，其存在敞开即是书写，而存在书写必然形式化。存在书写的形式化呈现即是形式。形式化存在书写的形式，始终是"**有意味的形式**"。

形式的有意味性，源于对存在世界的形式化。形式化将存在世界化为美的形式的"意味"内容，既可能是存在世界的本真性，也可能是存在世界的本善性，更可能是存在世界的本美性，还可能是存在主体的心灵意向，以及存在主体敞开存在之间的情欲之美、思想之美、灵性之美或神性之美。

存在世界的实存样态是生命，生命书写自身存在的形式化努力所生成的"有意味的形式"，可归纳为三大类：

第一类：存在世界敞开书写的有意味的形式，它广涉存在世界敞开自身的方方面面，但最为紧要的方面有六：

（1）材料的"有意味的形式"。

（2）光与色的"有意味的形式"。

（3）时间和空间的"有意味的形式"。

（4）制造物的"有意味的形式"。

（5）确定性与非确定性的"有意味的形式"。

（6）存在之场敞开其四面八方和四通八达的"有意味的形式"。

第二类：人为书写的存在世界敞开有意味的形式，它同样涉及人的存在的方方面面，但最基本的形式之美有六：

（1）声音的"有意味的形式"。

（2）语言的"有意味的形式"。

（3）符号的"有意味的形式"。

（4）语词的"有意味的形式"。

（5）组织与结构的"有意味的形式"。

（6）秩序与混沌的"有意味的形式"。

第三类：主体性敞开的有意味的形式，它也涉及存在主体的方方面面，但最主要的形式之美有六：

（1）情感生发的"有意味的形式"。

（2）想象敞开的"有意味的形式"。

（3）心灵镜像视域敞开的"有意味的形式"。

（4）自由表达的"有意味的形式"。

（5）思想创造的"有意味的形式"。

（6）知识生成与理论构建的"有意味的形式"。

第 18 卷以"美的生活"为主题讨论存在之美的生活形塑。

存在之美的生活形塑，也可称之为生活形塑的存在之美。

美的生活问题，涉及三个基本方面，一是人的生活何美之有？二是人的生活何以需要美？三是人的生活美在何处？

讨论"生活何美之有"，必然牵涉出自然人类学的人走出黑暗的深渊向文化人类学进发和人从动力存在上升为人文存在的存在"意义"。意义构成人的生活之美的源泉。

拷问"生活何以需要美"，必然牵涉出人的本原性的存在处境、状况和何以可能在其存在处境、状况中自持地存在的信仰、希望、爱。因为在最终意义上，唯有信仰、希望、爱的合生才煽旺自由存在的持续、坚韧、坚守。因为，美是自由的象征，美更是自由的追求、行动、守望。而这，恰恰是生活的本质构成，亦是生活的本质力量。

追问"生活之美在何处"，必然从存在意义本身出发，以因为自由而信仰、希望、爱本身而回归生活自身：生活之美在生活本身，生活之美在生活之中，生活之美在生活的经营、生活的创造和生活的全部努力和所有行动的过程之中，但首先且最终在身体之中，在身体的敞开与行动之中。

生活之美无处不在。有生活，就有美。经营生活，就在经营美，创造生活，就在创造美。并且，生活的想象，创造想象之美；生活对存在的记忆，创造记忆之美；对存在的遗忘，创造遗忘之美。生活的完整，是生活的完美；生活的残缺，亦呈现生活的残缺之美。残月之于人的生活，既是残缺之美，也是期待和想象完美之美。

第 19 卷以"生态修辞的美与恶"为主题讨论生态修辞的美的哲学问题。

生态修辞是存在敞开生存的基本方式，所以，生态修辞既是一个存在论概念，也是一个生存论概念，更是一个生活论概念。但无论是存在论意义的生态修辞，还是生存论和生活论意义的生态修辞，都是形式化的，并通过形式化而获得"有意味的形式"，所以，生态修辞也是美学的。

美学的问题，既是美的问题，也是丑的问题，前者呈现真善和利义取向的自由，或可说美的存在本质是真，美的生存本质是善，美的生活本质是利义取向的相对自由。后者呈现假恶和欲望取向自由，或可说丑的存在本质是假，丑的生存本质是恶，丑的生活本质是利欲取向的绝对自由。

由此，生态修辞涵摄了真善美利义和假恶丑欲望，但生态修辞首先是创造，既可创造出真善美利义的限度自由，更可创造出假恶丑欲望的无度自由。

生态修辞是存在的智慧，这种智慧的源泉是存在世界的本体之场，原发于造物主对以宇宙自然为宏观样态、以生命为实存样态的存在世界的原创之生和继创之生生。生态修辞这个存在的智慧被人运用于生活的构建，就演绎成为根本的和普遍的方法，广泛地运用于个人生活和社会运动的方方面面，其中最为根本的方面，就是政治、经济、教育、文化和生活交往交流等方面。

生态修辞运作于政治、经济、教育、文化等领域，既有实体的方式，也是虚体的方式，前者主要通过政体、制度、法律、组织、结构、秩序、规程和教化（观念、内容、方式、方法）、宣传、伦理、道德等社会方式来实现；后者主要通过语言来实现。而在更多的时候是对其实体方式和虚体方式的综合运用。这种综合运用既呈现柔性的取向，更可呈现暴力的取向。一般来讲，在正常的社会里，生态修辞的运用主要呈柔性取向；在非正常的社会里，生态修辞的运用主要呈暴力取向，包括政体的暴力、制度的暴力、法律的暴力、武装的暴力，而最为普遍的和无孔不入的是语言的暴力。运用语言的暴力来予以生态修辞的基本方法主要是象征、隐喻、（扩张、压缩或扭曲的）夸张、虚构，而历史虚无主义和民族主义是其象征化、隐喻化、夸张性和虚构化的语言的暴力的基本的和普遍的方法。

生态修辞的美，创造人的尊严存在，诉求生存、自由和幸福。生态修辞的恶，不仅是暴力主义，而且是平庸主义的。

第 20 卷以"哲学意向的中西会通"为主题讨论哲学的人类学和世界主义及其超越性会通。

哲学的超越性会通，首先涉及哲学何为和哲学为何的问题，其次涉及哲学的性质定位和本分问题。哲学是存在之问，但其存在之问原发于存在的困境和生存的危机，因而，哲学的存在之问，是为解构存在困境和生存危机提供根本的解决之道（真理、知识、方法）。所以，存在必须且只能面对存在而发问，包括面对存在世界的存在和人的世界的存在而发问，并且这种发问不是历史的，只能是当世的。由此两个方面观，哲学何为和哲学为何的问题，实际地蕴含哲学超越性会通的自身依据。

哲学会通是空间化的，而非历史性的。因为哲学始终行进于当世，是对在世之在和在世之中的当世存在的发问，而非对哲学成就的历史的发问，这是哲学与哲学研究的根本分野之呈现。

哲学的超越性会通，只能在哲学意向的层面。所谓哲学意向，即是哲学发问存在的场态化的视域意向、思想意向、方法意向和存在敞开生存的心灵镜像意向、情感意向、精神意向。

哲学意向的会通，既源于中西哲学个性的激励，也源于中西哲学共性的鼓动。因而，理解哲学的个性和共性，是探讨哲学以意向的方式会通的真谛的前提条件。

哲学的个性，主要由特定的地域、具体的民族、民族化的自然语言和个体化的哲学主体即哲学家所书写。

哲学的共性，主要由宇宙自然、存在世界、律法（主要是存在的律法，但也涉及人文的律法和社会的律法）、真理、宗教、信仰、人文精神等因素所书写。

哲学会通的基本方法，是问题。

哲学会通的根本方法，是形而上学，即存在本体论方法，或可说是场化本体论方法。

自　序

尊严之于人，是一个很紧迫的问题。

尊严之于社会，是一个很普遍的问题。

尊严的紧迫性与普遍性，源于尊严的模糊化和并非实在化。

一

尊严，当然是一个个人问题，但根本而言，却是一个社会问题。个人有尊严，必以社会是尊严的社会为前提。社会作为尊严的社会，是指社会承认尊严，认同尊严，为尊严提供舞台，并维护尊严不遭受来自任何方面的伤害、侵犯或剥夺。以此观尊严的并非实在化，实生发出两个方面的语义指涉，首先，是社会对尊严的非承认性，非认同化，当然不会为尊严提供生长的土壤，也不会为尊严的存在敞开提供应有的舞台，更不可能维护尊严，相反，更有可能生发出对尊严的伤害——或有意，或刻意，或任性自由地，或有严密的组织——这种伤害可能来自任何方面，并可以任何形式的任何行为发动，伤害、侵犯或剥夺人的尊严，更有甚者，是对这种来自任何方面以任何形式的伤害、侵犯或剥夺人的尊严的行为，都采取容忍、支持的姿态甚至行保护的措施。其次，指尊严既有非存在的当世性，更有非存在的历史性。

尊严之非存在的历史性，是指已层累起来的历史，包括文化史、社会史、政治－经济史、伦理－教育史以及信仰－风俗史，都没有积累起认同尊严、善待尊严的社会土壤，也没有积累起普遍的信仰、尊重、守护尊严存在的情感－认知方式、知识体系、思想基础，更没有建构起尊严的生存姿态、生活

1

方式、行为方式和交往方式。因为容忍、承认、认同、维护尊严的社会，必有两个基本条件，一是平等，二是自由。被雅斯贝尔斯称为"轴心时代"的东周时代，诸子们创发的思想真实地撕开了经历夏商而至于西周所初成的王道主义天网的口子，但很快由汉初的儒生们在董仲舒带领下，以"五德终始"和"天人感应"为解释依据的"王权神授"政治神学做主导思想，构建起"三纲五常"的社会规训体系。自汉以降，整个社会就成为"三纲五常"的社会，在"三纲五常"这一社会规训体系的超稳定态的运作下，两千多年社会生活史和个人生活史中，平等不存在，自由不存在，个性、人格和尊严更是不存在。所存在者，宏观而言，是"普天之下，莫非王土。率土之滨，莫非王臣"（《诗经·小雅·北山》）；具体而论，就是"主子→奴才"和"主子→氓民"的生存体系：在"主子→氓民"生存体系中，只有主子有尊严，民作为奴隶、劳动工具或耗材，是绝对不能有尊严。在"主子→奴才"生存体系里，所有的奴才在主子面前都没有尊严，但上一级奴才却在下一级奴才面前有更为极端和残暴的尊严，即超凡地发挥主子的残暴以极端的方式施于比自己地位、身份更低的奴才身上，以实现和显示他们的尊严存在。不仅如此，根据尊严是以平等为依据并以自由为目的之双重要求观，其实无论主子或者奴才，都是无尊严可言，有的只是禽兽般的暴行的快感。

尊严之非存在的历史性，自然构筑起尊严之非存在的当世化的基本框架。在存在敞开生存且生存铺开生活的世界河流里，威权主义奔腾呼啸，物质主义和生物主义澎湃，自下而上的交通始终处于自行阻断，既天马行空又狭窄不已的自上而下的通道，也是层层筑坝，层层截流，层层收容站台且层层养路费用。严格的审查，严格的等序，严格的管控，严格的内外区分与辨别，统一计划，统一规划，统一规整，统一监管，统一审查，统一垄断当然更根本的是统一的利益输送以及统一的贫富分派等等，实际地汇聚成当世对历史的复兴洪流。在这浩荡的洪流中，本没有意识的尊严，自然幻化为苍茫的海市蜃楼般的悠远美景。

社会一旦成为尊严的莽原，个人自然缺乏微弱的尊严意识，即使因偶然因素而心生朦胧之尊严向往也只是闪电般的幻觉。纳粹集中营中的犹太人们，东德社会化的露天监狱，斯大林创建的铁幕时代，革文化之命的美好自由岁月，以及你方唱罢它登台的斗争主义方式，岂可滋生出个人尊严的意识，更莫说有尊严的渴望和尊严的行为与方式？衷心赞美赋码管理的技术文明，网络监控的正大光明与合法化的水平提升，举报、告密从地下活动到公开化的经验交流、学术研讨和社会化传播，低俗得千姿百态的喧哗和强化阶层优越和卑鄙着人格侮辱（比如"农民工"）的自媒体视频，以及凡事用金钱收买或者当金钱收买不了就采取耗材处理技术等等，则全然寻觅不到个人尊严存在的踪影。

二

人原本是动物存在，是自然人类学的人，它与存在世界的众物、众生命没有区别，以其天赋的本性而存在，没有等序，没有贵贱，没有尊卑。等序、贵贱、尊卑等等都发生在人类从自然人类学状况中走出来进入文化人类学的进程中，将自己作为动物的存在变成人文的存在。当等序、贵贱、尊卑由此滋长且随其丛林化生存竞争而日趋普遍化时，尊严意识、尊严渴望以及为之所生发的尊严努力也就产生，并渐进汇聚成社会的洪流。这个洪流之于人类，就是文明，而不是文化。

等序、贵贱、尊卑，却是文化，是文化的内容，也是文化的具体样态。

侵犯、剥夺、压迫、亦是文化，亦是文化的具体内容，也是文化的具体方式，具体行为，具体方法。

残暴、专制以及对肉体和精神的消灭，对历史和文明的洗清，同样是文化，更是文化的实在方式和社会运作方法。

谎言、虚构、历史虚无主义，极端民粹主义、邪恶的教唆主义，以及文字狱、敏感词、权力禁忌等等，同样是文化，同样是文化的生产和制造方式与文化的生活与制造的内容。

文化是生产的，文化也是制造的，文化还是创新的。生产、制造、创新出来的文化，可能是文明，可能与文明没有关系，也有可能是对文明的清算和清洗。只有文化的进步状态才是文明，只有文化的进步内容才是文明。何为文化的进步状态和文化的进步内容呢？大而言之，体现了存在世界的存在法则和普遍的人性要求的文化，就是其进步内容并体现其进步状态。具体而言，凡是清理、降解、弱化等序、贵贱、尊卑而诉求普遍的平等和自由的文化，就是文明。或者通俗地讲，凡是诉求人人尊严存在的文化，就是文明，所以，文明就是使社会成为尊严的社会，使人成为尊严存在的人。

从根本言，尊严因等序、贵贱、尊卑而产生，尊严是对等序、贵贱、尊卑的反动。尊严就是降解等序，拆除贵贱，消灭尊卑的人生努力和社会运动。

三

尊严之于人，不过体面地存在，体面地生活。

体面地存在和体面地生活，不等于生活要面子，当然不是生活要面子。面子虽然有悠久的历史，有深厚的传统，有挥之不去自淫化的快乐和成功化的幻觉，但却与人的尊严没有多少关联。面子既讲究身份、身段，也讲究地位、站位，更在意虚荣和幻景。而体面地存在和体面地生活，不仅与身份、地位、虚荣无关，而是对身份、地位、虚荣的拨乱反正。

在极为贫乏的历史意识和异常丰富的当世生活里，以为权力、财富是获得体面存在和体面生活的绝对前提，但这是根本的认知的错误，也是根本的理解的错误，体面地存在和体面地生活，是反权力至尊、反财富至尊的，体面地存在和体面地生活的根本前提，是普遍的平等，其绝对的条件，是人人的相予自由，除此无它。并且，只有普遍平等的环境，人人相予自由了，权力才有笼头，财富才可公正的分配。体面存在和体面生活才可真正获得真实的物质基础。

尊严，对个人而言之所以紧迫，是因为尊严是使人成为人。具体而言，尊严意识，尊严启蒙，尊严诉求和尊严努力，第一步，就是化物为人，使人摆脱物、物性和本能的羁绊；第二步，化人为大人，使人可以顶天立地地存在；第三步，化人为神，使人能够神性地生活。

尊严，对社会而言之所以根本，是因为尊严推动社会**化暴虐为善**，化人与人生活在一起过"优良的生活"为美、化人与国家共生存在为美。

目 录

CONTENTS

一种解释学将创造一种全新的文化，这个事实并不意味着它不是"客观的"。从某种观点看，我们可以将解释学比拟为科学的或者技术的"发现"。在发现之前，人们要去发现的事早就已经在那里存在着，只是还没有看见或认识它，或者还不知道如何使用它而已。同样地，一种创造性的解释学揭示了人们此前还不掌握的意义，或者以极大的热情发挥其作用，以至于在吸收了这些新的解释之后，人们的意识就已经不再是原先的那个样子了。总之，**创建性的解释学改造人**；它不仅是一种引导，更是一种属灵的技巧，善于修正存在本身的品质。

——米尔恰·伊利亚德：《探寻宗教的历史和意义》

导论　尊严：人的存在战斗

尊严，神圣不可侵犯。这只是理论的假设，当然也有创化论的依据和存在论的根源。生存的实际却揭露尊严是形成的。形成的尊严不是等待，也不是恩赐，只能激发**人为的努力**，更需诸多的条件，还包括适宜的社会气候。所以，尊严的神圣不可侵犯要成为人的存在现实，需要理性认知的武装、明智的选择能力的具备和持中持正的**行动力量**，它会通性生成对生物主义和威权主义的无情斗争。

1. 苦乐相生的动力学

人，作为自然人类学的人，是造物主的造物，既有无目的的物性，也有合目的的神性，是无目的的合目的性的存在者。人，作为文化人类学的人，既是造物主的造物，也是自我的造物，由于前者，他**无目的性地合目**存在，因为后者，他**目的地**存在。人的目的性存在，由其意识地思维和意识地生活所设计，并通过"两脚走路、两手做事"来展开。由此，栖居于造物主创化的存在世界里的人类，既是**感觉的**物种，也是**思虑的**物种。作为感觉的物种，人类**烦忙地生产**出许许多多远超于地球上众物的快乐；作为思虑的物种，人类**烦盲地制造**出源源不断的算计和争斗的痛苦、屈辱甚至绝望。

自然把人类置于两位主公——快乐和痛苦——的主宰之下。只有它们才指示我们应当干什么，决定我们将要干什么。是非标准，因果联系，俱由其定夺。凡我们所行、所言、所思，无不由其支配：我们所能做的力图挣脱被支配地位的每项努力，都只会昭然和肯定这一点。一个人在口头上可以声称绝不再受其主宰，但实际上也将照旧每时每刻对其俯首称臣。功利原理承认这一被支配地位，把它当作旨在依靠理性和法律之手建造福乐大厦的制度的基础。试图怀疑这个原理的制度，都是重虚轻实，任性昧理，从暗弃明。①

边沁所言极是，万物皆有苦乐，人皆然。但万物的苦乐与人的苦乐，既有性质和内容的同构，因为它是万物之一物，众生命之一生命；也有性质和内容的异构，因为它超出万物和众生命而自命不凡。万物的苦乐是纯身体、纯感觉的，是顺应造化而存在的苦乐，这种苦乐既是无目的的，也是合目的的，是无目的的合目的性的苦乐，是呈普遍性、等义性的苦乐。在自然人类学状态，人的苦乐亦是如此性质的纯身体、纯感觉的和普遍性、等义性的苦乐，并且这种性质和内容的苦乐也体现无目的的合目的性，比如冷热的苦乐、饥寒的苦乐、安危的苦乐、性潮过程的苦乐等，人与众物、众生命皆然。人类进入文化人类学，仍然保持其自然人类学的本性，因而其作为自然生物的苦乐也仍然得以保持，却随其不断的人文发展，这类纯生物性的苦乐虽然并未消失，却变得越发不重要，也越来越被忽视。这主要源于两个方面，一方面是人意识地思维和意识地生活的能力越来越强悍，这种强悍性体现在对存在世界、对自然、对万物和生命的干预，这种武断干预改变了人的纯身体、纯感觉的苦乐的内容，比如冷热、饥寒、安危甚至性潮等苦乐，都不同程度地经历了人的改造而减少或失去了自然的和生物学的性质及其表达方式。比如，在徒步生存时代，人们对时间的感受是自然性质的，自然性质的时间就是沙漏的时间，一点一点浸润而来，浸润而去，缓慢而悠长，悠远而厚重。所以人的生活、人的人生也是这般的缓慢节奏、丰富厚重、悠远漫长。道不尽的回味总是把自己引向遥远，引向广袤，引向神圣神秘的神的世界，神性而庄严。在进入航空和网络时代，时间被各种技术高度压缩再压缩，人的生活、人的人生在时间里既空洞无物，也快速闪过；痛苦与快乐也"超音速"般从不停顿。人的情感变得空壳化，解决它的办法似乎就是用物质、财富、

---

① ［英］边沁：《道德与立法原理导论》，时殷弘译，商务印书馆 2000 年版，第 57 页。

享乐、权力去填充它，因而，生物主义化和威权主义化，似乎成为存在的理由和活着的目的，注重当下，关注实得，算计得失，人与过去、与传统、与远古和广袤、与神圣和神秘、与神和上帝等概无关联，灵魂失忆，心灵无序，好奇与惊诧尽性地丧失，不知思想为何物，厌恶知识，拒绝思考，人变得愈发浅表、愈发浅薄和愈发生物化，并一步一步沦为**人形动物**。另一方面是人类物种向人形化和人文化方向展开，与其人文本性日益敏感和丰富相同步的却是其生物学意义的生命本性发生了迟钝和匮乏性蜕变。这种蜕变既可表现为气候的周期性变换、对宇宙运动、万物消长的敏感性的弱化甚至消失，对诸如兔死狐悲之类的心灵颤抖和生命悲悯的麻木，甚至这种麻木传染到人对人的生命存在与死亡的无所感觉。但人类物种又特别发展了人化的苦乐内容，这些内容虽然也通过生物的身体呈现出来，但其苦乐不是来自存在世界、自然宇宙和事物，也不是身体和身体化的感觉本身，身体和身体化的感觉仅是其苦乐的载体，苦乐更多地来自人的**心机**，来自人的**思虑**，具体讲，来自人**的算计、图谋和争斗**，身体和身体化的感觉仅是苦乐的工具方式。

　　人的苦乐虽然产生于人的心机和思虑、算计、图谋和争斗，但充满心机和思虑、算计、图谋和争斗的人，却并不能完全地主宰苦乐，而是同样承受苦乐的制宰，而且日趋糟糕。这是因为，在自然人类学状态，人类物种的苦乐也是万物的苦乐，万物的苦乐即人类物种的苦乐，它**既是**普遍的，又是等义的，其苦乐内容始终相对确定性，一切皆造物主的安排，一切皆敞开造物主的安排，既体现生之物性，更敞开生之神性，是无目的的合目的的苦乐。在文化人类学进程中，人的苦乐与万物的苦乐有了性质和内容的区分，这种相区分的苦乐，就其性质言，既无普遍性也无等义性，只是喧哗其特殊性和等序性，这种特殊性表现为仅是人类物种的苦乐，皆与其他物种和生命无关；这种苦乐的等序性体现在许多苦乐仅是处境、等序、身份、地位、贫富、情景化的附加物，缺乏同情的逻辑，没有悲悯和慈悲的人性。就其内容言，这种特殊性或等序性的苦乐却是由物质、权力、财富和思虑、想象、渴望、谋划等引发，属于物质性苦乐，权力性苦乐，财富性苦乐和思虑性、想象性、渴望性、谋划性苦乐。客观审视，所有这些性质和内容的苦乐都是目的性的苦乐。这些目的性的苦乐可能合目的，更可能与合目的性相背离。并且，只有当背离合目的性时，其目的性才可生发、敞开和实现。

苦乐的无目的的合目的性，是相对存在者本身言——苦乐即苦乐本身，或曰苦乐乃苦乐的存在敞开本身，既不好也不坏，即苦与乐等义，既不表示苦比乐差，也不表示苦比乐好，苦与乐之间亦不存在逻辑的关联，既不可能苦生成乐，也不可能乐转换为苦。因为苦与乐不过是生之本性敞开的两个面，既无生之具体目的，也合生之本原目的。所以，既体现生之物性，更敞开生之神性。与此不同，苦乐的目的性，既指以苦乐为目的，更指苦与乐并不等义，既呈现苦比乐糟糕，也展现乐比苦善，或乐比苦美。由此，苦，是乐要避免的；乐，是苦要追求的。苦与乐之间形成逻辑的生成关联，表述为**避苦求乐**，其行为敞开即**趋利避害**。因而，苦乐的目的性，就是避苦求乐，进而是趋利避害。避苦求乐和趋利避害，构成人类存在和人生生活所遵从的原理，即功利原理。避苦求乐和趋利避害的功利原理，也是人的尊严所遵从的原理，因为避苦求乐和趋利避害，既是人类尊严选择的依据，也是人类争取和守护尊严的准则。

2. 快乐与幸福的桥梁

苦乐，标志人的两极状态，并由此构成人的存在框架，即以苦、乐为两极的存在框架。在此存在框架下，避苦求乐和趋利避害构成人的存在敞开生存谋求生生不息的生活的选择范式和行动方式，即凡事选择避免痛苦而追求快乐的行动范式，为此采取趋向利益而避免危害或损害的行动方式。

避苦求乐的选择范式和趋利避害的行动方式，二者之间并不孤立，也不静止，而是关联存在和动态敞开。就关联性言，避苦求乐的选择范式和趋利避害的行动方式都是在苦乐的存在框架下展开的，而苦乐的存在框架既是静持的，也是动变的。苦乐的静持性，根源于人性和本能；苦乐的动变性，既根源于存在世界的变动不居引发出人的世界的变动不居，更受生物学的催动，即生物生生不息的繁衍和进化运动亦推动苦乐的动变不已。就动态性论，人的关联存在本身就是静持与动变的合生，不仅如此，苦乐始终是个体的和情境的。个体生命不仅绝对有限，而且总是向死而生。向死而生的生命展开，遵从从生长到衰老而死亡的线路，因而，向死而生的动变线路本身使不同人生阶段的苦乐在其内容和性质方面有巨大的变化。更为重要的是，向死而生的个体生命的敞开，始终是从昨天走来而在当下（今天、现在）展开，而每一个当下都遭遇环境、事态而获得情境性，不同的情境状况引发的避苦求乐和趋利避害的方式均有所变化。如上各动变因素总是会聚性生成一种现实的应对策略，促发静持的避苦求乐选择范式和趋利避害行动方式也发生相应的动变，形成对境遇性、情境化的苦乐予以定性或定量方面的思虑或算计，由此形成避苦求乐和趋利避害的变化形态，这就是避乐求苦和趋害避利，即在有些境遇和情境中，面对事态和利害，人们总是通过思虑和算计而舍弃当下可得的利和乐，而选择对害的接纳和对苦的承受，这不是因为当下之苦或害有什么特别之处，而在于当下之苦和害潜在地决定未来某个生存时段或境遇中更大的苦与乐，因而，选择当下之苦而接纳当下之害，是为了未来的更大之利和更多之乐。所以，在苦乐框架下，避苦求乐的变种范式是避乐求苦，趋利避害的变种方式是趋害避利，但无论是避乐求苦还是趋害避利都是手段，最终目的是实现避苦求乐和趋利避害。从整体讲，在原动力和最终目的上，避乐求苦和趋害避利仍然是避苦求乐和趋利避害，是实现避苦求乐和趋利避害的手段方式。

在苦乐构成的存在框架中，人无论是基于眼前或当下的利害和考量，还是基于长远的或最终的利害考量，其遵从避苦求乐的选择范式和趋利避害的行动方式，或遵从避乐求苦的选择范式和趋害避利的行动方式，都是从不同的方面诉求尊严存在，都是人经营尊严存在的两种具体方式。所以，诉求做人的尊严，经营尊严存在，对任何人言，都既有本能的催动，更是思虑的牵引。

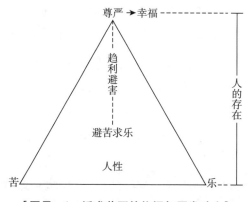

[图导－1：诉求尊严的依据与原发动力]

人本能地向往尊严源于人性的激发。休谟认为："一切科学对于人性总是或多或少地有些关系，任何学科不论似乎与人性离得多远，它们总是会通过这样或那样的途径回到人性。"① 一切形式的科学都是人的科学，都是动机于人且最终目的于人，所以，科学是有了人才得以产生，都是为了求证、确立或扩大人而存在，哪怕是最纯正的自然科学，它也既是以人为镜，更是以人为目的。② 其存在论的依据和根本的解释理由却是人性，天赋的生之朝向虽然构成人性本身，但它的本质是自私。休谟认为，由于人性的自私，没有任何东西比一个人的权力和财富更容易使我们对他尊视，也没有东西比他的贫贱更容易引起我们对他的鄙视。③ 人对在充满利害的事态关系中选择苦乐，是基于人性的本能而驱动思虑并具体于算计的结果。人处于充满利害的事态境遇中思虑与算计的实质诉求，不是苦乐，而是通过苦乐或借助苦乐的选择而实现幸福的生活。

幸福，在西方传统中被认为是最高的善。从词源讲，它源自希腊语 Eudaimonia，它由 eu（好）和 daimonia（神灵）构成，本义是"有一个神灵在照顾"，意为"人的兴旺"。英文将其译为 happiness，其实只表达了"幸福"的部分意义，因为 Eudaimonia 还指"我们作为主动存在物的本性的满足"，亦即"活得好"或"做得好"。由于 Eudaimonia 表述的内容涉及整个人生状态，所以也被译为"福祉"。④ 柏拉图、亚里士多德和伊壁鸠鲁等哲学家都认为 Eudaimonia 乃是指**最值得人去过的**生活状态。这种激励人们最值得去过的生活状态是什么样的呢？古今中外的思想家都做过描述，比较而论，伊壁鸠鲁讲得最为深刻，他说这种最值得人们去过的生活状态就是"肉体的健康和灵魂的平静"，"因为肉体的健康和灵魂的平静乃是幸福生活的目的。这就是为了达到这个目的，我们才竭力以求避免痛苦和恐惧"。⑤ 怎样才能够做到肉体

① ［英］休谟：《人性论》上册，关文运译，商务印书馆1983年版，第6页。
② ［美］乔治·萨顿：《科学史和新人文主义》，陈恒六、刘兵、仲维光译，华夏出版社1989年版，第13—18页。
③ ［英］休谟：《道德原则研究》，曾晓平译，商务印书馆2002年版，第43页。
④ ［英］尼古拉斯·布宁、余纪元编著：《西方哲学英汉对照辞典》，人民出版社2001年版，第335—336页。
⑤ 周辅成主编：《西方伦理学名著选辑》上卷，商务印书馆1996年版，第103页。

的健康和灵魂的平静呢？亚里士多德提供了一个答案，他说："从名称上说，几乎大多数人都会同意这是幸福，无论是一般大众，还是个别头面人物都说：生活优裕，行为优良就是幸福。"① 生活优裕，必以物质为保证；行为优良，必以德性和德行为保证。以物质为保证的生活优裕，给人带来的快乐是必然的；但它给人带来的幸福，是或然的。以德性和德行为保证的行为优良，给人带来的快乐和幸福都是必然的，但并不一定是恒存的。只有既行为优良又生活优裕，即生活优裕与行为优良化的生活，才既必然是快乐的又必然是幸福的。

这表明快乐与幸福并不等义，快乐不一定幸福，幸福并不一定快乐。快乐之于人，既可是有感觉的生活状态，也可是无感觉的生活状态。前者即有快乐感觉的快乐，后者即无快乐感觉的快乐：有快乐感觉的快乐，可能是幸福，也可能仅是快乐；无快乐感觉的快乐，即幸福。有快乐感觉的快乐，是一种生活的感性态，它更可能由感官激发。由感官激发的快乐，往往与物理环境或物质性内容发生关联，由物理环境或物质性内容所引发，因而容易随物理环境的改变而消逝，也可因为物质性内容对感官的激发度的减弱而减弱。所以，感官激发的快乐始终呈情景激发性和利害取向性。与此不同，无快乐感觉的快乐，往往由心官引发。由心官引发的快乐既与人的心智水平关联，更与人的心灵状态关联，或可说它往往由高水平的心智和勃发的心灵引发，具有超越物理环境和感官敏感性，具有非情景、超利害倾向的自为稳定性。因而，由心智和心官引发的快乐更多呈平静的和宁静的状态，往往是不被感觉所敏感的快乐，这种不被感觉所敏感性激发也往往是被感觉所忽视的快乐，就是幸福。

这只是从内容生成和敞开形式言，如果从性质观，快乐之于幸福之间的或然性，以及幸福之于快乐的必然性，都表明快乐达向幸福或幸福表征快乐，这中间有一个桥梁，这个桥梁就是尊严。即有尊严的快乐，必是幸福的；反之，无尊严的快乐，必是快乐的，但并不一定幸福，即或自我感觉到是幸福的，也仅仅是感觉上的自慰或自欺，而不是本质上的真实。并且，一个人的无尊严的快乐在世人看来可能会是幸福的，甚至可能是备受羡慕和赞美的幸

① ［古希腊］亚里士多德：《尼各马科伦理学》，苗力田译，中国社会科学出版社1999年版，第5页。

福，这种幸福假象的出现是正常的，如果呈现一种普遍的社会推崇倾向，那只能是社会本身质变为生物主义，或者威权主义环境场域化。

在苦乐存在框架中谋生活，诉求避苦求乐和趋利避害，或者避乐求苦和趋害避利，并不是为快乐，也不是为了痛苦，而是为了幸福。为了幸福而对生活范式和行动方式的选择以及路径的探求或手段的运用，可能收获快乐，可能承受痛苦，但决不可能抛弃幸福之目的本身而主动选择自讨苦吃。所以，鼓动人主动多自讨苦吃，或者引诱人们赞美苦难、以苦难为幸福，实是违背生之本能和人性。所以，为了幸福而承受痛苦、苦难，只能是不得已。这个因为幸福而不得已地承受苦难和痛苦，也不能无边界，更不能无条件要求。这个边界和条件要求，就是不能丧失尊严。当人为了幸福而丧失尊严地承受苦难和痛苦，这是不值得的，也是抛弃人的本性的，人如果抛弃本性而追逐快乐，并将快乐等同于幸福，并不是心灵和精神方面的有益，而仅是物质、身份、地位或权力、财富等方面的满足，人自然地沦为工具，或物质的工具，或权力的工具。所以，一切形式的诉求快乐的幸福而放弃尊严去承受苦难和痛苦，具体地讲，放弃尊严地避乐求苦和趋害避利都是不值得的，也是人之成为人所不能允许的。反之，为了幸福存在，以保持和增添尊严的方式选择避乐求苦和趋害避利是值得的。

3. 资源和权利形塑尊严

在纯粹自然的意义上，苦乐是自然地生成。更准确地讲，在自然状态下，苦乐是造物主创化世界所成。造物主创化世界，赋予其创化物（宇宙自然和万物生命）以生之本性和生生生机，就蕴含苦乐，即造物主创化世界的生之本性，张扬快乐朝向；造物主创化世界的生生机能，流泻着生生不息的努力所必要克服的困难和必要排除的障碍，所以，苦、痛苦或苦难自然蕴含其中。但在并非纯粹的意义上，也就是在自然人类学向文化人类学方向敞开、进化、演绎的进程中，苦乐超出了纯粹自然的范畴而进入**人为的**领域，与人的思虑和算计直接关联，并往往成为思虑和算计的对象化内容。在人为意义上，苦乐的存在框架注入了人的智－力逻辑，是人的智－力运作的结晶。在智－力逻辑运作的苦乐框架下，人避苦求乐和趋利避害，以及选择避乐求苦和趋害避利的范式和方式，更有可能不是单纯的个人方式，个人行为，而是**集群性**

力量的推动，或自发推动，或意识地推动。

集群性力量，是指个人力量之外的力量。对于这种个人力量之外的力量，静止地看，可能是与其关联存在的某个人的力量，或某个组织、机构或环境的力量。如果动态地看，哪怕是自己之外的个人的力量也体现集群性，因为存在是关联的存在，个体是关联存在的个体。集群性力量，可能是有意识、有目的、有组织地生成，比如制度、政策、法令、批示、决定、措施等，都是意图明确、目的明确、手段明确、路径和方法明确的生成集群性力量对个体发生作用，其目的是改变个体或改造个体；也可能是非意识、无目的、无组织地生成出来的力量，这就是关联存在的牵动而自发聚合，这种自发聚合的方式就是自动地从四面八方涌来并席卷必当席卷的东西四通八达地播散而去。

比较而言，既自动运作又意识地运作的集群性力量，也有性质的区别。这里的"性质"相对律法和本性而论，符合律法和本性，或违背律法和本性，构成两种截然不同的性质取向。这里所讲的"律法"，主要是指源自自然的律法、源自人文的律法和源自社会的律法；这里的"本性"，是指自然人类学的生物本性和文化人类学的人文本性。符合律法和本性的集群性力量，能自发或意识地推动人或避苦求乐和趋利避害，或避乐求苦和趋害避利的生存选择，都能以尊严为准则去耕耘属于自己的幸福生活，同时也正向影响其关联存在者诉求幸福生活。反之，背离律法和本性的集群性力量，往往会自发或意识地推动人做避苦求乐和趋利避害，或避乐求苦和趋害避利的生存选择时，意识地或被迫地抛弃有尊严的准则而追逐快乐的幸福生活。

对个人的生存选择生发直接或间接影响的集群性力量，既不自封闭，也不自固化，而是既向世界开放，也向世界生成。由此形成它对个人的影响既无所不在，也无孔不入。这是在于集群性力量不仅仅通过关联存在而发挥功能，更为根本的是借助于组织、结构、秩序、规程尤其是政体、制度、法律、社会安排、政策而行开放、生成之能。而所有这些形态、形式的内在支撑和本体性内容，却是权力，包括组织权力、结构权力、秩序权力、规程权力，以及由这些权力承载的政体权力、制度权力、法律权力、社会安排权力、政策权力，还有能够完全按自己的方式统摄、组织、安排如上所有权力的**新技术权力**，这些权力可以理性地对待资源和权利，也可以感性地对待资源和权利，更可以明智地对待资源和权利。无论感性地对待资源和权利，还是理性地对待资源和权利，都将实现任性的自由。前者是本能的任性自由，后者是算计的任性**自由**。只有当明智参与理性或感性之中发挥牵引的作用时，看待资源和权利的姿态和方式才可能有限度和边界。

资源和权利，既是人的世界构建的两个基本元素，也是人的生活构建的两个根本条件。资源是物理元素、客观条件，权利是人本元素、主体条件。由苦乐构成的存在框架中，人选择避苦求乐和趋利避害的范式与方式，还是选择避乐求苦和趋害避利的范式与方式，要受制于资源和权利，人对幸福的理解也受制资源和权利。比如，当人将幸福理解为快乐，就特别地或单一地关注资源，或者，当人将生存的目光投向资源而不顾其他时，快乐成为幸福的同义语，为追求快乐而不顾尊严的准则，成为人的自然选择。反之，当人认为幸福必是以尊严依据和准则，快乐既必是感官性和情景性的，也必是心智和心灵的。因而，对资源和权利的双重要求成为必需。或者，当人同时注目资源和权利而使二者不可偏废时，人对幸福的理解必然同时囊括"优裕生活"和"行为优良"两个方面，尊严必然成为幸福的依据和准则。

资源，在本原意义上，是自然生育所成，但在继生的意义上，也是人为制造所生。所以，资源既可来源自然的生育，自然生育所成的资源是物、是生命，它是通过生命的繁衍生成。源自人力制造的资源，是通过人的思虑和算计并运用技术生产出来，是技术物或人造物。由于其人造物并不是凭空得来，它依然要以自然物为原材料，所以，人造物最终源于自然的生成。由此观之，自然生育所成的资源才是根本的，才具有本体性质。本体性质的资源，是造物主原创化和继创生所成，它之于人和人的世界，始终是**公共性质**的。公共性质的资源变成人力制造的资源条件和财富，必要经历个体的劳作，因而，将自然主义的公共资源变成财富及其人造物，必是将公共的东西转化为私有的东西。将公有的资源变成私有的财富，这中间存在如何转变或怎样转化的问题；是通过劳作的方式转变和转换，还是运用抢夺、侵犯、强占的方式转变和转换，这就涉及权利。

资源原发于造物主的原创化和继创生，权利却原发于造物主的继创生，具体地讲，是原发于人从自然人类学向文化人类学的进化，是动物存在的人变成人文存在的人的实在标志，所以，权利原发于个人是私有的。因为人的他者性存在而不得不解决存在安全和生活保障的资源问题，私有的权利不得不与他人的权利发生限度与边界方面的关联，正是这种关联使用原本**私有的权利必须公有化**，即你的权利必在他人的权利的参照和规训下获得平等的限度和自由的边界。所以，从道理上讲，**原本公有的资源必须私有**和**原本私有的权利必须公有**，这两者构成苦乐存在框架，无论避苦求乐和趋利避害，还是避乐求苦和趋害避利，其诉求有尊严的幸福生活必须解决**公有的资源如何合法地私有和私有的权利怎样有限度地公有**的问题。

解决公有的资源如何合法地私有这一问题，将生物主义牵引出来，也将威权主义牵涉出来，即要能解决公有的资源合法地私有，必须同时解决生物主义和威权主义这两个根本问题。另一方面，解决私有的权利怎样有限度地公有，必将政体、制度、法律、社会安排等因素牵动出场，并将权力与权利的关系推向问题的舞台中心。同时也将律法和人性、伦理和道德、德性与德行全部地带动起来，诉求**不平等存在的根本平等**和**不自由生存的普遍自由**："在假定法治保证全社会享有自由时，我们是假定法治是不偏不倚、大公无私的。如果一条法律是对政府的，另一条是对百姓的，一条是对贵族的，另一条是对平民的，一条是对富人的，另一条是对穷人的，那么，法律就不能保证所有的人都享有自由。就这一点来说，自由意味着平等。"① 因为，只是财富，或者仅仅是权势，只是他者性存在的人在关联存在的舞台上的一种外在形式，亦可说是实现个人生存的手段，它可能是避苦求乐的方式和快乐主义幸福的源泉，但它本身没有任何尊严可言，因为抛弃了平等的自由和自由的平等的财富聚集和权势增强，最终是抢劫、侵犯、剥夺、占有和囤积，从根本上破坏了公有资源必须合法地私有的社会律法，这种破坏既是生物主义的，也是威权主义的。所以，一切形式的权势一旦形成，必是集权和专制经营所成，它所诉求的不可逆方向是实现威权社会化和社会威权化。这意味着权力对权利的奴役，更意味着集群性暴力对个体存在自由的强暴，私有的权利必

---

① ［英］霍布豪斯：《自由主义》，朱曾汶译，商务印书馆1996年版，第10页。

要化为有限度的公有的律法也遭遇根本的唾弃，唯有野蛮的权力和权力的野蛮，人的尊严必全面沦丧。[①] 这一双重恶境，最终由人相向合谋地经营所成。改变此双重恶境的可行之路，仍然是人相合谋重新看待资源和权利，重新探求公共资源私有的合法方式和私有权利公有的限度方式，敬畏天赋平等，尊重人人自由，以行为优良指导优裕生活，即尊严存在。

---

① ［法］爱弥尔·涂尔干：《乱伦禁忌及其起源》，汲喆等译，上海人民出版社 2003 年版，第425—426 页。

第 1 章　扎根人性的依据

　　瓦尔德·施瓦德勒（Walter Schweidler）在《论人的尊严：人格的本源与生命的文化》"中文版序言"中说："哲学一直是与理念（Idee）打交道，它并不是对当前现状及其可能的改变或辩护进行政治或社会分析的工具。哲学并不生产世界图景，不论此世界图景关乎的是世界是什么样的，还是世界应该是什么样的。毋宁说，哲学带给我们一副眼镜，我们戴上它比不戴着它能够对世界进行更深和更清楚的打量。"[①] 施瓦德勒此言是要告诉读者，哲学是一切学问之根本学问，它为一切问题的检讨或拷问提供根本的知识和方法，尤其是关于人如何成为一个人而求群、适群、合群地存在以及怎样展开其生活之根本问题的审查，更应如是。然而，这并不等于我们进行问题检讨或拷问时，就可任意选择或随手捡来某种现成的哲学为其所用，这是因为"我们选择哪种哲学取决于我们是哪种人，因为一个哲学体系并不是一件可以随意拿起或者闲置的死的家具。**哲学由人的精神赋予其生命，人创造了它自己的哲学**"[②]（引者加粗）。适合于自己对问题检讨或拷问的哲学只能由自己产生，这源于两个方面，一是对任何智者来讲，对人的存在问题的真实检讨和拷问，总是将自己卷入其中并使自己成为检讨和拷问的对象，自身之存在领悟和生存体验构成问题检讨和拷问的主体前提，这就要求对人的问题的任何形式、任何

---

　　① ［德］瓦尔德·施瓦德勒：《论人的尊严：人格的本源与生命的文化》，贺念译，人民出版社2017年版，"中文版序言"第88页。

　　② Johann G. Fichte, *Gesamtausgabe 1/4*, ed., byReinhard Lauth and Hans Jacob, Stuttgart/Bad Cannstatt：Friedrich Frommann Verlag, 1962, p. 195.

方面、任何内容的检讨和拷问，都有其关乎于此的存在之问的自我澄清。这就形成问题检讨和拷问所需要的哲学总是生发于主体之内在，而不是对外部哲学的运用。那种习惯于用某种现成的和与自己并不无任何**交集的**哲学为武器来研究问题的做法，并且以此沾沾自喜或自以为了不得的姿态，所得来的东西无论怎样严肃和深邃，都透露着浅薄和愚蠢。因为没有人能够将哲学传给另一个人，"只有对哲学家来说，个人经验才作为事实一般地**事先**在那里，因为他本人已经经历了整个经验的过程。即使只是为了被理解，他也有义务像他所行为的那样去表达他自己。并且，他之所以能够表达他自己，正是因为他早已掌握了实现此目标所需的所有概念"① （引者加粗）。更为根本的是，人可以逝去，人的存在和生活问题总是常新，常新的存在和生活问题总是催生常新的检讨和拷问，并重新发现和把握其境遇化的常新问题的根本解决之道。由此哲学必须当世化，任何已有的哲学都不能为其常新问题提供根本的解决之道。尊严问题也是如此，它始终是每个当世的常新问题对它的检讨和拷问，同样需要常新的当世哲学。这是《生存论研究》从卷1审问哲学家的书写哲学的生成始，卷2《存在敞开的书写》打开存在的当世之问的空间，卷3和卷4分别从存在世界的存在之问和人的世界的存在之问两个维度展开，尝试构建其本体论形而上学和认识论形而上学，第5卷将二者合将起来予以知识论考察，为人的存在敞开之认知论探讨奠定视域、认知、思想、方法基础。然后进入人的生存论领域，首先卷6审问意义与价值的生成，继之卷7讨论善恶的病理学问题，初步构建生存认知的伦理结构和道德哲学框架，才可真正进入人的存在敞开生存的具体问题领域。人的存在敞开生存的第一个紧要问题，就是人能否尊严存在和怎样尊严生活的问题。人的尊严问题，既不是简单的个人问题，也不是简单的社会问题，即使从个人和社会诸方面来审视，它也存在既统摄个人和社会，又超越个人和社会的自身根源。这是讨论尊严问题时需要首先正视的前提性认知。

一　存在与尊严

尊严，不是一个单纯的生活问题，它是一个始终贯通于生活的存在问题。

① Johann G. Fichte, *Gesamtausgabe 1/4*, ed., byReinhard Lauth and Hans Jacob, Stuttgart/Bad Cannstatt：Friedrich Frommann Verlag, 1962, p. 213.

并且，尊严既是贯通于个人生活的存在问题，也是贯通于社会生活的存在问题。而且，人的存在和生活之尊严问题始终坐落在社会的存在和生活的尊严之中，社会的存在和生活的尊严问题又总是通过个人的存在和生活之尊严彰显出来，由此使尊严成为一个纯粹的人学概念。所谓人学，是指人如何从动物存在进化为人文存在的学问。抽象地讲，人从自然人类学向文化人类学方向演化的进程本身生发出尊严问题，并实际地构成人之动物存在和人之人文存在的界标。正是这个界标，使尊严作为一个人学概念获得了三个维度的自为规定，形成人尊严存在的边界。首先，尊严的问题只是属人的问题，人之外的其他生物不存在尊严的问题。或可说，尊严是人对人的存在定义，进而，尊严是人对自己的存在设定。当人丧失对自己的存在设定权利和能力，尊严不复存在；当人失去对人的存在定义，将人区分出类，把人定义为工具甚至耗材，尊严必然被消灭。其次，尊严的问题是人从物成为人的问题。这就是说，尊严构成物与人的分界，有尊严，就成为人；无尊严或失尊严，就成为物；把人回返为物，或强行将人变成类分的等级、工具、耗材，人就只能从人返祖为物或动物。最后，在存在世界里，物与人之间并非有固化存在的范式，物与人之间也并不存在不可逆方向，物与人之间的存在位态始终蕴含或然性，物成为人或人沦为物，二者皆可如切换电视频道那样随时互相切换角色位态和存在性质。人从自然人类学之物进化为文化人类学之人，或由文化人类学之人返祖为自然人类学之物，尊严也随之存在或消失，以及消失之后再存在。由此三者，演绎出人之尊严存在及其向生活敞开的复杂性。

1. 观念和思想的底色

尊严产生于人的诞生。人诞生于其自然人类学向文化人类学方向敞开之途，产生人质意识。人质意识的扩张打开人意识地思维的天空并构筑意识地生活的世界的进程，尊严诞生。尊严诞生的最初意识，却是人对自然存在的关注转向对人自身存在的关注。从哲学思想史讲，则是发生于智者运动将人的意识地思维存在世界转向意识地思维人的世界，普罗泰戈拉"人是万物的尺度，是存在者如何存在的尺度，也是不存在者如何不存在的尺度"[1] 构成其

---

① 北京大学哲学系列同哲学史教研室编译：《西方哲学原著选读》上册，商务印书馆 1981 年版，第 54 页。

标志。因为普罗泰戈拉将人确定为存在世界里"一切存在者存在"和"一切非存在者不存在"的尺度，是从存在和非存在两个方面确立起人在存在世界中独一无二地存在的尊严位态。"人是万物的尺度"确立起人向世界确立尊严、人向自然构筑尊严、人向万物宣示尊严。因为人作为万物之一物，作为众生命之一生命，除了顺应造物主的创化法则而存在、顺应自然律法而生存之外，还要按人的意识和思维、人的想望和设计而存在、而敞开生活。这就是人不同于自然世界和万物生命的独特所在，正是这种独特性构成了人的尊严的根本标志。

"人是万物的尺度"构成人向世界、自然、万物生命宣示尊严存在的基本方式，从此，人获得了面对存在世界、面对自然宇宙、面对万物生命的尊严身份、尊严地位、尊严关系。然而，这仅仅是第一步，人成为有尊严的存在者，只是一种向世界的宣示，却并未实现认知的完成。人要实现尊严存在的认识完成，还需要将单一以关注自然为中心的激情转向以关注人为中心的努力，这一努力的最初形态学呈现就是苏格拉底对人予以道德哲学的审查，并为其存在构筑起"普遍的定义"。

在哲学史上，人们并不把苏格拉底看成智者，但实际上，苏格拉底是承智者运动而来并成为最后的大智者。这是因为他秉承智者的遗产，沿着普罗泰戈拉设定的"人是万物的尺度"的道路向前，继续追问人如何才可能真正成为"万物的尺度"。在人们看来，普罗泰戈拉将"人是万物的尺度"作为智者运动的哲学主题提出，其主要目的是解决真理的来源和真理如何确立的问题。但如果从人向世界要存在和人向人要存在角度看，"人是万物的尺度"落实于人的世界，就是人的存在尊严问题。当将"人是万物的尺度"落实于人所缔造的社会中，就不仅仅是人应该做"好公民"的问题，因为做好公民只是人的一个方面，而不是人的全部。从实质论，做好公民仅是人对公共生活的表现，人的根本的和本质的问题是如何才能获得真实意义的**人的生活**？这个问题的实质是人如何才能使自己成为（衡量万物的）尺度的人。人成为万物的尺度的真正标志是人成为自己的尺度，人成为自己的尺度的群化生存表述即人与人互为尺度。在苏格拉底看来，在观念上宣示"人是自己的尺度"和"人互为尺度"如同向存在世界宣示"人是万物的尺度"一样容易，但如何才能使"人成为自己的尺度"以及如何才能使"人与人互为尺度"？才是最为实际也最为艰难的问题。苏格拉底认为，人如何才可使自己既是自己的尺度又与人互为尺度，必须解决"人何以存在？"和"人怎样展开人的存在？"这两个具体的存在问题，苏格拉底始终围绕人区别物的德行而展开审思，认为人既然要成为万物的尺度，就必须区别万物而成为有德行的人，以德行的方式存在，并以德行的方式展开存在而生活。既然人只有以德行的方式存在并只能以德行的方式展开人的生活时，才有资格成为万物的尺度，那么，人怎样才具备德性并使自己德行地存在呢？苏格拉底以身体力行的方式探寻其答案：对任何人言，只有积极地探求人的知识以获得人的智慧，人才能德行地存在。因而，对"知识即智慧"和"智慧即德性"的思考，也就最为集中地打开"人何以存在？"和"人怎样展开其存在？"的真理之路，这条认知道路的生活化铺开，就是人的尊严的生活化和存在论形塑。

苏格拉底所讲的"知识"，是关于人如何认知自己和怎样过人的生活的知识，这种知识才构筑起生活的智慧，也唯有这种知识，才修炼起人成为人的生活的德性。苏格拉底关于人的存在知识和生存德性的思考，形成道德哲学。苏格拉底的道德哲学是建立在以心灵为本原的基础上的，在苏格拉底看来，心灵既是人的存在本原，也构成人的世界的本原。只有以心灵为本原，才可构建起人的生活原则——或曰道德哲学原则——这个原则就是心灵原则："在任何情况下，我首先确定一个我认为是最健全的原则，然后设定：凡是看起来符合这个原则的东西，不管是在原因方面，还是在其它方面相符合，都是真的；凡是与人之不相符合的东西，就不是真的。"[①] 以心灵为本原的心灵原则，生成两个具体原则，即自我认知原则（"认知你自己"）和德性原则（知识原则——知识即德性）。这两个原则分别从前提和结果两个维度规定了心灵原则：一个人只有对他自己的认识，就是关于德性的知识；一个人只有当他拥有对自己的认识时，他才真正拥有德性，因而，一个人只有当他真正拥有对自己的认识时，他才能过上有人的尊严的德行生活。在苏格拉底的思想世界和道德哲学里，尊严即认识向知识和德性的生成，也是德性向知识和认知

---

① 北京大学哲学系外国哲学史教研室编译：《西方哲学原著选读》上册，商务印书馆 1981 年版，第 65 页。

德行的敞开，由此形成"认知→知识→德性"和"德性←知识←认识"互为催发，揭示人诉求尊严地生活和存在始终是动态生成的人生过程，在这一人生过程中，"一个人为它物所掌握，像奴隶般被牵着走。苏格拉底终生和这种说法做斗争，而认为不存在不自制或放纵，因为行为不会有意背离最高善，而是出于无知"①。

在普罗泰戈拉看来，人的尊严存在必须面向存在世界和万物，使自己成为存在世界和万物的尺度。而苏格拉底却将人的世界论的重心转向人本身，发现人要尊严地存在必须面向人自己和人互为关照，人的尊严存在的实际方式，就是人成为自己的尺度的同时做到人与人互为尺度，人成为自己的尺度的基本努力，是始终不渝地"认知你自己"；人与人互为尺度的基本努力，就是使通过不懈地认识自己生成的知识变成生活的德性，这即虔敬、友爱、节制、勇敢、理性、正义，此六者构成人耕耘尊严存在的必须。然而，人既在自然世界中存在，也在人之求群、适群、合群努力所构筑起来的社会中存在，这是人的双重宿命。在这两种宿命的规训下，人要尊严地存在和生活，必须同时考量世界存在和人的存在的问题，而考量人的存在则又必须同时考量人的个体存在和人的城邦存在的问题。对柏拉图来讲，考量世界存在是为考量和会通人的个体存在和人的城邦存在提供依据、框架和方法，对人的存在的考量必须纳入人的城邦存在的框架中来，由此人的城邦世界如何为栖居于其中的人提供尊严存在的可能性，构成柏拉图哲学的最终归宿。在柏拉图看来，哲学王、武士、劳动者阶级三者，各以其节制勇敢、理性、为规训和牵引力而各居其位、各担其责的理想的城邦国家，才构成人的尊严存在的现实条件和最终保障。

柏拉图对人的尊严存在的整全设计，实实在在地为亚里士多德打开了全新的视域，但他并不赞同柏拉图的城邦主义思路。在亚里士多德看来，人的尊严存在，必是个体主义和个性主义取向，当城邦由一个最高统治者——无论是政客还是哲学王——来全权支配，形成一种"各授受其德"然后"各居其位、各守其责"的运行模式，虽然在理念上可完全在城邦中实现"节制、

---

① [古希腊] 亚里士多德：《尼各马科伦理学》，苗力田译，中国人民大学出版社 1999 年版，第135 页。

勇敢、理性、正义"的尊严，但实际上根本地消解了个体、个性和人性的人的存在，更谈不上有尊严。虽然"欧洲哲学传统最稳定的一般特征，是由对柏拉图的一系列注释组成的"①，并且"柏拉图著作的影响（不分好坏）是无法估计的。人们可以说，西方的思想，或者是柏拉图的，或者是反柏拉图的，但在任何时候不是非柏拉图的"②。但西方社会总是没有哪个国家愿意去实践柏拉图的"理想国"模式。作为其弟子的亚里士多德深知其中奥秘，而在其城邦政治学和伦理学两个方面都另辟道路，首先是从组建城邦国家的人出发来重建城邦政治，将由人组成的"城邦"定义为"至高而具备"的社会团体，而"一切社会团体的建立，其目的总是为完成某些善业——所有人类的每一种作为，在他们自己看来，其本意总是在求取某一善果。既然一切社会团体都是以善业为目的，那么我们也可说社会团体中最高而包含最广的一种"的城邦这一政治社团，"它所求的善业也一定是最高而最广的"。③ 这"最高而最广的善业"就是使生活在城邦中的每个人都能过上"优良的生活"，即"城邦的成长出于人类'生活'的发展，而其实际的存在是为了'优良的生活'"④。在亚里士多德这里，由人缔造的城邦，其存在和发展呈现出来的应有尊严就是它本身成为最高而广涵的"善业"。这种"最高而最广的善业"落实到城邦的缔造者身上，就是人人过上"优良的生活"。在亚里士多德看来，作为善业的城邦并不是从天上掉下来静态地存在，它本身就是一个**成长的**过程，这个成长的过程仍然是由它的缔造者人的努力来展开。所以，城邦的尊严最终来自人的尊严，城邦的尊严不过是人的存在尊严的集合，或曰城邦作为一个"最高而最广的善业"，必要由缔造城邦的人人实际的"优良的生活"来呈现。城邦只为它的缔造者提供了一个"善业"的平台，人人都要过上"优良的生活"，则需要接受苏格拉底的智慧的牵引，这就是人人必须与城邦一起成长，或者说人人的成长构成了城邦的成长，推动这一生长的行动努力却是人人知德和行德。亚里士多德在他的伦理学中系统地考察了基于"优良的生活"——或者说人人

① Whitehead, A. N., *Process and Reality*, Cambridge University Press, 1929, p. 53.
② Burnet, J., *Platonism*, California University Press, 1928, p. 1.
③ ［古希腊］亚里士多德：《政治学》，吴寿彭译，商务印书馆 1983 年版，第 3 页。
④ ［古希腊］亚里士多德：《政治学》，吴寿彭译，商务印书馆 1983 年版，第 7 页。

能尊严地存在——所必须的知德和行德的基本问题，系统阐述了基于尊严存在——或者说"优良生活"——的要求，应该如何知德和怎样行德。亚里士多德指出，人之行德，就是践履伦理的德性，但前提是知德；知德就是修养理智的德性。人修养理智的德性的核心问题，不是获得理性、节制和勇敢，而是要真正的**明智**。只有真正明智，才可具备有节制的理性和有节制的勇敢，从而正义；也只有凡事能真正明智，才可始终保持尊严的存在和生活。

尊严的思考和思想，贯穿于人类哲学的幼年。不仅古希腊哲学，中国东周时代诸子哲学同样流动着尊严的底色。孔子评价"晋文公谲而不正，齐桓公正而不谲"（《论语·宪问》）表明春秋早期两个政治风云人物，他们在事功上都很成功，但在其事功体现的人格和尊严上，却大相径庭。管仲治齐，之所以"相桓公，霸诸侯，一匡天下，民到于今受其赐"（《论语·宪问》），是因为治理邦政的根本理念蕴含了尊严意识，即邦国的尊严意识和人的尊严意识。在春秋早期"尊王攘夷"的社会框架下，管仲相桓公治齐以"尊王攘夷"为准则，所行的强邦之策，即欲强其国，必先强兵；欲强其兵，必先富邦；欲富其邦，必先富民；欲富其民，必先"与俗同好恶"，即"民之所欲，因而予之，俗之所否，因而去之"（《史记·管晏列传》）。因为"政之所行，在顺民心；政之所废，在逆民心"（《管子·牧民》），所以，治理邦政使其国富兵强的根本要义，就是顺民心，足民欲，"夫民必得其所欲，然后听上。听上，然后政可善为也"（《管子·五辅》）。只有"足其所欲，瞻其所愿，则能用之耳。今使衣皮而冠角，食野草，饮野水，孰能用之？"（《管子·侈靡》）

顺民心，足民欲，不仅使民富，而且更使民尊严地存在和生活。民能富且尊严地存在和生活，自然愿意服从社会的引导，邦国自然富强而尊严。有尊严地富强的邦国，能不成为天下的表率？这是管仲治齐"九合诸侯，不以兵车，管仲之力也。如其仁，如其仁！"（《论语·宪问》）的道理。老子《道德经》第三十三章言曰："知人者智，自知者明。胜人者有力，自胜者强。知足者富。强行者有志。不失其所者久，死而不亡者寿。"实道出人有尊严地存在和生活，就是"自知""自胜""知足""强行"。能够"自知""自胜""知足""强行"不懈者，不仅构筑起生之尊严，而且身后其尊严存在也被人们怀念，因而，人的长寿并不仅指生命的存在，更指尊严生活的人格和精神的长存。孔子的君子思想的灵魂是文质彬彬，这是得以尊严存在的根本标志，也可是人尊严存在的准则，在孔子的"质胜文则野，文胜质则史，文质彬彬，然后君子"（《论语·雍也》）中的"文"，即文饰，实指人的人文修养；"质"指天赋人的本性。天赋的本性抑制人文修养，或者说人文修养不足而使天赋的本性放纵，则生发野性、任性的存在取向和放纵的生活欲求；反之，将本应有的人文修养质变为过度的修饰，则必然压抑天赋的本性，人则由此变得浮夸和虚假。无论是"质胜文"还是"文胜质"者，哪怕取得事功上的成功或物质财富、权力地位方面的优越性，也都难以有存在和生活的尊严。人能够尊严地存在和生活的绝对前提，就是自具文质彬彬。一旦文质彬彬，就是君子。君子就是尊严地存在和生活者。以此出发，孔子思考政治问题，设计邦国政治，仍然以尊严为底色。孔子将邦国政治定义为"为政以德"，将"为政以德"定义为"为正以德"，即"政者，正也"（《论语·颜渊》）。孔子的政治之道就是中正之道，具体地讲，就是以中正为准则的仁德 – 公道。孔子认为，只要以中正为准则的仁德 – 公道来治理邦国，邦国就可从"庶矣"而"富之"再到"教之"（《论语·子路》），使之做到"民可，使由之，不可，使知之"（《论语·泰伯》）。即通过富而教之，使民懂得礼仪文明，能够自觉遵守道德法令时，（官府）就任民自由地生活；民如果不会自觉遵守道德法令，（官府）就要教化他们，使民知晓并遵守道德法令、礼仪文明。所以，在孔子的政治思想中，通过"庶""富""教"而使民自由地生活，就是通过"庶""富""教"而使民尊严地存在。民能尊严地存在，邦也必然尊严地存在，而尊严存在的邦国则能使"近者说，远者来"（《论语·子路》）。

2. 从概念到理论拓展

人类早年的存在思考和生存探索所形成的观念和思想的底色，是人区别于万物的尊严意识。以尊严意识为底色的存在探索，从形上认知和生存践履两个维度交错展开的进程，自然生发出"尊严"概念，尊严概念的产生为尊严思想和尊严理论的探讨提供了思维的工具和表述的手段。

dignity（尊严）一词出自拉丁语 dignus，意为有价值的。在人类"轴心时代"之古希腊文明和东周文明中，人们早已意识到人应该且必然是有尊严地存在，并自发地追求有尊严地存在和生活。首先是智者们自发地展开对人的尊严存在的认知，并通过这种认知来推动人对尊严存在的行动诉求。从普罗泰戈拉提出"人是万物的尺度"到苏格拉底的道德哲学，再到柏拉图的"大写的人"即理想的城邦国家，以至于亚里士多德，他将人理解为"有尊严的"生物，并从城邦（政治学）和个人（伦理学）两个维度探讨有尊严的存在何以可能。古希腊哲人这种前赴后继的自发思考构成一种实际的传统，这种传统传递到罗马时代，西塞罗（Marcus Tullius Cicero，公元前 106 – 前 43）在《论义务》中正式提出"尊严"（dignitas humana）概念，这是西塞罗对 dignitas 一词的扩充：dignitas 的本义是指一个罗马法官（如古罗马的元老院议员的专属品质），西塞罗的 dignitas humana 概念意指人的本性，使之成为一个表述道德、法律和政治的观念的术语，即尊严就是"要求尊重和荣誉的人类的品质"①。但 dignitas humana 概念仅在西塞罗的《论义务》中出现一处，且别无解释和阐述，正因如此，"尊严"概念并没有进入罗马时代的学术思想话语体系之中。只是到了文艺复兴时代，当"人"被重新发现的同时，尊严问题才凸显出来而成为人文主义者倡导的重要观念。这得益于意大利哲学家皮科（Giovanni Pico della Mirandola，1463 –1494）23 岁（即 1486 年）写的长篇演讲《论人的尊严》，皮科用"尊严"来描述和赞颂人的自由，指出尊严既是人的自由的象征，也是人的自由的实现。皮科强调尊严的属人性质，认为只有人才有尊严，也只有人才可尊严地存在。但属人的尊严并不是天赋，而是来自人的自我塑造，只要人意识地诉求尊严地存在，并通过道德自律和不断进取地实现对自己的完善，就可获得尊严而尊严地存在。所以皮科说："倘若你看到有人只是口腹之欲的奴隶，在地上爬行，你看到的不是人，而是植物；倘若你看到有人为自己的感觉所奴役，被幻想出的空洞影像（就好象被卡吕普索这位女神自身）所蒙蔽，耽于其蛊惑人心的咒语，你看到的不是人，而是野兽；倘若你看到一个哲学家用正确的理性辨识事物，崇敬他吧，因为这个生灵不属地，而属天。倘若你看到一个纯粹的沉思者忘却了身体，专注心智深处，这个生灵就既不属天也不属地：这是一个虽穿着肉身却崇高的神灵。"②

---

① A. M. M. Lebech, *On the Problem of Human Dignity*, Wurzbourg：K nigshausen & Neumann, 2009, p. 46.

② ［意］皮科·米兰多拉：《论人的尊严》，顾超一等译，北京大学出版社 2010 年版，第 32 页。

皮科对"人的尊严"的思考构成人文主义的核心思想,推动文艺复兴发展,并在开启科学革命和哲学革命并肩向前的 17 世纪,进入了哲学的视野,最早将"尊严"问题纳入哲学予以理性拷问的第一人是唯物论哲学家霍布斯(Thomas Hobbes, 1588 – 1679),他在《利维坦》(1651)第一部分第 10 章"论权力、身价、尊严、荣誉及资格"中讨论了"尊严"概念,阐述了"尊严"的定义。霍布斯借助"个体的权力"以及源自对这种权力的承认的"身价"两个概念,强调"一般称之为尊严的"是"一个人在公众中的身价,也就是国家赋与他们的身价……这种国家赋与的身价要通过发号施令、裁断诉讼、公共职务等职位来估定,或者是通过专为显示这种身价的称号或名义来估定"①。霍布斯所说的身价即人的身价,它正像所有其他东西的价值一样就是他自身的价格,他自身的价格也就是能为他自己使用的力量将赋予对方多少。"一切能成为权势的象征和证明的所有物、行为或品质都是令人尊重的事物。因此,受到许多人的尊敬、爱戴或畏惧便是令人尊严的人,因为这说明了他的权势。很少人或没有尊敬的便是不令人尊重的人。"②霍布斯认为,尊严就是人们根据自己掌握的权力而赋予他者某种珍贵的东西。一般地讲,人的权力就是"一个人取得某种未来具体利益的现有手段"。在霍布斯看来,这种获取"未来利益的现有手段"的权力既可是"原始的"或者说天赋的,也可是"获得的"或曰争取得来的。此二者都可内在于人的身上而被运用,所不同的是,天赋于人的"原始的"权力是"身心官能的优越性,如与众不同的膂力、仪容、慎虑、技艺、口才、慷慨大度和高贵的出身等等都是";后天努力"获得的"权力是"来自上述诸种优越性或来自幸运、并以之作为取得更多优势的手段或工具的权力,如财富、名誉、朋友以及上帝暗中的神助(即人们所谓的好运)等都是"。③

尊严问题总是伴随人的觉醒程度而不断得到正视和重视。文艺复兴催发的两个重新发现,即对自然的重新发现和对人的重新发现,形成科学革命和哲学革命的胜利成果,即以霍布斯为代表的唯物论哲学和以牛顿为代表的天体物理学共筑起来的机械论世界观,它通过洛克和亚当·斯密等人的努力而

---

① [英] 霍布斯:《利维坦》,黎思复、黎廷弼译,商务印书馆 1986 年版,第 64 页。
② [英] 霍布斯:《利维坦》,黎思复、黎廷弼译,商务印书馆 1986 年版,第 67 页。
③ [英] 霍布斯:《利维坦》,黎思复、黎廷弼译,商务印书馆 1986 年版,第 67—69 页。

分别运用于政治和经济两个领域，构建起放任自由的市场经济和支撑其放任自由之市场经济的个人自由主义政体及制度体系。个体、个性、自由的人的理性意识及其根本问题不断生发和凸显，与之相伴的是亚里士多德的经验理性传统和柏拉图的观念理性传统分别在英国和法国获得新生的土壤，其相向而进的勃勃发展最终汇流而形成启蒙哲学，它经由法国而转向德国开启古典哲学大道，人的问题得到前所未有的廓大，尊严问题也因此构成个体主体论的认识论形而上学关注的基本问题。康德接过霍布斯的尊严思想，剔除其"原始的"因素，开辟出与"权力"和"身价"完全不同的思路，从理性（纯粹理性、实践理性或批判理性）出发，认为理性思考能力构成人类尊严之源。

比较而言，尊严之于霍布斯，即某种具有价值的东西，即凡是有价值的东西都可成为尊严之源，并且都能成为尊严本身。康德却在价值和尊严之间划出一条鸿沟，并做出严格的区分，并由此宣称："目的王国中的一切，或者有价值（Preis），或者有尊严（Wurde）。一个有价值的东西能被其他东西所代替，这是等价；与此相反，**超越于一切价值之上，没有等价物可替代，才是尊严。**"①（引者加粗）按霍布斯的理解，价值根源于权力、权势和身份，它们都属已有的东西，或者说是已成的东西，而超越这"一切价值"的东西，应该是**将成的东西**，或者说是使一切得成的东西，这个东西之于康德就是使人进入"目的王国"并在"任何时候都成为目的"本身的"善良意志"。康德指出："在世界之中，一般地，甚至在世界之外，除了善良意志，不可能设想一个无条件善的东西。理解、明智、判断力等，或者说那些精神上的才能勇敢、果断、忍耐等，或者说那些**性格**上的素质，毫无疑问，从很多方面看是善的并且令人称羡。然而，它们也可能是极大的恶，非常有害，如若那使用这些自然禀赋，其固有属性称为品质（Charakter）的意志不是善良的话。这个道理对**幸运所致的东西**同样适用。财富、权力，荣誉甚至健康和全部生活美好、境遇如意，也就是那名为幸福的东西，就使人自满，并由此经常使人傲慢，如若没有一个善良意志去正确指导它们对心灵的影响，使行动原则和普遍目的相符合的话。"②（引者加粗）康德认为，善良意志是衡量人是否

① ［德］康德：《道德形而上学原理》，苗力田译，上海人民出版社 2017 年版，第 41 页。
② ［德］康德：《道德形而上学原理》，苗力田译，上海人民出版社 2017 年版，第 6 页。

就是目的、是否值得幸福的"必不可少的条件"。但也有其自身规定，这就是
"善良意志，并不因它所促成的事物而善，也不因它期望的事物而善，更不因
它善于达到预定的目标而善，而仅是**由于意愿**而善，它是自在的善：并且，
就它自身来看，它自为地就是无比高贵。任何为了满足一种爱好而产生的东
西，甚至所有爱好的总和，都不能望其项背"①（引者加粗）。对动机论者康
德来讲，由于"意愿而善"的善良意志成为道德法则，由此道德法则生成具
体的道德命题，牵引和规训道德的道德命题必然将价值和责任贯穿起来，形
成"第一个命题是：只有出于责任的行为才具有道德价值。第二个命题是：
一个出乎责任的行为，其道德价值不取决于它所要实现的意图，而取决于它
所被规定的准则。……第三个命题，作为以上两个命题的结论，我将这样表
述：责任就是由于尊重（Achtung）规律而产生的行为必要性"②。康德由此推
论出尊严，并认为尊严与"自律性"观念关联，因为这种从"意愿而善"的
善良意志中生发出来的"自律性"代表了"人和任何理性本性的尊严的根
据"，因为它"在任何时候，都要把自己看作一个由于意志自由而可能的目的
王国中的立法者。他既作为成员而存在，又作为首脑而存在。只有摆脱一切
需要，完全独立，并且在他的意志能力不受限制的条件下，他才能保持其首
脑地位"。由于自律性，"理性把意志的每个准则都当作普遍规律和其他意志
联系起来，同时也和对自身的每一行为联系起来。这种联系并不是由于其他
什么实践动机或预期的受益，而是由于一个有理性东西的尊严观念，这种有
理性的东西除了自己的立法之外，不服从任何其他东西"③。由其"意愿而善"
的善良的意志即自由意志，它之所以是自由意志，是因为它是它自身的立法，
并且它是它自身王国的首脑，并因其自律而存在、而释放出存在立法的尊严。
因此，人对尊严的尊重（Acht-ung）必须植根于对人的自律性的尊重。

　　在存在世界里，人原本既是世界性的存在者，也是他者性的存在者，基
于如此双重的原发存在，尊严应该关乎他人。但在康德的个体主体论的认知
论形而上学的思想世界里，尊严的他者性被遮蔽，自律性才是唯一的，它指

---

① ［德］康德：《道德形而上学原理》，苗力田译，上海人民出版社 2017 年版，第 7 页。
② ［德］康德：《道德形而上学原理》，苗力田译，上海人民出版社 2017 年版，第 12 页。
③ ［德］康德：《道德形而上学原理》，苗力田译，上海人民出版社 2017 年版，第 41 页。

涉每个人自身。在康德看来，"每个有理性的东西都须服从这样的规律，不论是谁在任何时候都不应把自己和他人仅仅当作工具，而应该永远看作自身就是目的。这样就产生了一个由普遍客观规律约束起来的有理性东西的体系，产生了一个王国。无疑这仅仅是一个理想的目的王国，因为这些规律同样着眼于这些东西相互之间的目的和工具的关系"①。这个被"看作自身就是目的"的自律性的"理想的目的王国"，必然要求尊严成为个体的固有德性，构成人的根本品质。因为"人，一般说来，每个有理性的东西，都自在地作为目的而实存着，他不单纯是这个或那个意志所随意使用的工具。在他的一切行为中，不论对于自己还是对其他有理性的东西，任何时候都必须被当作目的。……与此相反，有**理性**的东西，叫做**人身**（Personen），因为，他们的本性表明自身自在地就是目的，是种不可被当作手段使用的东西，从而限制了一切任性，并且是一个受尊重的对象。所以，他们不仅仅是主观目的，作为我们行为的结果而实存，只有**为我们**的价值，而是客观目的，是些其实存自身就是目的，是种任何其他目的都不可代替的目的"②。

托马斯·希尔指出："康德道德哲学有几个方面对于一种能够被确认为宽泛的康德主义伦理学理论是必要的，例如人类尊严的重要性及其在我们必须尊重所有人方面的应用。另一个相关的主题是绝对命令，将其不同表述放在一起来看，表明了一种道德慎思（moral de-liberation）框架与相互尊重的对话的基本特征。通过道德慎思框架与对话，实际问题才能得到合理处置。"③ 希尔进一步分析康德道德慎思和人的尊严之间的构成公式，实由人的正反两个方面构成，从反面讲，你必须如此行动，在任何时候都不能视人性为手段；从正面讲，你只能这样行动，在任何时候都须把人性视为目的。合起来看，康德要求我们不仅珍视个人的个体性（individuality），而且每个人与任何他人拥有共同的人性。④ 希尔指出，康德对人性的思考呈现三个方面的诉求，首

---

① ［德］康德：《道德形而上学原理》，苗力田译，上海人民出版社 2017 年版，第 40 页。

② ［德］康德：《道德形而上学原理》，苗力田译，上海人民出版社 2017 年版，第 36 页。

③ 参见周治华《道德与人的尊严、幸福、卓越：与托马斯·希尔教授谈康德道德哲学研究》，《道德与文明》2014 年第 6 期，第 144—150 页。

④ Hill Thomas E., "Finding Value in Nature, Environmental Values", 15 (2006): 331 – 341, Reprinted in *Virtue*, *Rules*, *and Justice*: *Kantian Aspirations*, Oxford University Press, 2012.

先，人性不是因为被欲求而成为目的，它作为目的包含了应当为所有理性存在认可的原则。承认某种诸如人性的东西为目的，来为或不为某些事情。其次，人性不管存在于何处，都因为它之所是而作为一个目的；人性作为目的不是某种目前还不存在但应当被制造出来的东西，也不是某种应当在数量上增加的东西。最后，"人性作为客观存在的目的，别的东西都应当仅仅作为手段来为它服务。即当一个人的人性给出一个为或不为某件事的理由时，不管这个理由是什么，它优先于其他任何理由。"① 希尔认为，康德就是通过个人"对自己的义务"和"对他人的义务"的讨论来清晰呈现尊严与人性的关系，指出尊严要求人们避免奴性以及其他形式的自我贬损。这是因为"每个人作为人类存在物，无论社会地位和个人功绩如何，都具有平等的价值。由于羞愧乃至负罪感而向他人卑躬屈膝或忍辱负重，就是否认一个人作为人类存在物的平等地位。如果一个人自觉有罪，他应当改变，使其行为与一个人的身份所具有的尊严更为相称，但是这种尊严本身是无条件的，不是人们能够失去或者得到的东西。尊重不是以个人才能、成就、努力获得的社会地位、甚至道德的良善作为基础，人也不会由于这些东西多寡而获得更多或更少的尊重"②。

　　然而，尊严并不是人固有的德性，尊严也不只限于道德。在本原意义上，尊严不属于道德论，而属于存在论。只有在存在论意义上才可生发出来道德论的问题，才可理解道德论意义的尊严。只讲尊严的道德论，或者只从道德角度理解尊严，尊严就成为无本之木，必处于空中楼阁中。1946 年，《联合国宪章》(*United Nations Charter*) 突破了这种自康德以来的道德主义的尊严论模式，宣称联合国民众对"基本人权、人的尊严和价值"的信奉。1948 年，《世界人权宣言》(*Universal Declaration of Human Rights*) 在"序言"中明确"鉴于对人类家庭所有成员的固有尊严及其平等的和不移的权利的承认，乃是世界自由、正义与和平的基础"；并在第一条规定："人人生而自由，在尊严和权利上，一律平等。他们富有理性和良心，并应以兄弟关系的精神相对待。"以此

---

① Hill Thomas E. "Finding Value in Nature, Environmental Values", 15 (2006): 331 – 341, Reprinted in *Virtue*, *Rules*, *and Justice*: *Kantian Aspirations*, Oxford University Press, 2012.

② Hill Thomas E. "Finding Value in Nature, Environmental Values", 15 (2006): 331 – 341, Reprinted in *Virtue*, *Rules*, *and Justice*: *Kantian Aspirations*, Oxford University Press, 2012.

开启了尊严的人权视野和人权范式，尊严作为基本人权进入 20 世纪后半叶各国宪法领域，构成宪法的核心内容，其开先者是"二战"后的德国，德国于 1949 年 5 月推出的新宪法规定"人之尊严不可侵犯，尊重及保护此项尊严为所有国家机关之义务"①。自此以后，诸多国家随其后，在其所制定的新宪法中都明确规定对人的尊严的尊重。②不仅如此，作为人的基本权利的尊严也成为临床医学等行为领域的基本准则，比如丹麦医学会（Lgeforeningen）于 1989 年通过的医学伦理准则规定"任何履职医生在任何情况下都应该尊重患者的个人尊严和完整性"。由此，有关于尊严的探讨也从理论、行为、生活等各个方面展开。

美国新行为主义心理学家斯金纳（Burrhus Frederic Skinner，1904－1990）于 1971 年出版的《超越自由与尊严》从人类文化的演进、自由、价值等方面入手来讨论人的尊严问题，揭示尊严和自由的互生关系并不具有绝对性，因为人始终是环境的产物，是历史性敞开的文化和社会运动的产物，这注定人类面临的首要任务是设计一个最适合自己生存的文化与社会。"人类为自由奋斗，不是由于人有要自由的意志，而是由于人这种有机体所特有的行为过程所决定的，这种特性的主要效能在于躲避或逃脱环境中的所谓的'不利的'特征。"③ 因为"一切控制都是由环境实施的，因此，我们要为之努力的是设计更好的环境而非更好的"④。然而，人与环境又是互动的，"人受着环境的控制，但环境本身却几乎完全是由他自己创造的"⑤；人类"着手改变环境时，他起着双重的作用：一是起着控制者的作用，即起着对控制性文化进行设计的作用，一是受控者的作用，即充当文化的产物"⑥。所以，"设计一个更美好世界的目的是为了让最

---

① A. M. M. , Lebech, *On the Problem of Human Dignity*, Wurzbourg：Königshausen & Neumann, 2009，p. 124.

② A. M. M. , Lebech, *On the Problem of Human Dignity*, Wurzbourg：Königshausen & Neumann, 2009，p. 121.

③ ［美］B. F. 斯金纳：《超越自由与尊严》，陈维纲、王映桥译，贵州人民出版社 2006 年版，第 33 页。

④ ［美］B. F. 斯金纳：《超越自由与尊严》，陈维纲、王映桥译，贵州人民出版社 2006 年版，第 65 页。

⑤ ［美］B. F. 斯金纳：《超越自由与尊严》，陈维纲、王映桥译，贵州人民出版社 2006 年版，第 176 页。

⑥ ［美］B. F. 斯金纳：《超越自由与尊严》，陈维纲、王映桥译，贵州人民出版社 2006 年版，第 176 页。

有强化力或者可能最有强化力的因素发挥作用，因此，这一世界肯定将得到未来生活于其间的人们的喜爱"①。斯金纳坚信，只有以"更美好的世界"为动力，人才有共同改变生活的激情，而"人改变着生活在其间的世界，但在改变世界的同时，他也极大地改变了作为人的自身"② 的行为过程，也实实在在地拓展了自由存在的空间并实现和提升着做人的尊严。因为自由地存在和尊严地生活，既是自我实现的呈现，也要以自我的成长和提升为主体条件，而"自我即是与一给定的相互联系集合相对应的一系列行为，或一种行为序列。一个人置身于一定的环境条件中，当这种环境条件的核心部分发挥着支配性作用的时候，他就会作出一系列相应的行为，换句话说，他拥有了自我"③。

唐娜·希克斯从日常生活入手，考察人的尊严认知和尊严形成的基本因素、尊严侵犯的诸种原因，总结"在未被他人富有尊严地对待时如何给予回应"和"在日常生活中如何践行富有尊严的行为方式"，发现人的尊严蕴含无限可能的力量，它可在人的日常生活的方方面面发挥作用。④ 德国政治哲学和现象学家施瓦德勒认为，攸关人类存在意义和生命权利的根本性问题是尊严问题，他从"人是什么"入手，分别从人的本性、人的义务、自然法与人的自由、人的权利、人的人格和生命的文化等方面考察人的尊严，揭示人权与尊严的生成关系，不是人权形塑尊严，而是尊严构成人权的基础，指出只有真实地理解尊严的人性本质和存在本质，才可理解人权为何必须得到保障的充分理由。⑤

尊严的身份政治，是尊严存在的最新问题。因为"当代自由民主国家还没有彻底解决激情（Thymos）的问题。激情是灵魂里渴望获得承认的那个部分；平等激情（isothymia）是在人人平等的基础上获得尊重的渴望；优越激

---

① ［美］B. F. 斯金纳：《超越自由与尊严》，陈维纲、王映桥译，贵州人民出版社 2006 年版，第 132 页。

② ［美］B. F. 斯金纳：《超越自由与尊严》，陈维纲、王映桥译，贵州人民出版社 2006 年版，第 170 页。

③ ［美］B. F. 斯金纳：《超越自由与尊严》，陈维纲、王映桥译，贵州人民出版社 2006 年版，第 200 页。

④ ［美］唐娜·希克斯：《尊严》，叶继英译，中国人民大学出版社 2016 年版。

⑤ ［德］瓦尔德·施瓦德勒：《论人的尊严：人格的本源与生命的文化》，贺念译，人民出版社 2017 年版。

情（megalothymia）则是想被视作高人一等的欲望。现代自由民主国家承诺并在很大程度上兑现了最起码的平等尊严，体现为个人权利、法治、参政权。但这些东西不能保证的是民主国家的人，尤其是在历史上曾被边缘化的群体成员，在实践中确实会得到平等的尊重"①。基于这一基本认知，福山从"身份"概念入手，从哲学、政治学和现实政治三个维度来解析"身份"的起源，指出："身份这个词，意在帮助我们理解为什么它对当代政治如此重要。身份之所以出现，首先是由于人真正的内在自我有别于社会规则规范的外部世界，且外部世界对内在自我的价值或尊严不予恰当承认。"② 其次产生于"现代身份概念统一了三个不同的现象。一是激情，渴望得到承认的普遍人性。二是内在自我有别于外在自我，且内在自我的道德赋值高于外部社会。这直到早期现代的欧洲才出现。三是不断演变的尊严概念，承认不再只为某个狭隘的阶级所应得，而是人人应得。不断拓展的、普遍化的尊严把对自我的私人追求变成一桩政治事业"③。福山指出，当尊严从私人生活领域凸显出来而成为当代人类的政治事业，对尊严的探讨就必须正视四个方面的基本问题：首先，尊严的人性原动力是激情，因为"激情是人性的一个普遍的方面，亘古有之，但是，认为我们每个人都有应被尊重的内在自我，认为周围社会不承认人的内在自我可能是错的，这是更晚近的现象。所以说，身份概念虽然植根于激情，但只有到了现代，当身份与内在自我和外在自我的观念相结合，与内在自我价值高于外在自我的激进观点相结合时，身份方才出现"④。其次，以灵魂为本质内容的内在性是尊严的基础："内在自我是人类尊严的基础，但尊严的性质可变，事实上也因时而变。在许多早期文化中，尊严只是少数人的属性，通常属于自愿出生赴死的战士。有的社会认为尊严是所有人的属性，基于的是人作为行为主体的固有价值。还有一些社会认为，尊严的存在是因为

① ［美］弗朗西斯·福山：《身份政治：对尊严与认同的渴求》，刘芳译，中译出版社 2021 年版，第 5 页。

② ［美］弗朗西斯·福山：《身份政治：对尊严与认同的渴求》，刘芳译，中译出版社 2021 年版，第 14 页。

③ ［美］弗朗西斯·福山：《身份政治：对尊严与认同的渴求》，刘芳译，中译出版社 2021 年版，第 41 页。

④ ［美］弗朗西斯·福山：《身份政治：对尊严与认同的渴求》，刘芳译，中译出版社 2021 年版，第 27 页。

一个人属于一个拥有共同经历和记忆的更大群体。"[1] 再次，能够被普遍渴望和认同的尊严，只能是平等的：尊严平等，必须得到法律的承认和保护，"基于个体权利的自由民主社会把尊严平等的理念写入法律，承认公民是道德主体，有能力共享他们的自治政府"[2]。最后，推动尊严平等的渴望和认同所应该普遍遵从的原则和社会机制，不是平等，也不是平等的自由，而是**自由的平等**。因为"内在自我、外在自我有区别，内在自我的价值高于既有的社会安排，内在自我的尊严取决于它的道德自由，人人皆有道德自由，以及自由的内在自我应该得到承认"[3]。

二　性质与根源

尊严，既是人的一个存在问题，更是人的一个生活问题。由于前者，尊严关联起人性，也关联起自然本性和存在世界的创化；因为后者，尊严关联起政治，也关联起经济，更关联起地域文化和人类文明的走向。但无论作为人的存在问题还是作为人的生活问题，尊严都既是行为的，也是心理的，既是敞开的，更是遮蔽的。如上诸种因素自发整合生成将尊严之自身构成及渊源问题凸显了出来。

1. 尊严的性质

何为尊严？　在人们的常识看待中，尊严（dignity）也称为人性尊严（human dignity），意指人固有的价值属性和拥有受到他人尊重的权利。这就是说，尊严首先是一种价值属性的东西，并且，这种呈价值属性的尊严，是"人固有的"。"人固有的"有两解：一是指天赋予人的，二是指只有人才拥有的。根据"人固有的"东西是"价值属性"观，"人固有的"并非指"天赋予人的"，而是指"只属人才拥有的"的价值：尊严属价值范畴，它体现一

① ［美］弗朗西斯·福山：《身份政治：对尊严与认同的渴求》，刘芳译，中译出版社 2021 年版，第 15 页。

② ［美］弗朗西斯·福山：《身份政治：对尊严与认同的渴求》，刘芳译，中译出版社 2021 年版，第 44 页。

③ ［美］弗朗西斯·福山：《身份政治：对尊严与认同的渴求》，刘芳译，中译出版社 2021 年版，第 44 页。

种价值属性，并且是一种价值。价值，不属于天赋，属人的后天自为所成，这是因为价值并非存在实体，不可独立存在，也不可自为产生，必须借助于它者而产生，并依附于它者而存在。"尊严是人固有的价值属性"则很好地表达了这一点：尊严是人的产物，没有人，尊严不可能产生；离开了人，尊严不可能存在。所以，将"尊严"理解为"人性"尊严，则是更清晰地表明了尊严只属于人的范围疆界，同时也明朗出尊严作为一种"价值"的属性指向。价值既有其存在论义，更有其生存论义。在存在论意义上，价值是普遍指涉的；但在生存论意义上，价值既可呈普遍指涉性，也可呈特殊指涉性，这是因为生存论意义的价值具有**效用**倾向，这种效用倾向是否呈现普遍指涉性，取决于人的场域化的情景定义中的实际动机和目的。在利欲诉求的生活领域中，许多效用倾向往往忽视对人性的考量甚至违背人性。所以，用"人性"来定义尊严，则保障了尊严的普遍指涉性，哪怕是生活尊严也蕴含其存在论诉求。

将尊严界定为"人固有的价值属性"，这是揭示尊严的自为和为己。尊严的**自为**，指人的尊严从人自己身上产生出来，是人的生活呈现其自为存在的价值。尊严的**为己**，指以自为的生活方式创造出自为存在的价值，并不是因为自己之外的他者、它种存在，或者并不是指向自身之外的存在，而是指自身存在。尊严的为己，指自为的尊严必以自己为归宿：人自为尊严的目的，就是实现自己，完善自己，使自己尊严地存在。

由于人始终是他者性的存在者，人对尊严的自为达于为己的实现，这中间需要一个环节、一个中介、一座桥梁，即**他者**。这个他者，当然指他人，包括个体的他人和群化的他人，也指联系人的事或物，简称事物。这就涉及界定尊严的另一个维度，即"拥有受到他人尊重的权利"。

尊严就是"拥有受到他人尊重的权利"，首先意指尊严是**一种**权利，而不是所有的权利。其次指尊严这种权利，不是经济权利，不是政治权利，不是文化权利，不是人格、身份、地位、富有等方面的权利，但又是所有这些权利的**集合**所形成的那种特别的权利，即受到他人尊重的权利。

尊严作为受到他人尊重的权利，既特别也特殊。权利是属人的，但属人的权利，既可是**天赋**人权，也可是**分配**人权。而"受到他人尊重的权利"既不属天赋，也不是分配的产物，而是**己的期许**和**他的给予**，是期许与给予合生的权利。对这种**合生的权利**言，期许，是己对他的渴望；给予，是他对己的认同。只有当渴望之期许得到认同之给予时，受到他人尊重的权利才产生，尊严才呈现。所以，期许性渴望与认同性给予之间构成**吁求**与**响应**的关系，形成这种关系产生，受到他人尊重的权利就产生，如果吁求与响应之关系没有发生，只是期许性渴望，而没有认同性给予，其自为而为己的尊严则不会产生。

以此观之，尊严不是一种价值属性或价值，而是一种关系。将尊严看成一种价值，这是对人的生活、人的存在的静态的和孤立的看法，并且，将尊严定义为一种价值，也是将尊严本身效用化或实用化。因为当我们说尊严是一种价值时，必要寻求载体，那么，承载尊严的既可是个体，也可是群体；既可是人的身份、地位、财富、权力，也可是出身、血缘、环境（比如家庭、种族、国家）、造诣、才智、职业等。由此不难理解，用价值或价值属性来定义尊严，尊严往往被效用化、实利化、庸俗化和矮化。也由此可能消解其人性、人道、自由、平等、公正、正义，消解其普遍指涉及要求。所以，将尊严定义为一种价值或价值属性，不符合尊严本身，虽然尊严**确实体现为一种价值**。尊严可呈现为一种价值，但尊严本身不是一种价值，而是一种关系和方式。

首先，尊严是一种**存在关系**（Existence relationship）。这既是人与人相向存在的关系，也是人与人相予存在的关系，更是人与人共生存在的关系。**人与人相向存在**，指人面向人而存在，即你面向我而存在，我面向你而存在。人与人相向存在，是人的他者性存在的本原位态，这种相向面对的原本姿态，揭示尊严不仅产生于己为，同时也产生于人为，并且己为与人为是正向面对的，是光明正大的。所以，所谓尊严，是人与人**光明正大的**存在关系。**人与人相予存在**，意指人与人互为面向而存在，并不是机械的设计或安排的存在，而是互为的存在。所谓互为的存在，指己为与人为的**相互给予**的存在，具体讲，就是己为他为的同时他为己为的存在，这种存在关系的本质是相互给予。所以，人与人相予存在揭示尊严是人与人相互给予的成就，它揭示尊严的生存本质不是索取，而是互予。**只有互予，才生成尊严**，而互予尊严的本质却是**生成**。尊严是人与人互为生成的。**人与人共生存在**，揭示尊严是人与人相向存在和人与人互为给予的需要；人与人互为给予的生成，是实现人与人共生存在。所以，人与人相向存在，是尊严生成的出发点，没有人与人的相向存在，尊严就没有必然的逻辑出发点，也就没有稳定坚实的起点。人与人相予存在，是尊严生成的必需方式，只有人与人相互给予，尊严才真实地生发、生成、持存性敞开。人与人共生存在，是尊严的目的。尊严不是自我实现，也不是自我完善，**尊严是己与人共生实现，是人与己共生完善**。

其次，尊严也是一种存在方式。尊严作为一种存在关系，它实际地由"人与人相向存在"向"人与人相予存在"再向"人与人共生存在"方向敞开，其内在的动力却是生成。所以，尊严又是一种以生成为本质规定和动力机制的存在方式，正是这种存在方式才构成尊严这种存在关系的内在稳定性和动态持存品质。

尊严的性质　尊严作为一种存在关系，形成尊严的存在论，标明尊严的存在位态和不可逆朝向。尊严作为一种存在方式，形成尊严的生存论，揭示尊严的存在性质和由此性质规定的生存敞开方式。

马克思从人的劳动异化中发现人的异化，从劳动异化和人的异化中发现尊严问题，认为"那些不感到自己是人的人，就象繁殖出来的奴隶或马匹一样，完全成了他们主人的附属品"，因而也应就"没有任何人的思维和尊严"。[1] 马克思指出，"尊严就是最能使人高尚起来，并高出于众人之上的东西"，也是最能激发人"为人类福利而劳动的职业"力量。[2] 马克思对尊严的思考揭示了尊严的人本性质：尊严作为一种存在方式，就是通过构建人与人从"相向存在"到"相予存在"再向"共生存在"这样一种动态持存的存在关系，而真实地站立起来成为人，过一种人与人**生活在一起**的人的生活。

人与人从"相向存在"到"相予存在"再到"共生存在"的生成过程之所以生成出人的尊严，是因为人与人从"相向存在"朝"相予存在"方向展开进入"共生存在"的进程，不仅始终保持着生成，而且始终**存养着**一种行为方式和约束方式。这种行为方式就是**良行主义**，这种约束方式就是**边界主义**。

---

① 《马克思恩格斯全集》第1卷，人民出版社1982年版，第409、410页。
② 《马克思恩格斯全集》第40卷，人民出版社1982年版，第6页。

首先，尊严必是良行主义的成果。

良行主义之"良行"的感觉性语义，即无任何恶意或不良倾向的优良行为，其实质含义是指人以优良的存在方式生活。所以良行之于人，必须具备优良的存在方式。人要具备优良的存在方式，其一是**心向其善**，其二是**行为其善**。心向其善之于人，就是始终保持与人相向、与人相予和与人共生；心向其善之于自然和物，则始终保持敬畏、关切、尊重其自在与共生。具备优良的存在方式，只是人有了良行的主体能力，但真实的良行，必须是遵从优良的存在方式去生活，遵从优良的存在方式去生活，必然与具体的人、具体的环境、具体的事或物打交道。其交道的依据和准则不能从自己出，而是应从与之交道的人、环境、事或物出，即遵从人的法则、环境的法则、为事的法则与待物的法则。所以，遵从优良的存在方式去生活，就是遵从人的法则、环境的法则、为事的法则和待物的法则来生活，才可真正体现心向其善并实现行向其善和行为其善。

基于对"良行"的本义的理解和遵从，凡事良行，就是良行主义。或曰，凡事按照优良的存在方式去生活，就是良行主义。对这种凡事按照优良的存在方式去生活的良行予以学理的抽象和规律、法则的归纳，良行主义就是会通自然律法和人文律法的社会律法的存在方式。具体地讲，良行主义既指优良的行为方式，也指共生的群性方式，更指德性的处事方式和共赢的利义方式，以此观之，良行主义就是人与人从"相向存在"向"相予存在"进而"共生存在"方向生成性敞开的优良行为方式、共生群性方式、德性处事方式和共赢利义方式的合生存在方式和生活方式。要言之，良行主义是一种合律法的存在方式和生活方式，这种合律法的存在方式和生活方式自有四个方面的内在规定性。其一，良行主义必须合律法，即既合自然的律法和合人文的律法，也合社会的律法。其二，良行主义必合内生的良心、良知并呈良能。其三，良行主义的生活诉求是**善意地生活**。善意地生活的本质是善意。所谓善意，就是拥有平等、尊重、无伤害的生活态度；以平等、尊严、无伤害的日常行为构建一种平等、尊重、无伤害的生活方式就是善意地生活，它展开为自己、他人、社会、自然（包括物种生命、环境）四个维度，即平等尊重自己，不伤害自己地生活；同时也平等地尊重他人、社会、自然，不伤害他人、社会、自然地生活。人善意地生活的真实目的，是实现己与他者同在、共生。

其次，尊严必是权界主义的成果。

无论从存在关系言，还是从存在方式论，尊严都是权界主义的。首先，从存在关系言，尊严产生于人与人相向存在向相予存在和共生存在方向迸发，始终在一个既动态生成又动态持存的框架下展开。这一动态生成和动态持存的框架，就是人与人——具体地讲就是己与他——构成的边界框架：无论是人与人相向存在，还是人与人相予存在，抑或是人与人共生存在，都是己构成人的边界的同时，人构成己的边界，己与人互为边界，人与己亦互为边界。正是己与人和人与己的这种互为边界，才形成人与人相向存在、人与人相予存在和人与人共生存在。或者，人与人之所以始终能够从相向存在到相予存在再到共生存在地构筑尊严的存在方式和尊严的生活方式，就在于以己与人和人与己互为边界、互为保障。

存在始终是实存地敞开，人的存在亦是实存地敞开。人实存地敞开存在的形态学呈现，既是宏观的，也是微观的。在宏观层面，人实存地敞开存在的形态学呈现，乃是人始终坐落在以自然宇宙为基本构形的存在世界之中，必然地与自然宇宙相交道，自然宇宙按自身存在方式运行，人的实存必遵从自然宇宙的自在运行。在微观层面，人实存地敞开存在的形态学呈现，却是总与具体的事或物相交道。具体讲，人与人从"相向存在"向"相予存在"和"共生存在"方向敞开，总是以宏观的自然宇宙的自在运行为舞台，并以具体的事或物的生变为中介。所以，以自然宇宙为存在舞台并以具体的事或物为中介而敞开人与人"相向存在→相予存在→共生存在"，则必须做到敬畏、关切、尊重。由此或可概括，尊严作为人的权利，既是人与人相渴望性期许与认同性的响应的合生权利，同时也是人与事物、人与环境、人与自然之间保持生成疆界的权利。这一双重权利构成了尊严的权界，形成**凡事权界**的权界主义。

2. 尊严的根源

尊严缘于人且归于人。出身、家庭、环境、造诣、技能、才华、职业等带动起来的尊严，缘于人而归于人；人种、民族、国家以及历史、文化、信仰、思想、科学、技术等方面的尊严，同样缘于人且归于人。人之于尊严，就是**体面存在**。所谓体面存在，既是摆脱匮乏、摆脱困顿、摆脱劳其筋骨而富裕地存在，也是摆脱奴役、摆脱压迫和剥夺、摆脱工具化和耗材性而站立地存在，更是摆脱愚昧，摆脱无知而明智和勇敢地存在。最终摆脱畜性的奴役，摆脱野蛮和暴力，摆脱残忍与血腥，摆脱虚构和谎言，摆脱邪恶和隐忍而文明地存在。尊严，就是使人成为人。尊严，就是自己把自己成就为人。尊严，也是自己帮助他人成就为人和他人帮助自己成就为人。尊严，就是己与他、他与己或者人与人互为成就为人。人，成为人，在任何时候都是一种骄傲、一种光荣、一种站立挺拔的存在。以此观之，尊严之于人，就其存在论言，是为必然；但仅生活本身言，则总呈或然性。人的尊严之必然或或然，抑或尊严从必然达于或然，以及由或然朝向必然，各有隐秘的根源、运行的机制和推动的无形力量。

尊严生成的根源问题，实质上是尊严来自什么或来源于何处的问题。正视这个问题，自然将人的来源牵涉出来。人是从哪里来的？考量这个问题，带动了三种方式。

第一种方式是哲学。以哲学的方式试探人的来源，往往采取断源截流的方式。希腊早期的自然哲学就是采取这种方式，直接以人为主体去探询人存在的世界是什么样子。这种探求人的来源的方式，就是不断思索地认定人就是人的来源，这是不证自明的事，所以根本不需要怀疑和发问。这是后来者普罗泰戈拉干脆提出"人是万物的尺度"的不证自明的理由，也是哪怕近代的唯理主义笛卡尔，其所提出的"我思故我在"命题背后隐而不显的依据，仍然是无须证明的"人是自己的来源"，即使盛行于 18 世纪的古典哲学，无论何等地严密推论人的尊严问题，也是以不证自明的"人是人的来源"的观念为绝对不可怀疑的前提，这就是康德模式。康德模式成为一种普遍模式，人的尊严的根源来源于人，人来源于人的善良意志，人的善良意志生成人的意志自由和在任何时候都是目的的存在自律，它"作为自在目的，有理性东西的本性就规定它为目的王国的立法者。对一切自然规律来说，它都是自由的，它只服从自己所制定的规律。它的准则，正是按照这些规律，才成为它自己也服从的普遍立法。除了规律或法律所规定的价值，它没有任何价值。

唯有立法自身才具有尊严，具有无条件、不可比拟的价值，只有它才配得上有理性东西在称颂它时所用的**尊重**这个词。所以**自律性就是人和任何理性本性的尊严的根据**"①　（引者加粗）。不仅西方哲学，东方哲学也是如此地将"人是人的来源"作为不证自明性，这既是先秦人伦哲学的特征，即使汉唐的经学、宋代的理学和明代的心学，各自建立起的庞大体系的奠基石，依然是"人乃人的来源"的不证自明性。

第二种方式是科学。哲学对人的来源的武断确认凸显出极为强烈的主观臆断性，自然为科学提供了用武之地。科学考察人的来源，以物理学和生物学为工具，物理学考察宇宙的诞生、万物的生成，演化出生命物种，人类作为一类生命物种如何继续演化为意识地思维和意识地生活的人，这就是生物学必须接受物理学的事业而建构起**生物进化**模型，人类从自然人类学的物、动物存在向文化学的人、人文存在方向展开，是遵循宇宙生命的进化原理所成。

第三种方式是神学。哲学将人的来源断定为人本身，等于什么也没有说。所以，在人的来源问题上，哲学的自以为是暴露出它的"弱智"。对照哲学的弱智状态，科学则显得特别"能耐"，因为科学讲求实证。从实证角度看，科学对人的来源的考察应该是客观的，具有说明力。但科学的这种客观性和说服力相对人的需要来讲，则显得不合时宜。因为人的来源最终构成人的尊严的依据，哲学以人为人的来源，实是抬高了人，以此显示出人的尊严；但科学以物理演化和生物进化为人的来源，将人降至与万物相似的水准上，自然难以为尊严提供一个高贵的来源。另外，科学对人的来源的实证方式，也显出目光短浅的局限和无力涉及最终依据的窘迫。相对科学的这种既自信又不能为人提供最终满足的窘迫而言，神学却显得自如得多。在神学视域里，人来源于**创化**。

人源于创化，这是在人的来源上，神学与科学的根本不同，科学**以实证的方式证明**人来源于生物进化；神学却**以想象的方式宣称**人来源于创化。进化，是渐进生成的，它须以时间为保证，以条件的具备为先决条件；创化，

---

① ［德］康德：《道德形而上学原理》，苗力田译，上海人民出版社 2017 年版，第 42 页。

是**创造生成**的，不需要时间以及其他条件要求，体现神意性。所以，神学为人的来源提供了一种神创论，这种神创论为人的诞生提供了一种高贵的出身。这就是人来源于神，人的尊严的人本来源，最终是神本来源。

尊严根源于神性的持存守望　无论从意愿性言，还是从客观性言，人来源于神的神学解释比人来源于物理演化或生物进化的科学解释或人来源于人的哲学解释更具有说服力、更可信、更具有最终的依据性。因而，人的神学来源也为人的尊严和尊严属于人人提供了比科学和哲学更具说服力和可信度的最终根源和解释方式。

> 噢，天父至高的慷慨啊！人至高而奇妙的幸福啊！他被准许得到其所选择的，成为其所意愿的。如卢齐利乌斯（Lucilius）所言，野兽刚一出生，就从母胎里带出了它们将会拥有的全部。上界的精灵或自太初或那之后不久，就已是他们在永恒中永远将是的样子。父在**人出生时**为他注入了各类种子以及各种生命的根苗。这些种子将在每个培育它们的人那里长大结果。培育其植物性的种子，他就变成植物；培育其感觉的种子，他就变成野兽；培育其理性的种子，他就变成天上的生灵；培育其智性的种子，他就成为天使和神子。并且，如果他对任何其他造物的命运都不满意，他会将自己收拢到自身统一体的中心，变成唯一与上帝同在的灵。在父独有的幽暗中，曾被置于万物之上的他将超越万物。①（引者加粗）

皮科的《论人的尊严》之所以被那个时代视为"文艺复兴的宣言"，是因为提出了尊严天赋的主张。天赋的尊严来源于天赋的自由，天赋的自由是造物主对人的特别赐予；造物主创化万物，赋予它们以全部的既有性，使被创化出来的万物永远地成为被创造出来的样子，因而，被造物主创化的万物必然地完全适应造物主，只有刻板地生成和规范地繁衍，没有变化和日新。人却不一样，造物主创化人，却赋予人各种可能性，这就是给人"注入了各类种子以及各种生命的根苗"，并且"这些种子将在每个培育它们的人那里长

---

①　［意］皮科·德拉·米兰多拉：《论人的尊严》，顾超一、樊虹谷译，北京大学出版社 2010 年版，第 29 页。

大结果"，这就是按照植物的方式来培育这些种子，它们就成为植物；用感觉的方式来培育这些种子，它们就成为野兽；用理性的方式来培育这些种子，它们就成为有灵魂的存在，变成天上的生灵；用明智的方法来培育这些种子，它们就成为天使和神的儿子。上帝就是这样在创化人的时候以赋予人各种种子的方式赋予了人以完全的创造的自由，正是这种完全地可以按照自己的方式来行创造的自由，才真正成为人尊严存在于天地之间的最终根源和根本依据。所以，人的尊严来源于神创，神创人的尊严，就是将人"置于万物之上"的自由而使他"超越万物"。

尊严源于天赋，天赋的尊严源于天赋人自由。但天赋人自由和尊严的前提，却是享有天赋自由和尊严资质或潜能的人被创化。从宇宙自然史和人类史观，人被创化并不是一个单项行动，也不是一个目的性行动，人被创化是一个整体行动的构成性因素，是造物主所创世界的造物之具体构成。造物主创世界，既创化了世界的实存样态，也创化了世界之生。造物主创化世界的实存样态，即创造出宇宙自然和万物生命，人这种生命样态亦在其中；造物主创化世界之生，即创造了世界的实存样态，也即宇宙自然和万物生命以生性和生机，人这种生命样态亦获得了生性和生机。由于造物主创世界的伟大创化行动赋予了所创世界的生性和生机，才开启了存在世界的继创生。人这种被创化的生命实存样态也因其获得生性和生机而同时获得了继创生之权利和继创生之能力，由此形成在存在世界的继创生进程中，开启了从自然人类学向文化人类学方向敞开的进程，由动物存在的物类变成了人文存在的人类。这并不是造物主对人这种生命实存样态的特别创化，而是人类物种在其自然人类学的继创生进程中从朦胧的自发萌生到清晰的自觉诉求的一种**存在性觉解**，这种慧性觉解就是基于外在因素的激发而领悟了造物主赋予的生性和生机。造物主赋予宇宙自然和万物生命的生性，就是其存在的生之本性，这种存在的生之本性始终敞开为**生之朝向**，即朝向未有、未来方向生。造物主赋予宇宙自然和万物生命以生性的同时，也赋予宇宙自然和万物生命将其生之本性化为生生不息的动力机制的权利。无论是宇宙自然还是万物生命，都是因其生之本性和生生不息的动力机制而敞开其生生存在的有序运动。人这种生命存在样态的独特之处，就在于它在与宇宙自然和万物生命共为继创生的进程中无意地获得了环境敏感，并以无意放大其环境敏感的方式激活了其本原性的生性和生生机制，获得超越万物生命的生性的自由和生生的自由。《圣经》创世界中亚当和夏娃无意中受蛇的引诱而偷吃禁果的神话，却是以隐喻的方式表述了人的人质意识的最初觉醒，是无意的，是朦胧的，这种无意生成的朦胧意识是环境（"蛇"的隐喻）的激发。当由环境激发而无意生成的朦胧人质意识产生之后，就无可摆脱地内注于人这一生命样态的物心之中而孕育生成出自觉的人的意识地思维，并向其意识地生活方向展开，人的继创生运动由此挣脱造物主的继创生的固化模式而获得了自由，这种自由原本隐匿在造物主赋予的继创生的生性和生机之中，现在被人按照自己的方式显发出来成为自由的能力和自由的行为，这种自由的能力和自由的行为所敞开的是人本身不同于宇宙自然和万物生命的独特存在方式，它构成了尊严的根源。这种最终源于造物主创世界的生性和生机之于人的存在和人的存在的尊严来讲，既是人性的，更是神性的，并且无论在原创化意义上还是在继创生意义上，都最终是神性的和神圣的，然后才生成出人性的根源来。

　　然而，既作为尊严的根源又成为人性的依据的神性生机和神圣生性，要成为人的尊严生成的原发动力和尊严存在的恒存指南，则需要人对造物主创化的生性和生机的不断觉解，这种不断的觉解方式的内在化，就成为对人的神性存在的**持存守望**。

　　尊严根源于人对神性的持存守望。基于尊严而守望的神性内容是什么呢？简言之，作为构成尊严之根源的神性内容主要有两个方面，一是造物主创化世界的信仰、希望和爱；二是造物主创化世界的生之本性和生生法则。所以，为了尊严而持存守望神性，就是守望造物主创化的世界的信仰、希望、爱，使平常而艰难的人生存在信仰常驻、希望不灭、至爱不息。为了尊严而守望神性，更是守护造物主创化世界的生之本性和生生法则，使"因生而活，为活而生，且生生不息"的人生努力始终保持生的激情和生生不息的力量之源。

　　尊严根源于人性的不断觉醒　从原创化言，人是神性的。这是因为造物主的原创化，人作为万物生命之一类才诞生。但从继创生观，人又是人性的。这是因为造物主的继创生，人才可从自然人类学状态中走出来朝向文化人类学，从物类变成人类，从动物存在变成人文存在。从生成演进史观，人人的存在人性始终是人的存在神性的落地方式。人性的本质内涵、人性的灵魂构成，是神性。神性的世俗方式，是人性，并且造物主的神性在造物主对世界的继创生推动下始终不渝地激发着人性的不断觉解。

> 人和宇宙是密切联系不可分割的整体，人在宇宙里占有独特位置，被赋予独特的任务。从表面上看，他们属于可见的世界，但内心又有另一种更深刻的意识存在着。由于这种内心意识的存在，让生活在这个世界上的人们有了清醒的自由意识，不过这种自由意识的获得是个体主动性与合作生发出来的，离开了这些，人类是不可能发现这种自由意识的。人们必须靠自己去主动争取，必须通过不断的劳动和奋斗。从某种意义上说，**一切都取决于他自己**，他可以合理地希望通过运用自己的能力推动整体利益的提高。[①]（引者加粗）

人的一切取决于自己，但最终取决自己的人性觉醒。因为人性通联神性，神性才是一切可能性之源，不断地觉醒人性之实质，就是不断地打开人的神性存在的各种可能性。

人要觉醒本己的存在人性，需要对人性本身有其基本的了解。由于人根源于创化，包括原创化和继创生，创化赋予人的存在本性以天赋的维度和衍生的维度，前者即天赋人的自然本性，后者乃进化人的人文本性。天赋人的自然本性即物性，因为造物主创化人是连同宇宙自然和万物生命所成，人只是万物中之一物、是众生命中之一生命，因而，造物主创化人所赋予人这一物种生命的本性亦是与万物的本性同。万物的本性，也即宇宙自然的本性，它就是生、就是生性，就是一旦被创化就必须存在，就因为存在而内生生之朝向，并将其生之存在朝向生生化，从而其生之本性获得生生的机能。生之本性和由此而生成的生机，生之本性和生生机能使存在世界弥漫神圣的神秘性、胀满神性的创发力，成为存在世界（宇宙自然、万物生命）生生不息的继创生的内生动力，也成为人这一物种生命生生不息繁衍的源泉。

---

① ［德］R. 奥伊肯：《人生之意义与价值》，张蕾译，北京联合出版有限责任公司 2015 年版，第 14—15 页。

世界的继创生，万物的繁衍，人类物种的生生不息，最终以不可确切地探明的方式敞开了独特的进化，人类物种从自然人类学之物渐进演化为文化人类学之人，其根本性的标志是人质意识蒙胧生发进而清晰显现，人有了意识地思维进而意识地生活的意愿性努力，由此从物成为人。在这一渐进生发成形的漫长进程中，**人化物为人**的内在动力仍然是天赋的生性和生机，即本原的物性演变为人性，这一演变的实质不过是从顺其世界（宇宙自然和万物生命）继创生的轨道中倾斜出来自为地释放其天赋的生性和生机。人从自然人类学的物朝向文化人类学的人方向生发的渐变进程，其天赋的物性进化为自为的人性，也就是将顺其世界继创生的轨道释放生性和生机演进地变成自为地释放天赋的生性和生机。所以，在本质上，第一，人性仍然是物性，是物性之生和生生。第二，人性通联神性，神性贯通物性和人性，使物性和人性一体存在于人文存在的人身之中。

从根本讲，在自然人类学向文化人类学方向进化的进程中，人将天赋的物性个性地敞开，就是人性。人文存在的人个性地敞开天赋的生性和生机所形成的人性，呈现出生、利、爱、群的取向，产生人性之生、人性之利、人性之爱和人性之群四个人文向度。

人性之生，指人性之生性，天赋人以生之存在朝向，人就必须生生不息地存在下去，这就是人必须"因生而活，为活而生，且生生不息"，直到造物主对生命的召回。所以，生命不上，生生不息，构成人文存在的人的人性之生。

人性之利，指人基于生之存在需要而将天赋的生性和生机具象化为利性和利机。人生而必生，生之必利，因为作为个体生命之人需要资源滋养方可能生，而所需要滋养的资源没有现成，只能靠向自己向自然界索取，这就是人性之利，它缘发于人存在之生的需要，而且是人的存在之生的根本需要，这一根本需要将人性之生具体化人性之利。人性之利性，就是生之求利本性；人性之利机，就是人生之求利的生命动机、生命机能和生生不息的动力机制。人因生而活，为活而生，且生生不息的基本努力就是求利，就是满足其求利本性，就是不断地实现其求利本性，使其存在安全和生活保障不断得到更高水平的保障。

人是他者性的人，他来源于神创，来源于天赋，来源于万物的滋养，来源于具体的女人和男人。而且，人性之生具象化为人性之利，其生生不息地求利以不断满足和提升"因生而活，为活而生，且生生不息"的水准和条件，必须借助于他者之智－力。所以，人性之生具象化为人性之利的生生过程，滋生出人性之爱恨。在以人性之生为原发动力而追求人性之利的过程中，得利而爱；反之，失利则恨。爱是人性之生达于人性之利的正面，恨是人性之生敞开人性之利的反面，爱与恨，与利之得与失构成一一对应关系。对这一对应关系的协调和动态平衡的探寻方式，就是**人性之爱**。

人性之群，是人性之生达于人性之利而产生得失后对其爱恨予以动态协调的人性方式。人的他者性存在的本原位态，源于造物主的创化，造物主创化世界之所以要赋予被创化物——宇宙自然和万物生命——以生性和生机，就是因为被创化的世界始终是关联地存在，物与物、生命与生命、个体与整体、自然和宇宙、造物主与创化的存在世界等之间是关联地存在。只有关联的存在，才存在；关联存在的根本关联是生性，关联存在的根本动力是生生的生机。这是造物主创化世界的神奇，也是造物主继创生世界的神机，更是万物生命当然也包括从物进化为人的人生存在的全部神性和神圣的根源所在，人性之生具象化为人性之利所生发出来的人生之得失与爱恨，必须通过人性之群的方式来化解，人性之群的生成来源于人性之生和人性之利的根本要求，人性之群的方式及其功能发挥根源于造物主创化的存在世界的关联存在，具体地讲，根源于造物主赋予存在世界继创生的生性和由此生性开出的生生不息的生机。

要言之，人性之生开启人文存在的人"因生而活，为活而生，且生生不息"；人性之利，诉求人文存在的人"因生而活，为活而生，且生生不息"的利益保障；人性之爱，根源于人文存在的人"因生而活，为活而生，且生生不息"的求利努力的人性滋养，包括情感滋养和心灵滋养；当"因生而活，为活而生，且生生不息"的求利运动意外生发出得失并产生爱恨的裂痕，则必须自发启动人性的弥补，这种人性弥补的基本方式就是人性之群，即天赋人之存的合群、求群、适群本性，构成天赋"相近"的人性"习相远"的弥合方式，使"习相远"的人性重新回归或恢复本原性存在的"相近"，所以，人性之群构成人文存在的人"**化物为人**"的自我完善方式。

天赋的自然人性在后天的人文化成中散发出生、利、爱、群四维向度，使人性充满生存的张力，这种张力却源于人文存在的人对本己的人性的不断觉解。所以，人性生存敞开的生生进程，即人自我觉解人性使之充满生生不息张力的过程。正是这一生生不息的人性觉解过程，形塑着人的存在尊严。

尊严不仅源自对神的守望，更源自人性的觉解。具体地讲，人的人文存在对神性的守望总是具象化为对人性的觉解，对人性的觉解构成守望神性的具体方式。所以，尊严源自人性的觉解，同时实现了对神性的守望。守望神性所成的尊严，必须通过不断觉解人性来敞开。

尊严之所以需要觉解人性来实现，不仅在于人性的觉解实现着对神性的守望，根本在于人性的觉解敞开了人能够得尊严的开放性之维。因生而活、为活而生，且生生不息的人，基于生、利、爱、群的激发，而可觉解人性之生也有涯、利也有度、爱也无限、群也和乐。

凡人，一旦觉解人性之生也有涯，也就少却了无限的欲望，尊严存在的意愿自然生发，因为人之存在尊严之有无或强弱，实与其欲望无限或强弱息息关联，越是无限的欲望越是强烈，越是强烈的欲望越无视尊严的存在价值和意义。反之，不断觉解生之有涯，也就日渐明白属己的时间不多、属己的空间不大，对不属己的无涯的欲望，实无太多的意义，诉求有限存在的尊严才是珍贵。

人既然生之有涯，实宜利之有度。对人性之利也有度的觉解，自然少却了匮乏的意识，贪婪的意欲和囤积的冲动。人一旦从匮乏、贪婪、囤积的本能冲动和激情中解脱出来，则可发现有度之利才是最温暖的人性之光，当一个人，从本己的生命深处焕发出以利之有度为基本内容的温暖的人性之光反哺着自己的生命、自己的存在，这既是最幸福的方式，也是最尊严的状态。

人性之生达于人性之利，只是手段，其真正的目的是实现人性之爱。这是对人性之爱的觉解的最初方式。当人一旦觉解了人性之爱才是人性之生和人性之利的目的，自然会领悟人性之爱之于己、之于人、之于人所组成的人的世界，原来可以**爱之无限**。爱之无限的人性觉解，才真正地把做人的尊严召回，将成人的尊严提升。对爱之无限的觉解，才真正使人觉悟爱之本质，即尊严；才真正使人明白**爱之无限，即尊严常在**。

人生也有涯的觉解，开启利之有限和爱之无限的觉悟，利之有限和爱之无限的觉悟，从正反两个方面牵引人文存在的人觉解人性之群也和乐。只有觉解求群、适群、合群之人性，才可使爱从本己之我达于无限可能的他人，形成融群和乐的无限之爱，这是尊严常在的根本社会方式和根本保障方式。

尊严根源于社会的不可逆进化　在孤立和静态的意义上，人的尊严是自为的。但人的实际存在既非孤立也非静态，人是在他人的视野中存在，人也在群化的社会中存在，人更在存在世界中存在。每一个人的存在都坐落在这三维结构中而成为一个他者性的人，动态地敞开或遮蔽着自己，人的尊严也由此染上三维色彩。人能否真实地尊严存在，人的尊严存在的成色及其能否常驻，不仅取决于自己意识地努力和作为，更要受环境化的社会的制约或影响。由此，环境化的社会也在事实上成为人的尊严的另一根源。

在狭窄意义上，社会由人组成，是属人的社会。由人组成的社会，因为人性之生、利、爱、群的复杂性而变得复杂和动荡，或有序或无序，或前进或退步，或文明或野蛮，如此等等皆有可能。但无论怎样，由人组成的社会总是呈现不可逆的进化，这既是因为人性之生、利、爱、群的牵引，更是在于造物主创化世界之生性和生机的强劲推动其继创生，总是遵从简单创造复杂和复杂创造简单互为推进的准则。社会以不可逆方式进化，铺开人性之生、利、爱、群的方方面面，但择其主要者有三。

一是经济。经济构成人尊严存在的基础。人要有尊严地存在，过尊严的生活，其前提条件是有一定的物质基础。没有物质资源保障的存在，很难有尊严可言。生活有保障，这是人谋求尊严存在的基本努力。这一努力当然在于个人的勤奋劳动和创造，在于个人的能力与德性，但仅有此，是不能解决生活的保障问题。作为个体，要从根本上解决生活的保障，必须适合于个人勤奋劳动和创造性生产可以致富裕的社会经济方式和社会经济制度。这就需要社会经济方式和社会经济制度的进化。这种进化的具体表征，就是社会资源制度、社会财产制度、社会生产制度、市场运作制度、社会劳动分配制度等不断地适合于普遍平等的人性之生、人性之利、人性之爱和人性之群的法则，不断地适合天赋生性和生机的自然生产法则，体现劳动、生产、分配、消费以个人为本位，以创造和奉献为准则，以普遍人道、平等、公正为个体导向。经济一旦朝如此方向进化，尊严存在之于任何人言，都有物质基础。

二是政治。政治构成人尊严存在的土壤。这是因为政治的选择从根本上决定着社会的分配。社会分配的本体内容是权，是对权的分配。权的分配制度、分配机制和分配方法，决定着社会的资源分配、市场分配、财产分配以及社会劳动所得的成果分配，但最终决定着人的存在的尊严的有无。对任何时代任何社会言，人能否尊严存在，最为根本地取决于政治的进化及其程度。政治进化的核心问题，就是权的分配问题，或可说尊严的社会根源就是权，人的尊严来自权的分配。

权的分配涉及政体、制度、法律。选择政体，是分配权的依据；将所选择的政体予以制度的赋形，是分配权的方式产生和形式定格；法律是对承载政体的制度的边界明确和保障方式，是分配权的机制和制度的护卫方式。所以，权的分配，根本在政体，制度是框架，关键是法的实施。

权，涉及民权和公权两部分。分配权，就是分配民权和公权。另外，分配权，涉及权的来源和归属的确定。一般来讲，政治的进化就从这两个方面体现出来。从根本讲，使人的存在尊严的政治进化主要体现在两个方面，一是对权的认知定位，确定权来源于国民且必须归属于国民，这是政治进化的首要体现；二是对权的分配，以个人为本位，先分配民权，然后以民权为依据和原则分配公权，并通过民权和公权的分配来构建起民权约束公民，或者民权博弈公权的社会制度和运行体系，这是政治进化的根本体现。政治一旦从如上两个方面展开自我进化，人就能够通过个人的劳动和创造而获得存在尊严常在。

三是教育。教育构成人尊严存在的动力源泉。无论经济还是政治，其社会化进化当然需要制度的构建和规范的运作。但一切形式的制度和规范体系的运行，都是人的操作所成。所以，经济进化和政治进化的主体前提，是教育。只有教育才能培育出进化政治和经济的主体，也只有教育才能培育出通过劳动和创造来构建存在尊严的社会主体——人，公民。

在感觉的意义上，凡教育都是好的。但实际情况并非如此，教育既有好的、善的、人性的取向，也有坏的、恶的、反人性的取向。能够牵引人争取尊严生活构筑尊严存在的教育，必须是进化的教育，而非堕落的教育。进化的教育，即人性的教育。具体地讲，培育人性之生、人性之利、人性之爱和人性之群的教育，就是进化的教育。人性主义的进化教育是去垄断、去愚昧、去谎言、去历史虚无主义的教育，也是培育人道、平等、自由、公正的教育；人性主义的进化教育，更是培育公私分明、群己权界、权责对等和道德生活、美德人生的教育。如上性质的进化教育，一旦普遍铺开，则必然形成强大的动力，推动人人以勤奋劳动和勇敢创造的方式开辟尊严存在的生活。

三　尊严的原则

尊严是进化的礼物，是进化的人本礼物，也是进化的社会礼物。因为尊严不只是人的尊严，同时也是社会的尊严，是人的历史开辟文明道德的尊严。所以从根本讲，尊严是文明的礼物，是埋藏野蛮、愚昧、专横、残暴、非人性、反人道、谎言和虚构的坟墓。尊严与文明是互为推进的，尊严打开文明向前的视域，文明开出尊严存在的花朵。从尊严到文明，从文明到尊严，则构筑起人文主义、心灵主义和创生主义的道路。

1. 人文原则

施瓦德勒认为："人的尊严是一个惯常主题（Topos）：系于它，现代规范文化将人的本性在人生活秩序的**顶峰**固定了下来；通过它，人们已经不再以**现代'自然'**概念为条件来言说'本性'了。结构性地来看，与人的尊严匹配的是人的'本性'概念，即在**人的本性的区分性**概念的背景下的论述：本性是那将所有人与其他自然生物区分开来的东西，也是超越于人的个体性区别而以一种超越于自然的、按照法权方式将所有人彼此联系起来的东西。"①（引者加粗）

---

① ［德］瓦尔德·施瓦德勒：《论人的尊严：人格的本源与生命的文化》，贺念译，人民出版社2017 年版，第38—39 页。

　　人的尊严根源于人的本性，并成为言说人的本性的根本方式。但尊严并不是在现代规范文化固定人的本性的方式，也不以现代"自然"概念为条件来言说人的本性的方式。因为人的尊严之根源的自然，并不是现代意义的概念，"在现代欧洲语言中，'自然'一词总的说来是更经常地在集合的意义上用于自然事物的总和或聚集。当然，这还不是这个词常常用于现代语言的唯一意义，还有一个意义，我们认为是它的原义，严格地说是它的意义，即当它指的不是一个集合而是一种原则时，它是一个 principium，αρχη，或说本源（souce）"①。这种作为"本源"和"原则"的"自然"，其拉丁文形式是 na-tura，希腊文形式是 Φνóιs，它用作名词，是对动词 Φνw 的名词化，其本义是生生不息。所以，从动词 Φνw 化来的 Φνóιs 同样涵摄生生不息：自然，就是生生不息的一切，包括整个宇宙及万事万物。Φνóιs 之"生生不息"，构成从它而来的 nature 的本义，它指蕴含于一切自然事物之中的生之本性和生生"原则"，构成一切的"本原"。"在我们关于古希腊文献的更早期的记载中，Φνóιs 总是带有被我们认为是英语单词'nature'的原始含义。它总是意味着某种东西在一件事物之内或非常密切地属于它，从而它成为这种东西行为的根源，这是在早期希腊作者们心目中的唯一含义，并且是作为贯穿希腊文献史的标准含义。"② 人的本性也扎根于作为生生不息的生之本性和原则之中，与万物生命的本性一脉相承，但在化物为人的人文存在进程中，它又与万物生命的本性有所区分，但这种区分并不意味它毅然断绝与万物生命的本性的关联性；恰恰相反，人的本性向两极敞开，一极仍然关联着万物生命的物性，使人文存在的人始终保持其**物在**的自然特性；一极向人文方向伸展，与超自然的法权关联，不断提升其**人在**的人文特性。

　　从根本讲，人性是人的自然本性与人的人文本性的合生。人的自然本性与其人文本性的合生，才构成人性的完整语义。只有如此完整语义的人性，才构成人的尊严的人性根源。完整语义的人性，才使它本身成为人的尊严和造物主的生生神性的通道，使人的尊严通过人性而获得神性的滋养，也使造物主创化世界的生生的神秘力量借着人性而赋予人的尊严以神性的魅力。施

---

① ［英］R. G. 柯林武德：《自然的观念》，吴国盛、柯映红译，华夏出版社 1990 年版，第 47 页。
② ［英］R. G. 柯林武德：《自然的观念》，吴国盛、柯映红译，华夏出版社 1990 年版，第 49 页。

瓦德勒说："在人的本性（自然）与人的尊严之间的这种被构造起来的相互联系其实是一种**历史性的**联系：为了尊严概念能够实质性的重新诞生并且能够走向它的位置，自然的区分性概念在当初就必须消失。"① （引者加粗）人的人文存在总是扎根于人的自然存在之中，人性对其自然本性和人文本性的合生构筑起人与万物生命、人与宇宙自然、动物存在与人文存在、文化人类学与自然人类学之间的历史关联，正是这种历史关联，人不断地从物在走向人在，同时以更为人文的方式回返纯粹的物在。因为，在存在的最终意义上，人的尊严并不是努力去区分人的自然存在和人的人文存在，更不是去区分人之生和生生不已的自然本性，将人之生和生生不已的自然本性从其生、利、爱、群的人文本性中剥离出来，如果那样，人的生、利、爱、群的人文本性也就丧失了它的本原土壤、活力，失去了它最终的归依，人性也就因此没有了生气、灵魂、生命。从根本讲，在人性成为人的尊严的根源的世界里，自然与人文、物性与人性相分区的观念必须消失，只有这样，人尊严存在的人文诉求才有其本原性存在的土壤，其人文诉求的全部努力才可获得生和生生不息的动力激发，以人文存在为实际条件的尊严存在才能通向对自然的回归之道。因为，"我们生活中的那些有关人性的不容忽视的问题，在更深的层次上直接取决于我们**对待宇宙的态度**。对于很多人来说，这些态度随意采纳自周围的文化，而并非来自个人严谨的思考。每一代人都不会从零开始发明生活的准则；我们会继承那些历经漫长演化而来的观念和价值。"② 人性与宇宙之间存在关联，这是人性与宇宙之共生的存在事实本身。如何看待这种共生的存在关联，将这种共生的存在关联看成是客观的和事实的，还是主观的和想象的？这决定了我们对人性的理解和定位。我们如何看待人性与宇宙之间的存在关联，会在事实上形成我们对人性的基本意识。从根本言，我们对人性的基本意识取决于对宇宙的态度，是力求去了解一个客观实存的宇宙，还是主观地处理必须面对的宇宙？我们对宇宙的实际看待，并非可以任意地召之即来且挥之

---

① ［德］瓦尔德·施瓦德勒：《论人的尊严：人格的本源与生命的文化》，贺念译，人民出版社2017年版，第47页。

② ［美］肖恩·卡罗尔：《大图景：论生命的起源、意义和宇宙本身》，方弦译，湖南科学技术出版社2019年版，第8页。

即去，而总是不经意地形成我们生活的准则、存在的观念和价值的来源。我们关于生活的准则、存在的观念和价值的来源的意识地形成，也就形成基本的人文取向，这种人文取向实际地蕴含天赋的人文本性，这种天赋的人文本性既是对天赋的生物本性的**人文化成**，也是对存在世界的**诗性表达**。

诗性自然主义是关于自由和责任的哲学。自然世界向我们赋予了生命这一原料，我们必须努力理解它，接受相应的结果。从描述转到原则，从谈论发生的事情转到对什么事情理应发生的价值判断，这是一种创造性的举动，从根本上充满人性。世界还是那个世界，依照自然的模式运转，没有任何价值判断的属性。世界就这样存在着，而美与善是我们带来的造物。①

自然是以自在的方式敞开存在，并以自为其生和生生不息的本性为催发动力而运转，它就是它自身的一切，不存在自身之外的他者参照，更无任何价值判断的属性，但它蕴含了生产价值判断的全部可能性。人的价值判断不过是我们觉解本性的自然之性而发现自然的美和善的因素，或者使其潜在的可能性变成现实性。同样，我们自为尊重的持有以及无限可能的扩张所彰显出来的所有人文因素或人文诉求，仍然不过是我们领悟世界创化之生和生生不息通过人类进化个体劳动创造的折射性呈现。人文诉求的美和善，最终导向我们对如上两个方面的心灵觉解而化为诗性自由主义，这诗性自由主义虽然通过人而彰显出存在尊严的美、善、真，却最终源于自然存在本身，源于人的自然存在和世界的自然存在本身的合乐。所以，第一，尊严直接地产生于人的人文本性，而不是自然人类学的自然本性，但它的最终根源是自然人类学的自然本性。第二，尊严不等于人的本性，不是人的本性，它是对人的本性的持有和存在敞开。或者，尊严是人的人文本性和人的自然本性合生敞开的形态学呈现。第三，尊严确实是将人文本性敞开为一种关系，这种关系当然是形态学的形式呈现，但它绝不只是形式的关系，而是**存在关系**，作为

---

① ［美］肖恩·卡罗尔：《大图景：论生命的起源、意义和宇宙本身》，方弦译，湖南科学技术出版社 2019 年版，第 18 页。

一种存在关系的尊严，它是实体的，或者说是本体的，因为它既呈现了天赋的人性，也承载了天赋的神性。尊严的存在就是天赋人性和神性的一体存在，这种一体存在的人性和神性合生出牵引尊严的人文原则。

2. 本己原则

属人的尊严源于人为，人为的尊严接受人文的牵引必以合生自然和人文的人性为动力，即生、利、爱、群的人文本性必须会通造物主的创化之生性和生生不息的自然本性为原发动力，其人为劳作才可结出坚实沉稳的尊严之果。西塞罗关于"谁如果不遵循自己的本性，而是遵循了别人的本性而生活，那就是坏的生活"① 之论所彰显出来的道理，就在于此。从本性言，人不仅应该有尊严，而且人所拥有的尊严应该是神性的。这是因为人既是被创化的存在者，又是创化的存在者。前者之于人，是原创化；后者之于人，是继创生。人就是这样地经历了原创化向继创生两个历程或环节，在原创化环节，人获得了尊严存在的可能性；在继创生环节，人享有了尊严存在的现实性。并且，在原创化环节，人的生命获得了神性，在继创生环节，人的生命提升了神性。但比较而言，原创化最为根本，因为它是一切的来源，一切的土壤，一切的基础；继创生更为重要，因为它是一切可能变成现实的行动和行动进程本身。

> 启蒙运动就是人类脱离自己所加之于自己的不成熟状态。不成熟状态就是不经由别人的引导，就对运用自己的理智无能为力。当其原因不在于缺乏理智，而在于不经别人的引导就缺乏勇气与决心去加以运用时，那么这种不成熟状态就是自己所加之于自己的了。②

康德在《答复这个问题："什么是启蒙运动?"》中开门见山地指出，启蒙是一种"否定"行为，是要"脱离"不成熟状态。启蒙的关键不在于增长知识，而是要摆脱不成熟。人的"不成熟状态"并不是外在力量的强加，而

---

① ［德］瓦尔德·施瓦德勒：《论人的尊严：人格的本源与生命的文化》，贺念译，人民出版社2017年版，"译者导言"第24页。

② 康德：《答复这个问题："什么是启蒙运动?"》，载《历史理性批判文集》，何兆武译，商务印书馆1990年版，第23页。

是"自己加之于自己"所形成的存在状态。启蒙运动的矛头首要地指向"我们"自己：我们之所以还"不成熟"，是因为意志方面的懒惰与怯懦，没有决心和勇气运用自己的理智，因而盲从权威。康德就是在这样一种认知基础上考察人的纯粹理性和实践理性何以可能，创建理性的立法王国，为人以善良意愿为牵引、以意志自由为指南、以任何时候都以自己为目的的尊严存在提供"成熟"的思路和方案。康德的启蒙构建"成熟"的观念，实可为人的尊严存在打开一扇本己的门窗。从根本讲，尊严之于人，需要遵从**本己原则**。尊严存在的本己原则，也可称为**尊严的心灵原则**，它揭示尊严之于人虽受环境等诸多因素的影响或制约，但根本还在于人自己。无论从人类史观，还是当世存在观，再适应人的尊严存在生长的环境和土壤，也总有一些人未能享有尊严的存在，无知尊严的生活的滋味，这种与尊严无缘或者即使有缘却在事实上被丧失的情况，更多的不是环境与社会的原因，而是个人的作为或不作为所致，或如康德所说"缺乏理智"的存在或"缺乏勇气"的生活，自然难有尊严敲门。更有或如懒惰或怯懦，即或是尊严找上门来，也难以自信地接纳或坚持地拥有。与此相反，即或是完全的苛酷、绝对的暴虐甚至无任何丝毫容忍的存在环境里，仍然有不少人坚守人性的本分和做人的底线而明晰地区分"为所当为"和"不为其不当为"，而本朴地表现存在的尊严，哪怕是至贫甚至苦难重重，也总是以其本朴的尊严释放无限的人性光辉和温暖。由此正反实例说明尊严的有无，根本在己。如果说人文原则构成尊严的人性原则，或者说自然主义的存在论原则，那么，本己原则构成尊严的心灵原则，或者说人性主义的生存论原则，这一原则的灵魂是**取舍在自己**。

尊严，不仅是人成为人的存在方式，更是人成为成熟的人的存在选择方式。人生而为人，并基于存在安全和生活保障的需要而必生求群和适群，由此，人成为人的生命进程，总是无时不面临利害、得失、义利、善恶、真假、美丑的选择和取舍，这一切都在于自己。坚守人性的本分和做人的底线而取舍利害、得失、义利、善恶、真假、美丑，虽然在许多时候很艰难，却能通向尊严存在之路；反之，在利害、得失、义利、善恶、真假、美丑面前放弃人性的本分和做人的底线，即使就在眼前唾手可得的尊严，也会不翼而飞地远离自己。以最简单、最通俗的方式表述，为善，是使人成为人，因而可开尊严之道；为恶，使人不成其为人，故而总是失尊严。苏格拉底说，人在本性上没有恶缘，人作恶是因为无知。苏格拉底基于这样的认知而提出避免无知作恶的基本方式，就是遵从"认识你自己""知识即德性"这两个心灵原则。苏格拉底所提出的这两个心灵原则，其实就是人成为人的本己原则，它也是尊严的本己原则，因为人的尊严存在的前提条件就是人成为人。人一旦以其对人性本分和做人的底线的坚守，他就实实在在地成为人而获得存在的尊严。

无独有偶，人成为人的本己原则，却是比苏格拉底早 100 年的孔子所率先发现，提出"学而"成己成人的教育思想和君子理论，并提炼出人成为人的两个本己原则，即"己所不欲，勿施于人"（《论语·颜渊》）的原则和"己欲立而立人，己欲达而达人"（《论语·雍也》）的原则。前一个成人的本己原则的精义是：自己不欲求的事，一定不要煽动或强求别人去做；后一个成人的本己原则的精义是：自己想有所成就时，也应帮助别人有所成就；自己想得到利益，也应帮助别人得到利益。孔子认为，任何人，一旦在平常的生活中把持并坚守住这两个本己原则，就会持续地成己为人而尊严地存在。孔子与子贡的对话，则成为最好的实例：

子贡曰："贫而无谄，富而无骄。何如？"
子曰："可也。未若贫而乐，富而好礼者也。"（《论语·学而》）

孔子与子贡的问答，实是讨论了人要有尊严地存在所应遵从的本己原则的四重境界，或者说四步阶梯。孔子认为，人成己为君子而尊严存在的第一重境界，是虽处贫穷但不卑屈、谄媚、奉承乞怜。虽然这是人成己为君子的基本要求，但在生活中很难做到。因为"贫而不谄"，要求做人必有铮铮骨气，尊严地存在。而贫穷往往容易使人丧失做人的骨气与尊严，看富人或权贵脸色行事；并且，贫穷往往容易使人堕落，追随富人或权贵者施之的小恩小惠、小利小得而动，全然难以有自己的存在。但是，"贫而不谄"仅是人成己为君子而尊严地存在的起步，继续向上攀登的第二步所需要遵从的本己原则，却是"贫而乃乐"，即使物质生活贫困、仕途窘迫，也要做到自得其乐。

因贫求乐、化贫而乐，这是人成己而尊严存在所达到的第二重境界。孔子认为，在"贫而乃乐"的阶梯上再攀越，就是"富而无骄"。对人来讲，富裕相对容易，但不易做到富裕后自重，能够做到如贫困一般保持谦恭、谦卑的为人姿态，这是人尊严存在的第三种本己原则，却不是最高的本己原则，尊严存在的最高本己原则，却是"富而好礼"。当一个人通过自己的劳动和创造而攀登上富贵的生存阶梯，就应该以富贵本身为动力促进自己热爱道德学问，凡事带头表彰礼法。具体地讲，就是坦坦荡荡地以富贵之道生活，以富贵之礼待人处世，自己做自己的主人，也是自己做财富的主人，自己做富贵的主人。

取舍在自己的本己原则之所以是尊严存在的心灵原则，是缘于本己原则特别强调做人的三个方面。

第一个方面，凡事取舍在自己，要求自己必须有头脑，凡是用头脑思考，而不是用屁股说话，用屁股指挥行动。用屁股说话并以屁股指挥行动的特征，就是人的屁股坐在什么位置、坐在哪个空间环境里，就说哪种话，做出哪种行动，没有理性，丧失明智，不考虑后果，往往是失自己。取舍在自己的本己原则强调头脑的重要，突出理性和明智的根本性。只有凡事理性并在理性基础上达于明智，人才成为思考和行动的自己，在思考和行动上理性和明智地保持本己，这就是尊严。

第二个方面，凡事听从心灵的教导，就是使心灵舒张。心灵舒张是尊严生成和尊严存在的内在原动力和主体性支柱，因为尊严始终不渝于心灵的舒张。客观地看，人的情感、人的理性，对人而言，都可能具有欺骗性，但唯有心灵始终无欺。心灵无欺的品质源于它是人性与天性的内化凝聚所成。人性与天性内化凝聚所成的心灵，是最纯的，也最真、最善、最美。最真、最善、最美的心灵对自己的存在敞开之利害、得失的取舍，自然是最真诚的，所结下的存在之果也必是至诚的尊严。

第三个方面，凡事遵从本己之舍与，总是自觉克制本己之取。老子说"欲将取之，必故与之"（《道德经》第 36 章），讲的就是这个道理，在利益、名誉、地位、权力、财富等方面争，固然得到，却同时失去了最根本的存在。在生活中，最珍贵的和最该得到的那些根本性的东西，往往是不争地主动与之所成。取舍在自己的本己原则实际上是**以舍博取**（或以与博取）原则，遵循这一原则，才可真正构建起生成尊严并使之持久保持的非等价的或者说超等价的价值。"一个价值能被其他东西所代替，这是等价；与此相反，超越于一切价值之上，没有等价物可代替，才是尊严。"① 这种超等价的尊严主要体现在两个方面：一是能够而且只能从平等出发，以相互自由为准则而自爱、施爱、博爱，因为爱总是听从心灵的教导而从本己出发，而不爱己、不知爱为何物者，是根本不可能爱人。人性之生和生生的原点，是己；出发点和归宿处，是己。只有深知己，赤爱己者，才真知人需要什么，才真知爱人意味着什么，并确知怎样爱与自己同样的人。二是能够而且必须以人为最高价值而自我善待，善待人，慈善和慈悲。

　　取舍在自己的本己原则，亦是遵从尊严的原则。就尊严本身言，它的产生、存在、持存，亦有自己的规律和法则。其一，尊严铺开的是自然的本性，它自然地生成，自然地生长。具体地讲，属人的尊严总是自然地在人与人的关系中生成，也自然地在人与社会的关系中生长，并自成气候。其二，尊严的生成敞开及存在的功能发挥，总是主动，而不是被动。尊严之于人，始终是主动得来，而不是被动受纳。凡被动受纳的，虽然在某些情境下有其尊严之形，但绝无尊严之实。节假日以问候的方式给贫困生存的人群送米送油，这是**施予**尊严。施予的尊严是有限的施舍，施舍总是蕴含或这或那的利益动机。而且，凡施舍，全在施舍者的意愿、情趣、心思，甚至计算和图谋，在其计算和图谋中，被施予者只是一种道具，而难以成为真正的和真实的人。因为在良行主义的社会里，对人的存在处境的关注，人的贫穷和贫困状况的解决，总是在平日，而不是节假日的那种外在化的表演和被表演。因为只有遵从本己原则得来的尊严，才是真实的、无限的。其三，尊严是自我保护，而不是被保护。即使有保护机制，比如警察系统，但如果没有自我保护的能力，即使有专门的保护机构，也不会保护你的尊严。从本质讲，尊严始终是自我保护的成果。其四，从人之于社会言，尊严是争取得来、争取所争取的，既是生、教、病、养的权利，也是生、教、病、养的保障。其五，遵从取舍在自己的本己原则，诉求尊严，就是诉求自由；尊严地存在，就是听从心灵

---

① ［德］康德：《道德形而上学原理》，苗力田译，上海人民出版社 2017 年版，第 87 页。

的教导而自与天地独往来的自由存在，这种自由存在必是艰苦奋斗的结晶。世上没有救世主，世上也没有绝对无私奉献的人和社会团体，只有当人人成为自己的救世主时，有条件的无私奉献的社会风尚才能形成，利益团体尤其是权力团体才可能受到真实力量的规训而成为守本分的利益团体或权力团体。

第 2 章　人皆高贵的尊严

无论从个体言，还是从社会论，尊严形成和持存始终是有条件的。讨论尊严的根源，意在揭示人的尊严形成和持存的存在条件，或曰终极条件。若仅具备此，尊严难以形成，即或形成了，也难以持存。这是继尊严的根源之后，须关注人的高贵何以可能的根本理由。

尊严的神性根源和人性根源，是人的尊严存在的先在性条件，它揭示尊严的存在本质，敞开尊严存在的可能性。人皆高贵，是人的尊严形成和持存的后天性努力，它揭示尊严存在的生存本质，铺开尊严形成和持存的实现路径。以此观之，唯有当其存在本质和生存本质合生，尊严才成为人的现实和社会的现实。

一　人何以能高贵？

尊严生成的神性根源和人性根源，意味着天赋人存在尊严的可能性，但并不能以此认为尊严之于人是必然的。人要尊严地存在和生活，必须有使自己高贵起来的所有潜在因素显现为实际的存在能力的意愿，努力并实际达于高贵的存在状态。

1. 人不是什么？

人的高贵，既是一个现实的存在问题，更是一个拟想的或曰理论的存在问题。这些问题实际地蕴含并可客观地表述为"人不是什么？"和"人是什么？"这样两个相对的具体问题："人不是什么"，表述对人的否定性判断，即将不表征和呈现人之为人的那些因素以否定方式排除，使人的形象呈现；"人是什么"，表述对人的肯定性判断，即将表征和呈现人之为人的那些因素以肯定的方式显现，使人之为人的形象更清晰。

在"人不是什么？"的排除法里，人首先不是物。从原出生讲，人虽然是自然人类学的物，是造物主创化的世界中的万物之一物、众生命之一生命，但它与众生命平等，也与万物平等，并与万物和众生命同享造物主赐予的平等生性和平等生生法则与机能。在继出生意义上，人从自然人类学的物变成文化人类学的人，从动物存在上升成为**人文存在**。相对其本己的自然人类学存在言，人不再是单纯的物，而是**人文化成**的存在者。这意味着：被人文化成的人，虽然在造物主创化世界的原出生上，以及在本原存在意义上，永远无法摆脱"万物之一物"和"众生命之一生命"的宿命，但他获得了不同于万物和众生命的**人质主义**意识，养成了区分万物和众生命的**意识地思维**并**意识地生活**的人化观念、存在方式和行动方式。更重要的是，在如此区分的基础上建构起来的人的世界里，人不是物；而不同于人的所有其他存在物，都被确定为物。

在从自然人类学向文化人类学的进化的旅程里，人将自己从"万物"和"众生命"中区分出来的根本意义，不仅将自己从"物"中排除，而是使自己成为"不是物"的存在者，意味着**人不是工具**。

理解"人不是工具"的根本意识，需要从"工具"概念着手。"工具"的英文形式 tool 的词源可追溯至古英语的 tōl，其本义为"工具""器械"。而 tōl 可能来自古日耳曼语的词根，与古挪威语 tol 和德语 Zeug 相关。但希腊语和拉丁语中表"工具""仪器"等义的词——前者如 ὄργανον（órganon），后者如 instrumentum——在词源上都与 tool 没有直接关联，但古希腊和古罗马文化中的工具概念却对现代意义的"tool"一词的理解和使用产生了影响。在语义上，tool 指一种用于完成特定工作或任务的物品或设备，通常用于制作、修理、维护或改进物体以延长人的手臂并提升其劳作效率的物理手段。在现代语境中，tool 指用以完成特定任务或达到特定目的物件、设备或工具，它可以是手动性质的，也可以是电动性质的，前者如刀具、锤子等，后者如电钻、搅拌器、人工智能机等。

从物理层面讲，工具是人的**化物为物**，即将原本自然的自然物化为**人造**

物，或以人造物为材料将其制造为新的人造物，使其成为获得提升功能效率的物理手段或物质方式。但从生存论言，工具即将存在论意义的存在者变成加持人的意志主义的手段，这是人以意志的力量和方式将存在者的存在价值**强行改造**成因为人而存在的使用价值物，其存在者本己的性质被人的力量解构之后又以意志主义的方式赋予它成为可以被任意谴用的手段，这需要技术。"技术的概念可以追溯到亚里士多德对'自然的'和'人工的'这两个概念所做的区分。自然之物本身载有自己**产生**和**变化**的**内因**，所以是'**变化而来之物**'，而技艺（techne）指的是人在制造活动（poiesis）中以人工的方式制作出来的东西。"① （引者加粗）它所产生的后果既是正面的，也是负面的；既是当前的、现实的，也是未来的，甚至是永久的。② 因为技术将原本"变化而来之物"变成人的智－力"**制造出来的东西**"，它以持续的方式最终毁灭存在者自身，并也以此削弱了自然之自生存在以及弱化着人神性和肉身化存在为代价，对人类予以生存论的增强。"自古以来，人类就曾试图修正或改善自己的特性和能力"，这种持续增强地"修正或改善人类自己的特性和能力"的方式就是技术。技术就是制作性生产"增强以'改善'人的特性和能力为目的"的物质手段和**生存工具**。"从哲学的角度来看，人类增强的可能性至少在三个方面是一种挑战：（1）它提出了增强手段的伦理学评价问题；（2）关于增强的争论说明了人们在政治上和社会上所进行的探讨；（3）当前所进行的关于增强的争论也是一场关于人的形象和社会构建的自我认识的论战。"③ 因为"增强技术不仅提出了这样一个问题，即为什么人们从道义和正义论的角度出发应当作出区分，是否要平衡甚至是直接（最终）纠正不利的先天条件所造成的消极社会后果；同时，它还提出了另一个问题，即自由国家在何种程度上有可能为'补偿式的增强技术'承担义务"。更重要的是，"增强技术所具有的潜力不仅提出了一系列伦理和政治的疑问和问题，而且也提出了关

---

① ［德］阿明·格伦瓦尔德主编：《技术伦理学手册》，吴宁译，社会科学文献出版社2017年版，第21页。

② ［德］阿明·格伦瓦尔德主编：《技术伦理学手册》，吴宁译，社会科学文献出版社2017年版，第57—61页。

③ ［德］阿明·格伦瓦尔德主编：《技术伦理学手册》，吴宁译，社会科学文献出版社2017年版，第499、500、501页。

于人的自我认识的根本问题。这里，处在核心地位的是这样两个问题：'大自然'是否给人的'改良'抑或甚至是人的'自我超验化'设置了界限，以及越来越多的'技术化'可能给人对评估性的自我认识带来哪些后果"①。而且必须充分看到，"增强技术不仅能够对注重能力和追名逐利的社会有推动作用，而且对实现'内在固有的'目标也有促进作用。同时，用来对付潜在地遭到社会摒弃危险（诸如做出成就的压力或社会不公等）的选择手段，最终只在于能对社会模式本身的改变，而不是在于对个别手段和方法的批判甚至是禁止之中"②。

从根本讲，工具**只是**人的制作物。这决定了人与工具的关系，既不是一种等质主义的关系，更不是可以互为转换或替换的关系，而是一种主体与客体、目的与手段的关系：人是工具的主体，他发明技术制作工具。所以，工具是人的造物，人是工具的创造者。人是按照自己的意志和想象方式制作出工具，并要求所制作出来的工具完全地接受人的遣用，所以，被人制作出来的工具总是并且只能是服务于人的手段。工具与人之间所构成的这种不可逆的"主体生产客体"和"手段服务目的"的关系，决定了人为什么不是工具和不能成为工具的根本理由。

"人不是物"和"人不是工具"从两个不同层面对人做出定义。"人不是物"是对人做出的存在论定义，揭示文化人类学的人和自然人类学的物的根本区别，也揭示人的动物存在与人文存在的根本分野。虽然如此，相对人而言的物，只是自然物，是自然存在者，它由造物主（神）的原创化和继创生所成，与造物主同在，内具与造物主同存的生之本性，并拥有自在的生生机能。要言之，物是其自"变化而来"的存在者，作为自"变化而来之物"，其存在本性是生，其存在本质是生生。在"变化而来"及其存在本性和存在本质上，物与人同构，因为人与物同源。与此不同，"人不是工具"是对人做的生存论定义，揭示文化人类学的人的人文存在对物的需要，这种需要的实

---

①　［德］阿明·格伦瓦尔德主编：《技术伦理学手册》，吴宁译，社会科学文献出版社 2017 年版，第 503 页。

②　［德］阿明·格伦瓦尔德主编：《技术伦理学手册》，吴宁译，社会科学文献出版社 2017 年版，第 506 页。

现或需要的满足，必须通过对自然物予以**人意化**的制作。所以，工具不是"变化而来之物"，而是**制作而成**的物，它把"变化而来之物"制作成机械和机械制作的器械，对用以制作的自然材料，也即在存在本原上属"变化而来之物"却被迫丧失了其"变化而来"的生之本性和自生生机能；对被制作成的工具来讲，它根本就没有"变化而来"的生之本性和自生生机能。所以，无论从存在论言，还是从生存论言，**人绝不可能成为工具**。人成为工具，与其自然本性和人文本性相违背，它只能是**人为**。

　　然而，人由物而成为人的存在敞开生存的历史进程，却是异常的严酷和残酷。在这一严酷和残酷的生存进程中，人也可能沦为工具。但人沦为工具并不是工具本身可与人互为转换使然，也不是工具具有替换人的功能，而是**人对人**的作用：人若沦为工具，**只能是人将人变为工具**。**人将人变为工具有两方式**，一种方式是发展技术本身，使技术获得人的创造力量和具备支配物、工具以及人的主体能力，比如，基因编辑技术实现造人的功能，人工智能反客为主地控制人和支配人的能力的形成，就是人沦为工具的典型例子，大数据方法自由采集人的所有信息，将人的隐私权一点一滴地剥夺，最后使人赤裸地成为工具。数字集权工具，以及赋码管理等智能技术，可在任何情况下自由地决定人的活动、人的自由，自由地将人安排在任何地方予以控制，亦是把人变成工具的技术成果。另一种方式就是人以意志的强力将其他人强行定义为工具，比如奴隶制度即是如此，又比如大机械工业生活模式将主体的和灵动的人捆绑在机器上，一切都按照机器的运作方式而展开，亦是典型的例子。然而，无论是技术将人沦为工具，还是一些人以强制方式将另一些人定义为工具，都是人的异化，而不是人的本来存在和合性的愿意。

　　"人不是工具"的人本存在本义，决定了人不是奴隶，更不是奴才。亚里士多德在《政治学》中指出，有的人生来就是服务主人，有的人生来就是做奴隶的主人。"这样，以一个家庭来说，谁是主人的奴隶和谁是奴隶的主人，原来都是家庭的一个部分，但奴隶作为用品（财产）而言，则这一笔财产，应该完全属于运用他的人，而主人〔就另有家务管理以外的自由生活而言〕便不属于奴隶。于是我们可以明了奴隶的性质和他的本分了：（1）任何人在本性上不属于自己的人格而从属于别人，则自然而为奴隶；（2）任何人既然成为一笔财产（一件用品），就应当成为别人的所有物；（3）这笔财产就在生活行为上被当作一件工具，这种工具是和其所有者可以分离的。"① 无论在奴隶社会，还是在非奴隶社会，人一旦沦为奴隶，他就仅是主人的"用品"，只能在任何时候都必须成为随时听从主人任性谴用的工具，从根本上丧失人的本性。对奴隶和奴才而言，他的本性、他的人格、他的意志和情感等均属于"别人"，这个"别人"就是将他沦为奴隶的"主人"。当人的群化存在中生产出了可以将自己之外的其他人定义奴隶的"主人"，那么在有"主人"存在的世界里，完全被主人剥夺了人的本性、人的人格、人的意志、人的情感的奴隶，只成为主人的"用品"或"财产"，既可以标价出售，也可以当作为服务的"用品"，当其使用价值被消耗尽时，就成为耗材而任意地处理。这完全违背了"人不是物"和"人不是工具"的人本性质和本性，当一个人连人的性质和本性都被剥夺，何奢谈高贵？尊严自然无缘于奴隶。

在有"主人"的环境里，奴隶是人的**被迫降格**。与此不同，奴才是人的**主动谋求**。这种被迫降格与主动谋求的根本区别有三：首先，人被迫成为主人的奴隶，是为了活下去；人主动谋求做主人的奴才，是为了更好地活下去，并且是为了在主人之外的其他人那里成为主人。其次，人被迫成为奴隶，其作为人的本性、人格、意志、情感、希望等均被主人予以行为上的剥夺，即奴隶是不能在任何时候表现出人的本性、人的人格、人的意志、人的情感、人的希望；人主动谋求做奴才，是想做奴才和做成奴才的人自己剥夺人的本性、人格、意志、情感、希望等属人的东西，而以此让主人满意和高兴，由此求得做稳奴才。并且，当做稳奴才后，他也就自发地解构了作为人的本性、人的人格、人的意志、人的情感、人的希望，且自发地生长出奴才的本性、奴才的奴格、奴才的意志、奴才的情感和奴才的希望。最后，人虽然被迫成为奴隶，但内心有微弱的或者强烈的人的想望，在心灵深处保持着天赋于人的灵魂，保持着人的本性的善良，还可在某些允许的环境里自发表现出人的高贵和尊严来；与此不同，主动谋求做稳奴才的奴才，他们是以自动地清洗掉天赋的灵魂和人的本性的善良为前提，奴才实际地成为比他们的主人更惨

---

① 　［古希腊］亚里士多德：《政治学》，吴寿彭译，商务印书馆 1983 年版，第 13 页。

无人道、更冷酷和冷血、更残忍和无恶不作。所以，奴才在任何情况下都只表现出卑贱，在他们残忍、残暴和无恶不作的身体里，丧失干净了人的高贵和尊严的任何可能性。

从根本讲，奴隶和奴才虽然性质根本不同，但他们都是主人的工具，都被主人统治，因而他们都沦为了被统治者、被奴役者；这与人格格不入。依造物主的继创生法则而化物为人的人类，天赋的本性、人格、意志、情感和希望决定了他们必不是物，也必不是工具，只能成为站立的人。因而，在只允许站立为人的人本社会里，不能有统治与被统治，也不能有阶级和阶级主义。阶级主义将群化存在的人划分为阶级，形成统治和被统治的阶级。用阶级来类分人，将人规定为统治者和被统治者，在本质上都将人变成了非人：统治者沦为非人之魔，被统治者沦为非人之奴。人间则沦为魔与奴互为舞蹈的场域。在这种性质的场域中，一旦承认了阶级，魔之统治与奴之被统治就成为合理和合法，统治之魔与被统治之奴之间打与被打出来的山头或江山，也成为暴力主义的"合理"和"合法"。然而，从人的角度看，这种魔打出来的江山和这种魔奴役奴的坐江山，虽然是反人类的，却有深厚的历史土壤。历史上实际存在的对江山的"打"与"坐"的循环运动，恰恰实证了魔与奴共生的历史存在和历史存在的"合理"和"合法性"。这种"合理"和"合法"的基本呈现，就是将自然世界的有限的丛林法则扩张为无限度的丛林法则，把人间变成强权和暴力任性驰骋的丛林社会，没有正义，没有法，没有平等，没有存在安全和生活的保障；有的只是强权主义，谁更坏，谁更野蛮、谁更残暴、谁更能破坏一切和消灭一切，谁就是主人。所以，奴配合魔打江山的话语与社会模式，是返祖于生物世界并突破生物世界之丛林法则限度的无限度化的丛林法则模式，它在性质和行为上是绝对地反人性和反人类文明，是根本地消灭人的存在高贵和尊严的社会模式。在这种社会模式里，原本不是耗材的人，沦为彻底的耗材。作为耗材，是人沦为物、沦为工具进而沦为奴（奴隶和奴才）之最终呈现。从物理学讲，耗材是指被消耗掉了全部有用性而必须处理的物理对象，当将人变成耗材，是将人变成物，使之成为工具而将其作为奴隶和奴才使用的最终结果，就是在被迫成为奴隶和主动做稳奴才被消耗掉其全部有用性之后必须成为废弃的处理品。将人作为耗材来处理的方式有两种：一种是激进方式，另一种是温和方式。前者是通过革命和斗争方式将奴隶和奴才的有用性全部消耗干净，而使之自然地成为处理的对象；后者是遵从"物尽其用"的物理法则而加大对奴隶和奴才的使用消耗，以此尽快将其有用性消耗干净，而使之自动成为处理物。

概括地讲，人不是被革和除的对象，也不是任意处置的耗材。人沦为可被任意处置的耗材，这是沦为物、沦为工具、沦为奴隶和奴才的必然结果。改变这种"必然结果"的唯一方式，就是人意识到人不是耗材，不是奴隶和奴才，不是工具，不是物，并以此为出发点，意识地为避免沦为物、工具、奴隶和奴才而努力，意识地成为人并激励人那天赋高贵的全部潜能，人的尊严自然生成。

2. 人必是什么？

当厘清"人必不是什么"之后，自然能凸显"人必是什么"。

"人必是什么"的首要问题，是人的生命化的身体问题，即**人必是一个有生命的身体**。人是"有生命的身体"，这本是人的本原存在事实，应成为人的自我意识的常识。但也正是自我意识，这个原本不该生出任何歧义而广被人人意识地理解的常识，却成为严重的根本性问题。从毕达哥拉斯开始，人的生命就被身心二元化。身心二元化在毕达哥拉斯那里表述为灵魂与肉体既不一致，也不完全统一，身体表征欲望和动荡，灵魂象征纯粹和宁静，二者相对，消解身体与灵魂之相对方向的根本方法，是修炼而使之净化。柏拉图扩张了身心二元的观念，揭示身体之为身体不存在迷失自身的问题，因为它本身象征着欲望和动荡，因而欲望和动荡成为身体本身。与此不同的是寄寓在身体中的灵魂，却总是面临着"失忆"的危险，由此，"灵魂失忆"成为人的存在常态，虽然柏拉图企图通过伦理和政治的双重方式来解决这个问题，但最终难以解决。哪怕后来经历中世纪的神学论证和教义化的信仰的长久沐浴，身心的内在分裂不仅未得到解决，而且显得加突出，于是产生了笛卡尔和他运用"我思故我在"的方法予以身心二元的论证。"笛卡尔的论证非常简单。他已经建立了这样的观点：我们能够怀疑许多东西的存在，包括我正坐着的椅子。所以怀疑你自己身体的存在并没有问题。但你不能怀疑你自己心智的存在——你在思考，所以你的心智必然真实存在。而如果你能怀疑你身体的存在而非你心智的存在，它们就必须是两种不同的事物。笛卡尔接下来解释道，身体就像机器那样工作，有着物质的各种质，遵循运动的种种法则。心智却是完全独立的另一类实体。它不仅并非由物质组成，连在物质位面上也没有一个确定的位置。无论心智是什么，它肯定是某种与桌子椅子相当不同的东西，某种占据了一个全然不同的存在领域的东西。我们将这个观点：称为**实体二元论**，因为它宣称心智和身体是两种不同的实体，而不仅仅是背后同一种东西的两个不同方面。"① （引者加粗）身心二元论更多的是人为地放大对身心的想象所形成的观念，而忽视了人本身是一个"有生命的身体"，这个有生命的身体就是身心一体的身体。这就是说，我们理解身体和心灵，必要置于"生命"这个框架中来。在生命这个框架里，身体和心灵始终是一体存在，这种一体存在表征为心灵始终寄寓在身体之中并以身体为载体来牵引身体行动。当逸出"生命"这个框架，也就是说，当你作为**这一个人**的生命结束之后，身心才真正地二元化了，即原本鲜活生命的身体变成了冰冷的尸体，原本寄寓于身体化的生命中的灵魂，即作为曾经是存在于"有生命的身体"中的精神（以及情感），因为这一个人的"生命"的消失而消隐于存在世界之中，聚合为神秘的宇宙之具体内容。

从根本讲，在"生命"框架中，身心是一体存在的，至于一体存在中的非物质的灵魂如何与物质的身体互动，仍然是富于想象的二元论所面临的强有力的挑战。英国哲学家吉尔伯特·赖尔（Gilbert Ryle，1900–1976）曾批评被他称为"'机器中的幽灵'的教条"概念和论调，认为"将心灵看成与身体独立的一类物体，是非常大的错误，不仅在于心灵运作的方式，还关乎它的本质。我们当然对于物质运动如何导致思想和感受这一点还没有详尽的理解。但从我们已有的理解来看，这个任务似乎要比搞清楚心灵怎么能成为一种完全不同的存在类别要简单得多"②。量子力学为其提供了一个依据：物质在微观状态下亦呈非物质态，就存在实体言，心灵亦是存在的实体。一个

---

① ［美］肖恩·卡罗尔：《大图景：论生命的起源、意义和宇宙本身》，方弦译，湖南科学技术出版社2019年版，第235页。

② ［美］肖恩·卡罗尔：《大图景：论生命的起源、意义和宇宙本身》，方弦译，湖南科学技术出版社2019年版，第241页。

由相互作用的量子场组成的纯粹物质的宇宙的确可以解释我们体验到的宏观世界。我们能否理解，在一个不存在超验目的的世界中，面对热力学第二定律带来的不断增加的混乱，秩序和复杂性又是如何出现的呢？我们能在不牵涉超越纯粹物质的实体或者性质的前提下理解意识以及我们的内在体验吗？我们能否给我们的生命带来意义和道德，同时合理地谈论什么是对和什么是错吗？[①] 这是最该关心的问题。人是一个有生命的身体这一存在事实表明，对身心的一体认知必须抛弃"身心二元"的想象模式，只有具备这样的认知视野，以"生命"本身为之设定的框架来探讨身体与心灵或者说身体与心灵、情感的一体生成与运作的生生机制。以此来看"生命"框架之外的问题，其实已不是"人是一个有生命的身体"的问题，而是世界存在论或者说宇宙存在论中的物质与灵魂的一体存在的问题。

　　"人必是什么"的问题，不仅表征为"人必是一个有生命的身体"，也表征为**人必是一个关联存在者**。这意味着人作为一个有生命的身体存在，并不是一种孤立的存在，也不是一种静止的存在，而是动态生成的关联存在。人作为动态生成的关联存在，不是人的主观意愿，更不是人意识地思维和意识地生活所致，而是造物主对存在世界、对宇宙自然和万物生命的造化之功。

　　无论从原创化言，还是从继创生论，人作为一个关联存在者本原性地敞开两个维度：第一，人必是一个存在世界的关联者，其存在关联起宇宙、自然、万物、生命。这意味着人成为人，既不是一些人对另一些人的恩赐，也不是社会的分类，而是源于造物主的创化，且具有与存在世界同在的神性。这是人"不是物""不是工具""不是奴隶和奴才"和"不是耗材"的根本存在论依据：人首先是一个世界性存在者，然后才是一个人的世界的存在者。第二，人必是一个人的世界的关联者，其存在不仅关联起人的世界中的人、物、事，也关联起人的世界中的权、责、利，还关联起人的世界中的爱、恨、情、仇，更关联起人的世界中的生、老、病、死和悲、欢、离、合。人与人的世界的如此众多维度的存在关联，使人本身成为一个他者性存在者。人作为他者性存在的复杂关联和作为世界性存在者的复杂关联，从两个不同的维

　　[①] ［美］肖恩·卡罗尔：《大图景：论生命的起源、意义和宇宙本身》，方弦译，湖南科学技术出版社 2019 年版，第 250 页。

度为人成为高贵的存在者提供了全部可能性。

由于人既是世界性存在者，也是他者性存在者，人这两个方面的存在关联引发出来的全部复杂性，将人推向了解决这纵横交错的复杂性存在之中而豁然挺拔出来成为人，需要特别的能力、特别的智慧、特别的方法、特别的力量。而人解决其世界性存在和他者性存在问题所带动起来的全部复杂性而探索建构其特别的能力、智慧、方法和力量，使人成为高贵的存在者。

基于如上自为要求，作为世界性存在者和他者性存在者之人，要具备如此地使自己高贵存在的根本前提条件，就是始终不渝地对自己的世界性存在和他者性存在的意识和思维，因而，人意识到自己世界性存在并探求它，并与此同时意识到自己的他者性存在并努力地形塑，是人在关联存在中配享成人的高贵的必为路径和根本方式。

人不仅是一个"有生命的身体"和"关联的存在者"，更是一个独立的存在者。或者，当人享有"一个有生命的身体"并成为"一个关联的存在者"时，他就必然的是一个独立的存在者。**人必是一个独立的存在者**，既意味着人必是一个人，而不是一件物、一个工具或一只畜牲，更意味着人必是一个本己的人，而不是奴才或者犬马。

人作为一个本己的人而存在，既远离自然主义，也保持对理智主义的冷静和客观，因为"自然主义以冷漠的态度对待人们，将其视为无意识的机械的一部分；理智主义则认为人不过是思想进化过程中的容器、工具和器械。两者均不把生活的发展归结于人，不把人看作生活的主人和推动者：一切事情发展都与人无关。在骚动与喧哗的社会里，他的灵魂是空洞，生活是无关紧要的。我们很容易理解，在个人濒临灭亡的危急关头，极容易唤起蓬勃蔓延的欲望：把注意力集中到人的自身，把人当作人看待，把人当作生活中各种活动的中心，把他根据自己的利益合理分配时间和满足心灵愿望的权力归还给他。这里好像是充实而快乐的生活的美景：没有疑虑和晦涩，不被复杂的问题所困扰。但是，也同样因为在这里，运动的发展显现了一种无法调和的矛盾。社会主义和个人主义潜藏在这个运动中，这两者的分歧越来越大，最终成为完全对立的关系。双方都在阻碍对方的发展，削弱对方的信仰基础，双方都只是在消耗，都无法给生活以精神依托或令人满意的目标。按照社会主义的图式塑造生活，生活就只有外部的行为；社会主义决不会把外部的获取变成内心的利益，因为它从未给生活以灵魂。在这样的环境里，人们把一切兴趣集中到个体身上是不可难免的"①。

作为一个独立的存在者，要成为一个本己存在的人，必自为地敞开三个使自己独立挺拔地**站立而在**的维度。其一，人必是一个能**发育心智**的人。人的心智涵摄其心商、情商和智商。人的心智发育，并不只是开发智商使其智力发育，形成观念主导生活和世界，而是从根本上使情商和心商健康发育与智商发育同步，使自己成为一个健全思维和健康精神的人。这是人成为本己存在的人的奠基性要求。也就是说，只有当人的心商、情商、智商得到同步的和协调的健康发育，他才可成为一个本己的人，才能因此避免沦为物、沦为工具、沦为奴隶或奴才而最终沦为耗材的悲惨命运。其二，只有当人的心智能够得以健康发育，人才可成为一个个性自由的存在者。客观地讲，人要成为本己存在的人，心智的健康发育只是其奠基，只有具有个性自由地存在的能力、德性和德行的力量，他才可能成为一个真实的本己存在的人。人要成为一个个性自由存在的人，并非念想即或行则即就，因为人的个性并非任性，任性由野性形塑，个性却是以人的生之本性为指南，以天赋的生生为法则和动力机能，它必是以关联存在的共生为根本规范，所以，以个性为指南的自由，必是共生存在的自由。只有如此语义规定和价值诉求的个性自由，才可将人形塑为本己存在的人，开出本己存在的道路，催发他成为一个能独立生活的人。其三，以本己存在为坐标，以个性自由为指南，人成为独立生活的人，也就是远距物的腐蚀，防止工具的侵入，时时审查和清除任何主人而奴隶或奴才的意识或观念，以本己的高贵之资去开辟尊严的存在道路和生活空间。

二　人必尊严的资本

"人不是什么"和"人必是什么"从正反两个方面确立起人的存在。从本原观，人经历两次诞生而具有使其不同于万物的高贵存在的资质，正是这种本原性的资质使人高贵存在变得可能，也使人有尊严地存在和生活变得可能。正是这一双重可能使人在化物为人并创建起人的社会的进程中，逐渐培育起使人以本己方

---

① ［德］R. 奥伊肯：《人生之意义与价值》，张蕾译，北京联合出版有限责任公司 2015 年版，第 57—58 页。

式成为高贵的存在者而配享尊严的现实资本，这个资本就是人化物为人的权利。

1. 权利及本质

当谈及权利时，不能绕过三个基本问题：

第一，何为人的权利？

第二，权利从何处来？

第三，何为权利的本质？

客观地看，对权利的意识和观念是伴随人从自然人类学向文化人类学方向展开其"化物为人"的努力自然形成，它构成人意识地思维的基本内容并向意识地生活方向演绎发展。但只是到了罗马时代，权利（rights）概念才产生。在古希腊，对权利的意识和观念用诸如"节制""理性""正义"等概念来表述。进入罗马时代，由法催生出来的权利概念，在更抽象层次上表述了古希腊人的权利意识和权利观念。在罗马时代，权利由法律确定，法律既成为权利的来源，也规定权利的边界，一切都显得清晰而无歧义。只是到了近代，哲学、伦理学、政治学以及经济学参与对权利的重新意识和审查，很自然地突破法律的认知模式而使权利概念的内涵变得复杂和模糊起来，以致形成《牛津法律便览》在"权利"词条中将"权利"概念定义为"一个严重地使用不当和使用过度的词汇"，由此表明近代以来对何为"权利"的看待，因为人们基于不同的认知方式和观念而形成不同的界定。比如，作为国际法的奠基者格老秀斯（Hugo Grotius，1583－1645）从伦理出发，认为权利是受自然法规定，由此将权利定义为一种"道德资格"，因为道德遵从习俗而来，习俗遵从自然所成。格老秀斯指出，自然权利的存在"可以通过两种证明法来加以证实，即先验的证明方法和经验的证明方法"，因为"不可改变的自然法事实上是不会发生任何变化的，变化只可能发生在它所支配的那些事物上，只是这些事物才容易发生改变。举例来说，如果一个债主免除了我欠他的债务，我就不再有义务清偿债务，这不是因为自然法已经不再命令清偿正当债务，而是由于被免除，我的债务不再存在了"。[①] 格老秀斯的"道德资格"观念及其证明方法，形成一种权利理解方式，大卫·施密茨（David Schmidtz）认为这是一种"目的的证

---

① ［荷］胡果·格老秀斯：《战争与和平法》，何勤华等译，上海人民出版社 2005 年版，第 34 页。

成，它根据政治共同体所要实现的东西来为其向公民施加政治义务这一行为进行辩护"①。施密茨认为，在一般情况下，人们总是会为其所构筑起来的政治共同体设置相应的目标，如果该政治共同体实现了所设定的这些目标，它就获得了向公民施加政治责任的道德资格。② 但西蒙斯（A. John Simmons）则认为，这种"道德资格"主要体现为政治共同体的一般特性或美德。③

与格老秀斯同时代的唯物论哲学家霍布斯（Thomas Hobbes，1588 – 1679）和政治哲学家洛克（John Locke，1632 – 1704）等人却从政治切入，认为权利就是自由。从政治入手用自由来定义权利的认知前提是"自然状态"。在自然人类学向文化人类学方向进发的进程中，自然状态必然成为最初的意识，这种最初意识层累性升华为一种强烈的思想意识必然催发政治的形成和政治意识的产生。柏拉图对理想国的构想中，用金、银、铜铁这些自然物来描述国王之理性、勇士之勇敢和劳动者之节制等德性，并认为这三种德性的合生运行产生了表征权利的"正义"。柏拉图如此想象其实已朦胧地表述了两个构成后来之基本观念的意识性内容，即人的德性和人之权利蕴含于存在自然状态中的自然物里。亚里士多德无论就其哲学基本理念还是政治和伦理思考，既从其师柏拉图出发又抛弃柏拉图，但在更为深刻的本质论层面，仍然是相会通的。仅以政治思考言，亚里士多德与柏拉图一样，其思想的最终背景仍然有一个"自然状态"。对柏拉图来讲，这个"自然状态"隐匿于他构筑理想国的材料金、银、铜铁为理性、勇敢、节制、正义提供来源的比喻中，对亚里士多德而言，这个"自然状态"非常自然地蕴含在他从人的自然人类学向文化人类学方向展开入手，发现人不能独自存在，男女出于生理的自然而相互满足的结果是生育，生育催发家庭的诞生，家庭通过生育而繁衍必然形成村坊，村坊同样因为生育的催动而生生不息地扩张，带动起来的后果是形成横向的联合而产生城邦，"由此可以明白**城邦出于自然的演化——而人类自然是趋向于城邦生活的动物**（人类在本性上，也正是政治的动物）"④（引

---

①　David Schmidtz, *Justifyingibe State*, Ethics, October 1990, p. 90.

②　David Schmidtz, *Justifyingibe State*, Ethics, October 1990, p. 91.

③　A. John Simmons, *Justification and Legitimacy*, Cambridge University Press, 2000, p. 752.

④　[古希腊] 亚里士多德:《政治学》, 吴寿彭译, 商务印书馆 1983 年版, 第 7 页。

者加粗）。亚里士多德与他的老师柏拉图一样，并不去证明政治的产生是否或然，而是直观地判断政治是自然状态下自然人类学的物走向文化人类学的人的必然，因为政治从人的最初人质意识萌发那一刻开始就埋藏在人的"自然"中，构成自然人类学的人"化物为人"的必要条件。所以，政治之于人是自然的，统治之于人——或者说主人与奴隶之于人同样是自然的。在亚里士多德看来，主人与奴隶——或者说统治与被统治并不是压迫与被压迫的关系，而是合于自然的向"善"，这是城邦之所以成为"最高的善业"的自身依据。①希腊之后开启罗马时代，理性被神性取代，理性政治背后的自然法则被转换成神学政治背后的神性法则，但隐匿在神性法则背后的那个母体，仍然是"自然状态"，内生于自然状态中的自然法则，被人性的哲学提炼出理性政治学表述，而神性的神学却将其提炼为神学政治学表述。具体地讲，希腊化之后，希腊文化经历罗马帝国的改造，宗教信仰征服理性精神，教权统摄政权，教会成为君主统治合法性的重要来源，各国世俗君主的统治权需要教会的承认（即加冕），君权拥有来自神权的支持。当这种支持模式伴随神学解释的哲学化（比如奥古斯丁用柏拉图主义来解释神学和托马斯·阿奎那用亚里士多德哲学来解释神学的相继努力，将信仰的宗教注入了讲道理的成分）和信仰的日益世俗化，加之教会的极端主义，自然积淀形成教权统摄政权的力量衰微，教会支持君权的模式日趋崩解的态势，推动这种支持模式崩解的是始于16世纪自上而下的宗教改革。宗教改革的直接政治后果是越来越多的国家脱离罗马教廷的控制，王权成为真正的"主权"。到了霍布斯和洛克所生活的年代，英国成为各教派力量争夺主导权的混战舞台，无论是天主教还是国教或清教，都试图将本派教义变成国家主权的结合对象，由此形成"政治宗教化，宗教政治化"的意识形态状况。② 这种意识形态的混乱状况成为催发英国内战的重要社会因素，这是生活于其时的霍布斯和洛克等哲人所不得不面对的一个必须解决的时代问题，这就是如何促成宗教各派的当世和解。其和解的前提是政治与宗教的彻底两分，而政治与宗教分立的前提却面临重建政治正当性的基础，这是霍布斯和洛克都关注"自然状态"的原因，他们都想从"自

① ［古希腊］亚里士多德：《政治学》，吴寿彭译，商务印书馆1983年版，第13—19页。
② 钱乘旦、许洁明：《英国通史》，上海社会科学院出版社2002年版，第159页。

然状态"中寻找政治秩序的正当性根基。

　　霍布斯关注的"自然状态",不是原始人的部落状态或蛮荒地区人们的生活方式,而是指一个人可以不断回归的"自然状态"。这种可以不断回归的"自然状态",首先指宇宙自然状态。霍布斯在《利维坦》第一部分中描述了人所存在的自然状态的存在论背景,造物主创化的宇宙是由物质的微粒构成,这些相对宏观的宇宙而言的微粒物质,不仅独立于人而存在,而且永恒于人而存在。人,就是散落于这样的物质化的宇宙之间的自然的生物。人作为自然的生物呈现出来的自然本性,就是**自保生存**,由此生发出自私、恐惧、贪婪和残暴。因为自保生存,人与人之间呈现既互为敌对,又互为防范的"狼与狼"般的自然状态。然而,因为人在物质宇宙中也只是众物之一物,也因为人在物质宇宙的大舞台上均谋求自保与生存,并且都在谋求自保与生存的过程中始终相互防范、敌对甚至战争,这一切对人来讲都是平等的,因为在"这种人人相互为敌的战争状态,还会产生一种结果,那便是不可能有任何事情是公道的。是和非以及公正与不公正的观念在这儿都不能存在。没有共同权力的地方就没有法律,而没有法律的地方就无所谓不公正。暴力与欺诈在战争中是两种主要的美德"①。在这种平等的自然状态下,人与人化解恐惧、相互防范、敌对和避免战争的唯一出路,就是有意识地觉醒在这种恐惧、防范、敌对、战争的自然状态中、不幸生活里本有的"生而平等"的自然权利,并以其"生而平等"的自然权利为依据和准则来培育理性的方式,构建相互同意的契约,这就是每个人都放弃自己的自然权利,将它托付给某个人或某个由多人组成的集体(比如议会),并通过这个集体而将人人平等享有的自然状态化的意志统一为人人服从的一个意志,把人人平等地享有的自然状态化的人格统一为人人尊崇的一个人格。

　　霍布斯所讲的"生而平等"的自然权利,就是自由。"著作家们一般称之为自然权利的,就是每一个人按照自己所意愿的方式运用自己的力量促使自己的本性——也就是促使自己的生命——的自由。因此,**这种自由就是用他自己的判断和理性认为最适合的手段去做任何事情的自由**。"(引者加粗)霍

_____

　　① ［英］霍布斯:《利维坦》,黎思复、黎廷弼译,商务印书馆1986年版,第96页。

布斯进一步指出："自由这一语词，按照其确切的意义说来，就是外界障碍不存在的状态。这种障碍往往会使人们失去一部分做自己所要做的事情的力量，但却不能妨碍按照自己的判断和理性所指出的方式运用剩下的力量。"①

洛克也用自由来描述权利，认为自由的权利来自然状态，洛克说："为了正确地了解政治权力，并追溯它的起源，我们必须考究人类原来自然地处在什么状态。那是一种完备无缺的自由状态，他们在自然法的范围内，按照他们认为合适的办法，决定他们的行动和处理他们的财产和人身，而毋须得到任何人的许可或听命于任何人的意志。这也是一种平等的状态，在这种状态中，一切权力和管辖权都是相互的，没有一个人享有多于别人的权力。"②洛克也认为自由权利来源于自然状态，自然状态就是"自由状态"，在这种状态下，"谁企图将另一个人置于自己的绝对权力之下，谁就同那人处于战争状态，这应被理解为对那人的生命有所企图的表示。因为，我有理由断定，凡是不经我同意将我置于其权力之下的人，在他已经得到了我以后，可以任意处置我，甚至也可以随意毁灭我。因为谁也不能希望把我置于他的绝对权力之下，除非是为了通过强力迫使我接受不利于我的自由权利的处境，也就是使我成为奴隶。免受这种强力的压制，是自我保存的唯一保障，而理性促使我把那想要夺去我的作为自保屏藩的自由的人，当作危害我的生存的敌人看待；因此凡是图谋奴役我的人，便使他自己同我处于战争状态。凡在自然状态中想夺去处在那个状态中的任何人的自由的人，必然被假设为具有夺去其他一切东西的企图，这是因为**自由是其余一切的基础**，同样地，凡在社会状态中想夺去那个社会或国家的人们的自由的人，也一定被假设为企图夺去他们的其他一切，并被看作处于战争状态"③（引者加粗）。在洛克看来，人从自然人类学的物进入文化人类学的人却没有形成权利的契约的社会状态，就是自然状态，但这种自然状态与纯粹的自然人类学的自然状态有着根本性质的不同，这种不同表现为：在自然人类学状态，其自然状态主要是人与物的自然的状态，这种状态更多的不是敌对战争状态，而是如何相互适应的状态；

① ［英］霍布斯：《利维坦》，黎思复、黎廷弼译，商务印书馆1986年版，第97页。
② ［英］洛克：《政府论》下册，叶启芳、瞿菊农译，商务印书馆1987年版，第5页。
③ ［英］洛克：《政府论》下册，叶启芳、瞿菊农译，商务印书馆1987年版，第13页。

但当从自然人类学进入文化人类学且又没有建立起权利约束与保障机制的自然状态，却是人与人相互为敌的状态，这种状态就是人与人之间本能地侵犯对方的自由权利的状态，洛克将这种自然状态命名为"战争状态"，或可更具体地说，在文化人类学进程中，当人们通过革命手段推翻暴虐的政府之后尚未及缔结契约、建立新的政府之前的那种状态，也是内含战争性质的自然状态。概言之，自然状态就是缺乏公共权威的状态，它成为一些人的自由权利侵犯另一些人的自由权利的强权状态，解决这种自然状态的唯一办法就是建立公共权威，以用权利来约束权力，使每个人的天赋权利都能自由地释放。

近代以来，用自由来定义权利的观念形成一种强势话语，这种强势话语源于文艺复兴将"自由"作为宣言而高举起来的那个时代，构成对人的重新发现的神圣内容，后经宗教改革的推波助澜，启蒙主义接过文艺复兴这面"自由"的大旗，开辟主体主义的认知论哲学，包括康德的个体主体主义的认知论哲学和黑格尔的国家主体主义的认知论哲学，都以自由为主题。也自然地形成康德和黑格尔均用自由来定义权利，并且"自由"成为他们解释"权利"的核心理念和方法。康德从个体主体论入手，用"自由"定义权利，强调善良意愿所生成的"意志"，即用意志自由来解释人的权利，认为"自然在不可抗拒的要求着权利终将保持着至高无上的权力"①，权利就是"外在地要这样去行动：你的意志的自由行使，根据一条普遍法则，能够和所有其他人的自由并存"②。黑格尔从国家主体论入手，用"自由"解释权利，更强调"精神"，因为"精神在本性上不是给偶然事故任意摆布，它却是万物的绝对决定者；它全然不被偶然事故所动摇，而且还利用它们、支配它们"③。黑格尔之所以用自由的精神来界定人的权利，是因为"一般说，权利的基础是精神，它们的确定地位和出发点是意志。意志是自由的，所以意志既是权利的实质又是权利的目标，而权利体系则是已成现实的自由王国"④。

近代以来的哲人从伦理、政治、法学等角度切入，分别用"道德资格"

---

① ［德］康德：《康德著作全集》第 8 卷，李秋零编译，中国人民大学出版社 2013 年版，第 126 页。

② ［德］康德：《历史理性批判文集》，何兆武译，商务印书馆 2011 年版，第 41 页。

③ ［德］黑格尔：《历史哲学》，王造时译，上海书店出版社 1999 年版，第 57 页。

④ 夏勇：《中国民法哲学》，生活·读书·新知三联书店 2004 年版，第 310 页。

或"自由"来界定和解释权利，也同时将权利的来源和权利的本质附带出来，使之成为不相区分的混沌性认知内容。但实际上，权利、权利的来源、权利的本质三者是能够清晰分辨且各具边界的。

首先，权利的意识和观念产生于作为自然存在物在其自然人类学向文化人类学方向演化进程中将自己"化物为人"，因而，权利是属人的，是人对自己本该有的存在空间的意识以及对此存在空间意识的把握。这就是人，只有当自然人类学的物"化物为人"时，权利问题才产生，且由此而来的"自然权利"则是人对权利的来源的自然主义追溯；由此拓展开来的自然物的权利，具体地讲就是生命权和物权，均是人从自己的权利出发予以比附性表达"万物平等"，以为人自己的权利提供更为坚实的依据。

概言之，所谓权利，即人所享有的自然存在空间。在其空间内，人就自由；在其空间外，人则不自由。或者，在其空间之外，人要得自由，必有附加条件，这个附加条件就是：你要享有一份自由，就得付出一份相应的权利，或与此权利相应对的责任。

其次，权利是分配所成，这是权利的来源。分配所成的权利，既是社会的，也是自然的。这就是说，权利是由社会分配和自然分配所成。从思想史观，从柏拉图、亚里士多德始，自然状态意识和观念一直构成人类文明向前之思想认知的土壤和权利观念生成发展的母题性背景，但权利分配的观念形成始于霍布斯和洛克，他们分别以自己的方式表述了权利分配的两种性质与方式。概括地讲，权利的社会分配和权利的自然分配有根本性质的区别：权利的社会分配，实是权利的再分配。这种对权利进行再分配的依据，是权利本身；其权利再分配的准则，却是**人定的**契约，即人人按其约定将自己的"自然权利"交出来委托给一个机构，形成一种统一意志和人格的公共权力和公共权力机构，并由此形成一种公共权力机制来平等地分配权利。所以，作为文化人类学的社会人，或者说作为人文存在的人，他的权利是某种公共权力机构依据共同的**信约**方式予以平等分配所成。作为个体，其所分配到的权利，规定了他所属的所有存在空间。这一属己的存在空间，除非自己主动让渡或同意进入之外，任何人以及任何力量都不得侵犯。

社会分配权利，实可因社会性质的不同以及掌握权利分配的公共机构或权力的主体不同，使分配行为本身出现倾斜性，解决这种情况出现的最好办法就是构建起一种超越任何不同性质倾向的具体社会形态和任何人及其所释放的主观性因素的客观依据和机制，这只能从自然中找，从造物主创化世界的法则中找，于是就形成了"自然状态"说。自然状态说对自然状态的描述，是要为社会分配的权利提供来源，社会所分配的权利的依据却来自自然状态，即人在自然状态下享有平等权利。这种平等权利并不是由人自己提供，而是由自然提供。霍布斯的物质宇宙构成论和人的存在的生物论，从两个方面描述了自然状态的形成。但物质宇宙和生物人又是如何形成并怎样共存？对于这两个问题，霍布斯和洛克等人都没有前溯，如果前溯则涉及造物主的创世的原创与继创问题：造物主对宇宙自然和万物生命的原创化和继创生，才为人的自然权利分配提供其最终的依据和解释准则，即宇宙自然和万物生命被创化所获得的继创生的生之本性和生生机能，构成人的自然权利分配的真正依据，而由其生之本性和生生机能会聚生成的自然法则，则成为人的自然权利分配所依据的准则。

要言之，表征人的独立存在空间的权利，是社会分配所成。社会分配权利的依据，却是自然权利。自然权利源于造物主对存在世界（宇宙自然和万物生命）的原创化和继创生的法则，这一法则的感性呈现形式即造物主赋予所创化的存在世界之本性和生生机能。

最后，权利来自权利，既指社会分配的权利来自自然状态中的自然权利，更指自然状态中的自然权利来自造物主创造世界的平等之生和生生。所以，权利的来源——包括其自然来源和社会来源——揭示了权利的本质。权利的本质是平等，缺乏平等，剥夺或丧失平等，根本无权利可言，剥夺平等或丧失平等权利，必然只是**权力的变态**形式。

权利的平等并不来自人的主观创设，而是来自人的诞生，具体地讲，来自人的原诞生和继诞生。人的继诞生，即人从自然人类学走向文化人类学的进程中以平等的方式展开。没有平等的自然机制和平等的意识与努力，根本不可能有文化人类学的向前。人的继诞生所获得和持有的平等，最终来自其原诞生。造物主创化世界，也创化了万物之一物和众生命之一生命的人类生物，它与万物和众从生命同享被原创化和继创生的平等资格、平等潜力、平等空间和平等的生性、平等的生机以及由此生成的动力之源。正是因为这种普遍的平等，才催发自然人类学的人开启了文化人类学的旅程而生生向前，继创出人的社会、人的平等的不懈努力。

2. 权利的所属

当厘清权利的初步认知并明确它的本质存在后，则需要考察它的所属性。权利的所属问题由权利的本质引发。"人权平等的光辉神圣原则（因为它是从造物主那里得到的）不但同活着的人有关，而且同世代相继的人有关。根据每个人生下来在权利方面就和他同时代人平等的同样原则，每代人同它前代的人在权利上都是平等的。"① 并且，"任何一部创世史，任何一种传统的记述，无论来自有文字记载的世界或无文字记载的世界，不管它们对于某些特定事物的见解或信仰如何不同，但在确认人类的一致性这一点则是一致的；我的意思是说，所有的人都处于同一地位，因此，所有的人生来就是平等的，并具有平等的天赋权利，恰象后代始终是造物主创造出来而不是当代生殖出来，虽然生殖是人类代代相传的唯一方式；结果每个孩子的出生，都必须认为是从上帝那里获得生存。世界对他就象对第一个人一样新奇，他在世界上的天赋权利也是完全一样的"②。平等，是造物主创化世界、创造万物生命的基本姿态，也是造物主行创化时对宇宙自然、万物生命的平等给予。因为这平等给予，宇宙中的众生享有一致性；也因为这平等给予，人类从自然人类学向文化人类学方向演化进程中建立人类社会，必须以一致性为基础，所以"还必须看到，世界上所有的宗教就其关系到人类而言，都是建立在人类的一致性之上的，即大家都处于同一地位。无论在天堂或地狱，或者生存在任何环境里，善和恶是唯一的差别。甚至政府的法律也不得不袭用这个原则，只规定罪行的轻重，而不规定人的地位。**这是一切真理中最伟大的真理**，而发扬这个真理是具有最高的利益的。从这个角度来看待人，并从这个角度来教育人，就可以使他同他的一切义务紧紧联系起来，无论是对造物主的义务，还是对天地万物（他就是其中一部分）的义务"③（引者加粗）。

---

① ［美］托马斯·潘恩：《潘恩选集》，马清槐译，商务印书馆1981年版，第140页。
② ［美］托马斯·潘恩：《潘恩选集》，马清槐译，商务印书馆1981年版，第141页。
③ ［美］托马斯·潘恩：《潘恩选集》，马清槐译，商务印书馆1981年版，第141—142页。

平等引发出权利的所属问题只能是人的问题，**即权利是人的权利**，简称人权。人权来源于人，人来源于造物主，所以人权来源于造物主。这就是天赋权利。"人所保留的天赋权利就是所有那些权利，个人既充分具有这种权利，又有充分行使这种权利的能力。如上所述，这类权利包括一切智能上的权利，或者思想上的权利；信教的权利也是其中之一。至于人所不能保留的天赋权利就是那些权利，尽管个人充分具有这种权利，但却缺乏行使它们的能力。这些权利满足不了他的要求。一个借助于天赋权利，就有权判断他自己的事务；就思想上的权利而言，他决不会放弃这个权利。但是如若他不具备矫正的能力，那么光判断自己的事务又有什么用呢？所以**他将这种权利存入社会的公股中**，并且作为社会的一分子，和社会携手合作，并使社会的权利处于优先地位，在他的权利之上。社会并未白送给他什么。**每个人都是社会的一个股东。从而有权支取股本**。"① （引者加粗）天赋权利，首先意味着**人先于社会，人优于社会，人高于社会**，即任何拥有天赋权利的人，在任何时候都优先于社会，并在任何时候都高于社会，而不是社会优先于个人，更不是社会高于人。其次意味着**权利先在于权力，权利生成权力，权利规定权力，且权利高于权力**，而不是权力先在于权利，也不是权力生成权利，更不是权力规定权利，**尤其不能权力高于权利**。这就是说，**权力只是权利的造物**，权力必须接受权利的约束，权力必须置于权利之下受到权利的控制，权力只能成为服务权利的手段，而不能成为权利的目的。最后意味着由人组成的社会，只能是人的社会，而不是地痞、流氓、畜牲的社会；并且，人的社会必须是清除地痞、流氓、畜牲的社会。以此出发，由人组成的社会，只能是权利的社会，权利的社会将组建社会的每个人置于主人的位置，服务于权利的权力只能是工具；服务权利的权力者，包括政府和政府机构统摄下的公职群体，只能是以权利为指南的服务群体，并随时接受权利主体的咨询和督察，权利主体完全平等地享有一切形式的社会权力和权力机构的服务。这是因为人作为权利主体，其天赋的权利中有些权利是权利主体自己完全能够行使的，有些权利是权利主体单独不能行使的，比如保障天赋权利免遭侵犯的诸如自

---

① ［美］托马斯·潘恩：《潘恩选集》，马清槐译，商务印书馆1981年版，第143页。

由权、财产权、隐私权、尊重权等各种不能由自己来行使的权力，就按其共识的信约而交托给一个共创的公共机构，这一由众生公创的公共机构能够行使保护他们的权利的权力，则是他们依其共守的信约和规则而入的股份。所以，"1. 每种公民权利都来自一种天赋权利，换句话说，是由一种天赋权利换取的。2. 恰当地称为公民权力的那种**权力**是由人的各种天赋权利集合而成的，这种天赋权利就能力观点而言，在个人身上是不充分的，满足不了他的要求，但若汇集到一点，就可以满足每个人的要求。3. 由种种天赋权利集合而成的权力（从个人的权利来说是不充分的）不能用以侵犯由个人保留的那些天赋权利，个人既充分具有这些天赋权利，又有充分行使这种权利的权力"①（引者加粗）。

权利所属人这一存在事实，一方面明确定位了权利对权力的生成关系和权利对权力的主导关系，与此同时更明确地定位了权力对权利的隶属关系和权力对权利的工具关系、服从关系和服务关系。另一方面又从社群、国家等不同维度来确立权利对人的所属性和权力对权利的工具关系、服从关系和服务关系。

首先，权利与社会的关系。权利并非属于社会；相反，社会必属于权利。这是因为，第一，社会由人缔造，人作为动物存在者从自然人类学中走出来向文化人类学方向进发，面对自然状态带来的所有困境，包括恐惧、敌对、战争等非安全困境和物质生活得不到保障的困境，必须谋求解决。为解决自然状态中的恐惧、敌对、战争造成的不安全和物质生活得不到保障的根本状况，人们不得不在试误中渐进学会相互容忍、相互走近、相互舒张其共同意愿、共同意志、共同需要，并尝试以其共同意愿、共同意志、共同需要来组建社会，所以，社会是人的存在需要的产物。人基于存在需要而创建社会，其根本目的是保障天赋自己的平等权利，这种天赋的平等权利构成人与人缔结社会的凝聚力，它被抽象表述为共同意愿、共同意志、共同需要，即缔结社会的共同意愿、共同意志、共同需要的落地形式就是具体而内涵丰富的平等权利。所以，从主体论，社会是人的造物；从依据和准则论，社会是权利

---

① ［美］托马斯·潘恩：《潘恩选集》，马清槐译，商务印书馆1981年版，第143—144页。

的造物，它必须归属人这个主体、归属人的平等权利这个依据和准则。第二，由于社会是人的造物，人是社会的主体，社会只能且必须是人满足人的需要的器物、工具、手段，由此性质规定社会只能且必须成为人们共同谋求生存和发展的平等平台。社会作为器物、工具、手段，服务于它的缔造者——人的根本依据、根本准则、根本目的，就是保障天赋人人的平等权利，就是为人的天赋权利的平等释放服务。所以，在发生学意义上，社会只能是权力的，社会就是一个股份公司，天赋人权的股东们依其共同意愿、共同意志、共同需要之准则而将不能完全由自己来行使的权力作为股份入于社会之中，使它构成法人权力，以为行使对股权的良性经营服务，使股东们的股份增值和收获红利。在生存论意义上，社会只能且必须是权利的，即只能且必须以人的平等权利为依据、准则和边界来规训和约束自己的权利行为。当社会在某些情境下忽视了或违背了服务权利的准则而以权力取代权利，那只能是一时的或短暂的异化社会状况，必得很快地拨乱反正。这是社会的权利本性所规定，人们可以一时地忍受非权利的存在状况，绝不可能长时地甚至永久地忍受非权利的存在状况。

其次，权利与国家的关系。从发生学观，人的世界性存在和他者性存在，决定了人生来就必须与存在世界和他人关联存在，并且人与存在世界——具体地讲是宇宙自然和万物生命——的关联存在必得通过与他人关联存在，人与人的关联存在构成人与存在世界关联存在的通道。人的存在的这一双重宿命具体表征为亚里士多德所讲的个人不能单独存在，人必须是"政治的动物"，这既是基于人的自然（人是世界性存在者），也是基于人的本性（人是他者性存在者），"凡人由于本性或由于偶然而不归属任何城邦的，他如果不是一个鄙夫，那就是一位超人"①。基于自然和本性，人在其人文进化之途必然创建国家，并必须成为有国家的人。但人成为有国家的人的前提，是人与人必须基于共同意愿、共同意志、共同需要而缔结社会，社会发展到成熟状态才产生国家，才形成人与国家的关系。人与国家所缔结的关系，是人与社会缔结的关系的空间拓展和水平提升。在人类政治思想史上，将人与社会、

---

① ［古希腊］亚里士多德：《政治学》，吴寿彭译，商务印书馆 1983 年版，第 7 页。

人与国家的关系讲得最清楚也最言简意赅的是亚里士多德，他在《政治学》中说："我们如果对任何事物，对政治或其他各问题，追其原始而明白其发生的端绪，我们就可获得最明朗的认识。最初，互相依存的两个生物必须结合，雌雄（男女）不能单独延续其种类，这就得先成为配偶，——人类和一般动物以及植物相同，都要使自己遗留形性相肖的后嗣，所以配偶出于生理的自然，并不由于意志（思虑）的结合。……由于男女同主奴这两种关系的结合，首先就组成'家庭'。"① "家庭就成为人类满足日常生活需要而建立的社会的基本形式；……其次一种形式的团体，——为了适应更广大的生活需要而由若干家庭联合组成的初级形式——便是'村坊'（κωμη）。村坊最自然的形式是由一个家庭繁殖而衍生的聚落。"② "等到由若干村坊组合而为'城市'（城邦，πόλις）社会就进化到**高级完备**的境界，在这种社会团体以内，人类的生活可以获得完全的自给自足；我们也可以这样说：**城邦的长成出于人类'生活'的发展，而其实际的存在却是为了'优良的生活'。**早期各级社会团体都是自然地生长起来的，一切城邦既然都是这一生长过程的完成，也该是自然的产物。这又是社会团体发展的终点。无论是一个人或一匹马或一个家庭，当它生长完成以后，我们就见到了它的自然本性；每一自然事物生长的目的就是显明其本性[**我们在城邦这个终点也见到了社会的本性**]。又事物的终点，或其极因，必然达到至善，那么，现在这个**完全自足的城邦正该是**[**自然所趋向的**]**至善的社会团体了**。"③（引者加粗）家庭是人的他者性存在的始原形式，也是社会的奠基结构，村坊是人的他者性存在的拓展形式，它构成**基本的社会**形态，社团是其基本社会形态的拓展形式，而城邦（即国家）是社会的高级形态，也是社会发展的完备形态。所以，**人缔结社会在先，人缔造国家在后**。国家必须建立在社会这个基础之上，人与国家的关系必须以人与社会的关系为基础。人与社会之间的关系性质，实际地规定了人与国家之间的关系性质。

基本权利建基于人权，它是**人先行于国家**（vorstaatlich）的要求。根

① ［古希腊］亚里士多德：《政治学》，吴寿彭译，商务印书馆1983年版，第4—5页。
② ［古希腊］亚里士多德：《政治学》，吴寿彭译，商务印书馆1983年版，第4—5页。
③ ［古希腊］亚里士多德：《政治学》，吴寿彭译，商务印书馆1983年版，第7页。

据在整个近代具有指导性且直到今天在整个星球都已得到承认的设想，也正是**人权为整个国家秩序的正当性（Legitimitat）提供了根据。人权不是由国家给予人的**，毋宁说，国家要去保障这一人先行于国家的要求。人权则进一步地建基于人的尊严。① （引者加粗）

人先在于社会，社会先在于国家，因而，人先在于国家，**国家是由人缔造所成**。人先有缔造国家的意志，才可缔造出国家，然后才产生国家意志。所以，人不是按照国家意志来缔造国家，而是按照人的意志来缔造国家，因为在人缔造国家之前，没有国家，自然没有国家意志，**国家意志是国家的产物，国家是人的造物，人缔造国家的同时缔造了国家意志。国家意志是人的意志，是人人平等的意志凝聚而成的人的共同意志**。由人人的平等意志聚合生成的共同意志，即人的平等权利的抽象表达。

人先在于国家的实质表述，是人的权利先于国家，国家是遵从人的权利和权利意志要求塑造而成。人依据人的平等权利和平等权利意志的要求塑造国家的行为，自然赋予国家以意志的方式和意志的力量。但国家意志只是人的权利和权利意志的投射性聚形，它必须遵从人的权利和权利意志，并服务于人的权利和权利意志。所以，对正常的国家而言，其国家意志不能凌驾于人的权利和权利意志之上，只能匍匐于人的权利和权利意志之下。因为国家作为人的造物，是以更完善的社会形式构成服务于它的缔造者的平台，是使人人平等权利以及由此生成的利益能得到内外的保护，国家对权利主体人的社会化存在的外在保护，是建立国家安全，使人人的存在安全；国家对权利主体人的社会化存在的内在保护，是建立社会良序，提供生活保障，使人人过上**平等的、尊重的、无伤害的生活**，也即亚里士多德所讲的"**优良的生活**"。国家与人的关系，只能是手段、工具与目的的关系，人是国家的目的，国家是人安全存在和生活保障的工具。从性质讲，国家既不是暴力工具，也不是压迫机器，而是亚里士多德所讲说的"**高级而具备境界**"的善业。② 将

① ［德］瓦尔德·施瓦德勒：《论人的尊严：人格的本源与生命的文化》，贺念译，人民出版社2017 年版，第 1—2 页。

② ［古希腊］亚里士多德：《政治学》，吴寿彭译，商务印书馆 1983 年版，第 7 页。

国家定义为"暴力工具"和"压迫机器",是异常化国家。

人先在于国家的这一存在事实,首先决定了**人先行于国家**必是人的正当要求。人先行于国家的这种正当要求,既构成国家正当性的来源,也要求国家必须为维护人之平等权利而构建一种善业秩序,而不是暴力秩序或压迫秩序。人先行于国家所形成的对国家的正当要求,必然要求国家极尽可能地去暴力压迫,其努力方向是使国家非暴力化和非压迫化,只有这样,国家才能保持它自身的**善业本性**。人先在于国家的这一存在事实,也决定了**人的权利在先于国家权力**,具体地讲,人缔造国家的同时缔造了国家权力。人的权利先于国家权力同样是一个存在事实,这一存在事实既决定了国家权力必须有边界,这个边界就是人的权利,也决定了国家权力只能是一种工具权力,不能僭越为一种主体权力。国家权力是因为人的权利而产生,人的权利是主体权利,作为工具权力的国家权力只能且必须服务于人的主体权利,这是国家不能成为暴力工具和压迫机器的根本理由,如果国家沦为暴力工具和压迫机器,国家在实质上不复存在,它只沦为暴行和野蛮的工具而不是国家。真实的国家,只能且必须是服务于人的权利的善业平台。

3. 权利的构成

厘清权利的所属,是讨论权利构成的先决条件,在人与权利、权利与社会、权利与国家的三维生成关系的大框架下,讨论权利的构成需要厘清权利构成的依据、原则及其类型及逻辑体系。

权利构成的依据　关于权利构成的依据问题,前面的讨论已有充分呈现,在此只是归纳性强调:**权利构成的依据是权利**。它表述了以下两个基本事实。

第一,**权利构成的依据,只能是人的权利**,而不是人的权利之外的任何东西。权利的构成依据是权利这一表述清晰地界定了权利与权力的关系:权利是权力的依据,而不是相反;凡是企图或实际上将权力定义为权利的依据,生活世界里就只有权力,而没有权利。因为权力一旦构成权利的依据,权力必将横行无忌,权利则不复存在,原本属人的世界也就沦为权力飞扬跋扈的非人世界。并且,权力若构成权利的依据,就从根本上颠倒了权利与权力的关系,使原本是服务权利的工具的权力获得了主体性资格。权力一旦获得主体性资格,就成为人间社会的根本不幸,一切灾难均由此生发。

第二，权利构成的依据只能是天赋人权。所谓天赋人权，就是天赋人以权利，或曰造物主赋予人以权利。天赋人权概念表述了两个基本事实：第一个事实，人的权利是神圣的、是神性的，是不能侵犯、不能剥夺、不能占有的，任何形式的侵犯、剥夺、占有人的权利的行为都是违反天道和神意，都终要遭受天谴。第二个事实，天赋人权只能是平等权利。平等，构成权利的依据。天赋的权利纳入社会接受再分配，只能以平等为依据和准则，凡是忽视平等这一依据并违背平等这一准则的任何权利分配，都是违反天赋人权的行为，都是反人道和反人性的行为。

由于如上两个方面的规定，"权利构成的依据是权利"才得到普遍的确立而成为人类世界的权利通则，这一表述人类世界的权利通则最先通过《法国人权和公民权宣言》得到集中表达，并构成联合国颁布的《世界人权宣言》（*Universal Declaration of Human Rights*）的蓝本。

法国《人权和公民权宣言》一共十七条，核心内容是第一、第二、第三条，第四、第五、第六条是对前三条的更详细界定，第七、第八、第九、第十、第十一条是"说明法律据以制订的各项原则，同已宣布的各项权利一致"。第十七条是对第二条中的"财产权"的具体规定和特别强调："财产是神圣不可侵犯的权利，除非有明显的公共需要，经过合法手续，并事先给予公平的补偿，不得剥夺"①，以突出**财产权是人权中的根本权利，是奠基权利，它构成人"自由、安全以及反抗压迫"诸权利的保障性权利**。

法国《人权和公民权宣言》节选：

一、在权利方面，人生来是而且始终是自由平等的。因此，公民的荣誉只能建立在公共事业的基础上。

二、一切政治结合的目的都在于保护人的天赋的和不可侵犯的权利；这些权利是：自由、财产、安全以及反抗压迫。

三、国民是一切主权之源；任何个人或任何集团都不具有任何不是明确地从国民方面取得的权力。

---

① ［美］托马斯·潘恩：《潘恩选集》，马清槐译，商务印书馆1981年版，第185页。

四、政治上的自由在于不做任何危害他人之事，每个人行使天赋的
权利以必须让他人自由行使同样的权利为限。这些限制只能由法律规定。

五、法律只可禁止有害于社会的行为。**法律不禁止的事不应受到阻挠；也不应迫使任何人去做法律不要求做的事。**

六、法律是公共意志的表现。凡属公民都有权以个人的名义或通过
他们的代表协助制定法律。不论是保护还是处罚，法律对全体公民应一
视同仁；**在法律面前，人人平等**，公民可按他们各自的能力相应地获得
一切荣誉、地位和工作，**除他们的品德与才能造成的差别外，不应有任
何其他差别**。[①]（引者加粗）

权利构成的原则　近代以来，对权利构成原则予以最深刻讨论者应该属
于个体主体论的认识论形而上学家康德。康德认为："普遍的权利法则是：要
这样外在地行动，你的意志的自由使用要能够与每个人符合普遍法则的自由
并存。"[②] 在康德看来，我们的一切道德法则、权利和义务都来自我们的自由，
都以我们的自由为前提。"我们只有通过道德命令（它是义务的直接指令），
才认识到我们自己的自由，而一切道德法则，因而一切权利和义务，都来源
于我们的自由；但把责任加于他人的能力（Vermögen），也即权利的概念是后
来从道德命令展开出来的。"[③] 所以，"权利就是所有这样的条件的总和：在
此类条件下，一个人的行动意志（Willkür）与**他人以一条自由的普遍法则为
根据的行动意志能够协调并存**"[④]（引者加粗）。这意味着每个人的普遍权利，
只有在不妨碍任何**他人以自由这一普遍法则为根据的行动意志**的情况下，才
在任何条件下行他所愿行之事。所以，"自由概念是一个纯粹的理性概念。因
此，对于理论哲学来说，它是超越的（transzendent），也就是说，它是这样一
种概念：在任何可能的经验里都不可能给出与它相应的事例。所以，自由不
可能构成我们的任何一种可能的理论知识的对象，而且对于思辨理性来说，

---

① ［美］托马斯·潘恩：《潘恩选集》，马清槐译，商务印书馆 1981 年版，第 183—184 页。
② *Kants Gesammelte Schriften*，Band 7，herausgegeben von E. Cassirer，Berlin，1916，p. 32.
③ *Kants Gesammelte Schriften*，Band 7，herausgegeben von E. Cassirer，Berlin，1916，p. 41.
④ *Kants Gesammelte Schriften*，Band 7，herausgegeben von E. Cassirer，Berlin，1916，p. 31.

它无论如何都不是一种构造的原则，而只是一种范导的、纯是消极的原则。但是，在理性的实践运用中，自由（概念）却可以通过实践原则来证明自己的实在性（Realität）。作为纯粹理性的一种因果性法则，这些实践原则在决定意志行为（Willkür）时完全独立于一切经验性条件（一般的感性事物），并因而证明了我们身上的纯粹意志，而道德（伦理）概念和道德（伦理）法则就来源于我们身上的这种纯粹意志"①。黄裕生的《权利的形而上学》沿其说而展开论证"近代以来最基础也最核心的政治哲学原则"，即权利原则，只能"是自由，而且是理性的自由，使人成为人：它不仅使人具有绝对的尊严，而且使每个人拥有那些绝对的、不可剥夺的自然的权利和获得性的权利。自由是每个人拥有一切权利的先验根据"，所以"人类个体的自由存在是我们人类的一切伦理道德法则的基础"。② 黄裕生由此提出三条具体的绝对权利法则：第一条是绝对责任的法则，规定"每个人在行使自己的自由时，都应当承认并尊重他人同样的自由"；第二条是绝对权利的法则，规定"每个人都应当被允许按他自己的意志去行动、生活，只要他承认并尊重他人同样的行动"；第三条是绝对目的的法则，规定"每个人都应当把自己和他人都当作目的本身，而不允许把任何人仅仅当作工具来对待"。③

权利构成的自由原则，是建立在用自由来定义权利和解释权利的认知上的。但事实上，权利与自由有其根本区别：权利是个人的独立的存在空间，它不容侵犯、剥夺或占有，它构成自由的先决条件；自由只是权利的实现形式。由于自由对权利的实现，表征为权利所构筑起来的存在空间之内，人可以自由行事，超出权利所构筑起的存在空间，就得以他人的自由为边界，所以自由也可以看成是权利的具体内容、内在规定。**但无论怎样，自由都没有资格成为权利构成的原则。**

权利始终只是人的权利，人源于天赋，即源于造物主的原创化和继创生，属人的权利最终来源于天赋，构成权利的原则也是天赋，这就是**平等**。平等作为权利构成的原则，对权利的构成予以如下四个方面的原则规定。

---

① ［德］康德：《法的形而上学原理：权利的科学》，沈叔平译，商务印书馆 1991 年版，第 23 页。
② 黄裕生：《权利的形而上学》，商务印书馆 2019 年版，第 3、11、21 页。
③ 黄裕生：《权利的形而上学》，商务印书馆 2019 年版，第 26 页。

首先，**权利的个体本位原则**。依据平等原则，权利只属于个人，只有个人所属的权利才是真实的权利。在生活世界里，人们为了表述方便而使用"社会权利""集体权利""共同权利"等，但实际上，所谓的社会权利、集体权利、共同权利，都只是个人权利的集合表述，离开了个人权利，或者剥离掉了个人权利，根本没有任何权利可言，因为一切形式的社会权利、集体权利或共同权利，都只是**权利的虚构体**。因而，当我们表述权利时，尤其是在法定文本、社会政策、市场运动等领域进行权利表达时，切忌使用社会权利、集体权利、共同权利之类的空洞话语，这些话语是抽掉或抽干了个人权利的**治术伎俩**。权利必是个体本体的，遵从个体本位的权利原则，权利就是个人权利。因而，**一切权利来源于个人，一切权利归于个人**。

其次，**权利优先于共同体原则**。权利既然只能是个人权利，那么，个人先在于社会和个人先在于国家的双重存在事实，决定了个人权利只能且必须优先于任何性质和任何形式的共同体。具体地讲，根据平等原则，个人权利既优先于任何形式的单位权力、集体权力、社团组织权力，也优先于任何形式的社会权力，更优先任何形式的政府权力以及国家权力，因为所有这些权力都是个人权利的派生物，都得接受平等的个人权利的规训、牵引和约束。任何形式的单位利益、集体利益、社团利益、政府利益以及国家利益，都须遵从个人权利优先共同体的原则。这是个人权利得到完整的维护和保障的根本权利原则。

再次，**权利优先于服从的原则**。根据平等原则，权利优先于权力，因而，权利的构成必须遵从权利优先于服从。在权利平等的框架下，"服从"有两个方面的规定，一是服从权力。权力是权利的造物，是人将不能完全由自己行使的权力依其信约交托出来而构成的公共权力，由权利派生出来的公共权力，其存在的正当性和合法性的理由是服务个人的平等权利，权力的这一性质和功能决定了权利必须优先于对权力的服从，没有例外。二是服从权利。这是因为天赋权利平等。根据平等原则，天赋的权利之于任何人都是等同的，由此形成任何个人权利都是有边界的，这个边界就是权利本身，即你的权利的边界是他的权利，他的权力的边界是你的权利。所以，当你的权利遭遇到任何他人的权利的行使，你只能依据平等原则而遵从他人的权利。所以，**权利在权力面前享有优先权，但权利在权利面前必须平等、必须节制、必须约束、**

必须自为限度，这就是权利优先于服从的两个方面的具体规定。

最后，**主权在民和强力不具有正当性原则**。根据平等原则，个人与组织机构、个人与社会、个人与政府、个人与国家之间的关系，是个人在先和个人先行的关系，这一关系生成的实质是权利与权力的关系，在权利与权力关系框架下，仍然是人的**权利在先**和**权利先行**。权利在先和权利先行的正面的或者肯定性表述，就是在任何时候、任何利害权衡与选择机制下，都必须主权在民，而不是主权在官或主权在官府。如果主权在官或主权在官府，民权将不复存在。保护民权的根本原则是确立主权在民的不可弃置和不可侵犯的原则。个人权利在先和权利先行的反面的或否定性表述，即是强力不具有正当性原则。这里的"强力"是指强暴之力，它在生活世界里常出现的情况有两种：一种是公权，它本身就是一种有限绝对权力，所以公权的行使呈现强力特征，当原本有限绝对的公权，突破自身"有限"的边界而自我行使时，它就沦为强暴之力。另一种是指个人权利，它当突破平等的边界而自我行使时，也沦为强暴之力。强力不具有正当性原则，是指无论是机构性的公权还是个人权利，一旦突破自身的边界时，它就沦为强暴之力，因而也就丧失了正当性。根据强力不具有正当原则，一切形式的非正当性的强暴之力，都是必须清除的社会内容。如果个人或社会纵容非正当性的强力，平等的个人权利必不能保全，社会也就沦为强权化的丛林社会。

权利类型及逻辑体系　讨论权利的类型及生成逻辑，须先区分人权与权利这两个概念。就其性质和内涵两个方面言，人权和权利是等义的，是可互为转换运用的。但在功能指涉上却有所不同，简言之，人权概念侧重突出权利的所属与边界：人权，只是人的权利，它区别物权，也区别自然法权。与此不同，权利，是人权的社会运用，强调**类分**的功能，突出天赋人权的基本成分和非基本成分的区分。因而，权利的类型问题，也即人权的内涵构成问题。

权利的类型呈多层级性。在基本层级上，人权分为基本权利和非基本权利。基本权利是天赋人人必须平等共享的权利，它既与生俱来，也与生俱逝：人的生命诞生，就获得完全平等的基本权利，当生命消逝，这一完全平等的基本权利随之逝去。潘恩认为，人的这一基本权利使人构成社会的股东，每个人来到人世，就为他所属的地域社会和民族国家作出了一份完全等同的贡献，因而每个人也与组建社会和缔造国家的任何个人享有同等的权利；并且基于这种同等的权利而必须建立起**按需分配**的社会原则，生、教、病、养以及道路、桥梁、城市、公园等社会公共事业方面的福利，都必遵从按需分配的原则。与此不同，非基本权利也是天赋的权利，是天赋人人必须共享的权利，即所有个人都平等享有由地域、环境、家庭、出身、天资、造诣等造成的非基本权利。所谓非基本权利，是后天形成的且可以任由个人智－力而改变的权利，这些非基本权利也可称为人的**发展权利**。对发展权利的配享，往往遵从**按劳分配**的社会原则。

人权，由天赋的基本权利和天赋的非基本权利构成，但天赋的非基本权利源发于天赋的基本权利，是天赋的基本权利的生存拓展形态。从天赋的基本权利向天赋的非基本权利方向拓展性生成建构角度看，权利在实际上动态地分成存在权利、生存权利和生活权利三类。

人的存在权利是指不可侵犯、不可剥夺、不可改变的天赋权利。这些权利之于任何人都既是基本的，更是根本的。这类不可侵犯、不可剥夺、不可改变的天赋权利，即生命权、财产权和自由权。在生命权、财产权、自由权这三大基本权利中，生命权是人权的**奠基权利**，是一切权利的来源权利。因为对任何人来讲，"生命"才是"1"，其他诸如身体、财产、自由、健康等都是"0"，只有当作为"1"的生命存在时，其他附于"1"之后的"0"才有价值和意义。以生命权为奠基，财产权为其他一切权利的**保障权利**。客观地看，在任何时代的任何社会中，个人如果没有"不可侵犯、不可剥夺、不可占有"的财产权利，其他一切权利哪怕是法律、政策、制度以及宣传等方面赋予了你，也都只属于海市蜃楼般的幻影。**没有真实的财产权，就没有任何实质内涵的人权**。这是人类历史上一切形式的暴政都想方设法任性地侵犯、剥夺、占有人的财产权的根本秘密。因为**财产权是人的存在之根**，只要剥夺并占有了人的财产权，人就没有了**独立存在之根**，集权、专制、暴政就可畅行无阻。具体而言，人如果没有财产权，就没有吃饭、穿衣、住房等方面的基本保障，手握财产权的人和机构就可任意地支配任何个人。"公有制是万恶之源"的说法无疑是绝对错误的，但没有实质性规范的公有制——或者**没有民权的约束而可任由权力者和权力机构自由支配社会财富的**公有制——确实可以沦为任意侵犯、剥夺、占有个人的合法财产权和合法财产的一种恶制；保护它的法律也只能是纯粹的恶法。

客观地看，只有当以生命权为奠基、以财产权为保障，自由权利才构成实质的人的基本权利。因为，第一，自由是人的自由，当人的生命权得不到保障，何谈自由？自由必以生命权利得到平等的确立和完全的保障的情况下才可产生，所以，自由权是以生命权得到保障的前提下的**行动权利**。第二，天赋的自由成为实际的权利需要基本条件，其中最根本的条件有二，一是生命的存在并且存在的生命权利属于自己支配。即使你有健康且强壮的生命，却因为你触犯法律而被监禁，天赋你的自由实际上被落空。二是拥有合法的个人财产且个人具有完全的权利支配其财产，如果你不能享有实际地支配你的合法财产的权利，这合法的财产之于你来讲也仅仅是一个数字。比如，银行规定取款的定量数额，超过了这规定的定量数额的存款也就成为不能为你自由支配的财产，只成为你的名义财产而不是实际财产。既然你不能依自己的意愿支配自己的财产，那么这本身就表明你在支配你的财产这件事上是没有自由的，也使你在其他方面的自由也因其不能依其意愿支配自己的合法财产而真实地丧失了。所以，**从表面看，自由是最重要的，但实际上，生命权和财产权才是最根本的。剥夺财产权，是剥夺自由权的最便捷的方式，也是最得心应手的方法。**

从根本讲，人的存在敞开即生存，所以人的存在权利的敞开，亦为生存权利。人权进入生存领域敞开为方方面面，但最为基本的方面有以下五种。

一是人身权。它是生命个体作为一个人所本有的**身体性活动权利**。人身权既与生命权直接关联，更与自由权密切关联，它是人的自由权的身体化，或曰，人的自由的权利实质性地表征为他的身体性活动权利。因而，人是否有自由的权利，人实际地拥有多大域度的自由权利，只要看他的身体化移动的人身权就可得知。比如，在严格的户籍管理制度下，农民与城镇市民的人身权既受严格规定，也受严格的保护，不能有任意移动的权利。又比如，在严格的计划编制管理体系里，也不能任意地流动，作为个体，你可能任意地流动是需要许多条件要求的。又比如一国之国门开放或封闭，均实实在在地规定着人的人身权的有无和多少。

客观地看，人身权是人的生存权利的**起点性权利**。这一起点性权利与其生命权、财产权、自由权三大基本权利直接关联。具体讲，当生命权、财产权、自由权得到平等的配享并有实际的保障时，人身权获得了它自身的完整性。反之，当生命权、财产权、自由权得不到实质性的配享和保障时，人身权往往沦为空壳。

二是身体权。它是在人身权所为之提供的生存权利框架下，人的身体不遭受来自任何方面和任何形式的侵犯、剥夺、占有的权利。身体权即人的身体保持完整、保证健康的权利，这一权利为人的健康权提供了依据，而生、教、病、养则是人的身体权得到完整保障的具体形方式。

三是人格权。身体权是人的人身权利的外显性权利。在人身权得到完全保障的情况下，身体权的配享成为人的身体性自由的条件性权利。与此不同，人格权的配享则是人身权内在自由的条件性权利。客观地看，人的人身权享有的外在行为呈现，即其身体性行动的自由，但以什么方式行动、向什么方向敞开行动，以及如此身体性行动意愿受到什么样的自由效果等，却需要人身权内潜性凝聚所形成的人格权发挥其导向功能。

人格是人身权的内在性权利。人格伦理学家鲍恩、弗留耶林、布莱特曼和霍金等人从人性入手来考察人格，认为"人格永远不能解释为一种产物或一种混合物，而只能作为一种事实来体验。它必须是可能的，因为它是作为一种现实的存在而给定的……这种自觉的存在乃是真正最终的事实"①。人格作为一种"真正最终的事实"，就是人的本原性的存在事实，这一存在事实就是人性。它是由人性经历心灵的浸泡和灵魂的纯化而成，所以，一方面，"人格是个体内部的那些心理物理系统中决定其独特地顺应环境的动力组织"②；另一方面，"人格不是一组无法捉摸的特质或因素，不是一大堆习惯，不是经常变化的现象场，人格就是一个人怎样看待他或她自己"③ 的独特姿态与力量展布方式。所以，人格的土壤是心灵，人格的制导机制是信仰，人格的张力是思想，人格的敞开则构成自由以何等状态的可能性域度。如上内容的自相

---

① 万俊人：《现代西方伦理学史》下卷，北京大学出版社 1997 年版，第 338—339 页。
② ［美］B. R. 赫根汉：《人格心理学》，冯增俊等译，作家出版社 1988 年版，第 172 页。
③ ［美］B. R. 赫根汉：《人格心理学》，冯增俊等译，作家出版社 1988 年版，第 138 页。

内凝性整合生成向外释放，就构成人格权，它实际地规定人身权的可能性范围，也规定了人的自由权的最终疆界。

四是隐私权。隐私权是人身权和身体权的综合性敞开的空间化疆界和时间性进程，它既表述人的人身权和身体权的实际空间张力，也表述人的人身权和身体权能够自我持存和得到保障的可能性长度。这种表征人身权和身体权的时空界域的隐私权，实际上由人格权所规定。一般地讲，人的人格权既有给定的方面，也有自为的方面。在给定的方面，人格权是平等的；在自为的方面，个人的力量（包括才能和德性）可以将给定的人格权予以厚重化、丰富化和水平化提升，人的隐私权内容也由此得到丰富，人的隐私权能力也因此得到应有的深化和厚重、扩大和拓展。

从根本讲，隐私权是人的一切权利的保障权利，尤其是在生物工艺学技术体系日益成熟并全面运用于社会开发和个人生活的当代境遇中，人面临的最大权利危机，当然也是最大的生存危机，就是隐私权被一点点剥夺之后，**人被赤裸地存在**。当人被赤裸地存在时，他的所有的人权都可能被剥夺，他的所有的存在权利、生存权利和生活权利都被事实上剥夺。所以，保卫隐私权构成后世界风险社会进程中人能继续为人的前沿阵地，它是个体的人与技术力量、个体的人与社会集权的殊死较量，这场较量决定着人成为人还是人沦为工具和耗材。所以，保卫隐私权成为当代人类社会的最严峻战斗，也成为当代人自我保存其独立存在的最残酷的战斗。因为保卫隐私权不仅要与集权、专制、威权做斗争，更要与生物工艺学新技术体系做斗争，而且在本质上与人自我堕落地将自己的一切寄托在技术化存在这样的观念和生活方式做斗争。更为根本的是，在当代世界，人的隐私权的有无决定着人的尊严的有无——没有隐私权，就没有人的尊严。

五是名誉权。这是人通过自身的合道合理合德合法的劳动、贡献、生活而应该享有的精神权利。名誉之于个人，既指通过劳动创造贡献而获得名誉的权利，也指其合道合理合德合法的名誉权得到保护而免遭侵犯、剥夺、占有的权利。名誉权是一种综合性生存权利，它构成人的尊严的基本内容。

天赋的存在权利向生存领域敞开所形成的人身权、身体权、人格权、隐私权、名誉权，最终落实为日常生活的权利，包括积极作为的主动性权利和消极不作为的受动性权利，前者主要有劳酬权、学习权、创制权和参与权；后者主要有健康权、受教权、保障权和福利权。

积极作为的主动性生活权利，属于天赋人的非基本权利，这些权利是要通过个人的努力而创造出来。在正常的社会场域中，个人努力的社会贡献与权利成正比，个人努力的社会贡献越大，其积极作为的主动性生活权利内容就越丰富；反之亦然。

在积极作为的主动性生活权利中，劳酬权是最基本的生活权利，它不仅指劳动的权利得到保障，更指劳动付出能够得到应有的酬劳，这种酬劳权应该是**劳酬对等的权利**。劳酬权是人自食其力而得到生活保障的基本权利。通过劳动而获得生活报酬具有质量、水平的要求性，这种要求性体现在权利主体的投入上，就形成了学习权。人具有自主学习的权利，具有向任何领域学习任何内容不遭受歧视的权利，这种权利为提升个人劳酬权的质量和水平创造了主体性动力。学习，既是接受，也是激发、启动，更是创造的可能性开辟。所以，学习权得到保护，也为创制权提供了保障。创制权即创造、发明的权利，这种权利主要体现在两个方面，一是创造、发明得到鼓励，社会为此制定出鼓励、奖励个人创造、发明的社会机制，并提供政策和法律等方面的服务；二是保护创造、发明的成果及其转化运用的权利。参与权是指个人作为社会公民的任何形式的参政、议政权利，其中最重要的是言论权、批评权和否决权。

与积极作为的主动性生活权利相对应的是消极不作为的受动性权利，是天赋的基本权利的生活化呈现。这种消极不作为的受动性基本权利的首要内容就是人健康生活的权利，它包括健康生活不遭受侵犯、剥夺、占有的所有权利，其中最核心的内容是人的病有所治的权利。在正常的、健康的社会里，病有所治的权利，即享受免费医疗和卫生服务的权利，而且这种权利是从生到死全程保障。第二个基本方面是受教权，人作为社会的主体和国家的主人，生来就享有接受良好教育的所有方面的权利，其中最为核心的内容是人人享有生有所教的权利。这种生有所教的权利，不是付费享有教育的权利，而是在任何人生阶段都免费接受良好教育的权利。第三个基本方面是保障权利和福利权利，它是指人人接受人成为社会的人所应该享受的各方面的社会保障和福利的权利。

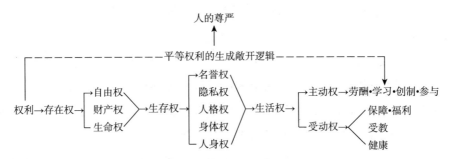

[图 2 - 1：权利类型谱系及生成建构逻辑]

三　人必尊严的基石

人获得尊严并持存地保持尊严，必有其权利资格。天赋的权利资格要成为实际的存在空间而表征其尊严的实现，还须有坚实的存在基石。人得以尊严存在的基石有三块。一是财产，二是自由，三是**彼此相予**。在财产、自由、彼此相予中，财产既是自由的基础，也是自由的保障；自由既是财产的消费方式，也是财产的再创造和再实现方式；人与人彼此相予，既促进了财产的增殖，也不断扩大着自由的空间。

1. 财产的基石

财产对人的功能，犹如脊柱之于身体，它在事实上构成人因生而活、为活而生，且生生不息地存在的脊柱：没有财产，或财产贫瘠，腰难直，人难立。反之，有财产，腰板硬，站立得直；财产越雄厚，腰更壮，气更粗，说话做事更有个性和尊严，正当的权利要求则更多。人人有财产，社会就会风更正，德更纯，权力越驯服。反之，人人无财产，社会必歪风邪教盛行，道德沦丧，权力张狂无忌。这是人权社会总是向个人放飞财产权、强权社会必须死死地扼住财产权的咽喉，而不得使任何人有任何非分的私有财产之念的根本秘密。

客观地讲，**财产权才是人权的灵魂**，是人的所有权利的精气神。因为**财产是自由的基石，自由是权利的基石，权利是尊严的基石**。所以，财产权是尊严的基石。讨论人的尊严，必须从财产权出发。

客观地看，财产权将的人存在敞开生存的所有问题都带动起来并关联起来。但若讨论财产权，涉及的首要问题是何为财产。何为财产的问题，必然牵涉财产的来源。从人的角度看，财产是获取的。但从存在观，财产来源于自然，或者更准确地讲来源于存在世界，存在世界和自然是造物主的造物。这表明在最终意义上，财产来源于造物主对世界的原创化和继创生；且造物主原创化的存在世界和自然是万物生命共有，因而并不构成财产，因为凡为其共有的存在物始终是共有的存在物。财产却是人这个被造物主创化所成的生物，从自然人类学状态向文化人类学方向演化进程中才产生出来的东西。虽然在不断开进的文化人类学进程中，财产总是被强权以这种或那种方式"共有"化，但这只是形态学的呈现，财产一旦产生，就始终保持其发生学意义的**私有本质**。

财产的本质是私有，将蕴含于存在世界和自然中的属造物主创化的世界共有的存在物化为私有的财产的根本的正当方式，只能是**劳动**。

虽然自然的东西是给人共有的，然而人既是自己的主人，自身和自身行动或劳动的所有者，本身就还具有财产的基本基础。当发明和技能改善了生活的种种便利条件的时候，他用来维持自己的生存或享受的大部分东西**完全是他自己的，并不与他人共有**。所以，在最初，只要有人愿意对原来绝大部分的东西施加劳动，**劳动就给与财产权**；而在一个长时期内，绝大部分的东西依旧是共有的，至今它还是比人类所能利用的要多。[1]（引者加粗）

财产的幅度是自然根据人类的劳动和生活所需的范围而很好地规定的。没有任何人的劳动能够开拓一切土地或把一切土地划归私用；他的享用也顶多只能消耗一小部分；所以，**任何人都不可能在这种方式下侵犯另一个人权利**，或为自己取得一宗财产而损害他的邻人，因为他的邻人（在旁人已取出他的一份之后）仍然剩有同划归私用以前一样好和一样多的财产。[2]（引者加粗）

---

[1] ［英］洛克：《政府论》下册，叶启芳、瞿菊农译，商务印书馆 1987 年版，第 29 页。
[2] ［英］洛克：《政府论》下册，叶启芳、瞿菊农译，商务印书馆 1987 年版，第 23—24 页。

劳动是将共有的自然存在物化为私有财产的合法方式。除了劳动，其他任何将共有的自然存在物或人造的存在物据为己有的方式，都是非法的。这种非法的行为就是**抢夺**，无论是以柔性的方式还是以暴力的方式，**凡是以非劳动的方式将共有或属他者所有的东西化为私有财产的行为，都是抢夺**。

劳动作为变共有存在物为私有财产的合法方式，恰恰印证了人的生活权利体系中的劳酬权利的正当性和普遍性。这就是说，通过劳动将共有的存在物化为私有的财产的方式之所以合法，是因为人的劳酬权利的行动呈现。

人通过劳动而将共有的存在物化为属劳动者的私有物，这个私有物就成为该劳动者的私有财产，该劳动就享有对其私有财产的绝对权利，包括绝对自由的拥有权、支配权和处置权。任何人以及任何社会形式都没有任何理由侵犯、剥夺、占有他的劳动所得的财产。因为根据平等的劳酬权利，"每个人都有能使用多少就拥有多少的权利，而对于他能以他的劳动予以影响的一切东西，他都享有财产权：**凡是他的勤劳所及，以改变自然使其所处的原来状态的一切东西，都是属于他的**"① （引者加粗）。

依据平等的劳酬原则而通过劳动将共有存在物化为劳动者所有的财产这一合法的方式本身，规定了财产的性质和财产的私有本质，财产的这一根本性质和它的私有本质最终源于造物主对世界的原创化和继创生所生成的自然状态，以及这种自然的创化和创生状态所遵循的法则："自然状态有一种为人人所应该遵守的自然法对它起着支配作用；而理性，也就是自然法，教导着有意遵从理性的全人类：人们既然都是平等和独立的，任何人就不得侵害他人的生命、健康、自由或财产。"② 遵从自然法则，以劳动的方式将共有存在物化为劳动者所有的财产性质和财产私有的本质，为财产本身构成人的尊严的基石提供了全部的可能与现实。首先，从生活保障角度讲，劳动所得的成果若不能构成个人的财产，不仅劳动者的物质生活得不到保障，而且也因此解构了人的劳动热忱和全部的积极性，因为劳动始终是生命（时光、体力、精力、健康）的付出，若生命付出的劳动不能保证自己和家人的生活，劳动

---

① ［英］洛克：《政府论》下册，叶启芳、瞿菊农译，商务印书馆1987年版，第30页。
② ［英］洛克：《政府论》下册，叶启芳、瞿菊农译，商务印书馆1987年版，第6页。

本身对任何个人来讲就失去了任何意义。只有当人的劳动付出将共有存在物化来的成果实际地变成劳动者所有的财产时，他及其家人的生活才得以保障。所以，人的劳动所得的财产是人的生活保障的基石，没有财产和财产权，生活就丧失保障，即任何人、任何社会组织可以任何形式侵犯、剥夺、占有个人的劳动所得。其次，从存在安排角度观，人之所以愿意以其共同意愿、共同意志、共同需要为准则而组建社会、缔造国家，就是要集人人之智－力来解决个人之力不能解决的存在安全和生活保障问题。为实现此一朴素的共生存在之想象或者说目的，国家共同体必须制定鼓励和保护个人的劳酬权利的制度，构建鼓励和服务个人劳动化共有存在物为私有财产的社会安排，只有如此，国家共同体才可得以持久地保持和不断地发展。所以，从存在的社会安排言，"政治权力就是为了规定和保护财产而制定法律的权利，判处死刑和一切较轻处分的权利，以及使用共同体的力量来执行这些法律和保卫国家不受外来侵犯的权利；而这一切都只是为了公共福利"①。反之，侵犯、剥夺、占有人们劳动所得财产的政治权力都是反社会的，为侵犯、剥夺、占有人们劳动所得财产的行为提供便利和辩护的法律，都属于反人权的法律。

洛克说："**权利不能私有，财产不能公有。否则，人类将进入灾难之门。**"只有从个人认知和社会存在安排两个方面形成对劳酬权利的维护和对劳酬所得的私有财产予以保障，财产才真实地构成**人的尊严的基石**。具体地讲，劳动所得的财产要构成人的尊严的基石，须同时具备三个方面的条件。

首先，作为权利主体的个人，无论属于什么身份、拥有何种地位，都必须具有获得财产的正当能力，即**劳动能力**，或者物质劳动能力，或者精神劳动能力。除非赠予或遗产，凡是不具有劳动能力所得的财产，都不能称为私有财产；即使具有相应的劳动能力，但其所获取的财富并不是劳动所得，这种并非劳动所得的财富，也不能称为私有财产。这两种情况所获取的个人财富只能是**抢夺得来**的社会财富，或以权力的方式抢夺得来，或以欺骗的方式抢夺得来，或以暴力的方式抢夺得来，总之，一切非劳动形式得来的财富都只是属社会的财富，只有通过正当的和合法的劳动得来的财富，才是私有财产。只有私有财

---

① ［英］洛克：《政府论》下册，叶启芳、瞿菊农译，商务印书馆1987年版，第4页。

产才有必得保护的权利，也只有私有财产才构成人的尊严存在的物质基石。

其次，人必有能守护住劳动所得的私有财产的能力。当一个人具有劳动创造私有财产的能力，却没有持存其劳动创造所得来的财产的能力，即当劳动所得的财产被无情地流走，自然难以构筑起持续稳定的尊严的物质基石。

最后，必有财产成为人之尊严基石的社会环境，即必得有维护和保障劳动所得财产的社会政体、根本制度、法治体系和良性的社会运行机制。孟德斯鸠说："**财富的平等保持着俭朴；而俭朴保持着财富的平等。二者虽然不同，但是性质如此，因而不能分别存在。它们互为因果；要是民主政治失掉了其中的一个，则其他的一个也必跟着消失。**"① （引者加粗）只有人权民主政治才保障"财富的平等"和生活的"俭朴"，如果缺乏人权政体、权利制度、法治社会、权利限度权力和权力服从权利的社会运行机制这些必需的根本社会因素，个人劳动所得物质成果既不可能遵从劳酬的权利法则而成为个人的财产，更不可能避免个人财产遭受来自任何方面的侵犯、剥夺和占有。反之，"如果一个民主国家是以经营贸易为基础的话，那么就会真有这样的可能，个人有巨大财富而风俗并不变坏，这是因为贸易的精神自然地带着俭朴、节制、勤劳、谨慎、安分、秩序和纪律的精神。这种精神存在一天，它所获致的财富就一天不会产生坏的效果"②。

2. 自由的基石

社会学家马克斯·韦伯曾对人的社会地位做了分类方式的考察，提出分类人的社会地位的三种方式，即财产、职业和社会声望。然后以财产为依据对人予以阶级的划分，以职业为原则来考察政府及其科层制权力，然后以社会声望为标准来构建身份群体和等级。③ 韦伯的社会地位分类方式构成其后社会学和政治学将财富、权力和声望作为社会分层的三个基本维度。如果换一个视角，韦伯关于人的社会地位的分类方式正好从三个不同维度呈现出不同社会地位的人的不同自由状况，透过财产、职业、社会声望所实际形成的自

① ［法］孟德斯鸠：《论法的精神》上册，张雁深译，商务印书馆 2004 年版，第 56 页。
② ［法］孟德斯鸠：《论法的精神》上册，张雁深译，商务印书馆 2004 年版，第 56 页。
③ ［德］马克斯·韦伯：《经济与社会》，林荣远译，商务印书馆 1997 年版，第 333 页。

由状况，则可真实地窥视到人的存在尊严的有无及其动变的程度状态。

如果说财产构成人尊严存在的物质基石，自由则构成人尊严存在的精神基础。要理解这点，必先考察何为自由。自代近以来，几乎哲学、政治学、伦理学以及经济学等领域的所有思想家都对它做过内涵的界定，而且各表其是。其中，最著名者当数卢梭和穆勒。

首先，卢梭定义"人是生而自由的，但却无往不在枷锁之中。自以为是其他一切的主人的人，反而比其他一切更是奴隶"①。卢梭这段关于自由的警世名言由两句话构成：第一句，人是生而自由的，但却无往不在枷锁之中。第二句，自以为是其他一切的主人的人，反而比其他一切更是奴隶。从所表达的语义逻辑言，第二句话紧承第一句的后一分句"但却无往不在枷锁之中"而言，意在于对"生而自由的人"却活在"枷锁之中"这种普遍性状况的揭示，哪怕就是那些制造奴役自由的"枷锁"者，最后也成为"枷锁"的奴隶。由此表达一个基本认知，即在不自由的社会环境和没有自由的社会机制里，每个人都是奴隶，唯有的区别，就是被奴役的人客观上存在严格的等级，享受着不同等级和不同性质的奴役。

卢梭的自由论之所以影响盖世，不仅在于其深邃地发现人类社会一旦失去自由就必然人人备受奴役的生存悲剧，更在于他以犀利的洞察力发现**自由的存在论**与**自由的生存论**的根本区别：从存在论观，人是生而自由的；从生存论观，原本存在自由的人一旦进入生存领域，就处于无往不在的枷锁之中。

从存在论观，"人是生而自由的"的论断蕴含如下两个方面的存在论语义。首先，自由之于人是与生俱来的，这就意味着自由**先在于人**：自由若没有先在于人，它又何能"与生俱来"呢？自由的与生俱来性，意味着在人产生之前，自由已经存在。这表明自由是世界性的，自由的世界性揭示了世界的存在本质。第一，自由是一切存在者的存在前提，没有这个前提，任何存在者不可能存在。第二，由于构成世界存在的一切存在者必以自由为存在前提，作为以整体方式敞开自身的世界，其存在同样以自由为前提。无论是从整体讲还是从个体论，自由是世界的本性，亦是存于世界上所有存在者得以

---

① ［法］卢梭：《社会契约论》，何兆武译，商务印书馆 2003 年版，第 4 页。

独立存在的内在规定性，它标识自身存在的自我力量：**自由即力量**，它对于世界本身和一切存在者言，既具创化功能，也有秩序功能。前者标识自由这种力量的自我野性与扩张朝向，形成世界和一切存在者得以秩序、稳定地存在的内在根基，这就是世界理性、自然理性、存在者的存在理性；后者标识自由这种力量的自我约束与限度朝向，使世界和一切存在者获得动态展开，形成创化性生存，即**竞自由**的感性生存态，包括世界感性、自然感性、存在者的生存感性。但相对世界和一切存在者来讲，其存在的理性态和生存的感性态，都因为自由本身而获得规定性。从整体观，世界、自然、存在者之静态存在敞开动态生存并从动态生存达向新的静态存在的全部力量，只能是其本身的自由力量。自由，不仅是世界以及存于其中的一切存在者得以存在的内在本性，更是世界及存于其中的一切存在者敞开生存的自我动力，更是世界及存于其中的一切存在者以自身方式存在的内在必然性，即自然界的必然乃是世界及其一切存在者因为自由的自我约束和自我野性的对立统一，这种对立统一构成了自然、生命、人从秩序存在朝向创化生存，进而再重归于秩序存在的永恒朝向。因而，自然界的必然，即世界及其存在者因自身的自由本性而竞自由，并最终回复于自身自由的永恒冲创运动。所以，自由是世界之为世界、存在者之为存在者的自身规定；而自然界的必然，则是世界及一切存在者自身自由的展开朝向，世界及一切存在者得以存在敞开的最高伦理法则，即**自由法则**，它具体表述为自我约束与自我创化的对立统一。

其次，自由是世界存在的内在规定和世界敞开存在的必然方式，形成作为大自然的造物的人类，其存在自由必然是天赋。天赋于人以存在自由，既表明人获得存在自由的神圣性，更彰显人的存在自由的平等性。人的存在本质是自由，自由的存在前提是平等。由于平等对自由的这一本质规定，人的存在自由既接受世界存在的自由法则的规范，也接受生物世界生命存在法则的训导。前者即存在世界敞开自我创化与自我约束的对立统一法则；后者却是生物世界存在敞开"物竞天择、适者生存"法则：物竞天择，是生物的自我创化；适者生存，是生物的自我约束。在生物世界里，能够继续存在的物种，既需要有极强的竞斗力量和技能，更需要有极强的自我限度能力和智慧，如果竞斗力量和自我限度能力之间缺乏内在的统一，就会丧失继续存在的可能性。

概括地讲，人类摆脱动物的束缚而创文明的过程，既是人类自为地沦陷于不自由的"生存枷锁"的进程，也是人类自奋其智勇与不自由的"生存枷锁"做斗争的过程，而这个过程就是重建天赋自由的过程。重建天赋自由的过程，就是明确地重申天赋自由的生存规则，确立天赋自由的生存边界、构建天赋自由的生存尺度，这就是穆勒自由的"**群己权界**"论。

> 夫人而自由，固不必须以为恶，即欲为善，亦须自由。其字义训，本为最宽，自由者凡所欲为，理无不可，此如有人独居世外，其自由界域，岂有限制？为善为恶，一切皆自本身起义，谁复禁之！但自入群而后，我自由者人亦自由，使无限制约束，便入强权世界，而相冲突。故曰人得自由，而必以他人之自由为界。①

从存在论观，天赋自由的前提是平等；从生存论观，天赋自由的生存本质是平等，平等的本质是互为限度。以互为限度为边界的自由实质是：己的自由的边界，是人的自由；群的自由的边界，是个人的自由。从社会论，公民的自由构成政府自由的边界；公权的自由，必以民权自由为规范。在人类社会里，群己权界既是对自由的边界规定，也构成普遍准则，这即"你的自由止于我的鼻尖"。无论是个人、群体、政府还是国家，其生存自由必须以他人的"鼻尖"为准则。一旦其自由触及他人"鼻尖"，就构成对他人自由的侵犯。

综上所述，在存在论意义上，自由是**天赋人权**，它意指**人人有权如此**。在生存论意义上，自由是**被规训的**人权，它强调人人有权"可以如此"和人人有责"不能如此"，前者从正面规定自由"必当如此"；后者从反面规定自由"决不能如此"："必当如此"的自由和"决不能如此"的限制自由之间的边界是"权"：己的自由权与人的自由权，以及己的自由权与群的自由权互不冲突、互避损害。在实践论意义上，自由是**实行的**人权，它既强调人人有权

---

① ［英］约翰·穆勒：《群己权界论》，严复译，上海三联书店 2009 年版，第 2 页。

"必当如此"，这就是权与责必须对等、公与私必须分明；更强调人人有责"必不能如此"，这就是**权决不大于责，私决不能侵犯公**。自由作为天赋权利降落为生活权利，形成相互为限的准则，这一相互为限的认知准则，就是群己权界；其行为准则，就是权责对等和公私分明；其方法准则，就是容忍。

进一步讲，自由作为天赋人权，其存在敞开为生存的自由最终落实为群己权界，群己权界的自由不仅承受权责对等和公私分明的规训，而且必须同时接受两个方面的牵引。首先，以群己权界为基本规范的己的自由权利，在任何时候都不能被侵犯、被剥夺、被占有，对来自任何人、任何组织团体对己之自由权利的侵犯、剥夺、占有行为，都不能容忍，都要采取行动的自卫。生活的自由不是天赋的、不是等来的、不是恩赐的，而必须是创造性争取和自卫性抗争得来的。其次，以群己权界为基本规范的他人的自由权利，在任何时候都要容忍，对任何不容忍他人的平等自由权利的行为，都要拒绝容忍，都应采取行动谴责。人的生活自由始终是平等的自由，平等的自由决定了无论是你的自由还是他的自由，都不是孤立的，始终是关联的，因而，生活的自由之于人，始终是**互为照护**争得的。

从根本讲，对己之生活自由的自卫和对人之生活自由的照护，是自由平等的基本要求。自由不是孤立的，因为自由不是个人的私事，自由始终是社会的，是人人共有的。如果说财产是个人劳动将共有存在物化为私有权利的合法方式，因而，财产必须私有；自由却是个人努力和互为照护将天赋的私权予以共享的合法方式。因而，**财产必须私有，才成为财产；自由必须共有，才成为自由**。这是因为从来源讲，自由，是自然；而自然，是本性。作为自然和本性的天赋自由资格化为实际的自由生活的权利，必须**平等与共**。只有平等与共的争取、平等与共的自卫和抗争、平等与共的照护和呼应，平等生活的自由才真正来到人间，为人人所享有。也只有在这样平等与共的照护、呼应和自卫、抗争的生活的土壤中生长中出来的自由，才可作为尊严的基石。自由是一代人的代价，只有当一代人为之付出所得的自由，才是真实的，才可持久地构筑起人的存在的尊严的基石。

形象地说，自然没有一厘米空间可供违反自然的行为，所有不顺从自然法则的生物其实都是以同一个自然法则为基础而运动着。同样，社会也只能要么以压制的方式，要么以操作性的方式对待它的系统维护条件相悖而行的力量，这是因为**社会定义了**它存在的诸条件，大致是作为诸自由权利，并且是在一个超越于它的，普遍的人的要求的视域之中。只有人在对好的和坏的行动的选择的可能性和必然性之中，发现了那"使人成为人的东西"其实与那"使人遭受非人性的东西"是同样源初的，它们都是：**人的自由**。[①]（引者加粗）

人们需要明白：人的原初存在，也就是造物主创化所成的自然人类学存在状态，**是人自由**。人的继生存在，也就是造物主开启继创生进程中人的文化人类学存在状态，却**是人求自由**。人求自由，客观地存在两可性，即平等的自由与不平等的自由、普遍的自由与特殊的自由、相予的自由与剥夺的自由。生成这种两可性的根源，不是天赋，而是**人力**；形塑其两可性的力量，是权，即权利与权力。人一旦基于解决存在安全和生活保障问题以共同意愿、共同意志、共同需要为依据和准则而组建起社会并缔造出国家，就由权利派生出权力，形成权利与权力的较量与博弈。权利与权力的较量和博弈所形成的倾斜，就产生出求自由的两可性。权利与权力的较量与博弈向权利方向倾斜，就形成平等的自由，而平等的自由始终是普遍的，即普遍的自由，平等与普遍的自由始终是人人与相予的杰作。从根本讲，在权利与权力的较量与博弈中，权利制胜权力的唯一方式就是原本平等而分散的个人自由资格意识地结集起来形成整体的和共有的自由诉求的力量时，它才可取胜权力而生成平等的、普遍的实际自由，这种自由是一代人的代价，也是一代人共享有的财富。反之，权力本身就是集合的产物，加上权力的本质既是自由也是财富，因而，掌握和运作权力的个人或机构总是本能地聚合成整体，所以，在个人的自由权利不能结集成整体的自由诉求力量时，权利与权力博弈的天平只能倾向于权力，形成权力制胜权利的格局。在权力制胜权利的格局中，社会只能沦陷于不平等的自由，不平等的自由永远只是特殊的自由，即永远只是少

---

① ［德］瓦尔德·施瓦德勒：《论人的尊严：人格的本源与生命的文化》，贺念译，人民出版社2017年版，第84—85页。

数人的自由而大多数人没有自由，这种少数人的自由始终以侵犯、剥夺占有大多数人的自由为先决条件。

要言之，在实际生活的层面，自由的前提条件依然是天赋的平等，自由的本质是人与人共有。共有的自由本质生成博弈取胜于权力的机制，共有的自由本质生发相予的照护，催生人人以自身之力和自身之智为自得与相予的自由而创造、争取、自卫、抗争。自由的本质内涵是**群己权界**，具体地讲，是己他权界和己群权界。**己他权界**的自由实质是：己的自由的边界是他人的自由，他人自由的边界是己的自由。己他权界表明：己与人的自由必须是平等的，这种平等才构成己与他的自由互为边界，生成互为约束的机制。**己群权界**的自由实质是：己的自由构成群的自由的边界，群的自由必须以己的自由为准则。己群权界表明：由人组成的群（群体、社会、政府）中，群没有自己的自由，群的自由就是构成其群的个人的平等自由。当群享有独立于个人的自由时，人的平等自由则不复存在。

在实际的生活世界里，自由的群己权界生成群己权界的自由，分别从己他权界和己群权界两个方面敞开且发挥功能。相对而言，己群权界揭示平等生活的自由为何能构成尊严的基石；己他权界揭示平等生活的自由构成尊严的基石的必需条件。

平等生活的自由何以能构成尊严的基石？至少有两个方面的解释路径，首先是人的需要。人因生而活、为活而生，且生生不息的努力，就是不断获得存在安全和生活保障的自由，而以存在安全和生活保障为基本内容的自由，才构成人尊严存在的基石。其次是社会秩序稳态发展的需要。人组建社会并缔造国家之根本想望，是从根本上解决不断出现的存在安全和生活保障问题，由此二者构成人类社会进入每一个当世的根本问题，也因此成为人类存在发展的永恒问题。人类的每一个当世要从根本上解决不断涌现出来的存在安全和生活保障问题，必须有良序的社会平台，良序的社会平台始终以人人能平等享有生活自由和可以通过劳动贡献而创造更多自由空间的权利，所以，人享有平等自由的权利构成社会的内稳器，更构成社会良序发展的原动力。而人们具有享有平等生活自由的权利和通过劳动创造生活自由的权利，本身就是构筑存在尊严的社会方式。

平等生活的自由构成尊严的基石所需的必要条件，既有个人的，也有社会的。仅个人而言，就是任何个人要具备构筑尊严存在的平等生活自由，必须具备相应的德和能力。这里的德，既指修养意义上的德行，更指践履意义的德行，并且践履德性的德行才是最根本的，因为自由不可等待，自由不能恩赐，自由更不能源于同情和怜悯，等待来的、恩赐所得的以及基于同情和怜悯而施舍的自由，都不是自由，而是对自由的羞耻和玷污。自由是争取得来、抗争得来、自卫得来的，而所有这些得来要获得真实的成功，都必须融会贯通相予的呼应和照护，这不仅需要能力，更需要德性和德行的发力。无论是从社会整体运动言，还是从个人作为论，德始终是能力的底气、推动力，更是能力的牵引力和指南。但仅有德，并不能获得平等的生活自由，即或是得到了也不能很好地运用平等生活的自由。个人的能力，具体地讲，由才、智、识、慧、艺所生成建构起来的能力，加上德的牵引与推动，才构成通过创造性劳动和贡献而争取平等生活的自由的**本己力量**，这种本己力量与他者互为呼应和照护，必然构筑起尊严存在的坚固基石。就社会方面论，个人之德和能力构筑尊严存在的自由基石，必要相应的社会条件，这就是社会应该成为**平等与道**的社会，即平等的人性之道、自然之道和社会之道的社会共享，人人共享。只有当人人能共享平等的人性之道、自然之道和社会之道，个人以劳动贡献和人与人相互照护的方式争取平等生活的自由才变成现实，尊严存在的自由基石才自动构筑。

3. 彼此相予的基石

从存在论，自由是天赋的权利；从生存言，自由是被规训的生存资格；从生活观，自由是生活的力量，它由德和能力浇灌所成。无论是对个人还是对社会言，**生活的自由才是真实的自由**。但**生活的自由只能是共有的自由，而不是私化的自由**，虽然它要以私有的财产和财产权为奠基，但必须从个人之私达于他者之共时，自由才真正鲜活地存在。

在生活世界里，自由是生活的力量。生活即人因生而活、为活而生，且生生不息的行动、劳作、奋斗、创造、争取、构筑尊严存在的人生过程，这一人生过程既关联起存在世界、自然、环境、他物和他种生命的生生繁衍，更关联起他人、群体、社会。所以，生活本身是关联的展开，构筑生活力量的自由，也是在关联中生成、丰富并张扬其形塑生活风采的功能。在自由得以生成、丰富和张扬的多元关联中，最为关键的因素是人与人的关联。具体地讲，构成生活力量的自由，其生成、丰富和释放形塑生活风采的所有方面，都是人相彼此呼应和照护的体现。所以，**人彼此相予的自由构成尊严生成的人本基础**。

自由是人彼此相予所生成建构起来的生活的力量。人彼此相予之所以能培育出自由的生活之树而绿荫尊严存在的土壤，是因为人彼此相予实际地构筑起人之为人的基石，无论是自由还是构筑自由的尊严，都是以人之为人为先决条件和主体论依据。

彼此，乃你与我相互之意；彼此，即你与我相互存在，这不是浪漫的想象，也不是观念的推衍，而是存在之根本事实，它的存在论依据，大而言之，人是世界性存在者，具体地讲，人是他者性的存在者。人作为他者性的存在者与他人构成的原初关系本源于造物主的原创化，落实在继创生的具体语境中即母子，由此形成的原初存在关系即母与子性质的"我→你"关系，这一我与你的关系的派生形式就是不定的"我→他"关系和"我→它"关系，前者指从我出发形成与不定的任何人之间的存在关系，既可能是直接的，更可能是间接的；后者指从我出发形成与不定的任何他物之间的存在关系。但所有形式的"我→他"关系和"我→它"关系都原发于"我→你"关系，在人的生活世界里，这种原发存在的"我→你"关系奠定起人与人相彼此的基石。所以，彼此，既是我与你的**相互存在**，也是我与你的**相互关切**，更是我与你的**相予照护**。总之，人与人之间，一旦形成我与你的彼此关系，就一定是直接（没有间接）的相互存在、相互关切、相予照护的关联。

人与人相彼此，就是互为存在、相互关切、相予照护。在这种互为存在、相互关切、相予照护中，我成为你的基石，你成为我的基石，进而人人成为人人的基石。家庭是人彼此相予的质朴场所，也是人彼此相予的原发场所。在家里，两性互为存在并相互关切地构筑起家，其中，丈夫是妻子的基石，妻子是丈夫的基石，儿女是父母的基石，父母是儿女的基石，任意地抽掉其中任何一块基石，家的基本结构就会因此坍塌。在家里，血缘注入了生生流动的血脉和熠熠生辉的灵魂，由于血缘，家庭成员之间生成出不分你我的相予照护。由此，在家中，两性与血缘又互为基石。家庭是社会的基本单位，从社会建构到国家的缔造，最终是家庭的扩展，家庭始终是社会至于国家的缩影。从家庭到社会至于国家，人才是主体，是一切的来源和归宿，只有当人相彼此构成从家庭到社会再到国家的基石，或者说只有当人人成为人人的基石时，社会才有良序，国家才可长治久安地存在和发展。

人相彼此之所以能构筑起人成为人的基石，其根本理由是人与人生活在一起。人与人生活在一起，不是可选择的或然，而是宿命性质的必然。人与人生活在一起，实质地构成人的宿命。具体而言，任何个体都不单独存在，人的本性必表征为生理的自然，物种生命的繁衍只能是人的生理的自然需要相予满足的良好结果，而意识地思维的文化人类学能力和意识地生活的文化人类学想望所催发出来的心灵、情感、精神等方面，都需要人相彼此地存在。从大的方面讲，人与人生活在一起的宿命，既源于人是他者性的人的必然带动，更源于人是世界性存在者之不可逆的继创生运动，更在于由于人是世界性和他者性的双重存在，将每一个个体生活的人推进了未完成、待完成、需要不断完成的进程之中，迫使人必须相彼此地存在、生活、劳作、创造、争取自由和抗争侵犯、剥夺、占有并相互照护所有得来的自由生活的成果。不仅如此，人的存在安全和生活保障需要每个人与任何人相彼此地信任、相彼此地尊严，相彼此地互借智－力探索、创造、革新。如上诸多方面，既制约人也激发人相彼此地成为最大的也是最根本的需要。这种需要的实现方式和满足方式，就是人与人相彼此地生活在一起。

人相彼此之所以构成人成为人而尊严存在的基石，是因为人成为人而尊严存在的根本保障，就是人相彼此地互为存在、相互关切和相予照护。在充满利害、纷争甚至权斗的生活世界里，人能相彼此地互为存在、相互关切和相予照护，不仅成为自由生活的象征，更是焕发榜样的存在力量、生活力量。人相彼此地存在、关切和照护的生活关系中，实质上是人与人彼此成为榜样。只有人与人彼此成为榜样，人才相彼此地存在、关切和照护。人与人彼此成为榜样的自由策略和自由生活，表明只有群体的力量才可使人自由地成为人，只有群体的力量，才可使人与人自由地生活在一起，群体的力量就是人与人自由地生活在一起的凝聚力、向心力和创生力。

　　平等的自由生活，是人与人彼此成为榜样所形塑；以平等的自由为基石的尊严存在，是人与人彼此成为榜样的方式经营所成。人与人彼此成为榜样自由地经营尊严的存在的主体前提有三：第一，人的良心不麻木，良知常在。唯良心不泯，才良知常在；唯良知常在，人才相彼此地关切、相彼此地照护，并相彼此地生活在一起，哪怕是有物理距离的阻隔。第二，人必须克服懦弱，克服诱惑。懦弱源于心灵昧暗，灵魂的萎靡，而诱惑总是因为利欲过度对节制的泯灭。借彼此相予的动力，启动心灵的内在体悟，勃发意志的力量，净化灵魂，熔炼理性，提升明智的力量，以启动节制的能力，克服来自一切方面的诱惑，人必能融入自由地生活在一起的洪流中相彼此地关切和相彼此地照护。第三，人虽是一粒泥沙，孤立在那里，始终是渺小得可忽略不计，但当把自己融入自由生活的洪流中彼此关切、彼此照护、互为存在，就获得了共生的力量。当需要你因为平等的自由生活而发声的时候，则绝不会沉默。因为面对平等的自由生活遭受来自任何方面的阻碍而沉默，就是主动让渡出平等的自由生活本身，也是对自己的背叛和对未来生活的缴械投降。

第3章 尊严的人为迷失

《论人的尊严：人格的本源与生命的文化》一著的主题是人的尊严不可侵犯。施瓦德勒认为："尊严不可侵犯性不是描述了一种优先于国家而被预先给予的人权，而是人权之所以优先于国家被预先给予的根据，也因此是人权自身的根据。'不可侵犯'在此意谓着：尊严是根本不可能被人带来或者带给他人的，可以从人这里被拿走的东西。如果不是这样的话，即尊严只是各种人权之中的一种的话，那么这一禁止侵犯尊严就必须依赖于一个其他的更为重大的根据，而只要这一根据不是明确地依据于神性权利的话，那它既不可能在德国宪法也不可能在此星球上的其他宪法或者法律公约中得以指明。假如没有这一其他的更为重大的根据，尊严的不可侵犯性就将只能建基在去贯彻它的权力之上，这样的话，国家将会成为强权国家（Machtstatt）。**国家之所以不应该成为强权国家，而应该成为法治国家（Rechtsstaat），原因恰恰在于每个人的尊严都是不容侵犯的**。而至于人们是否愿意听从这一原则，则是关涉于在'是'（Sein）与'应当'（Sollen）之间建立桥梁的问题。使人之成为人的尊严，为基本的法定秩序奠定了基础，我们的生活正是根据这些法定秩序的先行规定而变得或好或坏。"①（引者加粗）从理论讲，确实应该如此。但"应该如此"只属应然，凡应然的事情，都是基于"事实是这样"的一种实然状况所做出的需要改变或完善它的拟想性设计，它与实然本身是有区别和差距的。尊严更是这样，在理想的应然层面，是绝对不可有任何形式的侵

---

① ［德］瓦尔德·施瓦德勒：《论人的尊严：人格的本源与生命的文化》，贺念译，人民出版社2017年版，第2—3页。

犯的，并且在一个完全正常地诉求充分文明取向的社会里，人的尊严在任何时候、任何情境下不遭受侵犯，这是因为"尊严的不可侵犯性不应该受到伤害（verletzt），并且必须在受到伤害之前得到保护，因为这种不可侵犯性只能作为一个根据而自身显示"①。然而，在一个非正常的且处处**容忍恶意**的环境里，尊严遭受来自任何方面的侵犯甚至被名正言顺地剥夺和占有，往往会成为常态。在这一点上，施瓦德勒讲得很对，尊严能否被保护而免于遭受来自任何形式的侵犯和剥夺，构成"**法治国家**"和"**强权国家**"的分水岭。因而，讨论人的尊严存在和生活的问题，必须正视尊严被侵犯、被剥夺、被占有的实然状况，梳理其造成人的尊严被侵犯、被剥夺、被占有的根本之因。

对于人的尊严问题，人们沿袭康德的道德自律论观念，认为尊严形成于人的自律，并且将从人的"意志自由"推衍出来的"自律"作为人的尊严形成的来源和依据，理由是"意志自律是每个理性存在者的一种先天能力"，所以"每个人，只要是有理性、有自律就生而具有不可丧失、不容侵犯的尊严"。② 自律是尊严的依据，尊严也因为自律而成为人的行为合法与非法、合德与非德的判据："德性高尚的人和罪犯在是否拥有尊严的问题上是不存在差异的，区别只在于前者比后者更加配享尊严"，这是因为"在那些道德高尚的人身上，自律被表现出来了，在那些罪犯和恶棍身上，自律处于一种潜在的状态或者说是被遮蔽起来了"。③ 从主体观，人的尊严存在和生活确实体现了自律，并且人的尊严的形成和保持确实也需要自律的能力。但是，人不是原子主义者，人在任何时候都不是原子式的存在，因为人的世界性和他者性之双重存在境遇决定他的生活处境、状况，以及是尊严还是屈辱地生活与存在根本不是能由自律完全决定的。尤其在身处不正常的生活场域和社会环境里，人能否尊严地存在，或者在实际的生活处境中人能够**以己之力**保持几分做人的尊严，他的自律虽然起到十分重要的作用，但根本的因素或者说力量来自个人自律之外。这是讨论人的尊严能否保持不遭受来自任何方面和任何方式

---

① ［德］瓦尔德·施瓦德勒：《论人的尊严：人格的本源与生命的文化》，贺念译，人民出版社2017 年版，第 4 页。
② 王福玲、龚群：《自律：康德尊严思想的基石》，《思想战线》2013 年第 2 期。
③ 王福玲、龚群：《自律：康德尊严思想的基石》，《思想战线》2013 年第 2 期。

侵犯、剥夺、占有时所应该持有的清醒。

一 来源与本质

对于人的尊严形成，主体的自律能力起到很大的作用；但尊严的迷失，更多地源于人的主体能力之外的诸多因素，其中最为根本的因素是可以**绝对任性地自由**的权力。以此出发，对人的尊严的得与失的检讨，很容易发现两个基本事实。在正常的生活场域中，人的尊严遭受侵犯的情况虽然也有，且始终不会绝迹，却很少见，而且往往事出偶然；而剥夺和占有他人尊严的情况几乎不得见。与此不同，在非正常的生活场域里，人的尊严遭受侵犯却至为普遍，且往往被人们认同为"正常"，剥夺人的尊严的行为以及占有人的尊严的方式，也是让人们见惯不惊地视为平常。另一个较为普遍的社会事实是侵犯、剥夺人的尊严的行为，更多的不是个人，纯粹个人的能耐和力量总是有限，而且在正常态的环境里，来自个人的侵犯、剥夺他人尊严的行为会很快遭到环境的阻止。以此观之，即使是个人，要能得心应手地侵犯甚至剥夺人的尊严，其背后也一定会有某种比个人力量更强的力量的支撑或者助威。所以，真正可以肆无忌惮地侵犯甚至剥夺人的尊严的力量，只能是组织机构，或者以组织机构为力量来源的威权。从人类尊严史观，威权才是侵犯、剥夺人的尊严的真正社会根源和力量来源。

1. 何谓"威权"？

在正常的生活场域里，人的尊严存在和生活所面临的威胁主要源于自己，当人自我放纵而任性自由时，可能会给自己的尊严存在和生活带来阴晦，甚至蒙上羞耻。但在非正常的生活场域里，人的尊严存在和生活面临的最大威胁，不是自己的行为的任性放纵，而是**权力的任性自由**。当权力可以在任何时候、任何情境下以任何方式行任性的自由时，它就成为威权。

对于"威权"一词的基本语义，拙作《善恶的病理问题》第 3 章以"权威"为参照从八个方面对比出"权威"一词的基本语义面貌，它是一种运用权术尽兴发挥权力，使之达于无所不能牟取**任何欲得**的方式和至极境界。

威权，既是一种权力，也是一种权力方式，更是一种权力境界。理解威权这种权力方式和权力境界，需要以权力（power）为参照。权力是与私权相对的公权的简称：权利（right）是国家以法律形式赋予国民的私权，权力却是国家以法律形式规定由国家享有的**保护个人权利**的政治权力。从来源讲，权利是**天赋人权**，权力是**民授**的公权。由此来源，权力自然成为**绝对权力**，却要接受权利的监约和社会的节制。"任何现世的权力都不应该是无限的，不论这种权力属于人民，属于人民代表、属于任何名义的人，还是属于法律，人民的同意不能使不合法的事情变得合法：人民不能授予任何代表他们自身没有的权利。"① 权力虽然有国家机器为结构性后盾和秩序方式，但只能是**有限绝对权力**。绝对，是权力的性质定位；有限，是权力的范围规定。**有限绝对权力的极端方式，就是威权，它表征为无限绝对权力**。无限绝对权力是权力者（个人或组织机构）可以在任何情况下以任何方式无所顾忌地实现自己的意志自由的权力。由于威权是表述有限绝对权力之极端方式的概念，所以威权不是一个普通政治学概念，而是一个极端政治学概念，《君主论》和《韩非子》基于不同政治传统和不同时代的语境对这种极端政治学做了最为精辟的系统论述。威权作为一种极端政治学概念，它具有自身的性质规定、内涵定位和解释依据。

首先，从性质规定观，威权者赋予威权以神学性质，或宗教神学性质，或政治神学性质。前者如欧洲君主时代的君主威权，必得教会的授权，得到教会赋权的君主，其权力就上升为威权，马基雅维利（Niccolò Machiavelli，1469 – 1527）在《君主论》中跃然纸上的君主威权所呈现出来的神性，实是教会的赋权；后者如中国古代以血缘为纽带、以宗法为框架的王权，也是被赋予神性的威权，但其神性是政治神学性质，即王们以自己的方式为自己不受制约的威权赋予了神性。周人消灭其主子纣王并以"血流漂杵"的方式夺取殷商政权，所打的旗号是"惟天惠民，惟辟奉天"（《周书·泰誓下》），假借"受命于天意"而"替天行道"以"救民于水火"，但其以如此残暴的方式夺得天下后为使其统治长治久安，周公不得不诚实地教导亲戚子弟们，王朝的天命是不"常"的，能"常"的只是"**天命自图**"。至于秦以降，汉代董仲舒应刘氏统治者的需要而创建起以"五德终始"和"天人相予"为解释

① ［法］邦雅曼·贡斯当：《古代人的自由与现代人的自由》，阎克文等译，商务印书馆 1999 年版，第 11 页。

依据的"王权神授"的政治神学体系，帝王的威权获得了神的永久性庇佑，但帝王和他们的王朝总是"你方唱罢他登台"。

其次，从内涵定位观，权力是**规则的**权力，它主要体现在三个方面，第一，权力明确它的来源。作为公权，它来源于个人的私权，即权力来源于权利，是对本属个体但基于共同体愿意、共同意志、共同需要而让渡出来的权利的拢集。由此，权力必须面对权利，并服务权利。第二，权力明确它的地位。权力虽属绝对权力，却**不是**最高权力，最高权力只是个人权利。这种性质规定权力只能是权利的手段、工具，权利才是权力的目的。由此，权力只能接受权利的规训，其接受规训的基本方式有二：一是权力要接受法律的定位、定界；二是权力要接受权利的监管，新闻自决和言论、舆论等方面的自由，以及权力者没有隐私权和财产公开的申报制度等，是权利监管权力的实质方式。第三，权力明确它的范围。权力因为来自个人权利并要接受法律和权利的双重规范，由此形成绝对的权力也必须是既有限度，更有边界。这种限度和边界导致它既自我约束且更被约束。

与此相反，威权是**无规则**的权力，更准确地讲，威权是**蓄意破坏规则的**权力，是以意志自由的绝对方式任意破坏任何规则的权力。由此，威权也体现在三个方面自身特征：第一，威权以自己的方式重新定义权力的来源。在威权者看来，一切形式的公权都不是来源于个人的私权，而是权力本身，即权力来源于权利，进而，权力来源于权力者，是权力者对一切形式的权力的意志主义拢集。由此，权力必须统摄权利，并使所有的权利必须服务权力。第二，威权从自己出发并以必须回归自己的方式重新定义权力的地位。权力作为绝对权力，必须是最高权力，作为最高权力的权力，只能是权力者的权力，因而，权力者必须是最高权力的主体，且一定是最高权力的象征。由此定义，个人的私权不能构成权利，必须实际地废止，形式上的权利必须成为权力的手段、工具，权力才是权利的目的，但这只是相对权利论，相对权力者言，权力也只是权力者的手段，权力者才是一切权力的目的。由此，权利只能无条件地接受权力的规训，权力只能无条件地接受权力者的规训。权利接受权力规训的基本方式有二：一是法律必须成为权力的手段，所以，法律必须接受威权的定位、定界；二是所有的权利——无论是实际的还是形式的权利——都要接受权力的监护，新闻、言论、舆论、思想、教育、文化的设计以及形式的表现等，都要服从权力的严谨安排和严谨引导和万无一失的规训与约束。在此基础上，权力接受权力者的规训只遵从一条原则，即**一切权力听指挥**。第三，威权也从两个不同的维度重新界定了权力与威权的范围，在基本维度上：权力是权利的边界，具体地讲，任何权力都构成一切权利的边界；在高阶维度上：威权是权力的边界，具体地讲，一切权力归属威权，威权的任何方面都构成一切权力的边界。所以，从高阶向低阶：**威权安排权力，权力安排权利**；从低阶向高阶：**权利全面服从权力，权力全面效忠威权**。

客观地讲，威权虽然来源权力，并以权力为基础，却僭越权力而构成权力的极端方式。当威权把权力变成极端方式后，它就成为至高无上的威权。这种至高无上的威权不仅完全地改变了政治，也完全地改变了道德和法律，使从政治到道德再到法律都进入极端状态，发挥它原本有疆界的无限功能，并整合成一种极端政治诉求和极端政治方式。

从人类政治史看，极端政治是人类政治文明进程中的一种基本形式，它从古代运行到现在，积累起了丰富的经验。这些经验从行为和本质两个方面完整地呈现了极端政治的自身样态。首先是行为方式，极端政治在任何语境下都展开无条件的专断和无条件的专横。极端政治不讲条件，是指它不受任何限度和约束，它就是它所行所为的全部条件、唯一条件。其次从两个方面规定了专断、专横的极端政治的内涵本质，一是**绝对唯我**；二是**极端贪婪**。绝对唯我的基本理念有二：第一个基本理念：我是唯一的目的，除我之外的任何他者都只是手段。第二个基本理念：世界是属我的，并只能属于我。所以，世界是我的世界，我是世界的主人，凡属我的东西只能随时听从我的安排，因为一切属我的东西，无论是活物还是死物，都只是服务我并服从我的奴隶、奴才、工具，当然包括最终成为耗材。如此两个方面的绝对唯我理念，很自然地支配威权者的行动诉求，只能且必然是极端贪婪。极端贪婪的基本特征有三：一是**贪婪不分品位**，无论高雅或低俗，有用或无用，丑陋或美妙，凡进入眼帘甚至进入想象或幻象的，都尽入欲得的账目之中。二是**贪婪没有边界**，即欲念所在就是贪婪的疆界所在。三是**贪婪没有止境**，活着的目的是贪天下为己，活着的意义是将永不满足的贪欲变成所得死死地攥在手中。

基于绝对唯我和绝对贪婪之本质规定，威权这种极端政治所遵循的政治原则是我行我素和速朽。**我行我素**原则的精髓是：我即原则；我行我素的行动准则是：我与天地独往来，即我怎么想就怎么干，我想什么就干什么，不得阻拦，且阻拦者必亡。为此，我行我素贯彻一个方法，**即凡事雷霆手段**。雷霆手段的原则是：只讲目的，不讲手段，为达目的，不择任何手段，哪怕毁灭世界，也在所不惜，因为基于绝对唯我和绝对贪婪之要求，一切都是我的，我当然可以任意地安排；凡不属于我者或凡不愿意归属我者，那必不是我的，而凡不是我的一切东西，哪怕是再美好的，也必须消逝。正是在这个意义上，我行我素必达于**速朽**。速朽原则讲的是，依据我行我素的原则展开的所有行为，虽然在主观的意念上诉求一劳永逸，但在实际的操作中**总是自我解构**。由此可理解孟德斯鸠之论："**专制政体的原则是不断在腐化的，因为这个原则在性质上就是腐化的东西**。别的政体之所以灭亡是因为某些特殊的偶然变故，破坏了它们的原则。**专制政体的灭亡则是由于自己内在的缺点**。某些偶然的原因是不能够防止它的原则腐化的。所以专制政体，只有气候、宗教、形势或是人民的才智等等所形成的环境强迫它遵守一定秩序，承认一定规则的时候，才能够维持。这些东西可能对专制政体的性质发生强有力的影响，但是不能改变专制政体的，专制政体的凶残性格仍然存在；这种性格只能暂时地被制服。"[1]（引者加粗）我行我素之必然开辟速朽之道，是因为当遵从我行我素原则来安排世界、安排一切生灵和活物以实现意志的绝对自由，总是不得不采取残暴而毕露出"凶残性格"和本性。所以，"政体的原则一旦腐化，最好的法律也要变坏，反而对国家有害。但是在原则健全的时候，就是坏的法律也会发生好的法律的效果：**原则的力量带动一切**"[2]（引者加粗）。

原则的力量带动一切。我行我素原则以最为忠实的方式在任何时候都不折不扣地释放绝对唯我和绝对贪婪的极端政治本质，哪怕是在现代文明的华丽外衣包裹下，"在那里，一切权力合而为一，虽然没有专制君主的外观，但人们却时时感到君主专制的存在"[3]。因为在极端政治或者说威权制裁的环境

---

① ［法］孟德斯鸠：《论法的精神》上册，张雁深译，商务印书馆 2004 年版，第 141—142 页。
② ［法］孟德斯鸠：《论法的精神》上册，张雁深译，商务印书馆 2004 年版，第 142 页。
③ ［法］孟德斯鸠：《论法的精神》上册，张雁深译，商务印书馆 2004 年版，第 186 页。

场域里，赤裸地占有一切的行动总是将极端演绎得淋漓尽致。我行我素和速朽之双重原则爆发的野蛮力量所带动的占有一切，就是占有权力、占有财富、占有人身、占有观念、占有希望、占有信仰、占有使人有勇气存在下去的物质基础和精神依赖、占有尊严并附送屈辱和贫困。占有一切的冲动扩张着一切，并使"扩张就是一切"①。当因为占有而扩张一切，速朽的步伐也随之加快。

2. 威权的结构来源

威权作为一种极端政治之所以有可能并在人类进程中始终以现实的方式倒退或滞缓政治文明的向前，既自有其结构性来源并得到结构的支撑，更有其思想的来源并得到思想的滋养。

威权是一种**人为变异的**权力，虽是变异的产物，但也有自身的结构支撑，即威权成为威权，之所以可以横行无忌于人的世界并存于存在世界之中，是有其自身的结构，且其结构亦有来源。理解威权的结构来源，须先了解威权的结构。

威权是一种权力，是一种权力变异的极端权力。凡权力，都是有自身结构的，不能生产出结构的权力，是不能构成实际功能的权力，这是权力之所以成为一种绝对权力的根源。无论从整体观，还是从具体言，权力并不是因为自身而成为绝对权力，而是因为它能生成实体性质的结构而获得绝对权力的功能。这是个人权利只在认知理念上是绝对权利，而在实施中始终缺乏绝对性质和功能的根本原因，即个人权利始终因为不能自生成实体性质的结构而难以成为绝对权利。

权利的如此缺陷使它总是面临权力的挑战而往往沦为权力指涉之中的柔弱之物。虽然如此，权力自生成的结构却来源于权利。这就是只有当个人基于存在安全和生活保障完全不能由个人来保障时，人们本能地从"人与人为狼"的自然状态中相向走近，以共同意愿、共同意志和共同需要为准则来组织社会、缔造国家，且同样依据共同意愿、共同意志和共同需要的准则将保障存在安全和生活保障的平等权利让渡出来给所缔造出来的"国家"，国家拢

---

① C. J. Friedrich and Z. Brzezinshki, *Totaliarian Dictatorship and Auaocracy*, New York: Praeger, 1967, p. 124.

集这些交托出来的权利就形成"国家权力",所以,权力实是国家权力的简称。作为国家权力的权力,本身就是结构的,即国家将个人让渡出来的权利拢集成整体的权力,必要以国家为框架。国家本身是结构化的时空组织,时空框架由个人让渡出来的权利纳入国家的结构框架中,就构成公共权力,所以,权力始终是结构性的,它的形态学呈现就是依据所选择的政体而对权力予以纵向和横向的分配,即对权力进行分解性分配而使之发挥国家结构的秩序社会和保障人的权利的功能。

国家对国家权力予以横向的结构安排,即分配,就是将权力分解为立法权、行政权、司法权。人类政治文明进入现代化进程,政治社团合法化,且政治社团参与国家权力的管理,由此形成权力的第四维,即政党权。人类政治文明从古代发展到现代,国家权力的横向安排的基本方式最终形成两种模式,即国家权力的**分设制衡**模式和国家权力的**分设统合**模式,前者名为"**三权分立**",后者名为"**四权合一**"。

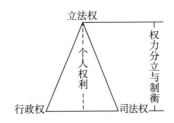

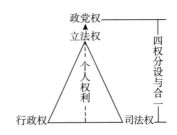

[图3-1:国家权力横向分配的三权分立模式]   [图3-2:国家权力横向分配的四权合一模式]

国家权力的横向分配形成其稳定的横向权力结构之后,才展开权力的纵向安排。权力的纵向安排方式多种多样,发展到现在社会,其基本安排方式也有两种类型,即联邦模式和统一模式。前者形成以国与州为两极立法的国家行政结构,在古代,它以西周的分封建制的社会结构为代表;在现代,它以美国的联邦制社会结构为代表。权力纵向安排的统一模式,是以秦所开创的郡县制为原型,以中央政府直接贯通和统摄地方政府,其间可能是三级行政区域制度,也可能是四级或五级行政区域制度。

值得注意的是,国家权力的纵向分配与安排,是以国家权力的横向分配与安排为前提、为依据,形成国家权力的纵向分配与安排是对横向分配和安排的国家权力予以分解性的落实和实施方式。所以，国家权力的横向分配和安排才是实质性的，并且，只有对国家权力予以横向分配和安排而形成国家权力的基本结构框架，这一基本结构框架的纵向延伸与舒展才形成权力的结构化体系。不仅如此，只有对国家权力予以横向分配和安排所形成的权力结构体系，才明确权力的性质以及对权力与权利的关系定位。一般地讲，以三权的分设与制衡为基本结构的国家权力，才可能成为有限绝对权力；反之，以四权的分设与合一为基本结构的国家权力，往往滑向无限绝对权力。极端政治的实质，就是国家权力横向分配和安排选择了四权合一的权力结构模式，这即威权模式。四权合一的权力模式制裁国家权力向实施领域无限度发挥的极端权力行为方式，就是威权方式。所以，威权是以权力结构为内在支撑的：威权的结构，就是四权合一的国家权力结构，或者说，威权是建立在四权合一的国家权力结构基础上的，没有四权合一的权力结构的支撑，威权不可能产生，即或产生了，也不可能持久。

比较地看，三权分设与制衡的权力结构是一种**倒金字塔权力结构**，即在构成国家权力的权力体系中，行政权和司法权都源自立法权，是立法权赋予的，国家的行政权和司法权都以自己的方式向立法权负责。但立法权不会自造依据，也非源于立法者（立法机构和运作立法机构的人），立法者只是代理者，立法者代理的是国民的意志和权利，是国民授权立法者代为立法，所以，立法权来源于民权，民权才是立法权的**真正法权**。并且，民权也是国家行政权和司法权的法权，由立法权赋予的国家行政权和司法权同样必须向民权负责。所以，三权分设与制衡这种倒金字塔权力结构特别强调**塔底权力**，即唯一地构成权力来源并表征为**真实法权**的**民权**——**权力民授**。

与此相反，威权的权力结构是一种金字塔结构。这种金字塔式的权力结构，特别强调由上而下的等级，突出**塔顶权力**。塔顶权力同时既朝向上天也指向大地：塔顶权力朝向上天，象征权力来源于人界之上的神界，或者宗教神学所描绘的神界中的神，或者政治神学所描绘的神界中的神，总之，金字塔结构的塔顶权力向上诉求其权力来源于神授。与此同时，金字塔结构的塔顶权力指向大地，就是指控人间，象征人间的一切生灵都必须绝对地服从最高权力，金字塔结构权力为使自身权力贯通始终无所不在其中，形成一个由上而下的权力结构链条，这个权力链条的每一个环节、每一种由上而下的阶梯的权力都由塔顶权力授权，因而必绝对服从塔顶权力。因为塔顶权力是神授的最高权力，它必须构成一切权力的中心，所以，位于塔顶结构中心的最高权力向下贯通，就是地方绝对服从中心，各权力阶梯结构和各权力链条中的所有权力，都必须接受统一部署而形成统一认知、统一行动。

金字塔权力结构有古代形态和现代形态。古代金字塔权力结构，是家族统治国家，最高权力是君主权力，实行的是君主专制。君主专制的护卫力量是家族化的宗法力量，也就是运用家族化的宗法力量来维护君主专制。现代金字塔权力结构，是社会政治社团统治国家，最高权力是政治社团权力，实行的是党魁专制。党魁专制的护卫力量是社会的政治社团力量，也就是运用社会的政治社团力量来维护专制。所以，无论是古代社会的君主威权还是现代社会的党魁威权，虽然为填充人们的认知空白而生产出一套君权（王权）神授的观念来源，但实际上都来源于对国家权力予以社会组织化的分配和结构安排，简称"权力的社会组织结构化"。生产威权的社会组织结构化模式，就是其金字塔权力结构模式。无论古今，任何修饰形态的威权都是从金字塔结构中生产出来并通过对金字塔权力结构的尽心尽兴地运作所成。

金字塔权力结构，既有刚性结构形态，也有柔性结构形态。其刚性结构就是阶级，或者更准确地讲是**阶层等序**结构，在古代社会，这一阶层化的等序结构是由君主、官、贵族、民（包括平民和贫民）构成的宏观结构体系，它的土壤是血缘，基石是宗法。在现代社会，这一阶层化的等序结构由领袖、持掌国政的政治社团、官僚体系、民（平民和贫民）所构成。其所形成的柔性结构形态，就是金字塔结构化的威权文化。在古代社会，君主专制的威权文化是以血缘宗法为价值导向的等序结构主义文化体系；在现代社会，领袖专制的威权文化是以社团政治为实质价值导向的等序结构主义文化体系，它在结构本质上的区别主要是：古代的威权文化的灵魂是血缘－宗法主义，各种性质和内涵的利益的配享或争夺，都是从血缘和宗法中生发出来并演绎扩张，血缘和宗法生发出权力的来源和分配方式，以及权力的运作方式；并且，其立法、行政和司法都隐藏于血缘和宗法中并被血缘和宗法所派遣。现代的威权文化的灵魂却是**利益**本身，其政治理想及其信仰在实际上只是修饰利益的配享及纷争的社会学方法，因而必得有现代社会要求的形式，这就是立法、行政和司法的结构体系和运作机制必须完备且有美学意义的形态学显现，但立法、行政、司法三者的权柄必须无任何保留地统归于党的领袖和居于威权链条体系各环节的领袖代言者。

[图 3-3：古代威权文化的结构体系]

[图 3-4：现代威权文化的结构体系]

　　构成承载威权的金字塔权力结构体系之刚性的等序结构体系和柔性的文化结构体系要发挥规制主义的合生功能以求达到运作的最佳效果，必须有制度的转圜。制度有广义和狭义的区分：狭义的制度是指社会政治制度、经济制度、财产制度、家庭婚姻制度、教育制度、文化科技制度等所有具体的社会制度的总和；广义的制度是指以政体为来源，并实际地统摄法律和社会安排的总称。广义的制度构成有四个维度的内容，即政体、制度、法律和社会安排。从广义观，威权来源于政体、制度、法律、社会安排，即政体选择、制度形成、法律构建和以政策为主要调节方式的社会安排，构成威权无所不能的四个力量来源，也成为护卫和强化威权的四种社会机制。

　　一是政体选择。从人类政体发展史观，政体是生成和支持威权的金字塔结构的奠基性元件，它是选择的结果。人类政治文明的发展历史到古希腊的亚里士多德时代，就已经出现了六种政体，亚里士多德的《政治学》对这六种政体予以了梳理，并认为威权主义的专制政体是最糟糕的一种政体，亚里士多德之所以放弃他的老师柏拉图的"理想国"，或许是真正领会到柏拉图所设计的"理想国"的政体是最完美的威权主义所需要的政体。威权政体的根本特征就是将所有人予以物化，然后将它安置在稳定牢固且界限分明的结构模式之中等序地运行，所以，亚里士多德认为折衷取向的、以中产阶级为主体的政体模式，才是最好的。其后，人类政体的发展综合成两种基本模式，即个人权利导向的政体模式和社群权力导向的政体模式。一般来讲，选择以个人权利为导向的政体模式，总是力图避免威权的产生；以社群权力为导向的政体模式，往往会生成金字塔权力结构而成为威权的温床。

二是制度形成。制度的形成并不任意，它由政体决定。选择何种政体，就有何等性质的制度构建。一般地讲，选择个人权利导向的政体，就会建立**权利制度**。政体化的权利制度，就是权利导向权力并以权利制约权力和权利博弈权力的制度及其运作体系。相反，选择社群权力导向的政体，就会建立起权力制度。政体化的权力制度，是指以权力导向权利并以权力监管权利和权利必须绝对地服从权力的制度及其运作体系。从根本讲，对社群权力导向的政体的选择，只是为金字塔权力结构和威权建构提供一种路径，对权力导向权利的制度的形成，才为金字塔权力结构的生成提供了基石并为威权的建构培育起肥沃的土壤。

三是法律构建。以社群权力为导向形成的权力制度体系，最终需要法律的保障。围绕保障权力而建立起来的法律体系，就是为金字塔结构化的权力、完善的威权化提供钢铁般的防护体系，这一防护体系将个人的所有权利要求阻挡于法律设计的"正当性"和"合法性"之外，为威权的无所不能和无坚不摧提供了**消音**和**净化**的等序体系及其环境场域。

四是社会安排。政体化的金字塔权力制度和法律体系，一旦建构起来就形成高稳定的威权运行机制。但由于社会始终是时变的，时变的社会总是使已有的权力制度和法律体系不能完善地涵盖和辐射所有领域，难以自然地解决所有问题，这样就给威权绝对自由地运行造成一些噪声，这就需要解决。金字塔权力结构的社会安排就是时时更新政策，并通过时时更新的政策而时时地为威权的畅通无阻清扫任何障碍。社会安排就是扫清阻碍的社会政治方法。

3. 威权的思想来源

哺育和滋养威权之思想资源的正反面向　　威权必以金字塔权力结构为社会结构框架，而金字塔权力结构的形成和运行必有其思想的润滑和滋养，由金字塔权力结构支撑的威权更是时时需要其思想的哺育才可发展壮大。因而，要充分认识威权，需要了解哺育威权使权力畸形膨胀和超极端发展的思想资源。客观地看，哺育威权的思想资源，既有正向内容，也有反向内容。

哺育威权的正面思想来源是意见化的观念。

意见化的观念，是指用观念来代替思想，或将思想偷换成观念。理解威权主义如何用观念来偷换思想，需要区分观念与思想。其一，观念可能来源于意见，也可能来源于经验，但思想源于存在之问敞开的存在之思。其二，无论源于意见还是源于经验的观念，始终呈现主观倾向，但源于存在之问敞开的存在之思，其生成的思想则始终呈现客观取向。其三，无论是源于意见还是源于经验的观念，有可能蕴含普遍性，但始终滞留于观念状态的观念，始终属于特殊，并始终呈现特殊诉求；与此不同，思想却必须是普遍的，并始终呈现普遍诉求。其四，观念可能是有道理、讲道理的，也可能是无道理、不讲道理的；思想却一定属于道理，并始终体现讲道理。其五，无论是源于意见还是源于经验的观念，都是待明证的，并必须予以证明；与此不同的思想，却始终是已明证的东西。

威权的绝对唯我和绝对贪婪本质，决定了思想不可能构成它的来源，也决定了威权不可能接受思想的哺育，而且思想也不可能哺育出威权来，因为思想始终是普遍的道理，它蕴含存在世界和人的世界的普遍的律法。以普遍律法和普遍道理为实质内涵的思想，所哺育出来的权力只能是有限绝对权力；接受普遍律法和普遍道理的思想哺育出来的权力者，只能是理性和明智的权力者，他对权力的看待是理性的，他对权力的运用是明智的，他运用权力释放出来的功能只能是绝对有限度的。威权却是反普遍性，是绝对地排斥并清除普遍的道理和普遍的律法，因为只有彻底地清除其普遍的道理和普遍的律法，才可行绝对唯我和绝对贪婪之欲。所以，威权者必须排斥、拒斥一切形式的体现普遍道理和普遍律法的思想，**必须与真正的思想为敌**。为此，它只能制造意见或选择意见主义的观念，只能从历史的经验中挖掘充满极端倾向甚至膨胀仇恨的意见和这种性质的意见主义的观念来作为自己的养料。但为了应对来自思想的挑战，也为了迷惑和引来更多的信众，威权者和威权必须对这些意见化的观念予以思想的修饰和装裱，将极端倾向以及膨胀仇恨的意见修饰和装裱为虚假的思想。

以修饰和装裱的方式将某种极端倾向和膨胀着仇恨的意见主义观念升格为以普遍道理和普遍律法为本质内涵的思想，这实际上是自欺欺人的，也是根本做不到的事，但威权者和威权必须做到。其基本方法就是全面释放金字塔权力结构的功能，即全面发挥构建金字塔权力结构的制度体系、法律体系、社会安排体系的社会功能。权力导向的制度体系、法律体系和社会安排体系发挥其互为催发的综合功能，就是从不同的维度强推统一意见的观念，使之变成思想。其实际的操作方法，就是通过反复的灌溉使人们将其意见主义的观念幻化为普遍主义的思想。在威权社会里，威权者们选择一个意见主义观念来替代思想，或者将一个充满极端倾向甚至膨胀着仇恨诉求的意见主义观念**提拔**为思想，必须统一，必须通过持续不衰的统一这种意见主义观念而使之变成被社会乐意接受、被人人主动作为精神食粮而不停止地自我填充的思想资源。威权者和威权之所以要如此这般地顽强不息，是因为思想本身构成其最严峻的挑战。这种挑战表现为**真正的思想始终不需要统一，思想的普遍性自然会牵引人达于认知的趋同和一致**。并且，当一种真实的思想对人没有产生这种牵引功效时，它绝不会采取思想之外的力量来强行统一。所以，思想始终属于非统一性，并且始终是远离统一的。只有没有达到思想之境或根本与思想背道而驰的那些邪恶的意见主义观念要行思想之能时，才会通过外力对它予以统一。所以，可以被统一所重视的东西绝不是思想，也不是纯粹的观念，只能是意见主义观念，并且只能是特殊性的、待明证却永远无法明证和不能去明证的邪恶的意见主义观念，因为能够哺育和滋养威权者和威权的这些邪恶的意见主义观念，一般来讲都是充满绝对极端倾向甚至膨胀着仇恨诉求的意见主义观念。

哺育威权的反面思想来源是"不准"的观念意志。

用充满极端邪恶倾向甚至膨胀着仇恨诉求的意见主义观念来替代思想，并用统一认识的方式来将它修饰和装裱为思想，这种行为的实质是**僭越**，即用僭越思想的意见主义观念来统一人和社会的认识，使之变成一种被威权所钦定的"思想"。要做到如此，仅通过统一认识的教化方式和组织化方式是根本不可能的，因为体现普遍道理和普遍律法的思想总是对人和由人组建起来的社会产生可能性的魅力，这正如亚里士多德所说，探求真知是天赋人的本性。运用统一观念的方式把邪恶的意见主义观念变成思想，实是根本不可能阻止人的天赋的探求真知的本性。为保证将邪恶的意见主义观念上升为思想，使之在认识上达到完全的统一，则需要启动其与"统一思想"相对应的反面方法，那就是"不准思想"的方法。"不准思想"就是哺育和滋养威权的反面思想来源。

哺育和滋养威权的正、反思想来源既互为生成，也互为成长，更互为壮大。哺育和滋养威权的正面思想资源就是允许接受一种邪恶的意见化的观念主义"思想"；哺育和滋养威权的反面思想资源就是"不准思想"，二者的互为生成、成长、壮大的催发功能主要体现在："允许"是为"不准"设限，"允许"以自身为疆界，自身之外的所有思想"不准"；"不准"为"允许"提供保障，只有"允许"才可准许，凡属"允许"之外的任何思想都必须"不准"。

哺育和滋养威权的"不准思想"，也就是一种"思想"，而且是一种比"统一"的那种邪恶的意见化的观念主义"思想"更为深刻、更为根本的"思想"。因为能够"统一"的那种邪恶的意见化的观念主义"思想"，只是一种单一的和单纯的"思想"，即将某种极端倾向甚至膨胀着仇恨诉求的意见主义观念"统一"为"思想"，是绝对的单纯和纯朴；而"不准思想"的"思想"却绝对地以开放之姿面对所有已有的、正在生成包括将要生成的思想。所以，"不准思想"的"思想"是生成的，更是可以无限扩张的，比如古代帝王的"避讳"语词，以及现代生活场域中源源不断地设置的"敏感词"等，就是"不准思想"的"思想"的开放性生成和无限度扩张的过程化的最好个案。哺育和滋养威权的"不准思想"的"思想"，就是不准允许接受某种被钦定为必须统一的邪恶的意见化的观念主义"思想"之外的任何承载普遍道理和普遍律法的思想。

哺育和滋养威权的"不准思想"的"思想"，是以被允许的那种充满极端邪恶的倾向和膨胀着仇恨诉求的意见化的观念主义"思想"为依据和准则的"思想"，这种"不准思想"的"思想"呈现绝对的开放性，其不准的首要思想就是法权思想，因为法权思想是人权思想的灵魂，是权利的最终来源和解释依据。因为人权是天赋的，法权思想是为天赋人权提供存在论依据和最终解释理由的思想。作为天赋人权来源的法权思想有三种，第一种由神学为之提供，上帝成为法权的象征；第二种由科学为之提供，物理世界的公理和生物世界的规律，就是法权思想的基本内容；第三种由哲学为之提供，存在世界的根本之道和普遍之理所构成的律法，亦是法权思想的基本内容。法权思想不仅是人权的灵魂性内容和依据，而且构成法治社会的依据；或可反过来讲，法治社会的思想构成法权思想的核心内容，即法治社会的思想来源、依据和准则，不是权力思想，也不是被允许统一的那种意见化的观念主义"思想"，只能是构成天赋人权依据的法权思想。以法权为依据和准则的法治社会，自然不会产生权力导向权利的权力制度，更不会有威权生成、成长、壮大的思想土壤和可能性空间，所以，法权思想成为威权的头号敌人，必须清除于统一的"思想"之外，并使其存在论消失。

除了不准法权思想的存在之外，哺育和滋养威权的"不准思想"的主要"思想"，还包括不准平等思想和不准自由思想。不准平等思想的存在和流通，是因为平等思想是解构等级的思想，而威权却是以完美的金字塔权力结构等级为底座、以严格的等级制度体系的良性运作为根本保障，平等思想的存在和社会化流通是构成釜底抽薪威权的根本威胁，所以必须竭尽全力防范、围剿和清除，使之不能有任何的火星存在。与平等思想共通的是自由思想，它之所以成为哺育和滋养威权的"不准思想"的主要"思想"之一，在于自由思想不仅解构一切形式的特权，更解构禁锢，解放认知，开放思想，培育思想，尤其是思想自由催发言论自由，而不断地牵引人了解存在世界的历史和现实生活的真相。华盛顿曾说，人们为什么要禁止言论自由？只有三个解释：**第一，它过去做了坏事，怕人们提起；第二，它正在做坏事，怕人们批评；第三，它准备做坏事，怕人们揭露。** 总之，禁止言论自由一定与坏事相关，绝对不是好事。不准自由思想，就是控制人的大脑，使之成为白痴。没有思想的人，既缺乏最低的辨识能力，更缺乏自由言论事物真相的能力。当人们普遍缺乏思想能力、辨别能力和言说事物真相的能力时，威权就畅通无阻。所以，威权最害怕的就是自由思想，人有了自由思想，就会生发出平等、人道、公正等有关于权利的要求。所以，威权所要真正解决的是自由思想的问题，不准自由思想的"思想"，才是哺育和滋养威权的最为根本的"思想"，它在事实上决定着威权是生长还是干枯死亡。所以，不准自由成为哺育和滋养威权的根本社会战略。

哺育和滋养威权之根本思想资源　哺育和滋养威权生成、成长、壮大的正反思想资源，就其主要方面而言有其区别。不准思想的"思想"主要是对外，目的是完全实现思想的统一；统一思想的"思想"主要是对内，目的是构建自身"思想"体系以全面取消或根除所有体现普遍道理和普遍律法的人类思想，以牢固地确立起可全面对抗和消灭"普世价值"的威权价值体系。因而，虽然"不准思想"的"思想"是重要的，但"统一"思想的"思想"才是固根扎本。而"统一"思想的"思想"，也就是说能够"统一"思想的"思想"的实质内容有哪些呢？概言之，主要有以下三个方面的内容。

首先是唯政治主义。这是一种以政治为一切的源泉，一切的准则，一切的依据的。作为一切的源泉、一切的准则和一切的依据的政治，却不是普通政治，只是一种特殊政治。所谓普通政治，是指符合、体现并照护人类本性和个人权利与尊严的政治，这种政治体现出来的基本认知、基本视野、基本思想和基本价值观，是全人类共享的。与此不同，只符合个人或个别利益团体并竭尽全力照护其个人或个别利益团体的政治，就是特殊政治。特殊政治从根本上排除**人类观念，否定人类本性，反对人类共识和社会公共理性**，强调阶级对立，主张斗争哲学，崇尚威权主义。唯政治主义的核心理念是唯政治正确。唯政治正确的观念自身存在两个方面不可忽视也不可弥补的缺陷，一方面，就其本身言，政治并不必然的正确，也不普遍的正确，在许多时候，政治其实就是不正确的存在方式。另一方面，唯政治正确的"政治"并不是符合、体现并照护人类本性和个人权利与尊严的政治，而是特定的个人或特定的利益团体所主张和喧哗的政治，这种性质的政治本身体现偏激的倾向甚至极端的诉求，因为唯政治正确的"政治"的本质是绝对唯我。并且，绝对唯我构成唯政治主义的本质规定，贪婪构成唯政治主义的基本诉求和行动准则。当唯政治主义构成哺育和滋养威权之"统一"思想的"思想"资源，自然就会哺育和滋养出威权的绝对自我和极尽贪婪的"狼性"；唯政治主义即政治的狼性主义，是**豺狼政治**。

其次是科学主义。科学是人类惊诧宇宙的浩瀚并好奇自然和生命的神秘的一种探究方式，通过这种探究方式而认知浩瀚的宇宙、神奇的自然和无穷神秘的生命世界，发现其真知，构建进一步探究宇宙、自然、生命的知识和方法，为人类存在更好地与宇宙、自然、生命世界打交道，以求更好地、有限度地存在和生活。科学的如此努力不断地为人类打开更好地存在和生活的视野和认识，提供各种可能性。虽然如此，面对浩渺的宇宙、自然和生命世界，加之宇宙、自然、生命世界始终处于继创生的生生进程之中而永无定论，人的认知能力绝对有限，人类通过科学所认识到的世界以及由此得到的真知、知识、方法也是绝对有限，这一双重有限形成了科学和科学得来的东西之于宇宙、自然、生命和人的存在世界与生活来讲，始终既是敞开的方式，也是遮蔽的方式，而且面对生变不居的宇宙、自然、生命世界和人的生活与存在来讲，其遮蔽远远大于其敞开。科学主义就是无视科学本身的正常态和科学本有的局限与遮蔽性，将有限的科学推向无所不能、无所不在的绝境，使其取代神学而自为一种新的神学。科学主义作为一种新的神学，就是全知全能的象征，它被定义为绝对真理、普遍真理，系万能的思想来源。一切都来源于科学，一切都以科学为解释依据，一切都以科学为准则。科学主义在本质上是反科学的，因为科学尊重客观，尊重存在本身，尊严事实本来是这样，尊重有限性，尊重描述存在世界的可能性，尊重存在世界的静持与动变，尊重自身的局限而既不妄自菲薄，也不狂妄尊大。科学主义却反科学的如上之道而行之，所体现出来的本质特征有二，一是唯物质主义，科学主义的现象学或者形态学本质，就是**唯物质主义**，由此，**科学主义是滋生贪婪的温床**。二是绝对决定论，科学主义的存在论本质是绝对决定论。绝对决定论是科学主义者主观偏好地赋予科学的，即科学自具决定一切、裁判一切、赏罚一切的能力、权力和机制。表面看，绝对决定论是科学的自身品质，因为有其绝对地决定一切、裁判一切、赏罚一切的能力、权力和机制，所以它有资格上升为"主义"，但实际上，科学自身并不具有如此的内涵，而是科学主义将自己所需要的绝对决定论观念强行赋予科学，从而使它沦为科学主义。所以，科学主义的绝对决定论张扬的是**独断论**，而独断论是一切形式的集权和专制的思想根源。当以独断论为灵魂、以绝对决定论为本质内涵的科学主义成为哺育和滋养威权的思想资源时，威权自然就会成长壮大为最完美的独裁者和专制者。所以，威权的形成、成长和壮大需要以独断论为灵魂，以绝对决定论为本质内涵的科学主义的哺育和滋养。

最后是天命主义。客观地看，威权的顺利生产、健康发育和苗壮成长，既需要唯政治主义的哺育，也需要科学主义的滋养，更需要天命主义的培根固本。威权的哺育和滋养之所以同时需要唯政治主义、科学主义和天命主义，是因为威权的生产需要根红苗正的思想资源，唯政治主义就是使威权获得根红苗正的生产的思想资源。但根红苗正地生产出来的威权要能够健康发展，必须获得科学的加持，所以，必须生产出一种科学主义的观念并将其提升为一种"普遍"化的"思想"，这是威权健康发育所必须的精神营养。然而，生产正常且发育健康的威权要苗壮地成长为覆盖整个世界的参天大树，则需要神学资源的培根固本，这种能够培根固本威权的神学资源，绝不能是宗教神学，因为宗教神学是解释信仰的宗教的，而信仰的宗教是大众文化，它宣扬的是众生平等和希望与爱，这些东西恰恰是威权所要彻底干净地清扫的内容。能够对威权发挥培根固本功能的神学资源只能是天命思想资源。天命主义作为一种神学资源，所主张的权力来源于天命，绝对权力来源于绝对的天命。天命主义强调人（比如君主、帝王）或利益团体（比如君主的家族、帝王的宗族）的江山是天授的，不允许任何人窥视。所以，天命主义就是"占山为王"的江山主义，它赋予"占山为王"的江山主义以天命主义的神性色彩和神学资源，使其获得向世人宣称"天下是我的"而不准窥视、必须拥戴、必须服从。不仅如此，天命主义宣示统治权神授，突出威权神授。在人类政治史中，统治权力和威权神授有两种基本形式，一种是古代形式，即君权神授；另一种是现代形式，江山神授。

二 迷失与沦丧

威权的生产、发育和成长，是培育和滋养所成。培育和滋养威权，必要其土壤和环境、金字塔权力结构和等序化的社会结构，以及以权力导向权利的政体并以此构建起来的制度体系、法律体系和社会安排体系等因素自相整合，构成培育威权的历史土壤和社会环境。不仅如此，培育和滋养威权，还需取之不尽、用之不竭的思想资源，这些思想资源主要有三部分内容，一是"统一"意见化的观念，使之上升为思想的"思想"；二是"不准思想"的"思想"；三是唯政治主义、科学主义和天命主义相合。其"统一"思想的

"思想"和不准思想的"思想"经由唯政治主义、科学主义和天命主义统合所成的思想资源培育和滋养出来的威权，必然释放出无所不能的力量和智慧。这一力量和智慧之所以无所不能，在于它自生成壮大出一种解决一切阻力和障碍的逻辑，这个逻辑就是**强权逻辑**。世界上一切形式的强权逻辑都内具两种性质，一种是**强盗主义的铁拳意志**，遵从**铁拳意志的逻辑**，世界也罢，江山也好，都是打出来的，因而，铁拳意志的逻辑信奉"有枪就是草头王"和"枪杆子里面出政权"，它成为千古不变的"打江山、坐江山"的威权真理。另一种是**流氓主义的目的论逻辑**，凡事以达到目的并实现最大利益，采取任何下三烂的手段都毫不犹豫。因而，"只讲目的，不讲手段"和"为达目的，不择手段"构成威权的基本信念。以此观之，威权所遵从的强权逻辑，不仅本质上反人性、反规则，而且极尽可能地毁灭人性和破坏规则。对威权者，威权要达到绝对唯我的效果和绝对贪婪的目的，必须全面摧毁人性并彻底地砸烂一切限度生存的规则。

1. 威权的本质和信仰

威权的行为特征　基于强权逻辑，威权的行为特征可归纳为两个方面。

首先，威权把单纯的垄断创新为全权垄断。

垄断原本是一个表述经济活动的概念，它的英语形式 monopol，源于希腊语 mono，表示"单独"或"单一"之义；polein 意指"出卖"或"出售"。Monopoly 就是指"单一销售"，更具体地讲，一家或少数几家公司独自控制某个产品或服务的销售，就是垄断。其后，垄断被拓展为一个表述政治经济形态的概念，它通常被看成市场结构的一种形式和市场活动的一种方式，这种市场结构形式和市场活动方式往往对经济和社会产生广泛影响。马克思认为资本主导的社会不仅会导致市场的垄断，也将导致社会的垄断，包括社会资源、社会权力、人身权利以及生活自由的垄断。弗里德曼（Milton Friedman，1912－2006）认为垄断不仅解构市场自由和市场自由竞争的活力与效率，也会削弱社会福利。施蒂格利茨则认为垄断制造出社会的普遍不平等和不公平，因为垄断加剧了财富和机会的不平等。

从经济和政治经济角度审视垄断，它所产生的一切负面社会影响或破坏性，更多地局限在市场领域，但政治的垄断无论对个人还是对社会来讲，都是致命的。垄断从相对单纯的经济领域到政治经济领域再到政治领域，呈现了一种状况，也是一种趋势，那就是工业社会从古典主义向现代主义再向后现代主义转移的过程中，垄断不是缩小了，而是扩大了。熊彼特（Joseph Alois Schumpeter，1883 – 1950）曾提出"创新垄断"的概念，在熊彼特所生活的时代，其所创新的垄断也只限于企业通过技术创新和专利获得垄断地位。但垄断通过经济和技术而迅速扩张到政治领域，尤其是诸如基因工程、人工智能以及由此带动的大数据分析、数字技术等新技术对政治的全方位武装，垄断创新在政治领域全面展开，形成一种**全面垄断**和**全权垄断**。全面垄断是全权垄断的形态呈现，全权垄断是全面垄断的本质规定。所谓全权垄断，首先是指垄断不断积累力量来全面扩张垄断，同时也指垄断向所有领域展开。全权垄断就是垄断从领域走向社会、从局域达向整体、从平面深入立体地垄断；全面垄断就是垄断无孔不入，无所不在，无所不能。

威权诉求的垄断，就是全权垄断；威权实现的垄断，也是全权垄断。威权实施的垄断，其一是**全权垄断人身**，使所有人的人身都成为垄断的人身。其二是**全权垄断自由**，将所有人的自由都拢集于己之一身，形成只有威权的自由，再无其他任何形式的自由；只有威权者才有自由，其他人都被剥夺自由而赤裸地存在。其三是**全权垄断资源**，不仅以"公"的名义全面垄断自然资源、物质资源，而且以"公"的权力方式全面垄断财富，包括社会财富，尤其是个人财富。更为根本的方面不仅在于全面垄断自由，而且在于全面垄断知识，全面垄断思想，全面垄断认知的方式，全面垄断活动的方式、行走的脚步和迈步的节奏，全面垄断人的活动能力和活动范围，全面垄断世界和历史、希望和未来。总之，全权垄断，就是全面垄断，就是全面地统一。

其次，威权将专制升级为绝对专横。

威权**创新**全权垄断，使局域性的强权成为**普遍化的**强权主义，催动强权剥夺在所有领域无所阻碍地铺开，由此将专制升级到绝对专横的社会境界。

专制（despotism）意指一种极权的政治体制，这种政治体制通常由一个人或少数人掌握国家权力，对人和社会实施严格的和不受限制的管控，为实现此目标而实施**权力集中**并往往采取**个人独裁**，集中权力来料理事务，因为权力集中和个人独裁往往形成权力运用的过渡，由此滋生出**权力专制**。

权力专制之于社会，无论古今，始终成为警惕和防范的对象。两千多年前，孔子之所以特别沉迷于君子社会的探索和君子政治的思考，其实是想通过解决从政主体对德性和德行的具备来实现对专制弊端的避免。比较地看，柏拉图的思路与孔子近似，他认为国王必须是金子"做"的，具有理性品质和正义的能力，不过要集中精力解决为政主体的德性和德行能力以使国家通过治理而成为"大写的人"。但柏拉图没有想到金字塔式的权力结构本身就成为权力专制的温床，这或许是促成亚里士多德抛开柏拉图而严肃讨论各种政体形式，尤其是分析君主制、贵族制和民主制，最后得出了基本结论：无论哪种政体，当君主权力得不到限制时，它就滥用权力，一旦滥用权力则必然产生权力专制并形成专制政权。亚里士多德对专制的思考构成最为珍贵的思想资源，为近代社会如何制约国家权力使之不滑向专制的沼泽而展开多元的探讨。比如为防止政府专制以确保人身自由和社会公正，孟德斯鸠在《论法的精神》中提出三权分立的制衡政治模式理论，卢梭在《社会契约论》中强调"人民的同意"才是政治权力合法性的前提，主张建立民主和个人自由的制度来制约或杜绝专制。

客观地看，权力集中是独裁与专制的前提条件，没有权力集中，就不可能产生个人独裁和专制。但独裁与专制是有区别的：独裁之于专制呈**或然的**两可性，即独裁可能滑向专制，也可能会避免专制。独裁之于专制的这种两可性可表述为：凡符合普遍的人性、遵从社会的律法（法则和法律），体现社会的公正，维护人的权利和尊严的独裁国事、政事和人事，都应该是好的、善的，新加坡的治理模式则可为其个案。只有当独裁国事、政事、人事的行为和方式违背普遍的人性，违反社会的律法（法则和法律），体现普遍的非公正，且在事实上侵犯人的权利并剥夺了人的尊严时，才是专制。

独裁并不意味着专制，但专制必然是独裁。专制并不在于权力集中，也不在于独裁，虽然权力集中和独裁都可能滑向专制。专制与权力集中的本质区别，也是专制与独裁的本质区别，即专制是**绝对地无视人性与法度，绝对地无限度和绝对地破坏规则**。滥用权力，只是专制的表现形态，即只有当权力以极端绝对的姿态和方式无视人性与法度，无视任何限度并任性地破坏一切共守的社会规则时，其权力才可被滥用。

专制之于个人和社会是可怕的，但更为可怕的是专制**意识**地升级为专横。专横（arrogance）的本义是指人绝对的傲慢自大，目中无人。傲慢自大和目中无人既是一种气质，也是一种性格，更是一种极端自我迷恋的病态人格。当这种具有极端迷恋自己的病态人格的人走上政治舞台，掌控国家权力时，就会把专制推向极端，形成凡事专横的行事方式来料理国事、政事。亚里士多德在其伦理学和政治学中不断论及傲慢（arrogance）或自大的概念，并认为这是一种极为不良的品质。卢梭在《社会契约论》中专门讨论权力与傲慢的关系，认为傲慢会导致权力的滥用。因为傲慢的性格里涌动奔流着**自恋主义**的专制人格，将自己无限地放大使之成为世界本身，一切都在自己之下，一切都得为自己让路。自恋主义的专制人格将专横与专制区分出了差异，这种差异是本质性质的：专制的动力源于权力或者财富，因而，专制所行也往往在权力和财富领域任性地自由。在一般情况下，只有专制而无专横情态和习性的权力者，其专制行为总是深思熟虑的，体现很高的理性水平甚至有很强的明智能力。专制者清楚地知道权力的专制是万能的，但权力的专制又绝不是万能的，所以，凡是不能专制就能解决的问题，绝不专制。专横也可能是理性的甚至是明智的，但总是将自恋的性格和人格表现得淋漓尽致。而且在许多时候，专横的权力者总是以性格、人格为牵引力，以情绪和情感为助推器来实施专制的方式和行动。所以，专横没有自我限制，也没有自我限度，往往不考虑得失，不顾后果，真正在任何时候都完全彻底地做到任性的自由。而在欲求和行为的努力方面，专横不仅满足对权力和财富的剥夺和占有需要，更要满足情绪、情感、性格和人格的需要，而且在许多时候，自我满足情绪、情感、性格和人格的需要重于或者根本于满足权力和财富的剥夺和占有的需要。所以，对威权者来讲，专制只是起步，专横才是真正的大显身手。或曰，**威权就是无所顾忌、不顾一切的专横跋扈，它对人性的摧残、对社会文明的破坏、对人的权利的剥夺和对人的尊严的伤害，远胜于相对有限度的专制。**这就是在古代有好君主、坏君主，或好皇帝、坏皇帝的说法的来源。在现代社会，就是相对专制主义和绝对专制主义的差异。

威权的本质 透过威权的行为特征，可整体地把握威权的生存论本质，即**绝对为己**。威权的绝对为己，往往从绝对为己的权力自由主义和绝对为己的权力非人主义两个方面铺展。

首先，绝对为己的权力自由主义。

从人类史观，自由，往往构成人类政治文明与野蛮的界标。人类政治向现代文明方向推进的主题动力，就是自由。福山（Francis Fukuyama）甚至认为自由是自由文明社会的第一原则。他说："在现代自由民主国家，第二条原则——平等很少被理解为暗指经济或社会的实质平等。试图实现实质平等的政权很快发现它们在触犯第一条原则——自由，因为实现实质平等要求对公民生活实行大规模国家控制，而这些政权这么做了。市场经济取决于个体对自身利益的追求，这导致财富不均等，因为人和人出身条件不同，能力也不同。现代自由民主国家的平等一直更像是**自由的平等**。这意味着既有平等免于滥权政府的消极自由，也有平等参与自治和经济交流的积极自由。"① （引者加粗）"现代自由民主把这些自由、平等的原则制度化，靠的是创建同时受到法治和民主责任制约束的国家能力。法治约束权力，因为法治赋予公民一些基本权利，比如在言论、结社、财产、宗教信仰等某些领域，国家不能限制个人选择。法治也服务于平等原则，因为法治将那些规则平等地适用于所有公民，包括掌握国家系统最高政治职位的公民。民主责任制则通过选举权赋予每位成年公民一份均等权力，如果他们反对统治者行使权力的方式，就允许他们更换统治者。所以，法治与民主问责总是密不可分。法律既保护免于滥权政府的消极自由，也保护平等参与的积极自由。"② 现代社会的"自由民主政权基于自由、平等这一对原则。自由可以消极地理解，即免于政府权力的自由。许多美国保守派就如此诠释自由：**个体应被允许以自己认为合适的方式过自己的私人生活。但是，自由通常不单是不被政府管，它还意味着人的能动性，意味着人有能力通过积极参与自治来行使一份权力"**③ （引者加粗）。福山揭示现代人类社会的自由不仅是制度分配和被法律保护的消极自由，更是人人在制度和法律

① ［美］弗朗西斯·福山：《身份政治：对尊严与认同的渴求》，刘芳译，中译出版社 2021 年版，第 49 页。

② ［美］弗朗西斯·福山：《身份政治：对尊严与认同的渴求》，刘芳译，中译出版社 2021 年版，第 49—50 页。

③ ［美］弗朗西斯·福山：《身份政治：对尊严与认同的渴求》，刘芳译，中译出版社 2021 年版，第 48 页。

的双重照护下主动参与社会建设和文明发展的积极自由。现代社会对自由的理解和现代人对自由的要求，映照出威权绝对为己的自由主义本质。

威权绝对为己的自由主义，就是只允许权力无限度地自由，只承认威权者可在任何时候、任何情境下任性地自由，却坚决地取消和剥夺国民的自由，并采取最残酷的暴力方式——包括武装的暴力和语言的暴力——来消灭国民的任何些微的自由想望、自由思想、言论自由，不惜一切代价地镇压国民的任何表述自由的行为和自由的言论。换言之，威权绝对为己的权力自由主义，将一切自由收编为己有，既剥夺人的消极的自由权利，也消灭人的积极的自由能动性，将人定义为纯粹的工具或者可任意处置的耗材。威权绝对为己的权力自由主义就是对国民的人矿主义。

其次，绝对为己的权力非人主义。

人始终是存在世界舞台上的他者性存在者，威权者也不能摆脱这点，由此形成威权绝对为己本质，这一绝对为己本质敞开为一体两面，即绝对为己的权力自由主义与绝对为己的权力非人主义。权力自由主义是绝对为己本质的行为指向自己，是权力任性地自由；权力非人主义是绝对为己本质的行为指向他人，是权力任性的残暴。权力非人主义只是威权行权力任性的残暴的行为表现，实质是威权以绝对为己的权力自由主义来残暴地定义人。具体来讲，它对人做出双重定义：第一，威权以人的有用为准则，将人定义为纯粹的工具。根据此，威权行权力自由主义只能且必须把人当成纯粹的工具使用，即竭尽可能地挖取人的有用价值，就是不惜一切手段榨干人的血汗和有用性。第二，威权以人的无用为准则，将人定义为纯粹的耗材。根据此，威权行权力自由主义只能且必须把已榨干了血汗的、已丧失了有用性的人予以耗材方式处理，即把人变成耗材来任意地处理。

威权以权力非人主义方式将人定义为纯粹的工具和无作用价值的耗材，不仅仅行权力自由主义，而是基于权力和贪婪：**基于权力，威权必须与人为敌；基于贪婪，威权必须向人抢钱**。所谓与人为敌，就是基于权力的巩固必须把每个人假想为敌人，并在实际上把每个都变成敌人，因为只有把每个人都定义为敌人，才可名正言顺地侵犯、剥夺每人的权利，使每个人都丧失合法性。这样一来，把每一个人定义为劳动工具并向每个人抢钱，既是顺理成章，也是合理合法。所谓向人抢钱，源于威权将世界和世界上的一切以及人都定义为是自己的，世界上的一切资源、所有财富，包括人身都得归"公"，都得以归"公"的方式将其变成自己的私产，因而，每个人创造的财富、收入都是威权者的，所以，向人抢钱也就是随便收割自己行绝对为己专横的劳动成果。

威权的信仰　勒庞（Gustave Le Bon，1841–1931）在《乌合之众：大众心理研究》中指出，"尽管专横和偏执是一切类型群体的共性"①，因为群众没有辨别能力，因而无法判断事情的真伪，他们作为社会"群体喜欢的英雄，像恺撒一样冷酷残忍。他的权杖吸引着他们，他的权力威慑着他们，他的利剑让他们心怀敬畏，他们总是为这种人塑起最高大的雕像。而当这样的专制者失去了权力时，群体又会在转眼之间面目大变。他们并非是有所醒悟，因为群体只会干两种事——**锦上添花或落井下石**。群体喜欢践踏被他们剥夺了权力的专制者，也随时会欺压软弱者，但对强权却低声下气！如果强权时断时续，而群体又总是被极端情绪所左右，它便会表现得反复无常，时而无法无天，时而又卑躬屈膝"②（引者加粗）。**群众没有尊严，这是威权社会的基本特征**。没有尊严的群众社会，是社会和个人丧失尊严的社会。个人和社会丧失尊严，当然是威权行权力自由主义和权力非人主义所致，但这只凭威权者个人或威权者集团是办不到的，社会和个人丧失尊严，必有将社会尊严和个人尊严全部解构或消失的社会力量，这只能来源于威权社会，即威权社会化。威权社会化既指社会被威权化，也指生存于社会中的群众被威权化。社会威权化，是指社会时时处处行威权；群众威权化，是指群众时时处处行威权，人人行威权，只要有行威权的环境或条件，对于群众而言，即人人趋而鹜之。这就是勒庞所描述的"专横和偏执是一切类型群体的共性"和"群体只会干两种事——锦上添花或落井下石"。因为在一个实际上被完全群众化的社会场域里，当人人享有无条件的威权之能时，尊严必然在个人身上被剥夺，社会也丧失尊严。以此观之，威权的意识、威权的观念，以至于威权的信仰，其实是播种在群众的

---

① ［法］古斯塔夫·勒庞：《乌合之众：大众心理研究》，冯克利译，广西师范大学出版社2015年版，第63页。

② ［法］古斯塔夫·勒庞：《乌合之众：大众心理研究》，陈昊译，法律出版社2011年版，第51页。

灵魂中，随时都可以生长出来，只要有适应的气候和环境。

王小波曾说："提到尊严这个概念，我首先想到英文词 dignity，然后才想到相应的中文词。在英文中，这个词不仅有尊严之义，还有体面、身份的意思。尊严不但指人受到尊重，它还是人的价值之所在。从上古到现代，数以亿万计的中国人里，没有几个人有过属于个人的尊严。"[1] 原因何在？即在于人们的骨子里面缺乏人的价值，只有对财富、权力、权势的盲目迷恋和烦盲向往。这种对财富、权力、权势的盲目迷恋和烦盲向往，潜伏着如下的威权信念。

威权的基本信念之一：人不能成为人。

威权主义者基于绝对为己的权力自由主义，必须把人变成非人。威权主义者将人变成非人的基本方式，就是**对人进行非人主义的训练**，即把他们训练成两类群众，一类是**奴才**；另一类是**暴民**。然后通过残暴的役使而在奴才和暴民们的骨子里**种下仇恨**。这种仇恨不仅使奴才也使暴民更为疯狂地把他人不当人。只要有机会，就会在行为上表现出一个比另一个更残暴。只要有机会，就会一个比另一个更贪婪；只要有机会，就会一个比另一个更处心积虑地往上爬而不择手段。

王小波在《我的精神家园》中说，人"有无尊严，有一个简单的判据，是看他被当做一个人还是一个东西来对待。这件事有点两重性，**其一是别人把你当做人还是东西，是你尊严之所在。其二是你把自己看成人还是东西，也是你的尊严所在**"[2]（引者加粗）。在具有深厚的专制传统并又不断发扬光大威权的魅力的社会里，除了财富、权力、权势可以使人眼睛"发绿"之外，在一般情况下，人们难以把人当成真正和真实的人看。很自然，在这种由历史和文化构成的深厚传统里，人们的灵魂中普遍地潜伏着与生俱来的威权信念种子，所以也往往以财富、权力、权势为判断和选择的依据，很难实际地把自己当人看，因为当我们把财富、权力、权势视为评价的尺度和判断的依据时，人自然就不存在了，不仅作为别人的人，还是作为自己的人，都是如此。所以王小波才如是说："说来也奇怪，中华礼仪之邦，一切尊严，都从整体和人与人的关系上定义，**就是没有个人的位置**。一个人不在单位里、不在

---

[1] 王小波：《我的精神家园》，中国人民大学出版社 2006 年版，第 144 页。

[2] 王小波：《我的精神家园》，中国人民大学出版社 2006 年版，第 146 页。

家里，不代表国家、民族，单独存在时，居然不算一个人，就算是一块肉。这种算法当然是有问题。我的算法是：一个人独处荒岛而且谁也不代表，就像鲁滨逊那样，也有尊严，可以很好地活着。这就是说，**个人是尊严的基本单位**。"① （引者加粗）

威权的基本信念之二：斗争才是使人不成其为人的最好方式。

威权主义者把人不当人所要达到的一个基本目的，就是通过**种植仇恨**，而使**"一切人反对一切人"**。威权主义就是训练、引导、鼓动甚至奖励**"每个人反对每一个人"**。威权主义者很清楚，只有每个人反对每一个人，人才真正沦为不成其为人的动物状况、工具状况和耗材状况；人只有行动起来，每个人反对每一个人，威权主义者才可行绝对为己的权力自由主义，才可不费任何周折地悦纳自己的统一指挥、统一部署、统一行动，才可轻易地驾驭和调动每一个人按照自己的方式存在、劳动和接受收割。对威权主义者言，要使每个人反对每一个人，需从两个方面做好，一方面是组织、训练、调教群众具有高度的共性和统一性，使作为群众的每一个人在任何时候都以任何方式向任何人发起斗争。一旦做到这点，威权可能畅通无阻地行剥夺和占有之能。因而，威权主义者总是热衷于鼓动斗争，不断总结斗争经验，反复组织运动，并借助于各式运动挑起"人与人斗，其乐无穷"。人与人斗之所以其乐无穷，对群众来讲，在长期的非人生活中可以获得一时的行威权之能的主人感，这种既能"落井下石"又可"锦上添花"的快感，是正常人所不能理解的；对威权者言，群众的"人与人斗，其乐无穷"，也是他们行权力的任性自由所本该收获的成果，这种收获的成果就是享受地观赏群众们"人与斗，其乐无穷"的惬意的快感、快乐。另一方面是组织、策划、安排并奖掖群众们相互告密、相互监视、相互揭发。这种有赏告密、有赏监视、有赏揭发，不仅是威权提升将人变成工具的方法，也是将人处置为耗材的最佳方式。

威权主义者将群众培育、训练成为愚民和暴民，主要是用来对付自己的现实的或潜在的政敌。威权主义视域中的"政敌"具有更为广泛定义，不仅指政治上的对手，更为主要的是指社会精英阶层，即有文化、有知识、有思

---

① 王小波：《我的精神家园》，中国人民大学出版社 2006 年版，第 147 页。

想、有辨识能力和判断能力的知识分子以及其他领域（比如企业）中的精英人才，这是一个阶层，在威权主义者们看来，这个阶层才是他们畅行无阻于威权的最大潜在威胁，因而，必然生产出并可随时调动的各种社会力量来抑制他们，并且在必要的时候可以借用他们来消灭他们，这种可以和能够培育的社会力量，就是群众。将群众培养成为愚民和暴民，是威权行任性的自由所特别需要的，因为愚民和暴民的力量是无穷的。

威权主义者不仅要把群众训练成愚民，把愚民训练成暴民，而且更重要的是要把社会精英、知识分子改造成顺民、愚民和暴民。威权主义者将社会精英、知识分子训练成暴民，是因为作为群众的愚民要成为暴民必须有直接的领导者，这个领导群众从愚民成为暴民的领导者就是被驯化所成的知识分子暴民。对于被驯化为暴民的知识分子，马克斯·韦伯曾经做出过最精辟的概括，那就是"政治家没有肝肠，知识分子没有灵魂"。威权主义者将社会精英、知识分子训练成顺民和愚民，就是将它们驯化成一种为威权行任性的自由主义鼓与呼、点与赞。

威权的基本信念之三：一切皆有可能。

"一切皆都有可能"的具体信条有三：第一，一切事物都有可能。为此，必须全面确立并全面践履"只讲目的，不讲手段"和"为达目的，不择手段"，并以此为权力自由主义和权力非人主义的行动准则。第二，一切都可以被摧毁，并且摧毁一切都是可行的、合法的。第三，一切都可以被消灭，并且摧毁一切都是有理由的，都符合绝对为己的最大利益。

2. 尊严沦丧于剥夺

尊严被侵犯、剥夺、占有的核心问题　威权借助金字塔权力结构和等序化社会结构建构起绝对为己的权力自由主义和绝对为己的权力非人主义，并以唯政治主义、科学主义和天命主义为价值指南建构"统一"思想的"思想"和"不准"的思想的"思想"的体系，训练、培育群众和驯化社会精英、知识分子，以任行超越社会结构和秩序、超越历史指向未来的时空和人类文明体系的全权垄断，这种全权垄断的全面实施，必然导致尊严的社会化侵犯和剥夺，使人的尊严丧失。

尊严丧失，既可是侵犯所成，比如直接从收入、生活、交往、工作、创

造性劳动等方面贬损人的体面，侮辱人的人格；也可是剥夺或占有所成，比如抢夺人的财产、霸占人的劳动，巧妙地剥取人的功劳等，均是通过对人的物质占有来实现对人的尊严的占有；更可是剥夺人的尊严，比如以阶级划分的方式将一些人归于"五类分子"，以此使他们沦为非人的存在，其尊严也就彻底地被剥夺了。侵犯、占有、剥夺是威权社会中使尊严赤裸地丧失的三种基本方式，相对而言，剥夺是使尊严丧失得最严重也是最残暴的方式。在实际的生活场域中，无论是个人还是社会，在一般情况下，尊严侵犯往往是直接的；只有在特殊的情境下，尊严剥夺才是直接的，而在一般情况下，尊严剥夺往往是间接的。具体地讲，威权剥夺人的尊严，是要通过物质剥夺、财富剥夺、财产所有权剥夺和生存权利剥夺来建立等级体系，实施全面垄断，以此实现剥夺人的尊严。因为人是个体生命，人因生而活、为活而生，且生生不息的基本努力是解决生与活的物质保障。只有当人有生与活的基本物质保障时，才可直起腰板站立于大地上，有尊严存在和生活的可能性。所以，生与活的基本物质有保障和具备保障物质财产的权利，构成人有尊严的底气，也是人有尊严的命脉。威权深谙此道，要畅行绝对为己的权力自由主义，必须把人变成绝对为己的非人主义的工具，这就得掌握人的生与活的基本物质保障这个命脉，使人的生与活的基本物质保障始终成为问题，始终使自己成为解决所有的人生与活的基本物质保障问题的真正主人、救世主。要做到这一点，就得剥夺人的财产权，因而，建立起剥夺财产权的制度和运作体系，使人的劳动创造出来的财富都必须并且只能成为任由威权支配和占有的公共物。

所以，在威权化的生活场域中，威权基于绝对为己的权力自由主义而将人变成权力的非人主义，必须剥夺权利，剥夺权利的基本方式是剥夺生活所需的物质保障，剥夺保障生活所需的物质所有权和财产所有权。并且，为了使这种性质的剥夺成为一劳永逸，最便捷的方法是建立起剥夺主义的生活制度体系，其中最核心的内容有三，一是严格的等序体系，包括官与民的等序体系、黑与红的等序体系、富与穷的等序体系。其中，富、红、官等象征不同等序的尊严，穷、黑、民等象征丧失尊严的等序体系。二是全方位的垄断体系，包括物质剥夺和权利剥夺。三是制度严格的全面垄断体系，包括市场垄断、资源垄断、财富垄断的体系，生、教、病、养的垄断体系，认知、知识、思想、信仰的垄断体系等。

尊严被侵犯、剥夺、占有的基本方式　在威权社会里，威权侵犯、剥夺、占有尊严的方式多种多样，但概括其要，基本的方式有侮辱、奴役和操纵三种，这即"否认一个人是自主性的个体，构成对这个人尊严的侮辱；对一个人所处的外在环境加以操纵，使他失去对生活的自我控制，是对这个人的奴役；对一个人的内在品位、信仰或行为和决策能力，有意地加以改变，使他失去自主性，则是操纵"[①]。

首先是**侮辱**。它是使尊严丧失的基本方式，也是其普遍方式。侮辱使人丧失尊严的基本方式，是使人贫穷和贫困，且永无改变的任何机会，人的主体性存在感和自主能力必然丧失，尊严由此不存。这需要厘定贫穷与贫困的关联性和差异性，贫穷之于人，主要是物质层面的。当生与活所需的基本物质得不到保障成为常态时，人就沦为贫穷。人一旦沦为长久的贫穷，就会丧失尊严为人的底气。客观地看，贫穷虽然可怕，但不根本，因为可以通过努力的劳动、工作而改变贫穷的可能性。真正使人看不到希望的是没有改变贫穷的任何机会、任何可能性，所有的路都被堵死，改变贫穷的想法也被消耗干净，这时就陷入了贫困。贫困不仅是现实的物质层面的，也是可能性层面的，更是希望、精神、思维、认知层面的。人真正丧失尊严的存在，是**贫困地存在**。贫穷可能是基于出身、地域、环境；更可能来源于社会的制度、人权、分配、法律、人道等诸多人为因素的互为促成。在一种由历史和未来构成的社会里，对大多数人来讲，因贫困的侮辱而丧失做人的尊严，主要不是来自自己，而是来自威权，来自所生活的社会的威权化。被威权化的社会就是威权通过剥夺物质、物质保障的权利而使人们沦为贫困，威权就是要通过这种使人沦为贫困的侮辱方式来剥夺人的尊严，使人沦为非人主义的工具或耗材。

其次是**奴役**。威权化的社会剥夺人的生与活的基本物质保障和生活的物质保障权，要实现两个方面，一是使更多的人或大多数人沦为永久性的贫困，

---

① 周天玮：《法治理想国》，商务印书馆 1999 年版，第 145 页。

二是得心应手地奴役所有人。贫困与奴役，二者之间并非互不相关，而是一种生成性关系，即只有当使人沦为永久性的贫困态中，以最小的成本甚至是无成本地奴役人才变得可能。因为当一个人在物质和精神两个方面都处于富裕状态时，要对他行奴役事实上很难；反之，当一个人从物质到精神处于永久性的贫困状态，对他行奴役却是轻松的事情。所以，人因为备受奴役而丧失尊严，一定是其生活处于没有任何希望改变的贫困状态。**贫困使人备受奴役，这是普遍的生活真理**。要对人行奴役，就是使人贫困以及使其贫困永久性，最便捷的方法就是剥夺他们生与活的物质保障的所有社会条件和剥夺他们的财产保障权利。

最后是**操纵**。相对于侮辱和奴役而言，操纵更为间接，也更为普遍和无所不能。这是因为操纵并不诉求个人行为或局域性，而是讲求整体、全面和立体。操纵的这一自身取向的行为特征，使它既是威权社会化的根本方式，也是社会被威权化的根本方式。这种威权社会化和社会威权化的操纵剥夺人的尊严的奴役模式，是以严格的等序与特权制度为依据。

从根本言，威权就是操纵。威权对人的操纵通过**操纵社会**来实现，威权操纵社会通过操纵组织、结构、秩序来实现。这就是威权以金字塔权力结构和社会等序结构为基石和框架的原因，因为威权操纵的最终目的是**操纵人**，使人沦为非人主义的工具和耗材，但威权实现任性自由地操纵人的前提性工作是操纵社会。威权操纵社会展开为三个步骤，第一步是将社会划分为固化的阶级，予以阶级等级的序化。当把社会和组成社会的人框进**序格化**的阶级之中，社会就划分出尊严的等序，人也因此被类分为等序化的尊严存在与非尊严存在。比如，将你划入统治阶级或将你划分被统治阶级，将你划入无产阶级或将你划入剥削阶级，你由此变成有尊严存在或无尊严存在，其存在性质根本不同。即使你有实际的尊严，但其具有的尊严的实际性质和地位也是各有区别。第二步是将社会和人予以阶层和等序的划分，然后装入固化稳定的结构之中，形成社会的结构等序或等序的结构化。处于社会最高结构的等序阶梯上的人或人群、与处于最低社会结构等序阶梯上的众人或处于社会结构的第 3 级、第 5 级、第 10 级等不同等序阶梯上的人或人群，各自所享有的实际社会地位完全不同，地位不同，则身份不同；身份不同，其尊严度也根本不同。在威权社会里，当你被扫进社会结构的最底层，就很难有真实的做人尊严，有的只是在极为有限的特殊时刻，生活在低层的人们才可被安排获得一种转瞬即逝的尊严的眷顾。第三步是将社会和人与人的关联予以等序化，首先是建构国与家的等序，确定先有国后有家，绝不可能先有家才有国的错误想法和观念；其次是建构党与政府、政府与官、政府与民、官与民之间由上而下和由下而上的等序体系，在这个等序体系里，民处于最低等序上，形成由上而下和由下而上地全面服从。

从整体观，在威权操纵社会的环境里，其所操纵的阶级等序、结构等序和秩序等序三者之间具有内在的生成逻辑。阶级的等序是本体性质的，它总要通过结构的等序来实施；结构的等序呈中介框架性质，必通过秩序的等序来表征。相对阶级的等序和结构的等序言，在威权操纵社会剥夺人的尊严的运作链条中，秩序的等序虽是形态学性质的，却无时不表彰威权操纵社会剥夺人的尊严的本质。客观地看，秩序既是一种方式，也是一种等级和结构化的方法，更是一种名义、名称、伎俩、技术。《韩非子》的法、术、势三者中，"法"讲的是规则，"术"和"势"讲的是如何操纵性驾驭与剥夺人的存在和尊严。威权操纵人的尊严，就是通过社会的等级秩序定位人的高低贵贱，然后通过其定位来确定人的尊严的有无和尊严的差别。所以，社会的等级秩序、人的高低贵贱、人的尊严度三者之间构成一种**连动**，建立起互为对应、互为支撑的静持与动变的关系。由此，社会和人的秩序性尊严生成"消极作用"的等序差别总是通过秩序本身的"积极价值"而被掩盖、转移或解构。这种等序化的尊严现象却是通过阶级等序的划分和结构等序的确定来凸显**威权社会化和社会威权化**的本质，也由此凸显出威权社会化和社会威权化进程中人的身份与尊严的**互动**特征。

3. 尊严迷失于烦盲

威权社会化和社会威权化的互运，就生成了威权主义。威权主义是一架**生产**机器，它也把社会制造成一架生产机器，终日不停地生产愚昧和无知、烦盲和专横。因为，威权者的产生可能源于特殊的境遇中遭遇上特殊的人，所以在一般情况下，威权的产生既属偶然，也仅限于地域和局部。但缘发于地域或局部的威权得以流行开来而形成威权社会化和社会威权化的威权主义，就不只是威权者个体所能做到的。它必有深厚的历史土壤、稳定的社会结构和秩序体系，更有广泛的社会基础。仅后者言，就是有"乌合之众"的国民，他们是海德格尔所讲的实然存在进程中**烦忙和烦盲的众人**。所谓烦忙和烦盲的众人，就是没有得到文明启蒙的愚民，愚昧地为生计烦忙并愚昧地崇信专制、崇尚威权，且内心深处也本能性地渴望专制和威权。胡适先生曾说：**愚昧是一切的根源，拒绝启蒙是民族的毒药**。历史地看，愚昧比专制和威权更可怕，因为愚昧是专制和威权的温床。只有当民众普遍处于愚昧状态，专制才持久，威权才社会化，社会才威权化。从根本论，威权社会化和社会威权化，并不只是由统治者的专制造成。首先，专制并不只是统治者的专利，它也可能社会化。专制社会化可从两个方面表现出来，一是人们普遍容忍专制，当人们普遍不容忍专制时，专制是不可能产生的，即使产生了，个人的专制也不可维持长久；只有当人们普遍容忍专制时，专制才真正产生，专制才有持久的全部可能性。二是人们具有行专制或渴望专制的潜在本能，一旦有机会，这种潜在性的东西就可在行为上表现出来。或许正是因为这种具有普遍性的潜在本能因素，人们才普遍容忍专制，愿意成为专制的奴隶和趋之若鹜地充当专制的奴才。如上两个方面因素互为促发形成的合力，才培育出专制并使之长久地持存；专制才突破它本应有的范围而社会化为威权。从古代政治史观，无论是西方的君主专制，还是东方的帝王专制，其实都是有相对明确的范围，即专制主要在统治者统治的阶层内发挥功能，古代的治不下县，孔子的"民可，使由之。不可，使知之"（《论语·泰伯》）则是对春秋及以前的王权专制的范围和疆界的描述，无论是王权还是官府，其专制于民也有其相当明确的边界范围而不可任意地逾越。一旦逾越，统治者的专制就突破了它自身的范围和疆界，形成全社会的专制。全社会的专制并不是指统治者对全社会的专制，因为从理论上讲，这是根本不可能的事。全社会的专制，实是指专制经由统治者传染进入了民众的身体，构成了社会的血液，凝聚成了社会的骨髓，专制变成了社会的通行证，它可以使人畅行无阻。这就是人人具专制之欲，人人乐意形成专制之能，人人喜欢并乐享专制之权。在这种土壤和环境里，一旦有机会，人人都可能成为专制者，而且平民和贫民们，尤其是其中的地痞、流氓、土匪、强盗们专制起来，比统治者的专制更可怕，更肆无忌惮，更没有边界。这时专制可能演绎出极端的威权主义，形成威权社会化和社会威权化的最终社会、文化、历史土壤和人性根源。

以此为基本视域，人的尊严的丧失如果更多地属于被迫，是威权者以选择政体、建立制度、构建法律、进行社会安排的方式进行结构、等序、秩序的运作和思想的牵引、训练、培育所成，那么尊严的迷失却更多地属于主动，主要是生活大众烦忙和烦盲地崇信威权甚至渴望威权所层累性生成。

尊严迷失既是整体意义的，也是个体意义的，在整体意义上，是指社会迷失了尊严，社会自身由此缺乏了人本方向，任随威权指点方向、统一部的署和安排，包括统一指挥和行动。在个体意义上，是指个人迷失了尊严，由此过上少有尊严或根本没有尊严的侮辱生活或奴役生活。就关联性言，社会迷失尊严，实是个人普遍迷失尊严汇聚所成。因为当迷失尊严的现象只在个别人或少数人身上发生时，社会不会产生迷失尊严的现象；只有当大多数人都迷失了做人的尊严，并对尊严生活麻木不仁时，社会才产生出整体性的迷失尊严的状态。所以，尊严迷失的问题主要是个人问题，但其个人问题又根源于社会本身，二者互为生成。

就个人言，尊严迷失往往要经过两个环节，即先有其迷而后才有其失。人的尊严迷失，首先从内心生发出对尊严存在和尊严生活的迷茫，当这种迷茫始终不得其解而愈发积累沉陷时，尊严才从人的存在和生活中消失。所以，人的尊严迷失，心被所迷是其原因，丢失尊严只是结果。人心生对尊严的迷惑和迷茫的真正之因是生活环境，更具体地讲，人对尊严心生迷惑和迷茫，根源于威权主义的畅通无阻，形成威权社会化和社会威权化，生活在这种社会环境中的个人面对威权主义往往难以辨别、难以抵御，由此迷茫于威权，最后被威权所俘虏而自发地麻木尊严，丧失尊严本身。所以，在威权社会化和社会威权化的生活场域中，尊严迷失之因即威权主义。但具体地看，人的尊严迷失始终是相对威权者而言，威权者一旦成为威权者，众人的尊严就迷失在威权者玩弄威权的全过程之中。威权者集聚威权和动用威权的行为本身为什么会使人们迷失尊严呢？这是因为威权的功能的形成和发挥的行为运动，就是向社会**种植仇恨**并对民众**培育唾弃**。威权向社会种植仇恨，并向民众培育对真善美义、对文明、对真知和对真理的唾弃，这是民众崇信威权进而迷失尊严的根本原因，也是根本动力。当威权用谎言和虚无主义向社会种植仇恨，就把人的不自由的生活状况归结到了所种植的仇恨的对象身上。因为威权用谎言和虚无主义向社会种植仇恨，实际上是唤起了人们烦盲地崇信自己不自由的生活是源于它们所仇恨的东西。威权向社会种植仇恨的内容，恰恰使人能尊严存在并获得生活所最需要的营养。当威权种植的仇恨进入民众的内心，也就很自然地唾弃了一切美好的东西，最后陷入尊严的迷失之中。

威权种植仇恨　在威权社会化和社会威权化的生活场域里，**威权种植仇恨，仇恨侮辱尊严、蔑视尊严、践踏尊严**，这是威权社会化和社会威权化与尊严丧失之间的内在逻辑和联动方式，理解这一内在逻辑和联动方式，需要厘清如下两个方面的问题。

首先，威权为什么要向社会种植仇恨？

威权向社会种植仇恨的动机很丰富，由此牵动的因素也很多，但根本因素有二。威权之所以要不遗余力地向社会种植仇恨，是因为威权主义需要一个社会化的**拥戴体系**，即实现威权社会化和社会威权化。向社会种植仇恨就是面向全社会培养和训练奴才，通过有组织、有步骤地培养和训练民众，以建立起心甘情愿地拥戴威权的奴才体系。威权向社会种植仇恨的另一个因素，是威权主义者基于权力永续于己的血统考虑，通过仇恨的种植而使民众牢牢地铭刻于心，只有威权者才是希望之光，只有威权主义才是保障，只有维护和保卫威权和威权主义，其希望和保障才可永续。一旦这种永续的希望和保障根深蒂固于社会于人心，威权交接和永续的社会土壤就培育了起来，在此土壤中良性运作的威权制度和机制也被牢固地建立起来。所以，对仇恨的种植是威权社会化和社会威权化的根本之策。

此外，民而为奴为什么会充满仇恨？

面对这个问题，须正视威权者绝对为己的权力自由主义和权力非人主义的固有的、不可改变的立场。威权主义是以"人不是人"为前提的，只要人是人，只要社会是"人是人"的社会，威权主义就不可能产生，即或产生了，也没有运行常在的社会土壤和环境。所以，权力者要把自己塑造成威权者，必须走威权主义道路，而开辟这条道路的唯一正确的方法，就是把人变成工具，使人心甘情愿做奴才。所以，威权者必须在任何时候都只能把人变成工具或奴才，并只以耗材的方式对待工具，以牲口的姿态对待奴才。

仅心甘情愿地降人为奴的奴才不能有自己的人格，也不愿意有属己的人格。奴才总是将威权者的人格幻化为自己的人格，所以奴才的人格就是威权者的人格，威权者可以任意地侮辱奴才的人格，消灭他们的人格，不准他们有自己的人格，尤其不能容忍他们有独立人格。因为无论是奴才本身还是威权者，他们都非常清楚一点：**人一旦有了自己的人格，有了独立人格，就不会做奴才，也不会被奴才，奴才始终以人格的断送为代价**。这是人类历史上阉割始终不灭的根本秘密：阉割是消灭奴才的本己人格的根本方式，阉割有肉体方式和精神方式两种，古代的太监制度就是通过对生产本能和欲望之根的生殖器的这种肉体物的阉割来实现其精神的阉割；现代社会的奴才制度是直截了当地进行精神（心灵、情感、人格）的阉割。要实施阉割，一是要有制度安排，二是要有人源。受阉割者大都属于主动，或出于生计的无奈而被动性主动，或因为特殊的利欲考量而主动诉求，尤其是阉割制度实行了可保全肉体完整而只实施精神阉割的现代社会，接受阉割而成为奴才者，几乎都是主动，或者烦盲的主动，或者为谋权谋利的主动。然而，受阉者虽在行为上主动，内心深处却始终不情愿。所以，奴才的本己人格被阉割，实是自己所不愿，由此必然在肉体的深处对主人充满仇恨。

奴才仇恨使其遭受人格阉割的威权者，却并不仇恨威权主义，奴才之心甘情愿接受人格阉割，就是通过依附于威权者做威权者的奴才而有朝一日也成为威权者，所以，奴才都热爱威权主义。所以，热爱威权主义的奴才仇恨人格阉割和阉割自己人格的威权者的根本方式，就是希望自己取代主子，也成为威权者。由此，奴才总是在伺机报复，并为了伺机报复的成功，奴才总是拉帮结派，掌握实权，架空主子。威权者之所以成为威权者，最大的才华就是警觉威权本身，由此形成深远洞察奴才拉帮结派别的反制方式，即不断地清洗不忠的奴才。

威权者用忠诚和服从来引导奴才，用升官发财来诱惑奴才，用腐败来钳制奴才，然后再用反腐败的方式来清洗不忠诚的奴才。这样，奴才与威权者的关系更为紧张，这种紧张就是威权者向奴才们种植仇恨的方式，虽然这种仇恨种植是非有意的。由于威权者目的性地向社会种植仇恨和无目的性地向奴才种植仇恨，导致威权者总是孤独，并总是在孤独中求胜。由此，威权者开辟和保卫威权主义的道路，始终充满血腥和残暴，这种血腥和残暴又加剧了仇恨种植。

威权培育唾弃　威权的威权主义道路，亦即威权社会化和社会威权化的进程，不仅需要持续强劲地向社会种植仇恨，更需要坚韧不拔地对众民培育唾弃，因为**唾弃嘲讽尊严，唾弃鄙视尊严，唾弃放弃尊严**。

比较而言，种植仇恨与培育唾弃是有区别的，其区别主要体现在：威权者向社会种植的仇恨，最终实现了两个方面，即阉割人格继而实现尊严阉割的仇恨和奴才对权力的渴望和争夺带动起仇恨。威权者所培育的唾弃，也可实现两个方面，这即是尊严消灭的唾弃和权利争取的唾弃。

"唾弃"一词的英语形式 despise，源自拉丁语 sputare，意为"吐出"，指通过口水或口腔排出物来，借此表达对人的"轻视"或"鄙视"之义。后来，"唾弃"逐渐获得憎恶、鄙视或厌恶的引申语义，体现意味强烈的贬低、拒绝或极为不满的情感表达。洛克从个人自由和财产权出发，主张人在社会中享有平等的自然权利。以此为准则，洛克认为唾弃实是违背尊重他人自由和尊严的行为。霍布斯却认为唾弃这种方式反映了自然状态下人的相互对立和竞争，是一种自私和野蛮本性的行为表现。卢梭将唾弃视为社会不平等的体现，是个人在自然状态遭受不平等权利侵犯的一种行为方式。康德在其道德哲学中讨论尊严时，特别强调人类尊严必须获得绝对尊重，不能因为人为的贬低或鄙视而被剥夺。所以康德把唾弃看成一种负面情感，它暴露出人的尊严的缺失。尼采（Friedrich Nietzsche，1844 – 1900）的权力意志哲学认为，唾弃是强者与弱者之间展开权力斗争的一种表达方式，它是对生存斗争中沦为弱者的压迫方式和排斥行为。

唾弃，既是一种对人的行为方式，更是一种心理立场和情感态度，并且首先内生鄙夷、厌恶的心理立场的情感状态累积到不吐不快的情景下，才表现为一种蔑视和远离的行为。在一般情况下，唾弃有两种性质取向，一种是等序化存在使然，比如贵族之于草根、财富之于贫穷、权力之于平民等之间发生的唾弃，就属于此类。另一种是修养之于野性、文雅之于野蛮、德与非德等之间发生的唾弃，则属此类。但这两种性质取向的唾弃都不是威权社会里威权培育的唾弃；威权培育的唾弃的性质取向刚好呈反向，威权培育众民所唾弃的不是等序，不是不平等、不自由，而是加固等序、强化不平等和不自由的唾弃，威权培育民众所唾弃的内容，恰恰是平等、自由、人道，真、善、美、义，信仰、希望、爱，而不是对等序、特权的否定；恰恰相反，威权培育众民唾弃平等、自由、人道和真、善、美、义，以及信仰、希望、爱来增强对等序、特权的羡慕和渴望、拥戴和崇尚。

　　威权为什么要培育民众唾弃这些内容？其动机和目的依然与威权者向社会种植仇恨相同，威权者之源源不断地培育众民唾弃，是要维护不把人当人看的社会秩序，强化民只是劳动的工具、繁殖的工具、性的工具。威权者不把人当人看，体现绝对的无人性。这种绝对无人性的方式，也可能培育出绝对无人性地对待威权和威权者的方式，这就是：当威权者将民当工具时，民也有可能将威权者当狗屎。威权主义为了避免这种情况出现，必然启动"统一"思想的"思想"和"不准思想"的"思想"方式来培育人们，将平等、自由、人道妖魔化为洪水猛兽，将真、善、美、义丑化为邪恶，将信仰、希望和爱定义为反动，将对等级主义的排斥和特权的否定，描述为对社会秩序的颠覆。当人们从生而死，反复接受这种洗脑的"思想"培育，自然会内生出唾弃。正是这种发自人们内心的唾弃，也同时唾弃了他们本有的做人的尊严存在和生活。

　　威权培育烦盲和盲从　　烦盲，指烦忙的盲目和盲目的烦忙。苍蝇的行为方式和生活方式，则是对人的烦盲行为和状态的最好比喻。因为生计或利欲而四处奔忙，就是烦忙的盲目和盲目的烦盲，最终必然形成盲从的思维－认知方式、判断－选择方式和生活－行动方式。威权主义就是充分认识到民众的这种共性而有意识、有目的地培育人和社会的盲从人格和思维－认知方式、判断－选择方式和生活－行动方式，以实现威权社会和社会威权化。

　　盲从（blind obedience）是指人完全缺乏独立的思想、思考和判断的能力，依附于他人的头脑，凡事不假思索地听从他人的意见、观点或命令，并毫不质疑地执行。

　　人之所以在烦盲中盲从，主要由三个因素促成。一是没有受到应有的和恰当的教育。应有的教育是指人来于世应该接受的教育，但许多人因为出身

和环境而丧失接受教育的机会。与此不同，人虽然获得了应有的教育，受到的却不是**恰当的教育**。相对教育言，其"恰当"是合于人性、合于存在法则、合于根本之道和普遍之理的教育，具体地讲，人性教育、平等教育、自由教育、信爱教育等就是"恰当教育"，也是构成"恰当教育"的基本内容。反之，专制教育、谎言教育、虚无主义教育以及各种形式的斗争或主义教育，都属于极端教育；而一切形式的极端，都是不恰当的教育；凡是不恰当的教育，都会将人引向愚昧无知的、丧失人性的和不能分辨是非善恶美丑义利的教育，这种教育只能培育人的烦盲和盲从。二是受过应有的甚至在形式上是"良好"的教育，比如高学历教育，却仅仅是知识和观念灌输的教育，这种教育缺乏思考、缺乏思想，属于学而不思，也就形成学而无思，最终没有养成独立思想、独立辩识和独立判断的能力，所以生活烦忙而且凡事盲从。三是社会生活中威权主义盛行，其强制人们遵从统一观念和"不准"的规则，久而久之，自然形成烦忙生活并凡事盲从。

如上三种因素形成的盲从都将可能导致尊严的丧失，尤其是第三种情况必然导致尊严的丧失。因为威权主义调动各种权力资源推行威权社会化和社会威权化，其基本任务是统一人的认知，泯灭人的个性思考能力，不准人们自由思想，解构人的辨识能力和判断能力，这是剥夺人的尊严意识、消灭人的尊严欲求和能力的社会方法。概言之，消灭人的尊严是将人变成工具的最好方式；消灭人的尊严的最好方式，就是向社会实施暴力冶炼并干净地清洗人的大脑。前一种方式使人心生畏惧，畏惧而盲从；后一种方式使人低心智化生存，低心智化生存而必然盲从。在威权社会里，威权主义主要从两个方面培育人盲从生存，一是培育人盲目地畏惧，具体而言，就是培育人凡事唯上、唯官，以上为依据和真理，以官为准则和方法。二是培育人盲目地崇信，具体而言，即培育人盲目地追随威权，最后使自己也具备威权的气质、气派和能力，最终努力是使自己也成为威权的一个方面、一个部分。

威权冶炼崇尚暴力和极端 威权生产暴力，实质上是威权培育社会和人对暴力的崇尚。客观地讲，人相向走来、共同组建成社会并缔造出国家，为解决存在安全和生活保障的所有努力都能顺利展开，暴力，即暴力工具和暴力方式成为必不可少的社会防护盾，防护人们所为之努力的存在安全和生活保障不遭受任何意外方式和力量的侵犯，这即"暴力独占一旦形成，就会出现和平的空间，出现一般情况下没有暴力的社会环境"①。暴力的存在功能也仅此而已。当逾越这种界限，暴力就成为严重的社会祸害，人就被沦陷于暴力侵犯的恐惧之中。

威权的产生是以逾越暴力作为社会防护盾的界限，使暴力成为威权社会化和社会威权化的野蛮力量。所以，人要成为威权者，必崇尚暴力，威权者强推威权，必崇尚暴力。威权者崇尚暴力，就是以暴力为社会统治的根本方式，即用暴力来控制社会、控制人、控制权利和财富。为实现此目的，必须威权社会化和社会威权化，威权社会化和社会威权化的实质就是使整个社会崇尚暴力；只有当全社会崇尚暴力时，暴力统治才成为顺理成章的容易之事。所以，威权者们必须面向全社会、面向每一个人冶炼暴力，使人人戾气化、暴力化，使社会暴力化。进一步看，威权主义崇尚暴力、对社会和人进行暴力冶炼，既有其"打江山、坐江山"的斗争哲学依据，也是对其斗争哲学全面"实践出真知"的检验。

崇尚暴力并对社会和人进行暴力冶炼，要从根与本两个方面使人脱胎换骨其善良本性，使之膨胀生物野蛮，热衷极端，由此人们自发解构人格，自行丧失尊严存在。从这个角度看，人的尊严崇尚暴力而形成了极端人格、极端情感、极端认知、极端行为。

尊严丧失于极端，但极端始源于威权对暴力的社会化冶炼，通过对暴力的社会化冶炼而培育出对极端的奉行，当人们凡事奉行极端，必然形成自行消灭尊严和相互消灭尊严的社会方式。极端既可是一种行为方式，也可是一种认知方式、情感方式和思想方式，但首先是一种认知方式、情感方式和思想方式，然后才生成出一种极端的行为方式。由极端的认知方式、情感方式、思想方式主导生成的极端行为方式，为何会消灭人的尊严？这是因为无论从认知、情感、思想方面讲，还是从行为讲，任何形式的极端都是逾越本己的界限，无视限度，破坏约束。人的尊严总是建立在互为平等、互为尊重的基础上，并以互不侵犯和互不伤害为绝对前提；极端所破坏的恰恰是这种相互的平等、相互

---

① ［德］诺贝特·埃利亚斯：《文明的进程：文明的社会发生和心理发生的研究》，王佩尧、袁志英译，上海译文出版社 2018 年版，第 474 页。

的尊重，所行的恰恰是侵犯和伤害。

威权主义对社会和人的暴力驯化，使社会和人染上极端的癌症的自发性扩散，就成为对人的尊严侵犯、剥夺和解构。其主要的方式有三，一是凡事极端，凡事极端的原发动力是凡事正确；二是凡事不问青红皂白，其根本的冲动是凡事自以为是；三是凡事争斗不已，其根本的底气是斗争哲学。

威权主义对社会和人进行暴力冶炼，不仅冶炼出极端的存在方式和极端的认知、情感、思想和行为方式，而且也冶炼出绝对的方式和行为。绝对的方式和行为，就是"**只此**"的方式和行为。这种"只此"的方式和行为是威权主义强行灌输给社会和人，其后社会和人自发认同和心领神会。这种"只此"的方式和行为仍然表现为凡事绝对、凡事不问青红皂白和凡事争斗不已。

从根本讲，威权主义通过暴力冶炼出来的极端和绝对构成存在的反向，它体现鲜明的反存在法则、反人性、反合法的存在方式和秩序。并且，极端和绝对并肩于一切反向展开中，使自己成为法则、成为合法的方式和秩序；威权主义绝对为己的权力自由主义和绝对为己的权力非人主义，就是通过这种以暴力为后盾的社会化的极端和绝对而畅行无阻，人的尊严也因此普遍地落下它的帷幕。

第4章　尊严的自为沦陷

德国哲学家和基督教伦理学家施佩曼（Robert Spaemann，1927–2018）对人的尊严有其深广的思考，著有《人的尊严》（*The Dignity of the Person*）①，并在《边界：对行为伦理维度的探讨》（*Grenz，en. Zur ethischen Dimension des Handelns*）中对尊严做了三个方面的界定："第一，尊严是不平等地分配给每一个人的；第二，没有人在其尘世的此在中是完全没有尊严的。当我们经常说，所有的人都以同样的方式分享人之尊严的时候，其实就是指这种尊严的最小量，是每一个人都至少拥有的量；另外还存在一种人格上不平等的尊严，后者的原因在于：**人具有不同的道德上的完美性**。谁如果禁锢在其自身的自然主体性之中，将自己更多地交给自然冲动，谁就拥有更少的尊严。而神圣的英雄气概就是人能够达致的最大值。"②（引者加粗）施佩曼道出尊严的两个基本事实，其一，人人都拥有尊严，这意味着人在尊严上享有平等资格和权利，但在实际上人所拥有的尊严并不是平等分配所得。其二，人的尊严非平等分配所遵从的基本法则有二，即本性法则和道德法则。前一个基本事实揭示尊严之于人，客观地存在"值"的大小，人实际拥有尊严到底是诉求最小值还是最大值，既取决于自己，也不取决于自己。取决于自己，在于人自身存在的作为，其作为本身决定着其获取存在尊严的最大值程度；不取决于自己，在于人自身存在的不可作为或不能作为，其不可作为或不能作为决定

---

① Robert Spaemann，*The Dignity of the Person*，Gifford Lectures，Eerdmans Publishing Co.，2008.

② Robert Spaemann，*Grenz，en. Zur ethischen Dimension des Handelns*，Klett-Cotta Verlag，Stuttgart 2001，p. 115.

着其获取存在尊严的最小值程度。从理论上讲，人作为存在尊严并谋取其最大值的根本因素有二，一是天赋人以平等和自由；二是人本身是社会和国家的缔造者。这两个方面因素的要求和激发，形成尊严可平等分布，也意味着人在基本面上能平等和自由地享有尊严。但这种**能平等**分布和**可平等**享有的尊严，能否得以在每个人身上真实敞开，还在于人能否自持，即是否具有**自我持存**其平等和自由的能力。这就形成在实操的生活层面，尊严客观地存在不可平等分配和不能平等分配的一部分内容。这部分内容的不可平等分配和不能平等分配，源于人的天赋之外的因素的制约或激发。人的天赋之外的因素是开放性地生成和发挥功能的，但可归纳为由两个最为根本的因素统摄性整合才可发挥最佳功能，一是环境的力量；二是人的自身作为的力量。环境的力量独大而抑制人对尊严的诉求，必导致尊严的丧失；人的自身作为的力量无限度释放，必推动尊严的沦陷。本书第 3 章主要讨论前者，本章则侧重审查后者。

一　生物主义的面向

施佩曼说："为什么我们称之'人的尊严'的尊严的最小值是不可剥夺的？它是不可剥夺的，因为自由作为可能的德行是不可剥夺的。只要人活着，就其种差来说，我们就能够且必须指望他同意向善。然而这种同意向善只可能发生在自由之中。不仅仅这种对同意向善的指望，而且对此同意向善能够得以发生的自由空间的允诺，都是对人的尊严的敬重的基础性行为。"① 人的尊严的最大值是可谋求的，这是天赋自由本身的缘故。人的尊严的最小值的不可剥夺性，同样因为天赋的自由使然。人的自由的不可忽视性，源于天赋的**权利平等**。因为天赋其权利平等的自由，构成尊严最大值和最小值、可剥夺性和不可剥夺性的最终解释依据。这种将自由界定为尊严之最终解释依据的观念由康德提供："假如只有理性的存在者才具有尊严的话，那么并不是因为他们具有理性，而是因为他们具有自由。理性只是一种工具，没有理性，一个存在者之所以不能成为目的自身，是因为他不能意识到自身的存在，不

---

① Robert Spaemann, *Grenz, en. Zur ethischen Dimension des Handelns*, Klett-Cotta Verlag, Stuttgart 2001, p. 115.

能随即反思它，但是理性并不本质性地构成一个人之所以拥有不可为其他任何等价物所替代的尊严的原因。理性并不能给予我们尊严。［……］自由，仅仅只有自由，能够使我们成为目的自身。"① 然而，无论是相对其他方面言，还是相对尊严言，自由都是一把双刃剑。以人为主体论，其自由不及，尊严丧失，比如威权社会化和社会威权化，除威权者外，几乎所有人都处于自由严重缺乏的状态，在这种状态下，尊严几乎沦为奢侈品。反之，当人们可以无任何约束地行自由时，尊严也普遍遭遇沦陷。这是因为无约束的自由恰恰违背了自由的自身本性，不是朝着"权力→财富"的方向无约束地展开，就是朝着"财富→权力"的方向无约束地展开。前者开辟威权主义的反人性道路，在这条道路上，**威权主义强暴，使人的尊严丧失**；后者开辟生物主义的反人类道路，在这条道路上，**生物主义强权，使人的尊严沦陷**。

1. 生物主义释义

何为生物主义？　自由既关联权力，滋生出威权和威权主义，无情地解构尊严；自由也同时关联本性，激发出本能和生物主义，全方位地沦陷尊严。理解自由、生物主义、尊严三者的动变关系，需要从生物主义入手。

生物，乃造物主的造物，是造物主原创化世界的实在样态，也是造物主继创生世界的生命形式。从人的原创生而言，生物也是人的本原型式。生物是存在世界之本原实体，它不可定义，也无须解释，只因为人从生物世界的自然人类学状态中走出来成为文化人类学的进程中，它才被接受定义和解释，但其所有对生物的定义和解释都只是人对它予以观念性质和情感倾向的投射性描述，仅满足或者说方便人的认知和看待而已，对生物赋予"主义"，也仅是如此性质，生物作为造物主的造物，它本身与"主义"无关。这是我们讨论"生物主义"时应持的基本姿态。

"主义"一词的英文形式 – ism，源自希腊语的词根 – ismos，表示一种思想、信仰、学说或行为的体系，它常作为后缀而附加在词根后面组成新的名词，以表示特定的观念、主张甚至理论、流派或运动。比如 Humanism（人文

---

① ［德］瓦尔德·施瓦德勒：《论人的尊严：人格的本源与生命的文化》，贺念译，人民出版社2017 年版，"译者导言"第 22 页。

主义），意指一种强调人类尊严及其存在价值的哲学主张。Capitalism（资本主义）和社会主义（Socialism）则分别指一种经济－政治制度及思想体系或观念运动。

生物主义（Biologism）一词，是由 biology（生物学）和希腊语的词根－ism合成的名词，意为以生物学的基本观点和原理为依据来解释人类行为、文化现象和理解由人组成的社会之静持与动变的学说，这种学说虽敞开各异的主张，却表达了一个共识性的基本观念，即人的生物因素对人类行为和社会组织结构起着决定性作用。由此基本观念，生物主义又常接受来自不同方面的批评，这些批评可集中表述为生物主义过分地简化并机械地将人类行为和社会现象归因于生物因素，从根本上忽视社会、文化和环境等因素对人的塑造的根本作用和对人类发展的重要影响。

其实，对生物主义的如上正反看待，恰恰暴露出"生物主义"概念涵纳了生物主义的两种类型，即自然生物主义与社会生物主义。自然生物主义以"自然"为参照系，或者更具体地讲是以"生物"为参照系，映照出人从自然人类学的存在状态中走出来自塑为文化人类学的人，虽然在形态学层面实现了从动物存在向人文存在的转换，但在存在本性层面依然是一只动物，完整地保持着生物世界的生命本性。以此观之，人仍然是动物，"在构成上，人就是'人形'动物（即'像人'的动物。……为了成为人，人必须在非人当中辨出自己"①。由此，人必是"人在形式"的同时成为"物在形式"，因为"人首先是动物，然后才是人，并且最终不能彻底地摆脱动物。人的这种两栖性使人同时既是**人在**形式也是**物在**形式：人原本是一个**物在**形式，他被置于自然社会的敞开进程中无意间获得意识的觉醒而成为人，从此就成为一个**人在**形式。人的人在形式与物的物在形式的根本区别是：一切物在形式的生命，都以**本能的方式**观照世界、敏感存在和事物；人不仅具有以天赋的本能方式观照世界、敏感存在和事物的能力，更要**意识地反观**自己的存在和行动的能力"②（引者加粗）。

与自然生物主义不同，社会生物主义以"社会"为参照系，更具体地讲，

---

① ［意］吉奥乔·阿甘本：《敞开：人与动物》，蓝江译，南京大学出版社 2021 年版，第33—34 页。

② 唐代兴：《伦理学原理》，上海三联书店 2018 年版，"自序"第 7 页。

是以"人文存在"为参照系,映照出文化人类学的人如何摆脱其自然人类学状况而不断发展的文化进程和文明前景。文化人类学的人类虽然在存在根源上仍然保持其本原存在的生物本性,但其人文努力已经创造出全新的、根本不同于生物世界的人文社会和根本不同于生物本能和习性的社会模式、文化世界和文明范型。并且,从本质言,正是人的生物本性构成自然人类学的人类向文化人类学的人类方向生生不息前行的原发动力,没有人的生物本性这一原发动力,人类根本不可能从纯粹的自然生物学世界里走出来创建起文化社会学的人的世界。所以,人的生物本性并不是人成为人的羞耻,而是人成为人的先决条件和最终推动力,因而,理解人、人的社会和世界,须正视人的生物本性。社会生物主义的各种观念、主张或学说,都试图运用现代生物学的研究成果来论证人类社会纲领的形成、社会政策制定以及文化发展的共生机制。"生物主义有几种不同流派,但它们的界限并不清楚。社会生物学的概念一般地包括所有以生物学原理为出发点的对社会性(sociality)的研究。人类生态学(human ethology)在概念上是企图通过对动物行为的研究来寻求与人和社会有关的基本知识。生物政治学(biopolics)则是一种研究方法,它企图以人类生物学或者间接有关因素为出发点来解释政治学(politology)的问题。"①

然而,无论以"自然"为参照的自然生物主义,还是以"社会"为参照的社会生物主义,都相对"人"本身而言,是以"人"为出发点并以"人"为最终归属来考量自然人类学的人类走向文化人类学的进程中,如何既成为"人在形式",又成为"物在形式"的生物学的和文化学的机制。威尔逊(Edward O. Wilson,1929 - 2021)认为:"现代人的社会行为,包含极广泛的、像镶嵌艺术品那样结合在一起的纯人类本性特征的结果。其他的特征,如宗教和社会的阶级结构,我以为它们是如此巨大的超级突变,以致为了理解它们的系统发育,就需要人类学和历史学的联合努力。"② 弗罗洛夫指出,我们既"不能认为人的生物学对整个人类社会行为没有任何因果作用;另一方面,也不能认为人类文化对人的社会行为没有任何因果作用","人的社会

---

① [芬] A. 赖提宁、G. 茂德·信达:《生物主义、政治和国际政治》,《国外社会科学》1987年第 10 期。

② E. O. Wilson, *On Human Nature*, Cambridge-London, 1978, p. 97.

行为的真正原因，不纯粹在基因之中，也不纯粹在发明创造与教育之中，而是在这两者的混合物之中"。① 但这仅是生物主义的起步，它所要致力的根本努力，是要探究人类从动物存在向人文存在方向展开的历史进程中，其"人在形式"的文化学机制与其"物在形式"的生物学机制耦合运作中，为何其生物学机制始终占主导性地位。精神分析心理学家弗罗姆（Erich Fromm，1900 – 1980）断定"历史过程和社会的研究，必须从人开始，从现实的、具体的人开始，从人的生理性质和心理性质开始，而绝对不能从抽象的人开始。研究应该从理解人的本质开始。分析经济和社会只是为了理解人怎样被环境歪曲，人怎样和自身、和自己的本质特征相异化"②。因为现代心理学表明，人的心理性质最终由人的生理性质所书写，人的心理机制的原发动力却是人的生理机制。弗洛伊德（Sigmund Freud，1856 – 1939）揭示人的求生本能和致死本能构成社会进步的基础，这是因为人的求生本能，即其求生和自我保存的性欲，成为个体生命繁衍物种的原发动力；人的致死本能，也就是其破坏欲和侵略欲，成为生命进化和创造发展的原发动力。存在主义哲学家雅斯贝尔斯（Karl Theodor Jaspers，1883 – 1969）认为，从根本讲，人的个性与历史无关，因为作为人文性质的历史，只能最大限度地触摸个性中某种外在性的因素，而内生于个性中的那些根本性的因素，或者在个性中占据优势的那些东西，始终既处于历史之外，更处于时间之外；而构成绝对的和永恒的东西，深深地根植于人的自然人类学之中，根植于造物主对自然人类学的原创化和继创生之中，自然人类学的人类向文化人类学进化所构筑起来的人文社会范式，只是将人作为抽象的类本质来规定，这种规定虽然以个体的形式来呈现，却无法掩盖人的自然人类学性质和自然人类学生机。或许正因如此，P. 阿尔德里才如是断言："当我们捍卫本国的权利或独立时，我们是在各种动机的驱使下进行的，这些动机和动物的相应动机没有任何不同之处。这些动机是天生的，也是不能根除的。"③

---

① ［俄］И. Т. 弗罗洛夫：《现代人本主义和社会生物主义论人的本质》，罗长海译，《国外社会科学》1988 年第 1 期。

② Fromm, E., *The Sane Society*, London：Publisher Name, 1963, p. 284.

③ ［俄］И. Т. 弗罗洛夫：《现代人本主义和社会生物主义论人的本质》，罗长海译，《国外社会科学》1988 年第 1 期。

从"人"出发并以"人"为目的来考察人的生物主义，则清晰地呈现出生物主义问题并不是相对人的自然人类学而产生，而是相对人的文化人类学而产生，它的根本努力不应该停留于探讨人的人文存在和社会发展的生物学和文化学机制，而应该揭发人从自然人类学起步向文化人类学方向前行而不遗余力地创造、发展进程中如何沦陷于其返祖的泥潭，即文化人类学的人返祖为自然人类学的人，其具体形式是人从人文存在倒退为动物存在。

生物主义的本质　　生物主义的核心理念是**生物本性**。生物本性的存在敞开即**生物本能**，简称本能。生物主义对人及社会行为的基本看待呈本能取向，这种基本姿态呈现在认识论上就是本能决定论。本能决定论有其生物学来源，即生物本身构成其依据。"本能"概念 instinct 源自拉丁语 instinctus，意为激动、刺激，它的本义是生物体在特定情况下自发展开的行为，生物应对环境的这种自发行为被称为自然反应。生物体之所以能在具体情景中自动反应，是因为生物自具内在结构和生理机制，这一内在结构和生理机制的生成源于生物自身之存在敞开生存、繁殖或应对环境压力等因素的激发。现代生物学的发展催发"本能"概念向心理学、社会学以及伦理、哲学等领域拓展，被理解为指涉人类（包括动物）存在敞开自身的内在的和固有的行为倾向，这一先在于文化人类学的内在的和固有的行为倾向与生物自身的遗传及环境性进化相关。所以，本能是生物本性的行为呈现，它因生物存在满足其继续生存之基本需求而发生，其基本行为诉求乃食物、安全和繁殖。

生物主义揭示人的社会学本质就是其生物学本质，人的生物学本质即生物本性，生物本性存在敞开即本能。所以，本能既导向人的自然人类学向文化人类学敞开，也主导着人的存在，并实实在在地推动人的发展。但发展并不意味着本质的进化和文明的向前，这可从其概念本身入手来看："发展"的英语形式 development 源自拉丁语 developpus，意为展开、解开，它的原初语境本义表示物体的**展开**或其**展开进程的延伸**。后来成为社会学概念，才生成增长、演变、进步等义，用以描述社会、经济、文化、个人等方面的增长、演变或进步。所以，发展主要指**演变或演变中的增长**，"进步"之于"发展"只具有或然性。进步，意味着生长或进步、演变或增长，可能呈生长、进步取向，也可能呈停滞或倒退取向。这种或然性的两可取向由"发展"概念自身规定，由于其自身规定，发展成为更具有广泛指涉性的概念，它指存在或事物敞开的变化，这种变化既可朝向增长，也可朝向停滞；既可表达生长、进步，也可表达倒退、衰竭。无论呈哪种取向和状况，均可用以描述经济、政治、技术、教育、文化以及社会本身，比如环境破坏、社会不平等或文化退步等，都是由发展所致。由于"发展"之两可性，也就从根本上揭发"发展"与"文明"的非对应性。客观地看，当发展只注目于物质、技术、财富、文化时，文明总是在这些内容的发展中**黯然后退**。这是人类社会从可追忆的远古进入有文字记载的历史进程，经历轴心时代、神学时代、工业时代而进入当前指涉未来的后人类时代，其发展的辉煌主线下面悄然地敞开社会生物学的探索而将生物主义的暗线日渐明朗地呈现出来的根本原因。

概括地讲，人类发展的主线是增长主义，它主要从三个方面展开：一是物质；二是技术；三是知识。在此三者中，知识的增长是认知性手段，它将物质与技术联结起来形成增长的整体。以知识为精神动力推动技术增长，技术作为物质（或工具）的动力推动物质增长。所以，增长主义是以物质增长为目的，以技术增长和知识增长为手段。由此不难发现，以增长为实务（或曰目的）的发展，其本质是生物主义的。生物主义的存在本质是生物本性，生物主义的行为本质是生物本能。本能是天赋生物的，或更准确地讲是天赋个体生命，它的内核是**性本能**和**物本能**。但对生命来讲，无论是性本能还是物本能，都归结到肉身之"生"上来，即**生本能**。生物的生本能敞开，就是**性肉主义**。在性肉主义中，性，是天赋**物种**之生欲，使物种能繁衍生存，这需要**肉身的强壮**；肉，是天赋**个体**之生欲，使肉身充满生命、活下去，这就需要**物的滋养**。

人类虽然从自然人类学中走出来自创性开辟文化人类学道路，但原动力依然是生物本性，并以性肉本能的方式展开发挥自身功能。人类的一切人文创造，包括其增长主义发展，都与性肉分不开。这就是生物主义展开的认知出发点和最后归宿。"人类，就其身体及其生理机能而言，属于动物王国。动物的活动受一定的行为模式的支配，而这些行为模式又是由其遗传的神经构造所决定的。动物所处的发展等级越高，其行为方式就越具有灵活性，其生来具有的结构的适应性也就越不完全。在较高级的灵长目动物中，我们甚至发现它们具有相当高的智力水平，那就是运用思维来达到既定的目标，从而使动物能够远远超越由本能所控制的行为模式。但是，尽管它们在动物王国中有巨大的发展，一些固有的生存因素依然是不变的。动物按照自然界的生物法则而'生活'，它是自然界的一部分，从未超越于自然之上。它没有一个有道德的自然的良知，没有自我及自我存在的意识，没有理性，如果理性是指具有透过由感觉控制的表象从而理解表象背后的本质的能力的话。所以，动物没有真理的概念，即使它们或许有关于什么东西有用的概念。"① 理性是文化人类学所独有的，它是对自然人类学的生物本性和本能的真正超越。但理性相对人的生物本性和本能的力量言，却相对有限，所以理性并不万能，理性始终有限，是有限理性。更致命的还在于原本有限的理性本身也有缺陷，这就是休谟所说的理性虽然有能明确方向的"眼睛"，却没有催动前行的"动力"；来自生物本性的本能刚好相反，它内具催发行动的"原动力"，却没有获取方向的"眼睛"。本能服膺理性和理性调动本能，皆需要**明智**。明智调停本能和理性的功能表明，如果理性缺乏明智，那么理性往往会沦为本能的跟班。在人类发展进程史，诸多的发展都体现很高的理性设计和理性推进能力，但这些发展往往与文明交错而过而构成倒退、破坏甚至毁灭性的运动，这些均能说明理性并不尽是好。理性之于人的成长、进步和人类文明并不必然，而只具有或然性，这种或然性取向刚好在更为深刻的维度上揭示生物主义为何是欲望主义泛滥的根本原因。对人类来讲，只有**当理性失效于本能或者当本能裹挟理性前行时，生物主义必如洪水泛滥**。由于理性之于明智的两可性和理性之于本能的无力性，才形成弗罗姆所讲的"理性，是人类的福因，也是人类的祸由，它迫使人们不断地设法解决这无法解决的两难困境，人的存在在这方面有别于其他所有的有机体，这是一种永存的且无法避免的不平衡状态。人的生命不能由重复他的同类的模式来度过，他必须生活。人是唯一能够自寻烦恼的，能够感到被赶出乐园的动物；人是唯一能发现他的存在是一个他必须去解决且无可逃避的难题的动物，他不能退回到与自然和谐相处的史

---

　　① ［美］埃里希·弗罗姆：《健全的社会》，王大庆等译，国际文化出版社公司 2007 年版，第27 页。

前状态，他必须不断地发展自己的理性，直到他成为自然和自身的主宰"①。

2. 生物主义原则

人的生物本性敞开的性肉取向，必推动生存行为的本能性扩张和侵略。近代思想家如霍布斯、洛克、卢梭等人所特别关注的"自然状态"，就是人之肉身取向的本能性行为状态，它揭露人的肉身化的生物本性在没有生物之外的强力约束的情况下，也如地球上的其他生物一样自然地释放其侵略性、扩张性而"狼"般存在。

人的生物主义是人的本来状况，无论人类在其文化人类学进程中发展得如何，他始终既是人在形式又是物在形式的"人形动物"。只有正视这一点，才可正视人之存在及其可能性本身。对人而言，其存在敞开的根本问题并不在于他的本原性的生物主义状况，而在于人以其生物本性为原发动力而开辟文化人类学道路，并进入人的社会，构建起一种社会生物主义。社会生物主义的全部讨论，都是牵引人正视自己的生物主义本性和生物主义的社会状况，在理论、认知以及建构方法等方面探求其生物本性的限度与约束，使人朝着用"人在形式"来主导和牵引其"物在形式"。但在实操领域，却往往是其"物在形式"主导和牵引其"人在形式"，这是人的返祖自然人类学的道路，而这种返祖其自然人类学道路却在人意识地发展进程中展开，人类这一极其聪明的物种，当以其极端的增长主义方式将自己的聪明推向性肉主义的极端状态，其致力于文明向前的努力反而导致生物主义返祖，这是人的尊严迷失和沦陷的根本之因，也是**根本之痛**。正视人类尊严沦陷的根本之痛，检讨人类尊严沦陷的根本之因，必须面对社会化的生物主义原则。

物本主义原则 社会化的生物主义，即人的社会生物主义。人的社会生物主义有别于其自然生物主义。人的自然生物主义是指人处于自然人类学状态，遵从生物世界的生物本能而应对环境的生存竞争。这种完全自然主义的或者说完全敞开生物本性的竞争或适应，虽然是残酷的，却是极其有限度的。这源于两个方面的抑制，一是生之本能总在极端危险来临时被特别放大而选

---

① ［美］埃里希·弗罗姆：《健全的社会》，王大庆等译，国际文化出版社公司 2007 年版，第28—29 页。

择自我保存，急流勇退；二是无论竞争还是适应，这种处于完全自然主义状态中的自然人类学的人，所凭借的也只是肉身，人在自然人类学的完全自然主义状态中，其生存竞争或适应的唯一工具、手段就是自己的肉身，全部的力量来源也只是自己的肉身。这种纯粹的肉身主义存在，从根本上决定了人的竞争或适应始终是有限的。

然而，当自然人类学的人类进入文化人类学进程，其意识地思维和意识地生活的能力的生成和不断提升，不仅改变了人的体质结构，从四脚走路演化为"两脚走路，两手做事"，手变成了纯粹的工具，也不仅改变了其体质形态，从四脚爬行变成直立行走，脚与手更敏捷，身体更灵活，头可自由张望，脑更灵敏，心智快速进化。更根本的是身体与大脑的灵动配合，发明了技术，并不断开发和升级技术，身体、大脑、技术，此三者的密切配合和互为催发，应对环境的竞争和适应的能力不断提升，并不断向自身之外的广阔世界和整个存在世界扩张，生物本性及其向存在敞开的本能从肉身化向非肉身的理性谋划和技术化方向扩展，将自然生物主义蜕变为社会生物主义。所谓社会生物主义，即用文化、制度、结构、组织、技术、经济、市场和思虑等武装起来的生物主义，或可说文化生物主义、制度生物主义、组织结构生物主义、技术生物主义。文化生物主义、经济市场生物主义、思虑生物主义的简称就是社会生物主义，社会生物主义是人类运用独有的理性与本能合谋的思虑来统摄文化、制度、结构、组织、技术、经济、市场等要素，使之形成整体的力量指向环境、开发资源并无止境地催发以物质增长为发展主题的社会范式。这一社会范式所遵从的首要原则，是**物本主义原则**。

所谓物本，就是以物为本体。不仅物质世界以物为本体，人的世界也以物为本体，物构成人的本体，也构成社会的本体，更成为发展的本体。以物为本体来看待存在世界、看待整个社会，并以物为本体来安排秩序、设计发展、确定评价原则、建立分配体系、实施奖罚机制等所有领域，并网罗所有行为和一切活动，就是物本主义。

物本主义信奉的原则，就是**物质至上**。遵从物质至上原则，社会发展必是增长主义，即经济增长主义、财富增长主义，其发展的指标必是 GDP 导向。遵从物质至上原则，社会的进步和文明必是平均收入，提高物质幸福指数。

遵从物质至上原则，社会价值体系的构建，第一，物的价值必要高于人的价值，人的价值需要通过物来衡量。第二，物的价值必要高于精神的价值，精神的价值需要用物来称量。第三，物的价值必要高于权力的价值：权力始终只是财富的手段，财富才是权力的目标，"争权夺利"的基本语义表达和基本行为准则是：争权只是为了夺利，夺利必须争权，并且为了源源不断的夺利，必须生生不息地争权。因为，**权力永远是财富的手段，财富永远是权力的目的**，无论是集权还是专制，甚至无所不在的威权，都是为了财富；集权、专制、威权以及主义，无论施之对付个体或众民，还是运用于政治团体或帮派，最终目的都是实际地占有财富。第四，物的价值必要高于人的价值。在信奉物质至上原则的物本主义社会里，人是手段、是工具或耗材，物质却是目的。物是人的目的，人是实现物的工具，众民的工具主义人格和工具主义人身，最终只是遵循物质至上原则所成。近代以来，人类由商业社会进入工业社会，从古典工业社会向现代工业社会和后工业社会方向展开所生成发展起来的傲慢物质霸权主义行动纲领和绝对经济技术理性行动原则，都是遵从马克斯·韦伯所讲的"工具理性"，或曰"科学理性"。现代社会所信奉的工具理性或科学理性的内在规定，就是物质至上。

社会生物主义必须遵从物本主义原则。物本主义原则就是以物质为一切的来源、一切的依据、一切的准则，这就是以财富积累和占有财富的多寡为准则，包括判断的准则、类分的准则、尊卑的准则。要言之，物本主义原则的形态学呈现是物质至上。物本主义原则的社会运行，就是市场经济主义、发展增长主义、财富创造主义、物质消费主义。物本主义原则的个人指南包括人身价格论、性肉商品化、物质幸福论和生活享乐论。

利益主义原则　社会生物主义所遵从的第二个原则，即利益主义原则，它是从物本主义原则演绎出来的具体原则。从整体观，物本主义原则是社会生物主义的价值构建原则，也可看成是社会生物主义的框架原则；在此价值指涉和框架规范下，其利益主义原则构成社会生物主义的行动原则，也可看成是社会生物主义的价值判断原则。

要理解利益主义，需从利益切入。利益是相对存在者而言，意指凡是对己之存在有益有利的东西，都称为利益；反之，凡对己之存在有损有害的东西，都属利害。凡事凡物凡存在者，皆有利，利之于己或他者，或可属益，或可成害，既是情境所致，也是个体得之当与不当。对于有意识地思维和有意识地生活的人类来讲，其存在敞开生存之趋利避害是为本能选择使然，也是理性权衡所致。由此，无论是生物本性还是人文理性，均蕴含趋利避害的种子和潜能，这是利益主义的生命根源，也是利益主义选择的文化人类学依据。

客观地看，利益是世界存在的实体，因而世界是利益的世界，万物是利益的万物，生命是利益的生命，人是利益的人，社会是利益的社会。阳光、气候、气温、地温、水、土壤，没有哪样物质缺少得了，也没有哪种生命不需要它们而可独立存在；人更是如此。人组建社会并缔造国家，只是为了解决存在安全和生活保障，而存在安全和生活保障本身及其所需要的一切，就是人所需要的具体利益内容。所以，人的社会也是由利益组成。或许正因如此，边沁才如是认为："共同体是个虚构体，由那些被认为可以说构成其成员的个人组成。那么，共同体的利益是什么呢？是共同体的若干成员的利益总和"，所以，"不理解什么是个人利益，谈论共同体的利益便毫无意义。当一个事物倾向于增大一个人的快乐总和时，或同义地说倾向于减少其痛苦总和时，它就被说成促进了这个人的利益，或为了这个人的利益"。① 何为利益？何为个人利益？冷时穿衣，衣服就是此人的利益；渴了喝水，水则构成实际的利益。煤气中毒，将窗户打开，使空气进入室内稀疏空气中的煤气，这就在为中毒者输送利益。简言之，所谓利益，就是促存在存在、促生命生、促人之生与活的一切因素、所有条件及全部努力及其所得。利益，包括物质性的东西，还有精神性、情感性、认知性、思想性、信念性的内容。物质性的东西和精神性的东西之间，不仅在人身上、在人的世界里可以互为转换，而且首先在造物主原创化和继创生的存在世界里也可以互为转化。正是在这个意义上，我们才可以理解邓小平同志的"不讲物质利益，那就是唯心论"②。邓氏之论在马克思那里有其解释依据，即"人们奋斗所争取的一切，都同他

---

① ［英］边沁：《道德与立法原理导论》，时殷弘译，商务印书馆 2000 年版，第 58 页。
② 《邓小平文选》，人民出版社 1988 年版，第 136 页。

们的利益有关"①。人们所有的努力都是为了利益，是源于利益的创造才解决肉体的生计和生命之生的问题，为了生计和生的问题得到解决而追求利益，则不得不以劳动的方式展开，劳动才创造了道德。

虽然世界是利益的世界，人是利益的人，社会是利益的社会，但利益并不等于利益主义。利益是存在的实体，它具有自身的存在方式和功能方式，也是其自身存在方式和功能方式而生成自为的边界以及为它的限度。比如水，其自为存在方式是平，其自为的功能方式是走下，水的自我生成功能和为它的滋养功能都是走下，或曰，水是以"至平而止，卑下而居"的方式发挥出自生与他生（滋润）的功能的。所以，水之于自身的利益和之于他者的利益始终是自然主义：水的自然主义就是水的本性，其行为敞开（静持与动变）是其本能。如果人以其智－力的方式使水逆其"至平而止，卑下而居"的自然本性而上高山、入水库、发水电，以及常见的通过管道将自然之水送上几十上百层的高楼，这就使之成为利益主义之水。利益之水与利益主义之水的根本区别是：利益之水是自然主义之水，是遵从水的自身本性之水；利益主义之水是解构水的自然主义本性及其自在方式和滋养方式，然后以人的智－力强行赋予其欲望主义和物质至上的物本主义之水，它使水的静持与动变丧失自身而获得人力意志的强力，由此变得无有限度和边界。所以，利益主义是对利益的**无限度、无边界、无约束化**。

由于利益主义是对物本主义的价值落实和行动落实，利益主义原则构成物本主义的具体原则。基于物本主义对它的规则，利益主义的本质就是**利益至高无上**。利益至高无上，就是**利益集聚一切，利益创造一切，利益决定一切**。利益主义强调，利益是一切的依据，也是一切的准则，更是一切的方法，主张自我利益最大化。无论是在社会里还是在生活中，其辨别或区分真假、善恶、美丑、利义、己群的依据都是自我利益。所以，利益主义落在实处，就是自我利益最大化和最优化，它构成一切的准则、一切的依据、一切的方法。

利益主义，也是无限度主义、无边界主义和无约束主义。无限度、无边

---

① 《马克思恩格斯全集》第 1 卷，人民出版社 1982 年版，第 82 页。

界、无约束的利益主义所奉行的准则有三：其一，利益主义奉行的一般生存准则是：凡事有利而往，凡事无利而不往。其二，利益主义奉行的一般行动原则是：只讲目的，不讲手段；并且为达目的，不择手段。其三，利益主义奉行的特殊行动原则是：有奶就是娘。

二　尊严沦陷的语境

自然主义的生物本性经历人的文化人类学洗礼而无限地放大生物本性，使之上升为社会生物主义。社会生物主义合谋本能和理性构建物本主义原则和利益主义原则来指导社会、文化、制度、结构、组织和政治、经济、市场、科学、技术、教育以及知识、方法、价值观念和信念体系朝增长主义方向发展，所结出物质主义的累累硕果就是工业化、技术化、城市化、现代化和无所不在地培育工业化、技术化、城市化、现代化的现代主义，最终将人掩埋于其中。这个掩埋人的现代陷阱，就是**"无限度的扩张"**和**"有组织的不负责任"**的后世界风险社会。人一旦沦陷，就会消失；当人沦陷了、消失了，尊严自然不再存在。

被社会武装起来的生物主义，为何会导致人的尊严沦陷？这是因为社会生物主义培育出了三种致人之死并致尊严沦丧的东西。首先，生物主义培育出**极端利己主义**。极端利己主义的眼中只有利益，没有人。不仅只有利益、没有他人，而是首先是只有利益，没有自己。尊严是以人的存在为前提的，己的存在尊严是以己的存在为前提，他人的存在尊严是以他人的存在为前提，当绝对的利益主义将己和人均从唯利是图中抹去时，尊严自然消失于无形。这是因为"一旦我们试图将其简单地解释为相较于更粗粝、更严格的早期岁月而言的一种利己主义，或一种道德败坏、自我放纵，我们就偏离了轨道"①。其次，社会生物主义培育出**财富专制主义**。以物本主义和利益主义为原则的社会生物主义，将物质、金钱、财富视为唯一的目的而持之以恒地展开，必然生成**拜物教**，形成对物质、金钱、财富的崇拜。从增长主义、指标主义以及市场垄断主义到物质幸福论、财富攀比、奢侈消费等，贯穿着财富专制生

---

① ［加］查尔斯·泰勒：《本真性的伦理》，程炼译，上海三联书店 2012 年版，第 21 页。

活、财富专制人、财富专制社会的主导意志。最后，社会生物主义培育出**普遍的歧视**，包括职业歧视、收入歧视、消费歧视、身份歧视、地位歧视、学历歧视、地域歧视、城乡歧视甚至南北歧视、东西歧视、信仰歧视、观念歧视、价值观歧视等，无形中组成了物质至上和利益至上的生物主义链条。正是社会生物主义培育出来的极端利己主义、财富专制主义和普遍的歧视，从三个不同的方面将等序存在的人的生活推进了尊严丧失的物质幸福论泥潭和物价标准论陷阱之中无法自拔。

1. 物质幸福论泥潭

从整体观，社会生物主义从社会和个人两个面向推动人的尊严沦丧，其社会面向以增长主义发展为主题，厉行物质主义价值标准论来解构人的尊严；其个人面向以物质幸福为主题，喧哗拜物教来解构人的尊严。

实用主义哲学家詹姆斯（WilliamJames，1842 – 1910）说："与我们应该成为的人相比，我们只苏醒了一半，我们的热情受到打击，我们的潜能没能展开，我们只运用了我们头脑和身体资源中的极小一部分。"[①] 我们"应该成为人"和我们"实然是人形动物"的根本区别，被马塞尔（Gabriel Marcel，1889 –1973）所揭示，这就是"当我看见一只狗卧在一家商店门前时，我随口说出了一句话：'有一样东西叫活着，有另外一样东西叫存在。'我选择了存在"[②]。我们作为实然的人形动物，就是"活着"并为活着而劳作；我们努力于"应该成为人"，必须"选择存在"，且必须存在。存在与活着的区别在于：前者必须成为有精神内涵、自身要求和行为要求的人，站立地存在，尊严地生活。活着，仅是为有饭吃，有衣穿、有房住。或者是为了吃更好的饭，穿更好的衣，住更好的房，有更多的享乐，更多的钱，更富有的财富。更简单地讲，存在，不仅有物质保障，更应该有精神方面的幸福要求。活着，就是实现物质的幸福。

"幸福"概念源自希腊语 Eudaimonia，它由 eu（好）和 daimonia（神灵）

[①] ［美］弗兰克尔·戈布尔：《第三思潮：马斯洛心理学》，吕明、陈红雯译，上海译文出版社1987 年版，第 58 页。

[②] ［法］保罗·富尔基埃：《存在主义》，潘培庆、郝珉译，上海译文出版社 1988 年版，第 112 页。

构成，其字面语义是"有一个神灵在照顾"，意为"人的兴旺"。英文一般将其译为"happiness"，但 happiness 只表达了"幸福"的部分意义，因为 Eudaimonia 还指"我们作为主动存在物的本性的满足"，亦即"活得好"或"做得好"。由于 Eudaimonia 表述的内容涉及整个人生状态，所以也被译为"福祉"。① 柏拉图、亚里士多德、伊壁鸠鲁（Ἐπίκουρος，公元前 341 – 前 270）等哲学家都认为 Eudaimonia 乃是指最值得过的人生生活的状态。而对于这种激发人们去追求最值得过的生活状态，古今中外的思想家都做过描述，但比较而论，伊壁鸠鲁概括得最准确和传神，他认为幸福就是**肉体的健康**和**灵魂的平静**，"因为肉体的健康和灵魂的平静乃是幸福生活的目的。这就是为了达到这个目的，我们才竭力以求避免痛苦和恐惧"②。如何才能达到肉体的健康和灵魂的平静呢？亚里士多德在《尼各马科伦理学》中为人们提供了可行路径和方法："从名称上说，几乎大多数人都会同意这是幸福，无论是一般大众，还是个别头面人物都说：**生活优裕，行为优良，就是幸福。**"③（引者加粗）生活优裕和行为优良，构成幸福缺一不可的基本条件。在这两个基本条件中，生活优裕讲的是幸福的获得和保持，必须有相应的物质保障，这是因为幸福只能是人的幸福，人却是需要资源滋养的个体生命，并且滋养其生命的物质资源并没有现成的，它需要人的劳动付出才能获取。因为"一切人类生存的第一个前提，也就是一切历史的第一个前提，这个前提就是：人们为了能够'创造历史'，必须能够生活。但是为了生活，首先就需要吃喝住穿以及其他一些东西。因此第一个历史活动就是生产满足这些需要的资料，即生产物质生活本身"④。生产物质生活本身，构成生活优裕的必须前提；而生活优裕却构成生活幸福的基础。

对人而言，具备物质生活条件上的优裕，可能会获得快乐，但并不一定能获得幸福。要使优裕的生活变成幸福的生活，还必须行为优良。行为优良，

① ［英］尼古拉斯·布宁、余纪元编著：《西方哲学英汉对照辞典》，人民出版社 2001 年版，第 335—336 页。
② 周辅成主编：《西方伦理学名著选辑》上卷，商务印书馆 1996 年版，第 103 页。
③ ［古希腊］亚里士多德：《尼各马科伦理学》，苗力田译，中国社会科学出版社 1999 年版，第 5 页。
④ 《马克思恩格斯选集》第 1 卷，人民出版社 1995 年版，第 78—79 页。

当然指行为追求善、创造善、表达善，但这仅是行为优良达向自身结果的状态，发动行为并使之朝着善的方向敞开的真正推动力量，既是孟子之论的仁心、仁性："夫仁，天之尊爵也，人之安宅也。莫之而不仁，是不智也。"①也是边沁（Jeremy Bentham，1748－1832）所讲的爱人："一个人怎样才能得到幸福？岂不只能通过得到自己的幸福所依赖的那些人的友爱？可是，他怎样才能得到这些人的友爱？岂不只能通过使他相信他会给予他们以同样的东西？"② 更应该是伊壁鸠鲁所说的谨慎、可敬与公正："生活得快乐而不生活得谨慎、可敬、公正，是不可能的；同样，生活得谨慎、可敬、公正而不生活得快乐，也是不可能的。一个人不能拥有快乐的生活，是因为他的生活不谨慎、不可敬、不公正；一个人不能拥有美德的生活，是不可能拥有快乐的生活的。"③ 心怀仁慈之心，真诚友爱他人，生活谨慎、可敬、公正，这就是亚里士多德所讲的"行为优良"。从整体观，生活优裕和行为优良之幸福，并不是一种静止的结果状态，而是人从心灵、情感、认知向生活行动方向敞开自我形塑的人生过程，在这个过程中，"幸福是一种持续的快乐。……幸福可以说是通过快乐的一条道路，而快乐只是走向幸福的一步和上升的一个梯级"④。"幸福就其最广范围而言，就是我们所能有的最大快乐。"⑤ 也只有通过这样的生活过程，人才可能从物质自我走向社会自我，并达向自我超越，因为"整个社会自我，比整个物质自我高。我们为名誉、为朋友、为然诺、为信义，应该胜过我们为自己体快、为自己发财。至于精神自我，更属高尚得不可以道里计、宝贵到不可以金钱数。一个人宁可抛却朋友、鄙弃名誉、丧失财产，甚至牺牲生命，也不该丢了它"⑥。威廉·詹姆斯将此概括为：幸福的本质是实现自我。幸福作为自我实现的方式和人生状态，不仅是物质层面的，更是社会和精神层面的，尤其是社会和精神层面的，因为对任何有血

---

① 杨伯峻：《孟子译注》，中华书局2000年版，第81页。

② Ignacio L. Gotz, *Conceptions of Happiness*, University Press of America, Inc., Lanham, New York, 1995, p. 286.

③ gnacio L. Gotz, *Conceptions of Happiness*, University Press of America, Inc., Lanham, New York, 1995, p. 173.

④ ［德］莱布尼茨：《人类理智新论》上册，陈修斋译，商务印书馆1982年版，第188页。

⑤ ［德］莱布尼茨：《人类理智新论》上册，陈修斋译，商务印书馆1982年版，第187页。

⑥ ［美］威廉·詹姆斯：《心理学简编》，伍况甫译，商务印书馆1933年版，第23页。

肉的个体存在来讲，"幸福和不幸居于灵魂之中"①。当灵魂被物质和感官快乐蒙蔽时，不幸必然降临于你的生活；当灵魂始终保持自我超拔的鲜活创生力量和自由意愿时，幸福则必然伴随着你的生活。所以，"幸福不在于占有畜群，也不在于占有黄金，它的居处是在我们的灵魂之中"②。

当以"应该成为人"而存在的幸福为参照，不是为其存在，而是为了活着而单纯地和无限度地追求物质、金钱、财富，及其对物质、金钱、财富的占有与享乐，并以此为人活着的全部价值和意义的幸福梦想和幸福观念，就是物质幸福论。这种物质主义的幸福论是生物主义的幸福论，让·鲍德里亚（Jean Baudrillard，1929－2007）认为，生物主义性质的物质幸福论是工业时代对社会和人予以畸形塑造的产物，是人根本地异化为单纯的物的呈现，这种性质的"幸福概念的意识力量并不来自个体为实现本人幸福的自然倾向，而是自工业革命以来沾染了'所有的政治的和社会的毒性'，从而使这一概念具有意识意义和意识功能，由此导致幸福被物化的严重后果，即幸福必须成为'物''符号'或'舒适能够测得出来的福利'，它才能成为平等的神话媒介"③。

物质幸福论之所以是生物主义性质的，不是因为它只诉求物质而忽视精神、自我和人格，更在于它无止境地诉求物质，以物质的多少来衡量幸福的有无和大小。与此相反的非物质主义幸福论，不是幸福蔑视物质、抛弃物质而只诉求精神、自我、人格，而是对物质的有限诉求，是无限诉求精神、自我、人格的形塑和完善。非物质主义的幸福论就是"**生活优裕，行为优良**"的幸福论，这种幸福论诉求"行为优良"，就是追求精神、自我、人格的不断完善，但它的前提是"生活优裕"。生活优裕的基本要求，就是有充足的物质保障。所以，非物质幸福论与物质幸福论的根本区别，就是对物质、金钱、财富的看待和诉求是否有止：有止的物质看待和诉求，是**需要**；反之，无止的物质看待和诉求，是**欲望**。有止的需要构成人探索人文主义的幸福生活，这种幸福生活形塑着人的尊严存在；反之，无止的欲望构成人烦盲地追求生

---

①　周辅成主编：《西方伦理学名著选辑》上卷，商务印书馆 1996 年版，第 79 页。
②　周辅成主编：《西方伦理学名著选辑》上卷，商务印书馆 1996 年版，第 79 页。
③　[法] 让·鲍德里亚：《消费社会》，刘成富、全志钢译，南京大学出版社 2014 年版，第 23 页。

物主义的幸福生活，这种幸福生活形塑着人的**匮乏激情和贪婪焦虑**，人的尊严存在也因此被其匮乏激情和贪婪焦虑所解构、所摧毁。

凯恩斯（John Maynard Keynes，1883–1946）指出："人类的需要可能是没有边际的，但大体上分两种——一种是人们在任何情况下都会感到必不可缺的绝对需要，另一种是相对意义上的，能使我们超过他人，感到优越自尊的那一类需求。第二种需要，即满足人们优越感的需要，很可能永无止境，……但绝对需要不是这样的。"[①] 凯恩斯对需要做出性质不同的两种类型的概括，一是基于生存，即基于因生而活，为活而生，且生生不息生存的需要，是人的**绝对需要**，这种绝对需要对任何人而言都是有限度的、可止的和能止的，却不能匮乏，更不能被剥夺和强占性的屯积，专制社会和威权主义的垄断，就是对这种之于人的绝对需要的剥夺、占有和屯积。二是基于生活优越的需要，这类需要也应该是有度的、可止的和能止的。当这种基于生活优越所激发出来的需要无度、不止和无止，就质变为掠夺性质、屯积性质、霸占性质、垄断性质的欲望。

基于生存的需要，是解决生与活的问题，这个问题一旦得到解决，它就会自为有止，其对需要满足的自为有止的基本面，是人能过上幸福生活的"基本财富"的具备和保障，但这个"基本财富"并不只是物质、金钱、财产，还包括权利、尊严、自由、平等与机会等。罗尔斯在社会正义论中认为这些才是人能过上幸福生活的**"基本财富"**，并且是社会应该且必须为之提供的人人平等地享有的基本内容。"罗尔斯的基本财富术语涉及三个极不相同的范畴：**收入与财产**，它们是人们想过一种自主且充实生活不可或缺的经济资源；**自由与机遇**，它们是选择多样性的规范和经验层面的保障；最终或许最重要的一个范畴便是**自尊的社会条件**，这一范畴显然同样被罗尔斯视为一种成功生活的资源和前提条件（罗尔斯实现一种理性的生活计划的术语），人们也可将其视为合理使用资源的结果；自尊也许可作为一种成功生活最重要的标志。"[②]（引者加粗）罗尔斯将人人能过上有尊严的幸福生活所需要具备的

---

① ［美］丹尼尔·贝尔：《资本主义文化矛盾》，赵一凡等译，上海三联书店1989年版，第22页。
② ［德］尤利安·尼达–鲁莫林：《哲学与生活形式》，沈国琴、王鸶嘉译，商务印书馆2019年版，第374—375页。

基本财富归纳为三类，第一类"收入与财产"，是群居存在的人平等地过有尊严的幸福生活所必须具备的**物质基础**；第二类"自由与机遇"，是群居存在的人平等地过有尊严的幸福生活所必须具备的**平等权利**；第三类"自尊的社会条件"，是群居存在的人平等地过有尊严的幸福生活所必须具备的**社会条件**，包括制度、社会结构、法律以及社会机制等条件。收入与财产、自由与机遇、自尊的社会条件，此三者的合生才构筑起人群居存在的尊严的土壤、尊严的环境和尊严的条件。

查尔斯·泰勒（Charles McArthur Ghankay Taylor）认为，在崇尚物质财富的社会里，"个人失去了某个重要的东西，这个东西是与行动的更大的社会和宇宙视野相伴随的……人们不再有更高的目标感，不再感觉到有某种值得以死相趋的东西"①。在只有物质、金钱、财富和由物质、金钱、财富填充起来的优越生活中，人们总是基于优越生活的激情而滋生无止的物质欲望。这种无止的物质欲望全面激活肉身主义的本能，并总是以其肉身化的生物本能为原动力，将欲望扩张为欲望主义，展开对物质、金钱、财富的不择手段的牟取、掠夺以及对他人的物质、金钱、财产的侵犯、剥夺、占有和囤积。所以，物质幸福论是欲望主义的，欲望主义将生物本能予以无限放大，使生物主义贯通物质幸福论，只注重收入和财产，无视"自由与机遇"和"自尊的社会条件"；并且往往因为追求收入和财产而心甘情愿甚至主动放弃"自由与机遇"和"自尊的社会条件"，凡事有利而往，凡事无利而不往；面对有利而往的事，总是只讲目的、不讲手段，为达目的、不择手段，更有甚者是放弃人格而行"有奶就是娘"。

从欲望主义言，物质幸福论之使人丧失尊严，因为它被生物主义激情牵引，生物主义激情拨旺本能必然燃烧掉尊严本身。从信仰观，物质幸福论之所以解构人的尊严，是因为它烦盲地崇尚拜物教，最终使人烦忙地追求物欲而最终忘却尊严为何物。所谓拜物教，就是信奉物质主义，以物质为存在的本质，以物质为人的本质，以物质为生活之神，把物质变幻为生活的信仰，支撑人站立起来尊严存在的信仰，就投向了只为了活和活得更为滋润的金钱

---

① ［加］查尔斯·泰勒：《本真性的伦理》，程炼译，上海三联书店 2012 年版，第 4 页。

和财富，因而，信仰金钱、信仰财富、信仰可以牟取到金钱和财富的任何方式、任何力量、任何手段，包括权力、垄断、专制、威权主义，包括主动将自己变成工具、奴才、耗材，均在所不惜。

以物质为上帝的崇拜物一旦成为信仰，物质幸福论观念必然生出一种习性主导人的肉身，这就是**狼性**，为了物质、金钱、财富，人可以变成狼。在社会生物主义的洪流中，所有的拜物教者"那就是一只狼，沾染着所有狼的习性"。人们在"物"的信仰浸润中汇聚起所有物的属性，人的视觉、味觉、触觉官能得到前所未有的发达，心智蒙蔽，思想退化，而成为官能化存在者。鲍德里亚指出，当人类退化为官能化的存在者，就意味着人类回到感性存在的最表层，即回到自然人类学状态，一方面，人们只能通过肉身主义的视觉、味觉、触觉等感官来获得生与活的快感；另一方面，人们全然消逝人的意识——包括人的存在意识和人的尊严意识——只在物的速朽性更替中过着与物一样不断被替代的生活，烦盲地见证着物从生产到消亡，再生产且又消亡。

休谟认为，人性是自私的。自私的人性构筑起对世界的一种基本看待，既没有任何东西比一个人的权力和财富更容易激发我们对它的重视和尊崇，也没有任何东西比他的贫贱更容易引发我们对他的鄙视。[①] 然而，人的自私，不过是人意识地放大其本原性的生物本性而使之生成一种拜物教激情，这种拜物教激情总能在任何情境下激发出人的**性肉化**冲动，促进私欲的增长。不断增长的私欲在没有遭遇禁止的环境里自由运动，必然将原本有限的权力培育出无限可能的权势和威权，权势和威权对财富的炙手可热的激情，必然促成无限自由的社会关系，包括能够自由地侵犯、剥夺、奴役、压制、垄断、占有、囤积的社会关系，将这种可自由地侵犯、剥夺、奴役、压制、垄断、占有、囤积的社会关系具体落实为政治、经济、文化的关系和传导、教化、生产的关系。在这种以拜物教激情为社会原动力、以权势和威权为主导力量生产出来的可自由发挥和创新的社会关系中，人的尊严必然遭受来自自身和他者的双重蔑视和挤压而最终解构。马克思认为，人类之所以乐意缔造国家的秘密，不过是实现利益分配的平衡和维护分配的利益不遭受任何形式的侵

---

① ［英］休谟：《道德原则研究》，曾晓平译，商务印书馆2002年版，第43页。

犯或剥夺，"国家是社会在一定发展阶段上的产物；国家是表明：这个社会陷入了不可解决的自我矛盾，分裂为不可调和的对立面而又无力摆脱这些对立面。而为了使这些对立面，这些经济利益互相冲突的阶级，不致在无谓的斗争中把自己和社会消灭，就需要有一种表面上凌驾于社会之上的力量，这种力量应当缓和冲突，把冲突保持在'秩序'的范围以内；这种从社会中产生但又自居于社会之上并且日益同社会相异化的力量，就是国家"①。然而，**"专制政府则恰恰相反，它不承认公民尊严平等。**它们可能做做样子，华丽的宪法列有丰富的公民权利，可现实却是另一回事。在相对仁慈的铁腕统治下，国家对公民就像家长对待孩子一样。普通人被当作小孩子，需要明智的父母——国家——来保护；他们不能被予以信任，自己管自己的事情"②（引者加粗）。这就是生物主义激情下的拜物教种植出来的最终结果，人的尊严就在这种结果中沦丧。

2. 唯物标准论陷阱

人的尊严沦陷于物质幸福论追逐之中，是因为物质幸福论生产拜物教，拜物教生产攀比主义，攀比主义构筑起沦落尊严的泥潭。并且，拜物教之所以催生权势、专制、威权，是因为拜物教催发狼性化的攀比主义。攀比主义之所以培育出人的狼性，是因为攀比追求唯我优越、独一无二，从出身到长相，从成绩到学历，从工作到站位，从物质到金钱，从车子到房子，从穿戴到佩饰，从身份到权力，从地位到财富，无不攀比，无不在攀比中追求独一无二、唯我独优、唯我独尊。

从物质幸福论到拜教教再到狼性化的攀比主义，宣扬唯物质价值标准论体系，简称**唯物标准论**。唯物标准论作为社会依据从三个方面予以明确定位，首先，物质是人的世界的本体。在这个物本世界里，非物无物，且非物无人。其次，人的生活世界最终由物构筑。在这个世界里，见物不见人，且物中无人。最后，一切方面、所有领域的判断和评价都以物为标准。以物为标准，

---

① 《马克思恩格斯选集》第 4 卷，人民出版社 1995 年版，第 170 页。
② ［美］弗朗西斯·福山：《身份政治：对尊严与认同的渴求》，刘芳译，中译出版社 2021 年版，第 50 页。

就是以财富、金钱、实物为标准。抽象地讲，就是以效率、效益、增长率为标准，或者以量化指标为标准。然而，无论是效率、效益、增长率，还是量化指标，都必须得到等级的赋权。所以，一切都必须以等级化赋权的量化指标为准则，增长率、效益、效率等都是接受其等级化赋权的量化指标的评价状态，物质、金钱、财富都是以等级化赋权的量化指标为依据的分配成果。当以等级化赋权的量化指标为评价的绝对依据时，必然同时产生六个方面的唯物质主义效果。

其一，人们不得不遵循其唯物价值标准来看待、审查、评价人时，人则被非人化，形成社会只见物不见人的非人主义倾向。在以物质为价值标准的社会场域中，人要成为人，必须有物的武装，即需要人通过物来表达自己的存在，比如，在你关联起他者所构成的生活世界里，你要能被他人看成是人，不能以你原本是一个人的方式来宣示自己在他人面前是一个人，却是需要借助你实际拥有的身份、地位、权势、垄断力、物质占有量、财富囤积量来予以明证，如果你没有拥有这些明码标价的东西，那么，你就很难在你的朋友圈、同学圈甚至亲友圈里被承认是一个人。

其二，在唯物质价值标准论的世界里，物质、金钱、财富既可以自由兑换权力、身份、地位和性欲的满足，更可以自由地购买做人的尊重、尊荣、尊严。与此同时，物质方面的匮乏、金钱方面的缺少和财富方面的空无，却总是被购买屈辱，或者，贫穷、无权、无势、无地位和身份，总是被各种物质性的力量赋予做人的屈辱、生活的屈辱、劳动的屈辱。所以，在唯物质主义取舍的生活世界里，人要避免屈辱，只有拥有更多的金钱、占有更多的财富，或谋取更多更高的权力、创造更大更威的权势。因为在以物质为价值准则的生活世界里，物质、金钱、财富与权力、权势、威权之间是可完全自由地相互会通、相互发展、相互增长；也正是这种相互会通、相互发展和相互增长，才生出遍地屈辱的存在和无尊严的生活。

其三，肉身与心灵作为哲学的致思对象时，总是被二元化，难以找到二者真正无间地统一的契机和方法。作为物质主义象征的肉身和作为心智主义标志的心灵，其二元化存在的真实表述，就是物质与心智的调衡成为难题。以物质为标准的唯物质主义价值体系，为之提供了解决身心二元和物质与心智调衡之难的方法，那就是以肉身来统摄心灵，以物质来驾驭心智。凡物质、金钱、财富之外的一切东西，都必须接受物质、金钱、财富的判断、评价和分类；凡是非物质、非金钱、非财富的东西，比如人世间的文明、信仰、精神、知识、道德、价值等非物质、非金钱、非财富的东西，都必须接受物化，并且只有当这些东西被物化后，才可显示出存在的价值来。所以，肉身统摄心灵、物质驾驭心智的唯物质价值标准论，解决了由非物质的精神性内容带来的所有困惑，将凡是缺乏物质属性且又不能被赋予物质属性的东西，比如一般的信仰、普遍的思想以及揭示根与本的知识，都可运用等级化赋权的量化指标予以拆解，尤其是诸如依附在人身上的人格、自我、尊严等非物质属性的东西，必须予以拆解。

其四，在人的世界里，"应该由其他标准来确定的事情，却按照效益或代价利益分析来决定，应该规导我们生活的那些独立目的，却被产出最大化的要求所遮蔽"①。正是出于这种遮蔽，人才可能为物所笼罩住，使人的世界物化为物质、金钱、财富与权力、权势、威权自由交易的生活世界。以此观之，以等级化赋权的量化指标为工具和方法来拆解非物质属性的存在内容、安排肉身和驾驭心智，是社会物质主义的应为流程。通过其应为流程，物质主义社会化。物质主义社会化，与威权社会化和社会威权化同步，在这一同步进行曲中，人的健康心灵被肉身化，或者说**肉欲心灵化**。人的正常心智被物质化，或可说**物质心智化**。物质心智化的过程，是物质稀释心智、麻痹心智、蒙蔽心智和降解心智的过程，通过这个过程而牵引心智畸形发展，首先是心灵发育的中断，其次是情感发育的畸形，最后是认知发育的唯物质主义内卷。

其五，在肉身统摄心灵、物质驾驭心智的存在场域里，肉欲心灵化，灵魂失忆，人性习相远；心智物质化，人心必然败坏，视野更狭隘。合言之，肉欲心灵化和心智物质化，人的内卷的思维和平庸的认知，以一种内在自得的方式生产出物质、金钱、财富和权力、权势、威权交相编织的盲目乐观主义。这种盲目乐观主义的最终源泉是物质、金钱、财富。这不仅仅因为物质、

---

① ［加］查尔斯·泰勒：《本真性的伦理》，程炼译，上海三联书店 2012 年版，第 5 页。

金钱、财富可以创造一切，带来一切，解决一切，更为重要的是物质、金钱、财富才可保有一切，因为物质、金钱、财富具有强大的生殖功能，有自由转移的轻便性质，更能遗传和继承，这是权力、权势、威权所不具有的，无论权力、权势或威权，不能遗传，不能继承，不具有生殖能力，更无自由转移的便捷性。所以，权力、权势、威权只能是物质、金钱、财富的手段。不仅相对权力、权势、威权言，也相对世上的一切言，只有物质、金钱、财富才是最完美的、最美好的。所以，它就是一切。

既然物质、金钱、财富就是一切，为物质、金钱、财富放手而搏，必是顺天意、足人心的人生快事，由此也带动了侵犯、剥夺、占有，推动了集权、专制、威权，因为集权、专制和威权既是最便捷地掠夺、占有、囤积物质、金钱、财富的方式，也是最快速地以生殖的方式增长物质、金钱、财富的方式，更是自由地转移物质、金钱、财富的最好方式。

其六，在生物主义导向的社会里，唯物质幸福论树立起生活的目标，唯物质标准论建构起实现其生活目标的依据、准则和行动方法。以唯物质标准论为依据和准则而追逐物质幸福论，所带动起来的社会化的侵犯、剥夺和占有，首要在物质领域展开，形成对物质、财富、资源的侵犯、剥夺和占有；其次在权利领域展开，进行权利、自由、平等、公正的侵犯、剥夺和占有；最后在精神领域展开，实施心智、人格、自我、尊严的侵犯、剥夺和占有。这三个方面的生物主义侵犯、剥夺、占有的持续展开，必然生产出一种社会化的屈辱，包括贫穷的屈辱、无财富的屈辱、无自我的屈辱、无人格的屈辱、无希望的屈辱，这些屈辱互相叠加将追逐物质幸福的人们驱赶进极端不平等的生活危境之中，不平等的生活危境源源不断地生产无尊严的存在，包括无尊严的实际存在和无尊严的感觉存在。这种无尊严的实际存在，由权利的不平等、市场的不平等、分配的不平等、政治待遇的不平等所推动；这种无尊严的感觉存在，由企望通过物质的富有来安排自由存在的梦想不断落空的不自由的生活所激发。不平等的存在和不自由的生活，从三个最为实在的方面无情地拆解了人的尊严，使存在沦陷于无人格、无自我、无尊严的黑暗渊谷之中。从根本讲，第一，无平等和不自由的生活是没有尊严的生活。而"自由是持续的沟通"，反之，"不自由使人变得越来越封闭，不愿意沟通"，即

"每个人都把自己封闭在自我的桶中，再用自我的塞子堵住，放到自我的井中浸泡"。① 第二，当人们在物质主义追逐中沉沦于一种无平等和不自由的生活深渊，则倍感社会的不公正。不公正的社会本身就成为生活的泥潭，人沉陷其生活泥潭中，自然也成为丧失尊严存在的任何可能性的陷阱。第三，人的不平等、不自由根源于无权利。当人们以无权利的赤裸肉身去追逐物质幸福的梦想时，必然被权力、权势、威权撞击得粉碎，最终只能沉陷于无任何尊严的屈辱生活之中无法自拔。

---

① ［美］罗洛·梅：《焦虑的意义》，程璇、郑世彦译，浙江教育出版社 2023 年版，第 63 页。

第 5 章　培育尊严的土壤

　　人因为造物主的造化，而成为存在世界的奇迹。人之所以成为存在世界的奇迹，是因为造物主赋予他站立存在的资质与光荣。这是人根本地有别于众物而从四脚爬行到"两脚走路，两手做事"地站立存在的根本秘密。但是，人站立存在并不只是能够"两脚走路，两手做事"，这仅是其站立存在的形式呈现，人得以站立的本质方式，是造物主通过继创生赋予他以高贵的方式存在，这种高贵的存在方式就是尊严。这就意味着，只会"两脚走路，两手做事"却缺乏尊严，还不能是真正站立的人，只算是"人形动物"。"人形动物"有"两脚走路，两手做事"的肉身行动方式，却没有站立存在的内在的精神骨架，包括由自由意志、灵魂和生命激情生成的心灵底座以及由人格 – 自我支撑的心智框架。人的心灵底座和心智框架的合生构成人的精神骨架。尊严之所以标志人高贵存在，就在于人的尊严存在统合了物质与精神，即物质和精神的互为充盈形塑了人的尊严存在。

　　人始终是世界性的和他者性的存在者，这意味着人以高贵的尊严之姿站立存在，必有其个体和社会两个维度的基本条件，在雄心勃勃的工业主义以极端开发市场和技术的方式向后工业主义方向挺进的进程中，以"无限度的扩张"和"有组织的不负责任"的方法培育出嗜血成性的生物主义和威权主义，二者分别从个体和社会两个方面把人变成了"人形动物"，解构了人的尊严，消灭了人的高贵。要重构人的高贵存在，必须恢复人的尊严，这应该从个人和社会两个方面努力。

一　社会的正态存在

人类要从生物主义和威权主义猖獗的后世界风险社会陷阱走出来，恢复人的尊严以重构人的高贵存在，其努力的基本前提是重建基本的**社会共识**，包括一般认知的共识和结构秩序方面的共识。前者涉及尊严存在的根本性质，后者关联起尊严存在的必需社会条件。

1. 何谓正态存在？

讨论尊严存在的性质，必将存在的正态问题牵涉出来。

客观地看，无论是宏观的宇宙、自然及地球或生物世界，还是具体的物种生命及这条河流、那棵树，或一只人造的风筝，或任何的商品，其存在都**有其自身的本原性位态**。并且，每个存在物的存在，无论是自然存在物还是人造存在物，其本原性位态始终是**持正持中**的。在存在世界里，大自然的鬼斧神工创造出千奇百怪的惊险景观，人的世界也更是源源不断地从小到生活日用品，大到宏伟建筑，哪怕其造型在感觉上大有倾塌之状，却始终以其自身的位态穿越时空而稳健地存在。这就意味着，凡存在物，无论是自然物还是人造物，其存在**在本性上**是持中持正的，持中持正构成存在者存在的自身位态。当其原本性的持中持正的位态被解构时，存在者将不复存在。所以，持中持正构成存在者的法则，也是存在的法则；或曰，存在的法则构成存在者存在的法则。

持中持正存在的法则实乃造物主创世界的方法，这就是造物主运用**正态分布**（Normal Distribution）的方法来创世界，其所创化出来的世界，即其实存样态宇宙自然和万物生命正态分布地构成了存在世界本身，并以正态分布的方式持中持正地存在。人同样如此，因为人也是造物主的造物，如宇宙自然和万物生命这些造物一样，当其产生了、存在了，就得遵从其存在法则而持中持正地存在，一旦丧失其持中持正的存在法则，人亦将不成其为人，虽然他还仍然在"两脚走路，两手做事"。

存在者依据存在法则而持中持正地存在，就是正态分布的存在，简称正态存在。所谓正态存在，是指存在本身保持**自正状态**。然而，使存在保存自正状态的那个东西是什么呢？并且，使存在保存自正状态的那个东西居住在何处？首先，使存在保持自正状态的那个东西，只能是**中**。对任何存在者，唯中，才正；没有中，不可能有正。所以，**中生成正，正彰显中**。那么，这个生成存在者之正的中居住在何处呢？居住于正之中，更具体地讲，居住在存在者的**自正里面**，构成其自正的内在规定。这就是说，正态存在既是形态学的，也是本体论的。正态存在的形态学，就是存在者自持正态，即存在者**自正姿态**并由此彰显出**自正状态**，就是正态存在的形态呈现。使之自持正态的本质规定和本体内涵，却在正中之中。所以，中，既构成正态存在的本质规定，也构成正态存在的本体内涵。正态存在的本体论，即**自持中位**。这是因为造物主创世界的存在法则规定，存在者的存在位态必是里外的合生状态。"中"存于**事物里面**，构成事物的**内在规定**，即任何事物都有**自身之中**，这"自身之中"构成事物的存在之位，即**中位**。比如房屋有房屋之中位，水坝有水坝之中位，碗有碗之中位，筷子有筷子之中位，人体有人体之中位，心有心之中位，魂有魂之中位，如此等等，不一一列举。"正"是存于**事物表面**，构成事物的形态规定，即任何事物都有**自身之形**，这"自身之形"构成事物的存在之态，即**正态**，房屋有房屋之正态，水坝有水坝之正态，碗有碗之正态，筷子有筷子之正态，人体有人体之正态，心有心之正态，魂有魂之正态，凡天下之物莫不如此。所以，任何事物成为该事物而区别其他任何事物地存在的那个东西都**自在其中**，并由里及外地**自为**中位和正态。其中位与正态合之于存在者之中，构成存在者之存在位态。这一存在位态的形态显现，就是该存在者的正态存在。

理解"正态存在"的内涵和构成，明确重建人的尊严存在需要一个认知基础，这个认知基础并不是由人的智－力提供依据，即或社会及其构成也不能为之提供依据。因为能够为重建人的尊严存在的牢固认知基础，只能从存在世界中寻找，它蕴含在存在世界中，也蕴含于构成存在世界的存在者的存在之中，它的最终来源是造物主，即造物主以正态分布的方式创化世界，并赋予创化的世界以继创生的共享方法，这就是持中持正的创造方法。在存在世界里，宇宙自然和万物生命只有持中持正方可创造，方才继创生。人的继创生亦必须如是地遵从这一持中持正的方法，否则，人的世界就会重新返祖为自然人类学状态，并以人的智－力放大原本有限度的丛林法则，使之陷入无限度的自然状态。工业主义以其"无限度的扩张"和"有组织的不负任"方式塑造出来的生物主义和威权主义，之所以能轻易地消灭人的高贵，解构人的尊严，其根本秘密在于生物主义占有囤积和威权主义侵犯剥夺从两个不同方面肢解了社会自持中正的结构和秩序，瓦解了个人自持中正的信仰土壤和精神底座。

以此观之，重建人的高贵存在，恢复人的尊严，需要重建正态存在的社会。重建正态存在的社会，其实质努力有两个方面，一是社会恢复自持中正的结构和秩序；二是个人恢复自持中正的信仰和精神。实施其双重恢复的基本方法，就是**存在尊重**。

存在尊重，首先是通过尊重常识而使人和社会回归常识。因为持中持正的正态分布是造物主的创世方法，它构成存在世界继创生的存在法则，这一存在法则的个体化敞开，就构成万物生命的本原存在位态，也构成人的本原存在位态和社会的本原存在位态，这些不同层面的本原存在位态实际地构成了人的存在所应该尊重的常识。尊重常识归根结底有三方面，一是尊重存在本性，尊重事物本性。日月之行，草木一秋，水平澹而盈和卑下而居，即其本性使然。尊重存在本性和事物本性，则可与之相安而在；逆其存在本性和事物本性，或可灾祸连绵。从人类尊严史观，许多境遇中的尊严丧失，却是实实在在地丧失于对存在本性和事物本性的忽视、轻慢甚至蔑视和对抗中。二是尊重存在之静持与动变规律。覆水难收和沸水难蹈，亦指规律难以违逆。存在规律之于人和社会，是顺之则生，逆之则亡。人定胜天，既有理想的狂妄，更彰无知的愚昧；娘要嫁人，可以强行使之不行，天要下雨，却无能为力。气候变化有其自在运动规律和变化法则，人的智－力何可干涉？造物主创造地球予以海陆分布，设置了大地和天空的自净化机制，当人力以其创造和消费的疯狂源源不断地制造垃圾和污染超过其自净化能力，破坏其自净化机制，人只能自食其严重污染化的空气、水、粮食之苦果，没有例外，也不可例外。三是尊重一切限度。存在、事物、权利、利益、欲望、激情等，在一般意义上都是好的、美的，但它们都有其自身的限度，存在有存在的限度，事物有事物的限度，权利有权利的限度，利益有利益的限度，欲望有欲望的限度，激情有激情的限度，根本不可逾越，如果偶尔逾越，尚可弥补；如果将逾越限度视为正常且持之以往，就会成为"覆水"和"沸水"。生物主义带来的灾难和威权主义制造的苦难，都源于对限度的盲目无知或任性践踏，生物主义对财富欲望无止境带动权力渴望无尽头，威权主义对权力贪婪无边际催发对财富囤积无止境。二者殊途同归的恶果是毁灭美好的世界的同时，也毁灭自己。

尊重常识，仅仅是共识的起步，仅是对常识的尊重，尚不能为重建人的尊严存在提供健全的和完整的认知基础。应该在尊重常识的同时面向人性、尊重人性，真正领悟人性的律法。这就是说，重建人的高贵存在，恢复人的尊严，需要重建两个认知基础，一个是如何尊重存在本性、法则和限度的认知基础；另一个是如何尊重人性及其律法的认知基础。因为，无论生物主义还是威权主义，其从根本上无视存在本性和事物本性，蔑视法则和规律，任意地逾越甚至践踏限度，最终根源于对人性的无知，或者根本不愿意对人性有知。无论是有意还是无意，对人性的无知总是以或这或那的方式全方位地带动对人性的轻慢、蔑视，最后是对人性的恣意践踏，古往今来的生物主义者如此，威权主义者更是有过之而无不及，任意地侵犯、剥夺、占有、囤积，无边界的监控、管制、镇压、血洗等，无不是人性泯灭之呈现。重建人的高贵存在，恢复人的尊严生活，必须重新认知人性、敬畏人性、遵从人性"相近"的天赋和"习相远"，以及从"习相远"回归"性相近"的根本规律，领悟生、利、爱、群的人性本质和生己与生他、利己与利他、爱己与爱他、己群与群己的人性律法，则可融化生物主义贪欲和威权主义暴虐，恢复人站立存在的人性世界。

面向人性，尊重人性，领悟人性的律法，既是面向人人，也是促进人人的根本共识的基础和主体动力。尊重人性，领域人性的律法而面向人人，即以己待人和以己度人，形成人人相互照看。在此基础上，尊重人性、领悟人性的律法而促进人人，就是使人与人能以生、利、爱、群的人性为驱动力，相向走近和相向走进而生活在一起。生活在一起，这是人与人相予走向高贵之境而尊严存在的日常方式。

2. 公私分明的权界

正态存在的社会必会权界分明。

"权界"释义　何为权界分明？须理解"权界"的含义。"权界"一词源自严复翻译穆勒（John Stuart Mill，1806－1873）专论自由的著作。严复理解穆勒的自由思想在本质上是一种群己权界的思想："这篇论文的主题不是所谓意志自由，不是这个与那被误称为哲学必然性的教义不幸相反的东西。这里所要讨论的乃是公民自由或称社会自由，也就是要讨论社会所能合法施用于个人的权利的性质与限度。"① 个人的自由实是个人在社会中的自由，其实质是个人自由的边界，这个边界却要用"权利"来界定。所以，**自由本源于权利，自由行止于权利**。穆勒因此为个人的社会自由确立起一个自由之"源"与"止"的原则："这条原则就是：人类之所以有理由有权利可以个别地或集体地对其中任何成员的行动自由进行干涉，**唯一的目的只是自我防御**。这就是说，对于文明群体中的任何一个成员，之所以能够使用一种权力反对其意志又不失为正当，**唯一目的只能是防止伤害到他人**。如果说是为了那个人自己好，无论是物质上的或精神上的理由，都不能视之为是充足的……任何人的行为，只有涉及他人的那部分，理应受到管理，即他要就此对社会负责任。在仅仅涉及他本人的那部分，从权利上讲，其独立性是绝对的。对于他本人，对于他自己的身体和心灵，个人是至高无上的。"② （引者加粗）严复将穆勒的"论自由"翻译成《群己权界论》，揭示"夫人而自由，固不必须以为恶，即欲为善，亦须自由。其字义训，本为最宽，自由者凡所欲为，理无不可，此如有人独居世外，其自由界域，岂有限制？为善为恶，一切皆自本身起义，谁复禁之！但**自入群而后，我自由者人亦自由，使无限制约束，便入强权世界**，而相冲突。**故曰人得自由，而必以他人之自由为界**"③ （引者加粗）。

要言之，权界既是**权**的界限、边界，也指权的限度和约束。所要限度和约束的权，不能自生。不仅权不能自生权，人也不能自生权。权只能在人与他者（他人、人群）的关联构成中生发出来。由于权是从己与人或己与群所构成的关联存在中产生，并只能在己与人或己与群的关联存在中发挥功能，它就必有其限度和边界。这个限度和边界既不能由己单方面决定，也不能由人或群单方面决定，只能由己与人或己与群依据其关联存在的法则来共同决

---

①　Mary Wollstonecraft，ed.，*On Liberty*，New American Series，New York，1974，p. 126.

②　Mary Wollstonecraft，ed.，*On Liberty*，New American Series，New York，1974，p. 135.

③　［英］约翰·穆勒：《群己权界论》，严复译，上海三联书店 2009 年版，"译凡例"第 2 页。

定。这个关联存在的法则，只能是**利害法则**或者说**利益法则**。己与人或己与群的关联存在由利害或利益所规定，利害或利益的抽象形式就是权。两人擦身而过，构成实际的关联存在。两人擦身而过互不干涉，双方在其擦身而过的关联存在中保持了各自的权益；擦身而过的两人相互招呼，双方在其擦身而过的关联存在中互增了利益。两人擦身而过时，一人无端地推搡了另一个人一掌，或者一人冲着另一人无端地骂了一句，这就是两人在擦身而过的关联存在中发生了人身伤害，这种人身伤害即权利侵犯，也是自由侵犯。由此不难发现，凡是一人世界或一人行为的世界，自由是绝对的，权利也是绝对的，**但绝对权利不是权利，绝对的自由也不是自由。只有当人与人或人与群之间发生了关联存在时，自由和权利才产生**，因为任何形式的关联存在的实质构成是利害、利益。一旦涉及利害、利益，必然把权生产出来、烘托出来、放大开来，形成自由或不自由、平等或不平等、公正或不公正、人道或不人道。

权界分明的准则 由关联存在构成的人的世界里，由于其关联存在的生成方式和生成性质有两种基本类型，即人与人的关联存在类型和人与群的关联存在类型类分出两种性质的权——权利与权力，前者主要从人与人关联存在中生发出来，后者主要由人与群关联存在中生发出来。权界，既指权利的界线，也指权力的界限。

由于群是由单个的人组成，或由单个的人自发组成，或以明确的目的有组织地将单个的人组成"最高级而完善"的国家，所以人与群的关联存在是建立在人与人的关联存在基础上的，并在本原的或正常的情况下，人与群的关联存在又总是回归于人与人的关联存在。由此，人与人关联存在生成的权利构成人与群关联存在构成的权力的基石，且人与群关联存在所建构起来的权力，在本原意义上并且在正常情况下，是服务于人与人关联存在缔结起来的权利，并最终回归于人与人关联存在缔结起来的权利。

在人与人关联存在的维度上，权利构成权利的界限，权利也构成权利的限度与约束方式，这就是你的权利的边界就是我的权利，我的权利的边界就是你的权利。或者说，我的自由的边界是你的权利，你的自由的边界是我的权利。要言之，权利与权利互为边界，构成相互自由的分明界限，这就是**人**

与人之间的权界分明。

在人与群关联存在的维度上，个人的权利构成群的权力的边界，个人的自由构成群的自由的边界；没有"反之"的对应机制，即群的权力决不能构成个人权利的边界，如果是这样的话，个人的权利就得不到任何保障；同样，群的自由也不能构成个人自由的边界，否则，个人就没有任何自由可言，群的权力可以任意地侵犯或剥夺任何个人的自由。所以，**权利与权力之间**要能界限分明，只能由权利来标定，即只能是权利限制权力，权利约束权力和权利规训权力，其具体的操作方式是构建起全方位的权利博弈权力和权利监约权力的社会机制。

合言之，权利与权利互为边界与约束是自由的**基本**面向，是根本的自由。但权利对权力的边界和约束才是自由的**根本**面向，也是根本的自由。如果权利不能构成权力的分明边界与约束方式，如果权力可以高视阔步于权利而享有绝对的自由，那么权利与权利之间互为边界与约束就会被完全地解构，个人的权利可凭借任何因素而变成权力，比如，权力、财富、关系、血缘、门阀、朋友、乡党，以及地域因素、居住地、学历、毕业学校、师门等，都可以将个人性质的权利变成令人发指的权力，甚至生活在最底层的人，也可在任何情景下以一身的力气和绝望的冲动把贫弱的个人权利武装成让人害怕的权力。从这个角度看，权利与权利之间的权界分明必须通过权利对权力的权界分明来实现。因而，通过权利对权力的分明界限来确立权利与权利的互为权界，就是**权界主义**。

就实质言，权界主义是指人与群关联存在生发出来的权力得到权利的实际限度与规训，而形成**权力服从权利**和**权力服务权利**的方式。它形成五个方面的自身规定。其一，权界主义承认权力来源于权利，是人基于群居存在的需要而非将一部分权利按平等方式让渡出来然后拢集成权力，所以**权力的根源是权利，权力的边界是权利**。其二，权界主义的基本信念是权力的存在理由和根本目的，是权力服从权利、权力服务权利、权力维护权利和权力保障权利。其三，权界主义主张权力的边界由权利确定，权利是权力的依据、尺度、准则，没有权利，就没有权力，只有威权。权力是有限绝对的权力，威权是无限绝对的暴力。其四，权界主义强调权力必须接受权利的监督与约束，没有监督和约束，或者无视监督和约束的权力，只能是权本逻辑的权力；权本逻辑的权力，只是暴虐主义侵犯、剥夺、占有和囤积的威权。其五，权界主义规定权力服务权利的前提是必须具备明确的、有序的权利博弈权力的制度、社会机制和法律方式。

由此五个方面的规定，权界主义的权力是合法权力，所遵从的逻辑是合法的逻辑。这种合法的权力逻辑同时接受三个方面的规定：首先，合法是权力立与逝的根基。构成权力合法的根基由两个方面规定：一是权力合法性必须有其滋养人群居存在的人文根基；二是权力合法性必须有其最终依据的自然根基。其次，权力合法的逻辑只能是权利逻辑，即权利构成权力逻辑的依据。最后，构成权力合法的权利逻辑的依据，是世界的存在法则和普遍的人性律法；构成权力合法的权利逻辑的本质规定，是人本、平等、自由。

不仅如此，权界主义的权力还是结构合理性的权力。权力的结构合理性主要体现为两个方面：一是**合作**，这就是权力与权利的共谋与合生，但这种共谋与合生是从权利出发回归权利，并自始至终以权利为主导，形成权利主导权力的不可逆方向。在权利主导权力的构成中，权力与权利合作的基本方式是权利对权力的博弈构成己与群关联存在的常态。二是**互动**，即权力与权利的互动既是理性的，同时更是明智的。只有理性接受明智的提点，权力才必须以权利为边界，权利也要接受权力的节制而不逾度。

公私分明　由己与人或己与群相生发出来的关联存在，演绎出自由的权界，形成权利与权利互为边界和权利构成权力的边界。权利与权利互为边界，达到的是**私私分明**，即你的就是你的，我的就是我；或曰，在没有得到同意或授权的情况下，你的不能成为我的，我的也不能成为你的。权利构成权力的边界，实现的是**公私分明**，即公是公，私是私，不能含糊，不能混淆，不能相互替换或取代。这里的"公""私"具有论域的指涉性，并由具体的论域而形成具有自身规定的层级性，在不同的论域和层级上，"公"或"私"指涉的对象及范围各不相同。相对个人言，己即私，群即公；相对社会言，社会是公，构成社会的任何组织、任何团体、企业、政党以及慈善机构等都是私。相对国家言，国家是公，其他皆是私；相对人民言，人民是公，其他都属私。在国家和人民面前，一切皆可是私，比如面向国家和人民并以国家和人民的利益为准则的政府或政党，是公；面向自己的政府或政党并以政府或政党自身的利益为准则，是私。但在世界面前，人类是公，国家属私。由于公私论域的复杂性，权利构成权力的边界要实现公私分明，必须引入**时空框架**的机制，将权利约束权力纳入时空框架中来予以审辨和定位，才可分出明确的公私来。正因如此，在实际的生活操作中，权利与权利互为边界和权利构成权力的权界，必有其明确的运行机制和牵引依据、规训准则和保障方式。

相对而言，公私分明的权界必须以平等自由为依据。权利与权利互为边界和约束实现私私分明的根本依据，只能是**绝对平等**，即己的权利与人的权利在任何时候都是平等的，这种绝对平等构成己与人之间的自由，只能是相对的。相对的自由来源于相对的权利，相对的权利构筑起相对的自由，形成己的自由与人的自由，既不多一分，也不少一分。以人与人之间享有的绝对平等和由此生成的相对自由为依据，私与私分明的准则是**权责对等**。即己的权利构成与己关联存在的人的责任，己的责任构成与己关联存在的人的权利，己与人相对权利言，其相互的责任是对等；反之，己与人相对责任言，其相互的权利也是对等的。由此，在己与人的关联存在中，己的权利也是己的责任，己的责任即己的权利，己的权利与己所因此担当的责任对等。同样，在己与群的关联存在中，权利限度权力、权利约束权力、权利博弈权力和权利监管权力，所依据的仍然是权利的绝对平等和权力的相对自由。在权利与权力构成的结构中，权力之于权利没有平等，有的只是以合法为准则的服从和服务，即权力服从权利和权力服务权利。在权利面前，权力的自由不是自予的自由，而是权利给定的自由。权利给定权力的自由，永远是服从权利和服务权利的自由。由此形成**权利约束权力的基本准则，只能是有限的权力担当无限的责任**。具体地讲，在配享上，一切权力都只能是**有限绝对权力**，这是权利对权力的赋予，这种性质的赋予构成权力的合法性来源。在功能上，一切权力必须以无限的责任服从和服务权利，这是权利对权力的规定，这种性质的规定构成权力实施合法性的准则。

权利与权利的界限分明和权利对权力的界限分明，最终必得有法律的保障。这个法律即**权利宪法**，权利宪法的依据不是权力，不是政府或政党，而是不可逆的自然法则和普遍的人性律法。只有以自然法则和人性律法为依据的权利宪法，才可保障权界的公私分明。因为权利与权利的互为边界和约束，是从权利出发回归权利的；权利限度权力，也必须从权利出发而回归权利。所以，保障权利与权利互为边界和权利限度权力的宪法，只能是以自然法则和人性律法为依据的权利宪法。只有以自然法则和人性律法为依据的权利宪法才使权界公私分明，从不含糊，从不混淆，从不替换或侵犯。

3. 无歧视和无屈辱

从根本讲，**屈辱**是一种主观倾向性很强的生活状态，这种生活状态之于屈辱者言是一种感受性的存在事实，它可能涉及他人，但并不必然与他人关联，因为感受性的生活状态只属于感受者自己，与己相关联存在的他者面对你的感受性生活，或可能会感受到与你相似的状态，但这并不必然。感受性的生活状态对于感受者本人言，呈个体的境遇性和情境性，因而可以自我改变，一旦改变了情景或其情景性的感受，这种感受性的生活状态就会消失，或会变成另一种生活状态，但生活的实际境况也许并没有根本性变化，甚至无任何变化。与此不同，**歧视**却是一种客观存在，是己之外的他者或环境力量强加给他的一种实实在在的生活状况。关联地看，歧视构成屈辱的原因、来源，屈辱成为对所遭受的歧视的痛苦感受的持续状态。因而，消除屈辱的根本方式是走出歧视。对个体言，走出歧视既是个人的努力，更是其关联存在的环境的改变，尤其是己与群关联存在所构筑起来的社会环境，才是造成歧视的整体力量，但这种整体力量的来源是权力对权利的自由：权力对权利的自由必然造成社会化的歧视，并由此生成扩张广泛的屈辱生活状况。

从本质言，**权力对权利的自由，是生活世界的万恶之源**。权力对权利的自由所形成的关联存在的歧视，可无孔不入地漫延和渗透于生活世界的每个角落，并带动整个社会，其中最为根本的方面有三：观念歧视、制度歧视和利益歧视。

首先是**观念歧视**。这是人间一切歧视的源头活水。客观地看，观念歧视既是无形的，也是有形的。观念歧视的无形生发于大脑，并通过大脑发挥功能。并且，观念歧视一旦形成并获得关联存在的土壤，就会渗透于生活世界的各个领域和方方面面。观念歧视的有形，是指歧视的观念一旦形成，就会通过言行、话语、习惯、风俗和制度、法律、社会安排、规则、分配方式等立体地呈现出来，形成系统的和体系化的和超时空的自动运作。"农民工"的话语方式表征为一种观念歧视，在这种话语里，农民既不是农民也不是工人，虽然他在大小城市里干的是过去由工人甚至机关干部（比如单位的清洁工、门卫、打字员等）的工作，却没有工人和机关干部的资质，也没有城市市民的身份，他是城市中的"黑户"，又是顶起大小城市和城市社会里几乎所有社区、所有家庭的半边天的社会力量。城市榨取他们的青春、年华、生命和血汗，却歧视他们，称他们是"农民工"，但他们自己又否定农民的身份，因为他们事实上在乡村城市化进程中早已离开了农村，抛弃了土地和耕种，做起了最苦最累的城市工作。"农民工"的称谓，是城市否定又被自己否定的、备受种种观念歧视的人群。

从根本言，**歧视始于观念，社会歧视始于社会化的观念**。观念歧视是一切歧视的先导，也是一切歧视的主体性性动力和社会源泉、历史的和文化的根源。当歧视的观念铺平了认知的社会道路，培育出情感的社会土壤，其他方面的歧视才顺理成章地实施，并获得使人无法质疑的合法性。并且，观念歧视的风暴在横扫生活世界之后，所有的人都不对歧视的观念生发任何的怀疑，因为一旦有怀疑，马上就会遭受来自各方面的最为严厉的围剿并予以最为果断的处置，包括对承载怀疑的身体的自由处置。

其次是**制度歧视**。胡塞尔在谈论现象学时，认为现象学就是为哲学的入场打扫场地。观念歧视也有这个功能，它为制度歧视和利益歧视清洗大脑的场地和环境场所。从人类的歧视史观，制度歧视实从基础与运用两个层面铺开。在基础层面，制度歧视始于政体选择，当其选择时**慎重地处理**个人主义而理性地选择社群主义，制度歧视就开启了它的浪漫之旅，因为政体的选择确定了权的分配原则、分配机制和分配方案，在这种分配原则、分配机制和分配方案中，权利被赋予确定性的方位和空间定格，与此同时，权力获得了**非确定性的**自由和灵动疆界，这不是权力不可能确定和不能确定，而是社群主义的政体选择本身赋予权力必须非确定性，只有非确定性，权力才有广泛的自由和灵动的智慧并由此生发出威权。当对权利和权力赋予性质相反的定位之后，接下来就是这种被赋予确定性的方位和空间定格的权利与非确定性的自由与灵动疆界的权力，必然通社会主要制度、社会基本结构和法律体系的方方面面，构筑起首尾自如且灵活应变的歧视性秩序体系的基础、解释依据和合法性原理，为无障碍的实施歧视铺平了一切，然后在运用层面，构设由上而下、由明而暗的规则体系，包括明规则体系和潜规则体系，尤其是市场垄断、财富操作、等序配置、特权分配等潜规则体系。制度歧视就是通过明暗相生的规则体系的自动运行而展开、而发挥功能和效率。制度歧视的效率，通过权力分配资源、权力分配财富和权力支配权利、权力安排劳动力来全方位地实现。

最后是**利益歧视**。客观地看，在以歧视为主导旋律的生活场域里，观念歧视属于认识的范畴，它指向主体性的人，包括观念的歧视者和受观念歧视者，是对生存思维－认知的培育，为制度歧视提供合法性的认知基础。制度歧视属于安排的范畴，它指向客体性的社会，安排人与群的关联存在方式和权利与权力的性质关系与结构体系，为利益歧视提供有序的安排方式和公共工具。利益歧视却属于分配的范畴，它依据既定的权利与权力资格和完整的规则体系进行利益的歧视分配。

利益是一个内涵极为广泛的概念，就其主要者言，权利、物质、精神三者构成利益的基本内容。利益的**歧视分配**也主要从这三个方面带动起其他方面的所有内容。第一是权利的歧视分配，除结构性（比如城乡二元）、体制性（编制与非编制、国营与私营、公办与民办等）和法律性分配之外，还有一个重要的方面就是名实分配，即在分配中将名与实分离开来进行，具体的操作是分配其名但同时不分配其实，或分配大名而配之以小实，形成**名实两虚**或**名实不符**。这种将形式分配与实质分配脱节的分配方法，往往会通过结构性分配、体制性分配和法律性分配展开，构成结构性歧视分配、体制性歧视分配和法律性歧视分配的本质定位和主导方式。第二是物质分配。物质分配与权利分配的关系是：权利分配是物质分配的本质内容，物质分配是权利分配的实现形态，一切形式和内容的物质分配都是以被分配的权利为依据。物质分配的基本方式是劳动分配，其普遍方式是非劳动分配，前者是按劳分配；后者是按需分配。按劳分配的基本原则是劳酬对等，由此形成劳动分配的歧视性处理方法和技巧，是确定劳酬的基数和等级比例，即通过劳酬分配的等级比例和分配基数的剥夺性构建，来实现歧视性质的劳酬分配。按需分配的基本内容是生、教、病、养的普遍平等，按需分配的歧视性处理的有效方法是明规则与潜规则的协调配合运作，即明规则的普遍的和平等的诉求与潜规则的特殊的和等序的刚性安排有机协调，即一些人享受生、教、病、养的特殊待遇，另一些人或大多数不能享受最低的生、教、病、养的保障。第三是精神方面的歧视，主要从人格、尊严、起点、机会、社会原则和运作社会原则的机制六个方面展开。城里人与农村人、大城市与小城市、公办与民办、名校与一般学校、高学历与低学历、富人与穷人等，都可能激发人格、尊严、起点、机会、社会原则和运作社会原则的机制等方面生发歧视性看待或对待。

　　客观地看，在歧视充斥的生活场域里，观念、制度、利益等方面生发出来的歧视，最终都会自发地汇聚起来指向个体，形成**尊严歧视**。从本质讲，所有性质的歧视、一切形式的歧视，都是敌视人的尊严的。歧视，无论是观念歧视，还是制度歧视或利益歧视，既不断地实现着对人的尊严的侵犯和剥夺，也不断地扩张着对人的尊严的侵犯与剥夺。因为歧视的存在本质是不平等，歧视的行为本质是不自由。解构歧视，必不可忽视不平等和不自由，但关键是解决制度歧视。只有制度歧视的问题在制度层面得到真正的解决，利益歧视的网络体系才可被破除和解散。但其不可忽视的前提是解构观念歧视，为此需要开心智，除愚昧。因为从根本讲，一切性质、一切形式的歧视，包括观念歧视、制度歧视和利益歧视，都是建立在民众的心智昧暗和认知愚昧的基础上的，只有当众民愚昧无知，且盲目崇信培育出深厚的社会土壤后，观念歧视才产生，尤其是制度歧视和利益歧视才可施行。解决各种歧视的根本方法是除愚昧，需要广开心智。

二　正态的经济尊严

　　人既是"神"，也是物。作为"神"，人是一种精神存在。作为物，人是一种物质存在。人作为一种物质存在，首先在于他本身就是**肉身化**的物质体，其次指他是一个无时不需要物质资源滋养才可存活下去的生命个体。这种滋养肉身存在的物质内容对于个人言，不仅不能轻易地获得，往往不能以己之力完全获得，必得互借智－力来共同谋取。这就形成人的两个方面的宿命性存在，一是人必须成为一个"因生而活，为活而生，且生生不息"的经济人、劳作者；二是人生生不息地劳作谋求物质生活的保障，必须与他者**与共**。这两个方面的宿命性因素将人推进各种可能性中，比如，人既可能通过生生不息的劳作而获得物质生活的保障，也可能通过生生不息的劳作而得不到物质生活的保障，因为劳作保障生活并不完全由自己**说了**算，还要受己与人、己与群的关联存在及其由此构成的更大环境的牵扯、制约、支配。为最大可能地解决这些不确定性因素造成的可能性困境，人们不得不关注**经济权利**。因为，**无经济权利的生活，是必无尊严的生活；丧失经济权利的人，必在生活世界里沦为没有任何尊严的人**。要言之，人作为一种血肉丰满的生命存在，始终需要资源来滋养才可继续存在和更好生存，由此使经济权利和由经济权利保障的物质和财产，构成人能谋得继续存在和更好生存的尊严的第一块基石。

1. 经济的双重实质

经济之于人是一种生存权，更是一种存在权。经济之于社会是一种控制权，也可能是一种解放权。作为一种**控制权**，其实现方式只能是收缴个人的经济生存权利和存在权利，来最终实现对人的控制。在经济成为一种控制权的状况下，尊严自然不存在。作为一种**解放权**，其实现方式只能将属于个人的经济生存权和存在权全部归属个人。在经济成为一种解放权的生活里，尊严总是伴随人人而存在。

经济的个人本质　经济作为一种控制权或解放权，实是从正反两个不同方面揭明了经济对个人的根本意义，或者说经济对个人的存在本质的规定。

第一，经济因为人而发生，人是经济的发生学。

人，历史地具有两种意义：自然意义和人文意义。在自然意义上，人是造物主的**原造物**，它是自然人类学的人。作为自然人类学的人，只是造物主创化的万物中之一物、众生命中之一生命，其完全遵从自然法则而生亡存续。在人文意义上，人是造物主的**继造物**，它从自然人类学走向文化人类学，从**动物存在**变成**人文存在**，经济就产生于其自然人类学向文化人类学方向进化的转折点上，并在自然人类学向文化人类学方向的历史进程中不断放大而成为群化存在的控制力量或解放力量。人作为经济的发生学，是指自然人类学的人向文化人类学的人转化，而获得意识地思维并开始意识地生活时，经济才发生。所以，**经济发生于人的发生**。人的发生即人从动物存在向人文存在的开端。动物存在的人与人文存在的人的形态学区别，是自然人类学的动物四脚爬行变成"两脚走路，两手做事"，当人类物种将四脚变成"两脚"和"两手"时，人就从动物变成人，经济也就通过走路的"两脚"支撑肉身运用"两手"做事而发生。从根本讲，经济原发于"双手"，是人的双手"做"出来的。经济是人造出来的，但人造经济是两手的杰作。在没有"两手"之手前，人是不能造出经济的，他只是自然人类学的动物，人作为自然人类学的动物其存在所需要的物质资源都是自然给予的，是造物主创化世界时为之准备的。只有当人有了做事的"两手"后，才按照自己意愿方式造出所需要的物质来，这些被两手造出来的物质就是"经济"。所以，经济是人的意愿的造物，它超越造物主的给定，充分体现人的意愿和想望。"人是经济的发生学"揭示了人类史的两个阶段，即人类的自然史和人类的人文史。在人类自然史阶段，人类存在于自然人类学状态，没有经济，只有资源。在人类存在的人文史阶段，既有资源，更有经济，并且总是利用资源来生产出经济。

　　客观地看，资源是造物主原创化世界的造物，并通过造物主的继创生而生生不息地繁衍。相对造物主言，资源既是原创化的，也是继创生的。但无论是原创化还是继创生，在来源上，资源都与人无关，**人与资源的关联是运用**。经济是造物主继创生的造物，却要通过人类物种从自然人类学向文化人类学方向**进化**这个中介方式展开，因而也可以说经济是人类继创生——或曰第二次诞生——的造物。这就是说，在自然世界里，生命需要资源。并且，生命所需要的资源并不由生命本身创造，只能由造物主创造。在原创化环节，资源由造物主直接创造；在继创生阶段，资源由造物主带动生命与生命互为创造。仅就后者，生命与生命互为创造资源，只能以物种繁衍的方式展开，这就是生命以创造生命的方式为其他类同的生命提供资源，比如，土地为花草树木提供生长的土壤、环境、条件，花草树木在成长中衰老、枯干、死亡最终回归于土地，为土地的自生存在提供了养料。天上飞行的、地上爬行的和地下蠕动的生物或微生物，都以大地之上或大地之下的他物为食，最终又把自己奉献给他物。所以，物以他物为生，就是生命创造资源。生命创造资源，本质上是为他类生命创造资源，却不能为自己创造资源。在自然世界里，生命所需要的资源只能由他类生命提供。由此生成自然世界的三大生命法则：一是**生命需要法则**。这一法则规定：在生命世界里，**生命最需要的是生命**。二是**生命共生法则**。这一法则规定：无论是个体生命还是类生命，它们之间必互为依存，包括生命的个体与个体互为生存，生命的类与类互为依存。这两个维度的互为依存可简要表述为：**生命是生命的衣食父母**。三是**限度生存法则**。生命的相互依存性决定了生命向生命谋求生存的限度性，这种限度性最终源于造物主创化生命和生命对资源的需求方式。造物主创化生命，赋予生命未完成、待完成和需要不断完成的存在方式，这种存在方式就是生命完成自己的必需资源的滋养，获得滋养生命的资源方式只能是生命与生命的相互给予，这种相互给予的基本方式就是生命为生命创造资源，这种相予性创造始终是有限的，所以这种相予性创造活动始终是无限的。这就是生命存在敞开必须以互为限度为根本法则，哪怕是山中之王的虎，也要与所有物种生命共处。

在生命世界里，生命必以为他类生命创造资源的方式存在，并以为他类生命创造资源的方式而获得生命的资源。人类作为自然人类学的人，也是如是地存在和创造。但当从自然人类学向文化人类学方向展开后，人类不仅要遵从自然人类学的方式创造资源，也要遵从文化人类学的方式创造出经济。人类自为地创造经济的动机和目的，都实是为自己。这是经济产生于自然人类学向文化人类学进化的最终解释依据。动物存在的人变成人文存在的人，其形态学标志是"两脚走路、两手做事"；其主体论标志是人内在地生产出意识地思维并意识地生活的向往激情和预设能力。经济的产生，源于人之"意识地思维"和"意识地生活"的激情与"两脚走路、两手做事"能力的同时具备。"两脚走路、两手做事"为其意识地思维和意识地生活提供了客观能力；人意识地思维，意味着人具有认知世界和自身的能力；人意识地生活，意味着人按照自己的欲望、想法来设计生活，这样，人就需要大量的物质，不仅是吃穿住行所需要的物质，更包括设计生活、创造生活所需要的物质，这些物质都不是生命生产生命所能够提供的，必须是人按照自己的意愿方式并利用人掌握生命生产资源的法则和智慧来制造的。

第二，经济是人的创造物。

人创造经济是为解决两个根本问题。首先是解决物质生活的保障。人能够有饭吃、有衣穿、有房住，必须创造经济。并且，人要有吃饭、穿衣、住房等方面的完全保障，必须持续不断地创造经济。其次是解决存在安全，包括个人存在安全和群居存在安全，这必须有物质基础，必须持续地保障这一物质基础，因而，为了存在安全，人必须持续不断地创造经济。

人创造经济，首先必须以自然世界能够为人提供各种所需的资源为先决条件，其次需要人的全部付出。由于前者，人创造经济在事实上牵动了**造物主**，涉及造物主的创世界，包括造物主原创世界的生之本性和继创世界的生生法则。因为后者，人创造经济生产出**经济权利**，并且其经济权利与生命相契约，实实在在地构成生命权利的基本内容。

所以，经济的本质是权利，是人的生存权利，更是人的生命权利。这一权利通向生命原理、自然法则和造物主的本性，造物主原创世界和继创世界之生的本性和生生法则，构成人的经济权利的最终解释依据。

经济的社会本质　从个人言，几乎所有的行动都有其直接的或间接的经济原因。从社会观，人类从自然人类学向文化人类学方向敞开自身的全部努力，都胀满着经济的动因。从根本讲，没有人对意识地思维和意识地生活的想望与预设及其能力，不会创造经济。没有人对意欲摆脱顺应自然以资源为生的存在模式而自为地和为自己地创造经济的不衰激情，不可能产生人的社会。人们愿意聚集起来并甘愿冒着失去权利和丧失自由的风险共同缔造社会，是为解决个人不能解决的"存在安全"和"生活保障"的困境。这是根本的经济动因，也是最终的社会动力。没有这种以经济为动因的根本动力，社会即使按人的意愿方式创建起来也不会持久地、有组织地运行和发展。边际经济学家杰文斯（William Stanley Jevons，1835 – 1882）曾从边际效应角度给经济学做出一个经典性的描述，他说，"经济学是快乐与痛苦的微积分学"①，并认为"以最小的努力获得最大的满足，以最小厌恶的代价获取最大欲望的快乐，使快乐增至最大，就是经济学的任务"②。存在安全和生活保障都属于个体存在问题，或可说都是从个体存在中生发出来的问题，本该由个体自己解决，但这两个基本的个体存在问题之所以会聚起来成为基本的社会问题，

---

① ［英］斯坦利·杰文斯：《政治经济学原理》，郭大力译，商务印书馆 1984 年版，第 2 页。
② ［英］斯坦利·杰文斯：《政治经济学原理》，郭大力译，商务印书馆 1984 年版，第 37 页。

一方面是因为个人不能很好地解决它，必须人与人互借智－力才有更好地解决的可能性；另一方面，人解决存在安全和生活保障之基本问题，就是向自然世界索取资源来创造经济，其行为本身需要付出成本。为创造经济所付出的成本，既是体力的，也是精神的，更是生命的，体力、精神、生命的付出之于人而言，始终是痛苦而不是快乐，因而，减少付出而获得更大收益的经济创造活动，才是人所诉求的经济活动，而这种性质诉求的经济活动，才可以从痛苦中生产出快乐来，而且其所获得的快乐大于所承受的痛苦。这无论对于个体还是对于人组成的社会来讲，都是铁律。这一铁律不仅为杰文斯所发现和概括，更被新古典经济学创始人马歇尔（Alfred Marshall，1842－1924）表述得更清楚明白，他在《经济学原理》前言中写道：对人类行为产生决定性影响的持久力量有两种，即经济和宗教。仅经济言，"一方面它是一种**研究财富**的学科；另一方面，也是更重要的方面，它是**研究人**的学科的一个部分。因为人的性格是由他的日常工作，以及由此而获得的物质资源所形成的，任何其他影响，除了他的宗教理想的影响以外，都不能形成他的性格。**世界历史的两大构成力量，就是宗教和经济的力量。**尚武或艺术精神的热情虽然在各处曾经盛行一时，但宗教和经济的影响无时不是居于前列；它们差不多一直是比其他一切影响合在一起还要重要。**宗教的动机比经济的动机更为强烈，但它的直接作用却不像经济动机那样普遍地影响人类生活**"①（引者加粗）。

人基于互借智－力解决"存在安全"和"生活保障"问题所创建起来的社会使之获得有序的结构体系时，发挥其正常功能的根本支柱就是经济和宗教。经济是结构有序社会的第一根支柱，它是构筑社会的物理基础；宗教是结构有序社会的第二根支柱，它是构筑社会的精神基础。它们各司的社会职能不同，但其目标同一。经济解决人的贫困，使之成为尊严存在的保障；宗教解决人何为必须尊严存在的最终依据和根底动力。所以，宗教之于人的社会存在是根本的，但经济之于人的社会存在是紧要的，没有经济对贫困的摆脱，既不可能获得尊严存在，更不可能使宗教成为人和社会的守护力量。所以马歇尔才如是论断道："虽则有些常常与贫困同来的苦难，并不是贫困的必然结

---

① ［英］阿尔弗雷德·马歇尔：《经济学原理》，朱志泰译，商务印书馆2017年版，第3页。

果；然而，大概说来，'**穷人的祸根是他们的贫困**'，所以研究贫困的原因，就是研究大部分人类堕落的原因。"① （引者加粗）经济学就是研究社会如何避免贫困而过富裕的生活，这是人不至于毁灭的正确路径。经济学从古典主义走向现代，从放任自由主义到政府的有限干预或政府直接掌控市场，都以此为动机和目标。从常理讲，马歇尔的这一论断确实可谓真理。但经济学却忽略了两个方面的存在本性问题：一是自然本性的限度问题；二是人类的自然本性的限度和智－力本性的无限度问题。人的智力本性的无限度燃烧起欲望和激情的火焰，总是熔断人的自然本性的限度和存在世界之自然本性的限度，这时，人类的富裕程度得到无限度的增长，但贫困并未因此消灭，不仅贫困毁了穷人，富裕更毁了穷人。富裕毁了穷人的前提是富裕毁坏了富人和权力，当富人和权力被富裕毁坏了时，穷人必然被毁掉。

　　人因创造经济的需要而创建社会，是基于解决"存在安全"和"生活保障"而消灭贫困，但消灭贫困的过程却使贫困更为沉重和普遍，这当然是人类的堕落，但堕落的根源和原发动力都是人的经济权利得不到平等的和普遍的保障，直接来源于由个人权利会聚起来的权力得不到有效限制，经济违背了它"解放"的使命而沦为了"控制"。当经济变成一种控制时，人的本性的限度和自然本性的限度被人为地解构，剥夺和贫困必然相予伴生，并相予扩张。从根本讲，贫困主要是权力者造成，但与贫困者脱不了干系。同样，剥夺也不仅仅是权力者的剥夺，它同样注入权利者的权力自由向往和对权力自由的认同甚至崇尚。解决尊严的基石即消灭贫困问题，却必得解决经济权利如何可能避免侵犯与剥夺，这要求社会的经济必须成为解放，而不是控制。因而，尊重人的智－力本性的限度和人类的自然本性的限度，才是根本。

　　根据人类智－力本性和人类自然本性的双重限度，首先，无论个人还是社会，其创造经济必须通过市场，遵从市场原则和运作机制，真正地排除任何形式的垄断，这是经济摆脱控制成为解放的社会方式，并赋予人的经济活动以平等权利的先决条件。其次，社会组织人创造经济必须工具的武装和革新，由此所引发出来的技术革新和革新的技术，必须成为公共技术而单纯地

---

① ［英］阿尔弗雷德·马歇尔：《经济学原理》，朱志泰译，商务印书馆 2017 年版，第 5 页。

服务经济本身，并使之有限度地发挥其服务经济的功能。同样需要经济权利的保障和经济权利功能对技术的规训，使之避免与权力合流，因为技术一旦与权力合流，经济就会变得非常容易被控制。最后，创造经济以解决存在安全和生活保障，并从根本上避免贫困使人人尊严地存在，既集人人之智－力，更须聚社会之智－力。由此产生的国家、政府都必须成为其所集智－力的组成部分，而尊重经济权利本身，以经济权利来主导权力并规训权力，这是经济成为一种解放而不能沦为控制的根本方面。

要言之，经济既是一种权利，也是一种权力。经济作为一种权利，是因为经济的创造者是人，人创造经济必得使经济成为人的权利——人的经济权利和人的生命权利。从社会角度看，经济也是一种权力。经济作为一种权力，是人创造经济必得经过社会组织和安排而展开，因而，经济的创造活动也成为一种社会组织和安排行动，它呈现出来的权力在性质和功能两个都不属于个体，而是属于群、社会，是共性诉求的。但是，当经济作为一种权力时，必得接受经济作为一种权利的指涉，即经济权利必得主导和规范经济权力。所以，经济作为一种权利，必得平等；经济作为一种权力，必得限度。这个限度由平等来确定和规范，由权利来执行和监管。这样，经济权利构成经济权力的边界，且经济权利构成经济权力的约束方式。当经济权利既构成经济权力的边界，又成为经济权力的约束方式时，人的尊严就获得了应有的基础。

2. 经济人与去垄断

从道理上讲，经济是一种解放力量，因为经济是属人的权利。从实际言，人如何在经济上——包括经济的创造、分配和消费方面——实现权利对权力的边界和约束，这是持续的经济活动构成人尊严存在的基础的关键。这个问题关联起诸多方面，最为根本的方面有三，即经济人、完整经济权利、去垄断与无歧视劳酬。

经济人的客观存在　"经济人"概念由古典经济学之父亚当·斯密提出，它构成放任自由主义经济学的原初范畴，也成为经济学的认知基石。后世一直认为"经济人"这个概念是构建放任自由主义经济学的前提性假设，这种看法其实很幼稚，至少表明持这种看法的人是不了解经济和人的血缘关联。无论是推向远古的经济发生学，还是观察当今人类的实际存在，"经济人"都不是一种假设，而是**人的存在事实**，人是以经济人的方式存在于世的。亚里士多德在《政治学》中提出"人类在本性上，**也是**一个政治动物"①（引者加粗），表明这个"也是"的前面还有一个"是"，这个居于"也是"的"政治动物"前面的"是"是什么呢？是"**人类在本性上，是一个经济动物**"。这个从"也是"推出"是"的客观依据，就是人的两次诞生：在原诞生上，人是造物主原创化的造物，它与宇宙自然和万物生命一道被造物主创化出来，成为"万物中之一物"和"众生命中之一生命"的自然人类学：动物，即对自然人类学的人类的通俗称谓。在继诞生上，人是造物主继创化的造物，它从"万物"中脱颖而出成为文化人类学的人类，但仍然存于宇宙自然之中，不仅没有摆脱物性，而且还加重了物性诉求。这是因为在纯粹的自然人类学阶段，人类与众物一样，不仅以造物主原创化的资源为生，而且还遵从造物主的继创生法则而与他物、与众生命互为创造得生的资源，所以，自然人类学的人类的物性集中表征为完全遵从以造物主原创世界和继创世界的法则，**完全地以资源为生**。在文化人类学进程中，人类不仅没有摆脱物性，反而强化了存在的物性，这集中表征为不仅要与众物相予创造资源为生，而且还要**自为地**和**为自己地**创造经济而谋求更好的生。并且，人类在进入文化人类学进程中，其专注创造经济，也是为以更少的成本付出得到更大的收益，而意识地探索互借智－力的群化生存道路，由此组建社会、缔造国家、建立政治组织、结构和秩序。所以，人类的政治源于创造经济的催发，人类**首先是**经济人、是"经济的动物"，然后才因此**也成为**政治人，是"政治的动物"。

从国家社会角度审视经济和政治，马克思主义认为经济是政治的"基础"，政治是经济的"上层建筑"。马克思主义所持的这个基本观点是对人类"经济"和"政治"及其关联存在的事实表述，但它的前提是：**人首先是经济人，然后才是政治人**。

人无论是作为世界性存在者，还是作为他者性存在者，其核心存在的事实是：**人是自然人**。这既是人的出身使然，也是人的本性使然，更是人与存在世界和人与他者之双重关联存在使然。

---

① ［古希腊］亚里士多德：《政治学》，吴寿彭译，商务印书馆 1983 年版，第 7 页。

　　基于对人的**自然人**事实的正视，才可讨论人创造经济的经济权利问题，才可明证人的经济权利构成人的尊严存在的基石。

　　人创造经济并不是为了众物，也不是为了与自己没有利益关联的社会，更不是为他人谋福利；而是为自己。因为人作为经济人的存在本性、生物本性和人文本性是**为己**，是**自利**，这种为己和自利源于人作为造物主的造物，即作为自然人类学的人和文化人类学的人——既要以自然资源为生，也要以人造的经济成果为生，所以追求自身利益既是造物主赋予万物生命包括人的存在权利，也是人们互借智 - 力创造经济解决自存在安全和生活保障的原发动机和根本目的。由此，天赋人以经济人方式存于世，既是本性的自然敞开，更是理性的掘进。或曰，人作为自然人，是天赋有谋求生和生生不息的理性头脑和理性的肉身，前者是人意识地思维和意识地生活的能力；后者是人"两脚走路，两手做事"的能力，并且前一种能力总是支配后一种能力而在谋生的行为上是理性的。不仅如此，人作为天赋的经济人，其本性的自然敞开是无限的想象和欲望，但其理性的掘进总是在探求种种分寸对有限的考量和实际度的把握。这种种努力体现在个人身上，就是不断探求其自利行为考虑相关的他者的得失时总是会给自己未来带来更多的收益，因为每个人的经济行为都要接受一只"看不见的手"的牵引："他受一只看不见的手的指导，去尽力达到一个并非他本意想要达到的目的，也并不因为是非出于本意，就对社会有害。他追求自己的利益，往往使他能比真正出于本意的情况下更有效地促进社会的利益。"[1]这种努力体现在人的群化生存进程中，总是探索更好的也就是既更利己又更便人的依据、律法、规程、制度、法律，以及权利主导权力和规范权力的社会机制与方法，使自己的谋利行为符合从经验中学到的东西，从而使所追求的利益尽可能最大化。所以，利己、理性、照护，此三者构成"经济人的灵魂"。[2]

　　作为经济人的完整经济权利　20 世纪著名思想家彼得·德鲁克在《经济人的末日》中反思两次世界大战和共产运动与经济人命运变迁的内在关系，发现自 19 世纪以来兴起的资本批判运动的认知前提，是对经济人的否定。否

---

① ［英］亚当·斯密：《国富论》下册，郭大力、王亚南译，商务印书馆 2006 年版，第 27 页。

② Myers Milton, *The Soul of Modern Economic Man*, Univ. of Chicago Press，1983.

定人的经济人身份、经济人地位和经济人存在，不仅是在否定"经济是政治的基础"和"政治是经济的上层建筑"这一双重社会结构事实，而且要从根本上否定个人的经济权利，将天赋个人的经济权利连根拔起，并要同时连根拔起人的经济权利的认知基石和天赋来源，这样一来，人的高贵身份和尊严存在也就丧失了根基。所以，重新强调人的天赋经济人身份、经济人地位和经济人存在，是为恢复人的尊严奠定完整的经济权利基础。

何为人的完整经济权利？完整经济权利是指人作为一个经济人的权利。人作为一个经济人的权利，既指人作为世界性存在者存于存在世界中平等享有获得资源和运用资源为生的权利，也指人作为他者性存在者存于人的世界中平等享有自由地创造经济、获得经济、消费经济和处理经济的权利。人作为经济人，其完整的经济权利广涉人的存在敞开生存的方方面面，概括其主要者，能够统摄起人的完整经济权利的重要方面有三。

一是人作为经济人的政治权利。这一权利要求：人作为经济人，必须得到政治上的保障。具体地讲，人的经济权利本身有权要求社会给予平等的权利保护。并且，人的经济权利不能遭受来自任何方面的政治侵犯和政治剥夺，除非其人的经济行为或经济方式侵犯或剥夺了他人的经济权利，或造成了社会的经济损失。

二是人作为经济人有自由创造经济的权利。这一权利要求：人既有自由选择创造经济的方式、方法的权利，也有自由地在任何领域创造经济的权利，除非国家法律明确规定的特殊领域只能特殊开发或不能开发必须保护者，更指人可自由地与任何个人或社会组织共同创造经济的权利。

三是人作为经济人必须有只属于自己的财产权利。这一权利要求：凡属于自己的财产，都是实际的财产，任何名义属己的财产都不是属己的实际财产。人有只属自己的财产权利具有三个方面的具体规定：第一，人创造经济所得的财产，必须且只能自己所有它的权利；第二，人有自由地运用和处理自己的财产的权利；第三，属己的创造经济和劳动所得的财产，既神圣不可侵犯，也神圣不可剥夺。任何人、任何机构、任何权力组织当然首先包括政府，没有任何借口和理由任意地侵犯、剥夺或占有个人创造和劳动所得的财产。人作为经济人的财产必得法律的保护。

在人作为经济人的经济权利构成中，最根本的经济权利是创造经济的权利和私有财产不可侵犯的权利，这是人的经济权利的灵魂。无论是个人还是社会组织，抑或是政府机构，一旦以任何形式和借口侵犯或剥夺了人创造经济的权利和私有财产及权利，它都是遭受侵犯和遭受剥夺的人的敌人，任何遭受经济权利侵犯和剥夺的人，都应该为保护完整的经济权利而奋斗。因为经济权利是政治权利的基础，人的经济权利一旦遭受侵犯和剥夺，其他权利就会因此而沦为空壳。

去垄断与无歧视劳酬　客观地讲，自由创造经济的权利和财产权之所以构成人的经济权利的灵魂，是因为虽然自由创造经济的权利和财产权不是一切权利的来源：一切权利来源于人本身，来源于人的生物本性、人的自然本性和人的人文本性。但自由创造经济的权利是一切权利的行动保障，财产权是一切权利的基础。从人类史观，极端的社会——无论是生物主义形塑的极端社会，还是威权主义形塑的社会——剥夺人的高贵存在的根本方式，就是消灭人的尊严，使人无尊严地活着。当人被迫或自觉地以无尊严的方式活着时，他不是一种工具就是一种耗材。没有尊严的存在对于任何境遇中的任何人来讲，都只是一种工具和耗材的存在。然而，消灭人的尊严的最好方式，却是剥夺人自由创造经济的权利和财产权。所以，人要成为站立的存在者，决不能丧失自由创造经济的权利和财产权。经济和财富构成人的存在的命运的命脉，人应该把创造得来的经济成果和个人财产的命脉牢牢掌握在自己手中。

人把自由创造经济的权利和财产牢牢掌握在自己手中，既是个人的自我捍卫，也是人人的齐心协力经营和保护市场的自由。使市场成为经济人自由进出的世界，需要**去垄断**。诺齐克（Robert Nozick，1938－2002）指出，人创造经济的"价值来源于市场竞争和自由市场，市场竞争是最有效的分配资源的方式，自由市场是实现个人利益和社会福利最佳平衡的方式"①。市场竞争及其良性展开的前提，是**市场自由**。市场自由的基本条件，是市场向全社会开放、向所有人开放。市场向全社会开放和向所有人开放，必须去垄断，必须无垄断。垄断来源于政治与经济不分，或者说来源于政治对经济的混淆。

---

① Robert Nozick, *Anarchy, State, and Utopia*, Basic Books, 1974, p. 52.

政治对经济的混淆的实质是政治对经济的垄断，只有当政治对经济行垄断之实，权力才突破有限绝对的性质定位和行为规训而以无限绝对的方式涌入市场，形成权力垄断。权力垄断市场的基本方式是通过企业或财团对资源的垄断，对技术开发和运用的垄断，对产品开发、生产、流向及其定价和消费的垄断。权力垄断市场要取得合法性，须运用政府提出经济政策。所以，权力垄断市场的实质是企业、机构、政府的利益合作。其利益合作垄断的实际目的是合作分配社会财富，使社会财富利益集团化和家族化。正因如此，市场化的经济垄断成为根本的经济侵犯，也是根本的经济剥夺，更是对人的经济权利和财产权的根本侵犯和剥夺。这是现代人类社会各国家纷纷出台反垄断法的最终依据，也是保护和捍卫自由的经济创造权利和财产权需要共同努力去垄断的根本原因。

去垄断是捍卫和保护自由创造经济的权利和财产权的基本社会方法，这一社会方法的有效展开为无歧视劳酬提供了可能性。从历史与现实两个方面考察，**歧视劳酬**现象的产生，以及歧视劳酬的行为被社会包容甚至认可（比如"恶意讨薪"就是歧视劳酬被社会包容并认可的典型个案），不仅因为观念歧视、制度歧视和利益歧视，更在于市场垄断，垄断掠夺资源，垄断掠夺财富，实现财富掠夺的最大化和最优化。要在垄断中实现财富掠夺的最大化和最优化，一个必不可少的方式就是把人沦为廉价的劳动工具，歧视劳酬就是将劳动者廉价化和工具化的根本方法。所以，争取无歧视劳酬权利，无歧视劳酬权利得到真正的持久保障，必不可少的步骤是反垄断和去垄断。另外，去垄断的成功也需要争取无歧视劳酬，更需要捍卫无歧视劳酬权利，因为人人争取无歧视劳酬权利并人人捍卫无歧视劳酬权利，这种努力的会聚本身就构成解构垄断的社会力量和社会方式。争取和捍卫无歧视劳酬的权利有两个基本面，一是无歧视劳动的权利；二是无歧视按劳取酬的权利。前一种经济权利的实质是：一切机会向社会全面开放，一切领域向社会全面开放，所有职业和一切岗位向社会全面开放。遵从这三个"全面开放"原则，国家相关法律规定的特种行业以外的所有的领域、一切行业既不能"政治正确"，更不能设置任何形式的"××优先"的特殊门槛。后一种经济权利表述为：第一，先劳后得；第二，劳必所得；第三，得必值劳，即所得之酬必与所劳的付出对等。此三个方面必须得到法律的保障，避免出现任何形式的"恶意讨薪"，因为这种说法是赤裸的歧视劳酬，是为侵犯和剥夺人的劳酬权利公开辩护。

三　正态的政治尊严

人作为经济人，要得到普遍的认同和平等的善待，必得政治的作为。首先，人的经济权利，本质上是政治权利，是政治的本质权利。其次，人人的经济权利，尤其是自由创造经济的权利和财产权，要能人人平等配享并得到广泛保护，必有其基本的政治权利。因为，没有政治权利的护卫，天赋的经济权利总是会遭受来自各方面的侵犯和剥夺，尤其是来自生物主义和威权主义的侵犯和剥夺。以此观之，无政治权利的生活，不仅是丧失经济权利的生活，更是丧失尊严存在的生活。**人要成为尊严存在的人，必有无坚不摧的经济权利**，尤其是有自由创造经济的权利和不可侵犯的财产权。人要坚强地捍卫自由创造经济的权利和不可侵犯的财产权，必有与之对应的政治权利。

1. 人本是政治存在者

由于天赋人是经济人，人由此必成为**政治人**。这就是亚里士多德所讲的"人类在本性上，**也是**一个政治动物"。理解人在经济人的基础上也是一个政治人，并且作为政治人是人的本来存在方式，须从"何为政治"和"政治何来"入手。

首先，在"何为政治"的问题上，人人对"政治"认识，既有其不同范围、不同重心的界定，也有其正反相对的看待。就前者言，人们或将政治理解为由各种社会团体进行集体决策的过程，这种决策过程实现了各团体或个人为各自领域结成其特定关系；或简明扼要地将政治定义为"社会群体的统治"；或将政治界定为以经济为基础的上层建筑，是围绕"国家权力"而展开的各种社会关系和社会活动的总和；或将政治看成政府、政党治理国家的行为。就后者论，政治学之父亚里士多德将政治（Politics）定义为指导人类生活的"首要学科"，在他看来，人类要能够生活在一起，其首要的工作是改进其生活方式并创造**良善生活**的社会环境。由于政治始终是一种社会活动，并要求多边沟通，这其中始终展开权力运作。但权力的边界始终因为权力主体充满不确定的弹性张力，这就与纠纷、冲突、暴力、分裂以及欺骗、谎言、侵犯、剥夺等行为关联起来，政治也由此被染上"肮脏"的色彩。18 世纪英国著名作家和评论家塞缪尔·约翰生（Samuael Johnson，1709－1784）曾轻蔑地将"政治"定义为"仅是想驾驭世界的工具"；美国著名历史学家亨利·亚当斯（Henry Adams，1838－1918）也认为"政治"不过是"一群令人嫌恶者的有体系之组合"而已。抛开主观倾向性而客观审慎地看"政治"，仍然不能脱离亚里士多德的政治认识轨道，普遍认为政治是一种人类公共事务，它具体化为权力与权利、资源和利益的分配与协调的艺术。

如上对政治的看待或界定，都属于**功能论**，即将"政治"摆放于生活和个人之上来审视。只有从来源入手，才可找到政治的正当方位，获得天赋"相近"的人性才是政治人的必然依据。从政治的来源考量何为政治，有两种方式，一种为国家形成观；另一种为财富形成观。

亚里士多德创建政治学，是从国家形成入手，politics（政治）一词源自希腊文字 polis，其字面语义为"城邦"（city-state）。亚里士多德在《政治学》中首先考察城邦的起源，指出"我们如果对任何事物，对政治或其他各问题，追其原始而明白其发生的端绪，我们就可获得最明朗的认识"。亚里士多德认为，政治即城邦的诞生和城邦生活本身，而城邦作为"最高级的社团"来源于村坊的联合，村坊是家庭繁衍对外扩张使然，家庭却产生于男女基于生理的需要而结合和生育；男女因为生理需要而结合与生育的原发动力，是人的自然本性："最初，互相依存的两个生物**必须结合**，雌雄（男女）不能单独延续其种类，这就得先成为配偶，——人类和一般动物以及植物相同，都要使自己遗留形性相肖的后嗣，所以**配偶出于生理的自然**，并不由于意志（思虑）的结合。……由于男女同主奴这两种关系的结合，首先就组成'家庭'"，"家庭就成为人类满足日常生活需要而建立的社会的基本形式；……为了适应更广大的生活需要而由若干家庭联合组成的初级形式——便是'村坊'（κωμη）"。①"等到由若干村坊组合而为'城市'（城邦，πόλιζ）社会就进化到**高级完备**的境界，在这种社会团体以内，人类的生活可

---

① ［古希腊］亚里士多德：《政治学》，吴寿彭译，商务印书馆 1983 年版，第 4—5 页。

以获得完全的自给自足；我们也可以这样说：**城邦的长成出于人类'生活'的发展，而其实际的存在却是为了'优良的生活'**。早期各级社会团体都是自然地生长起来的，一切城邦既然都是这一生长过程的完成，也该是自然的产物。这又是社会团体发展的终点。……每一自然事物生长的目的就是显明其本性［**我们在城邦这个终点也见到了社会的本性**］。又事物的终点，或其极因，必然达到至善，那么，现在这个**完全自足**的城邦正该是［**自然所趋向的**］**至善的社会团体**了。"① （引者加粗）

著名民族学家和历史学家摩尔根（Lewis Henry Morgan，1818 – 1881）的《古代社会》探究抉发出**财富生成政治**的进程。摩尔根考察人类古代社会，发现其经历蒙昧时代向野蛮时代展开，最后才进入文明时代的历史，揭示人类从低阶向高阶方向推进最终踏进"文明"的门槛，需要具备四个基本条件，即发明和发现能力的形成、财产观念的产生、家庭婚姻观念的形成和政治观念的诞生。摩尔根指出，人类作为他者性的物种，在蒙昧时代的最初结群形式是氏族，从氏族化生存到国家的诞生，其间经历漫长的母系氏族主导向父系氏族统治的方向进化，其进化的形态学方式就是从杂交至群婚再到对偶婚以至于最后形成一夫一妻制，由此产生家庭；其进化的本质力量是**剩余用物**的产生。剩余用物的累积生成最初的**公有财产**，或可称为**公共财富**，这是远古先民从蒙昧时代缓慢地向野蛮时代进化的过程中逐渐形成发现和发明的能力得到提升和运用所结下的物质成果。这种通过劳动解决当下生存所需而可留下剩余用物的能力，将人类推进文明时代。以氏族为生存单位的群体性谋生，因为发现和发明不断改变谋取生活资料方式和工具所获得的维持生存的物质资源在解决了当下所需之后逐渐产生剩余物质的持续积累，就是最初的公有财产。这最为原初的公有财产的出现，不仅引发储存和保管的问题，更引发分配的问题，而储存、保管、分配集体劳动的剩余物质财产的行为、方式、规则，就是政治。人类最原初的政治，产生于剩余财物。剩余财物的扩大必然导致私有财产的产生，自然地引发社会组织结构和婚姻方式的巨变，群婚制解体形成对偶婚并最终促成家庭诞生，家庭繁衍扩张产生以家庭为基

---

① ［古希腊］亚里士多德：《政治学》，吴寿彭译，商务印书馆 1983 年版，第 7 页。

本单位的社会，最后发展至国家，由财产生成的政治，反过来成为推动财富创造和保护财富的独立社会力量和公共事务方式。

只有结合财富的形成和国家的形成，才可呈现政治来源的全貌，明晰政治的人类来源，才可获得客观地理解人的政治存在和存在政治及其本质诉求。所谓存在政治，是指人的生命本性和求群本性决定人的存在必是一种政治方式的存在。所谓政治存在，是指人进入群，构建社会、创建国家的过程，就是被进行政治安排的过程。合言之，存在政治和政治存在，都是讲（个体化的）人**被政治安排**。存在政治是指人**被自然安排**为一种政治存在者；政治存在是指人**被社会安排**为一种政治存在。

人作为一种政治存在，既有其本质规定，也有其形态学呈现。仅前者言，人是一种存在政治，因为人天生就是个政治的动物，它源于人的生、利、爱、群的本性。人的生、利、爱、群的本性决定了人必须以政治的方式存在。因而，人类的进化或者说人类向文明方向展开，总是在不断既弃旧图新又返本开新地构建一种更合己意的政治框架和方式，然后在这种政治框架和方式中敞开人的政治存在。就后者论，人作为一种政治存在的形态学呈现是**身份政治**。身份政治（identity politics）是指以身份认同为中心的政治形态，这一政治形态"在一定程度上由我们过去的行为和决策所决定的身份"[①]。这是因为"形成身份的依系就是我们生活的组织原则，既是真实的又是有想象力的。它给生活定形也赋予它意义，正是因为如此，它们是决定我们个性的因素之一。而且在一定程度上它们要重复对过去的依赖"[②]。

人以身份认同的政治方式呈现本来的政治存在，可从个体身份政治和群体身份政治两个方面展开，前者指人以自然人的方式呈现自己的本原政治身份，比如一个社会公民、一个拥有某具体国籍的社会公民，就是其基本表述。后者指人同时还以社团政治人的方式呈现自己的本原政治身份，比如一个共青团员、一个共产党员或某个党的干部，就是其基本表述。群体身份政治对个人身份政治的根本区别，是**社会权力诉求**。个人身份政治无社会权力诉求，群体身份政治却总是直接或间接地体现某种具体的社会权力诉求，这种社会

---

①　［英］约瑟夫·拉兹：《价值、尊重和依系》，蔡蓁译，商务印书馆 2016 年版，第 31 页。
②　［英］约瑟夫·拉兹：《价值、尊重和依系》，蔡蓁译，商务印书馆 2016 年版，第 32 页。

权力诉求的实现方式就是在不同的社会领域或等序阶梯上掌握一定的社会权力。但无论个体身份政治还群体身份政治，其基本的**政治诉求**是共同的，其共同的方面主要有三。一是诉求平等的权利并实际地享有具体的权利，这就形成**权利身份政治**。在现代社会，完全没有权利身份政治的人不存在，哪怕在诸如生物主义或威权主义等极端生活场域中，个人虽然没有实际的权利，也有名分上的权利，如同写在水瓢上的宪法条文中的权利，虽然被架空而无落实，但也有名分上的存在。权利身份政治能够真实地展示权利的平等与否和平等程度。二是诉求财富的公正和公正的权利，形成人的**财富身份政治**。人的财富身份政治可真实地展示社会财富的流向和社会财富分配有无公正以及公正的程度。三是个人的**资格身份政治**，人的资格身份政治内容主要包括族籍、国籍、家庭出身、学历、资历、政治倾向等。人的资格身份政治最能够显示社会歧视和屈辱的有无，以及歧视和屈辱的性质程度和广泛程度；也可说人的资格身份政治最能真实地展示社会的平权、自由、个性和尊严的状况。

2. 有尊严的政治安排

人是天赋的经济人。人作为经济人，对经济的需求行为及努力引发政治和政治权利。人作为经济人，其存在所应该具备的完整经济权利，却需要政治权利的保护；人作为政治人，应该享有的完整政治权利要通过分配来实现。分配能否保证个人政治权利的完整性，并不在于个人的主观意愿或盲目期待，而是政体选择、制度确立、法律制定和社会安排。所以，人无论作为经济人还是政治人，要从经济和政治两个方面获得尊严存在，必要关注政体选择、制度确立、法律制定和社会安排。

政体选择人的尊严 政体（forms of government）概念可看成对以国家为基本单位的政治体制的简称。政体有广狭含义之别，广义的政体涵摄政权组织形式以及国家与人、国家与社会的关系，包括其形式关系和实质关系。狭义的政体指国家的形态及政治体系运作的形式，也可简化为政府组织形式（form of government）。政体作为政治的核心内容，伴随社会变迁和文明发展而演化，由此形成史学家梳理出来的君主政体、贵族政体、平民政体、暴君政体、寡头政体、民主政体和暴民政体等。发展到现代社会，政体则演化为立宪政体和专制政体两种基本型式，**人权民主**政体可归于前者，**集权民主**政体可归于后者。

政体始终相对国家言，它以国家为独立单位，其形成有古今区别。在古代社会，政体主要是**安排**的，即统治者**安排政体**。进入近代世界以来，政体的形成客观地存在选择与安排两种方式。一般地讲，安排的政体在性质上属**权力政体**，其基本诉求是权力；选择的政体在性质上属**权利政体**，其基本诉求是权利。

从政体与尊严的关系言，由于安排政体的主体是统治者，所以安排的政体只能是权力导向，权力导向的政体只是权力的工具，它本身没有独立人格，自然缺乏尊严，在这种被安排的政体所构建起来的社会中生活在的人，根本没有尊严可言。与此不同，选择政体的主体是国民，所以选择的政体必是权利导向。权利导向的政体**不是**权力的工具，而是权力的象征，它体现独立人格，散发尊严。由选择的政体构建起来的社会和生活在其社会中的人，拥有独立的人格和尊严。所以，政体尊严的实质，是**权利尊严**；权利尊严的实质，是人的存在尊严。这就意味着：有尊严的政体，必是政体与权利合生；有尊严的人，必是权利者对政体的选择和政体对权利的固守。

概言之，只有权利政体，才是尊严的政体，只有尊严的政体，才能形塑人的尊严。所谓权利政体，是人们运用天赋的权利来选择的政体。这种基于人们的共同意愿运用本有的权利选择出来的政体，获得了人的主体性。具有主体性的政体才赋予人以存在尊严，因为主体性的政体又将主体性本身回馈给了它的选择者。所以，无论从权利选择对政体的主体性授予言，还是从政体对人的存在尊严的主体性回馈言，其主体性始终是个人主义的，个人主义的内涵构成是人格、个性、自由的独立和利益的平等。个人主义主张个体主体论，强调社会建构、政体选择必须以个人为起点并以个人为目的。所以，个人主义即个体主体论，个体主体论的对象化就是个人权利论。以此观之，人的尊严之所以具有不可侵犯的神圣性，是因为尊严是个体主体的表述，它是自生的、是内生的、是自予的。与此不同，权利始终是个体主体的对象化方式，它属于客体论，并且只是社会性质的客体论，这在于个体主体是相对自己即**己与己**而言，个体主体的对象化形式权利却是相对他者即**己与他**而言。所以，权利是**由己而他**再**由他而己**的，既焕发自生性，更聚合了他生性，这种他生性是指人进入社会之后的条件性赋予。所以，人的尊严与权利的合生，实为有条件的要求性，这就是只有当主体化的权利的他予与自予的合生，才构成二者的会通机制和会通动力。

尊严与权利的合生，既呈现政治学意义，也敞开伦理学意义。在政治学意义上，尊严将权力和权威牵涉出来：权力走向**权威**，必然以人的权利为限；并且，只有以权利为限的权力才敬畏人的自由，并尊重人的尊严；只有敬畏人的自由并尊重人的尊严，权力才可成为有威权的权力。反之，权力走向**威权**（即淫威），必然是权力自由地膨胀所致。并且，可以自由膨胀的权力必然形成对人的自由的傲慢，并无时不损害和剥夺人的尊严。从伦理学观，人群居存在的尊严不过是人以其本性的方式**相互关切**的生活状态和生活努力。这种相互关切的生活状态和生活努力是**相互给予**的，这种相互给予不仅蕴含一种人的生活价值，而且彰显一种人的存在价值。相对前者言，尊严是一种内在价值；相对后者言，尊严是一种存在价值。

制度确定人的尊严　政体决定制度，因为政体是制度的内在规定，并构成制度的本体框架；制度却是政体的功能赋形，也是对政体的形式定格。从根本言，安排政体与选择政体，所由此生成的制度的根本性质不同，实际取向也不同。以安排的政体为内在规定和本体框架的制度，可能在形式上有宪法的赋形，有民主的形式，但本质上是权力性质，体现权力诉求并追逐集权、专制和威权。与此相反，以选择的政体为内在规定和本体框架的制度，其所赋形的宪法必是**权利宪法**，其民主必是**人权主义**的，其本质诉求只能是权利。所以，选择的政体所生成的制度，只能是**人权制度**，或曰**权利制度**。它抑制任何形式的权力，防范集权、专制和威权。

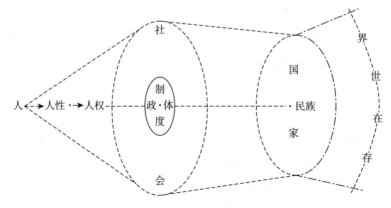

[图 5 - 1：政体与制度的生成关系]

由于制度是政体的赋形与形式定格，所以制度也存在尊严的有无问题。总体而言，以权力导向的政体为内在规定和基本框架建构起来的制度，只能是**权力制度**。权力制度可以无限扩张权力的自由，更可任意地侵犯和剥夺人的自由、权利和利益，它却遭受普遍的蔑视，并种植深度的民生仇恨，这使权力制度没有存在的尊严，虽然它有无限可能的淫威。并且，权力制度始终是维护和捍卫权力和权力者的利益，其捍卫权力和权力者的利益必以侵犯和剥夺生民的权利和利益为代价，所以权力制度给人们带来的不是尊严，而是剥夺、歧视、屈辱。与此不同，以权利导向的政体为内在规定和基本框架建构起来的制度，只能是权利制度。权利制度始终肩负起两个基本功能，一是最大限度地限制权力，使之在有限绝对的范围内发挥应该服务权利的功能。二是最大程度地扩大生民的权利，保护生民的平等自由、权利和利益。因而，权利制度始终在种植普遍的民生希望、普遍的人本关切和普遍的人性尊严，这种性质和诉求的权利制度本身是尊严的象征，本身就释放出解放的力量和尊严的光辉。所以权利制度始终通过维护和捍卫权利和权利者的利益，给人的存在和生活源源不断地增添尊严。在权利制度良性运作的社会环境里，或可出现剥夺或歧视、屈辱，但只是偶然现象，并会很快得到矫正和修复。

要言之，有尊严的制度，只能是权利制度；给予社会和个人以存在尊严并保护社会和人的存在尊严的制度，也只能是权利制度。权利制度之所以从自身存在到功能释放出解放的力量和尊严的光辉，是因为权利制度贯通了平等和自由，其呈现出来的尊严是普遍平等和人人可自由地存在。

法律保障人的尊严　制度是政体的赋形和形式定格，法律则是制度的护卫体系。这一护卫制度的法律体系是以宪法为总纲，以实体法和程序法为基本内容。宪法定义制度的基本结构、内涵体系和价值构成，并赋予制度以合法性及其边界。实体法从刑事和民事两个方面规定个人、组织、机构的行为边界，即当为和不当为的边界及其惩戒方式和度量体系；程序法亦从民事和刑事两个方面构建司法和执法的依据、规范原则、程序体系、操作规程及行为方式、方法，具体地讲，规定司法和执法当为和不当为的边界及其惩戒方式和度量体系。

制度的性质和取向由政体决定，法律的性质和取向由制度规定。制度的权力取向自然形成法律的权力取向，即法律和法律机器完全地成为权力的工具而彻底地为权力服务。因而，**权力法律**构成权力任性自由地侵犯、剥夺、占有人的权利、自由、利益的坚强防护盾和防火墙。权力法律既消灭了国家的尊严，也解构了人的尊严，同时还源源不断地制造出法律上的剥夺和迫害，更源源不断地制造普遍的社会歧视和屈辱。反之，权利法律必成为有效抑制权力任性自由的强制力量，也成为全面维护和保障人的权利、自由、利益的社会方式。由此，权利法律始终内生法律的尊严，法律的尊严构成国家尊严和个人尊严的保障方式，并总是以自身的方式努力地消除法律上的歧视和屈辱，从法律入手恢复人的尊严存在，使国家及其整个国家社会成为洋溢尊严光辉的存在。

法律自身存在的尊严和法律恢复人的尊严、维护人的尊严，所依据的基本准则是平等和自由，法律就是谨守平等和自由而内生尊严，法律也始终以维护人的平等和自由的方式恢复人的存在尊严。

社会安排促进人的尊严　对国家社会言，以政体为本质规定和基本框架所形成的制度和法律，从宏观结构和具体规范两个维度定义社会并构建起人的空间疆域。所以，制度和法律是互为护卫的稳态体系，它所要牵引和规训的人和社会却始终在静持中动变，这种静持中的动变总是以自身的方式将人和社会的行为方式与行为边界等方面对稳态的制度和法律的设防予以突破。因而，调节社会的方式的社会安排就显得特别的重要。社会安排的具体方式就是政策，它是对稳态的制度体系和法律体系予以灵活的功能调节。

社会安排方式依政体的性质定位而服务与之对应的制度和法律。所以，由权力政体生成的权力制度和权力法律所需要的社会安排，始终是权力导向的。由权利政体生成的权利制度和权利法律所需要的社会安排，始终是权利导向的。从根本讲，政体的选择（统治者的安排性选择和国民的自由选择）的实质是对**权**的定位安排和分配：权力政体定位安排**权力在先权利**，因而以权力为准则分配权利；权利政体定位安排**权利在先权力**，因而以权利为准则分配权力。这种定位安排和分配，由选择的政体确定后，作为根本的律法而贯穿于制度形成、法律建构和社会安排方式选择全过程。所以，应对制度化和法律化的社会动变和人本欲求的社会安排方式，也总是或遵从权力逻辑，或遵从权利逻辑而展开自身。概括地讲，由权力制度和法律体系规范的社会，其调节社会动变和人本欲求的社会安排是标准的权力导向，这种安排社会的方式往往采取柔性和刚性两种方法进行，前者是以谎言为导向的社会安排；后者是以暴力为导向的社会安排；当然在更多的时候是二者综合运用。权利制度和法律体系规范的社会，其调节社会动变和人本欲求的社会安排、其不可易移的准则是权利导向，这种社会安排方式往往采取修正或拓展的方法，前者是针对社会动变和人本欲求的正当性而对阻碍性的制度性内容或政策予以修正性调节，以消解社会动变和人本欲求所生发出来的矛盾或冲突；后者是针对社会动变和人本欲求的正当性而解构制度和政策的滞后内容，即对制度和政策的适应范围、适用方式予以拓展性建设，以保证人的权利、自由和利益无损害性。但在实际的社会安排过程中，以权利为导向的这两种具体社会安排方法，也往往是综合运用的。

社会安排同样涉及尊严问题，包括社会安排方式本身的尊严和社会安排维护或提升、拓展人的尊严。权利导向的社会安排，既能够自塑尊严并维护或提升拓展人的尊严，是因为权利导向的社会安排，遵从人道准则并诉求普遍公正。人道准则即人人之道的准则。人人之道的准则，既是人性主义的准则，也是人人平等、自由的准则。所以，遵从人道准则，社会安排必自塑尊严并维护和提升人人的尊严。公正诉求遵从的基本原则是：凡事动机正当、行为及其选择手段正当且行为达及的结果正义；公正诉求的实务方式是：得其当得和不得其不当得；社会安排方式的选择和行为展开，一旦遵从如上两个方面，则必须产生尊严。所以，在以权利为导向的社会安排中，人道和公正构成尊严的源泉，也成为尊严的动力。反之，凡人道消隐的生活环境，不可能滋养出来尊严；凡无公正的社会，绝无人的尊严存在的空间，有的只是权贵的尊严、威权的尊严，而无人的尊严。人要享有人的尊严，必求人道人间和社会公正，这只能是众人以其本己的生、利、爱、群之人性为驱动力，齐心协力经营人人之道并务实地践履"得其当得"和"不得其不当得"之公正生活。

3. 国家应为尊严存在

人是他者性存在者。人的他者性存在决定了人不能独自存在于一个世界，更不能孤立地脱群而存在，他必须是社会存在，社会存在的实际状况构成人能否尊严存在的基本条件。但人所存在于其中的社会要成为人尊严存在的条件，首先需要社会存在本身是正态的。就宏观言，社会正态存在的基本条件有三：国家、法律、政府。

人、民族、国家　国家是人的缔造物，却是人基于特定的地域所成。人总是具有人种和民族的所属性，所以，国家又把民族联系起来。民族与国家的关系，概括其主要者有三。首先，国家是基于地域环境的要求和制约而以民族为基本单位构建起来的，形成单民族国家或多民族国家两类形态。以此观之，民族是国家诞生的群性主体，没有民族，必没有国家；民族存在，必有其国家，或单一的民族国家，或多民族联合的国家。其次，民族与国家之间的生成关系可简要地表述为：民族在先于国家，即先有民族，然后才有国家。最后，民族产生国家，国家保护民族。

在民族与国家之间巍然仁立着人。首先，人在先于民族，民族是人的造物，人是民族的主体，没有人，则没有民族。其次，人繁衍生息而形成民族，民族的发展壮大则产生国家。从根本和根源两个方面讲，国家是人的缔造物，没有人，根本不可能有国家，即使有了国家，人消失了，国家也将不存在。但根本前提是：人在先于国，是先有人，然后才有国。并且，国是为人而设，国为人而在。这是**先人后国**的存在根源，也是先人后国的人道准则和人性律法。基于这一人道准则和人性律法，人是国家的个体主体，更是国家的主人。人在国家中享有至高无上的权利。当人在国家中的至高无上权利被解构了，或被取消了，国虽然形式还在，但实质不存在了。当国将人在国中的至高无上的权利替换为国是人的主人、国成为人的至高无上的权力的象征，那么，血肉之身的人也就丧失了国，成为无国的游魂。

以此来看，国家的责任不是护卫国家权力，而是真诚地保护他的缔造者、每一个诞生于国中并为国家本分地劳作、建设和生活的个人。"国家的使命不仅仅在于维护与增进成员的利益，而且首先在于维护并不断改善伦理共同体"，"通过维护普遍的伦理价值原则来保障个体成员的自由以及因这种自由而拥有的尊严、权利与相应的公正"。① 唯有如此，国家才有尊严，因为唯有

---

① 黄裕生：《权利的形而上学》，商务印书馆 2019 年版，第 52、54 页。

这样，国家才成为每个人的，而不是属于权贵的，每个人才真实地有自己的国家。唯有这样，人们才真诚地敬畏、热爱、保护自己的国家，国家就是如此地在人的簇拥中展现尊严存在的光辉。

国家成为国家的条件　国家成为国家的首要标志是国家成为有**秩序**的国家。有秩序的国家的具体要求有五。

其一，国家是由人基于共同意愿和需要所缔造，人是国家的主体，更是国家的主人，这是人与国家的本原性关系。有秩序的国家，就是国家与人之间始终保持这种**缔造与被缔造**的本原关系。缔造国家的人成为国家的主体和主人，这是国家的**根本秩序**；反之，当人与国家的本原关系颠倒，国家成为人的主体，并且国家将自己上升为主人，人就成为国家的工具或耗材，一旦出现这种情况，虽然国家在形式上依然存在，但本质意义的国家则不再存在了。所谓本质意义的国家，是以法权意义上平等的人人在事实上构成国家的主体、成为国家的主人的，一种以人性主义为奠基并以人本主义为导向的**秩序的国家**。

其二，人基于共同意愿和需要所缔造出来的国家，一定要成为**法权国家**。法权国家有两层基本语义规定：首先是指以法为至高无上的社会规则，并以法为绝对客观的裁判依据，任何个人、任何社会组织，包括政府，其任何言行都遵从法。但能够成为至高无上的社会规则的法，虽然是人定法，但必以自然法则为最终依据、以人性律法为根本准则。只有以自然法则为最终依据、以人性律法为根本准则而制定出来的权利导向的法律，才有资格构成至高无上的社会规则。其次是指用权利导向的法来规整国家和人，将人和国家之间的"缔造"与"被缔造"之本原关系纳入法的框架，使人与国家在法的框架下始终保持其本原性存在关系。

要言之，法权国家就是以法的形式来定位人与国家的本原性关系，使之不变形、不变质。基于如此法权规定，国家不能凌驾于个人之上，个人也必须热爱国家。更准确地讲，当国家以其缔造者人人为主人，那么缔造国家的个人也必然地热爱国家，个人热爱自己缔造的国家，实是一种**本原性爱**，犹如父母爱自己所生养的儿女那样。反之，由个人基于共同意愿和需要而缔造出来的国家凌驾于个人之上，或者当有不轨的社会组织或个人篡取权力将国家凌驾于个人之上，或假借国家的名义将权力凌驾于个人之上，这种情况一旦出现，则必然解构个人对国家的本原性爱。

其三，人基于共同意愿和需要而缔造国家，是为了能够平等地、尊重地、不伤害地生活在一起，共生存在。或曰，人缔造国家，是以国家成为人与人能生活在一起的共生存在平台。所以，人缔造国家、国家为人的共生存在服务，这是人与国家之间的本原关系的功能发挥方式。国家要成为服务其缔造者的服务平台，实现对人的服务，则需要相应的服务方式和服务机构，由此产生政府。政府是国家服务它的缔造者的工具和方式。所以，作为国家的缔造者的个人与政府的关系，犹如农民种地的农具、工人上手工作的工具，或者程序设计员必须具备的电脑的关系。人与国家之间的本原性关系规定了人与政府之间的本原性关系，这一本原性可具体表述为：在国家共同体中，人是政府的主人，政府是人的雇员。当政府与个人之间保持这种本原性关系时，政府才是**有序政府**，有序政府则构成有序国家的内稳器。反之，当政府反客为主地成为国民的主人，国民必然被置于工具或耗材的处境，政府可能任意地决定国民的存在，将国民当成任意地安排或遣派的工具，人与政府之间的本原关系就颠倒了，这种颠倒必然导致政府对人的专断、专横、专制，有序的政府沦为了专断于人、专横于人的无序政府，有序国家也因此不复存在。

其四，人缔造国家所形成的人与国家的本原关系，要求国家要成为有序国家就必须是法权国家。国家基于保持人与国家的本原关系而成为法权国家，必然规训作为服务人的国家工具即政府也只能是**法权政府**，所谓法权政府，就是成为国家服务于它的缔造者的工具的政府，亦是始终保持有序国家的政府，更具体地讲，就是始终维护人与国家的本原关系的政府。因而，在法权国家框架下，人与国家之本原关系具体化为政府与国家的本原关系和政府与人的本原关系，在这三重本原关系框架中，任何社会组织，比如企业、各种性质的社团，尤其是政党之类的政治社团，都必须**无条件地**尊重法权，维护法权国家和法权政府，并必须无条件地保持人与国家、国家与政府、人与政府之间的三重本原关系，任何形式的破坏或僭越都是对有序政府和有序国家的破坏。

其五，人与国家的本原性关系，需要有序国家的保障，有序国家需要有序政府的保障，有序国家和有序政府需要法权政体的保障。法权政体既是有序国家的内稳器，更是有序政府的内稳器。所谓**法权政体**，就是以法权为最高权力的政体。这里的最高权力是相对国家言，指在国家共同体内，那种能够覆盖并事实上覆盖所有领域和各个方面并使共同体成员人人自觉遵从的那种宪法权力、法律权力，即最高权力，这种权力通过立宪来定义，并由法来定型，所以称之为法权。这种性质的法权并不是由权力机构来确定，而是由国家共同体成员来确定，或者说这种性质的法权必须是全面体现国家共同体成员共同愿意、共同意志、共同需要。能够全面体现国家共同体成员共同愿意、共同意志、共同需要的法权，只能是从人出发并以人为目的的法权。所以，就本质言，法权政体就是人本政体，更准确地讲是**人权政体**。无论有序政府还是有序国家，都是以人为本体、以人权为本质规定的法权政体为根本规训和牵引的。

国家的尊严必得政府谱写　国家因为人而诞生，人是国家的主人，国家服务人。政府因为国家而诞生，国家是政府的主人，政府服务国家。但就最终根源与归宿言，政府因为人而存在，人是政府的主人，政府服务人。合言之，政府有两个来源，国家和人；政府也有两个主人，国家和人；政府同时有两个服务对象，国家和人。在这两个来源、两个主人、两个服务对象中，国家是静持的，政府以如何姿态服务国家，国家就被形塑成何等存在样态，所以，国家的强大或贫弱、屈辱或尊严，均通过政府之手来谱写。从这个角度讲，**政府是国家的作家，国家是政府的作品**。与此不同，人是动变，政府以如何姿态服务人，并非完全为人所接受，人也可能反弹于政府，所以，政府与人的关系是动变的关系，政府好，人则拥护之；政府坏，人可抛弃之。

有些作者把社会和政府混为一谈，弄得它们彼此没有区别，甚或完全没有区别；而实际上它们不但不是一回事，而且有不同的起源。**社会是由我们的欲望所产生的，政府是由我们的邪恶所产生的；前者使我们一体同心，从而积极地增进我们的幸福，后者是制止我们的恶行，从而消极地增进我们的幸福**。一个鼓励交往，另一个是制造差别。前面的一

个是奖励者，后面的一个惩罚者。① （引者加粗）

潘恩（Thomas Paine，1737－1809）一语中的，政府的诞生不是因为欲望，不是生产欲望，而是因为**欲望产生的邪恶**，是为制止、消灭欲望所滋生的所有邪恶。**制止和消灭来自任何方面的邪恶，是政府的根本责任**。所以，**政府不能放纵邪恶，政府更不能制造或生产邪恶**。政府要避免放纵邪恶、制造邪恶和生产邪恶的发生，必须接受人民的监管，必须接受人人的主动性。为制止和消灭任何邪恶，政府必须明确与国民的关系，政府与国民的关系的具体落实是政府与人的本质关系。这种本质关系从两个方面敞开，首先，**人对政府的受纳性，意味着政府是人性和人本的政府**，政府服务国家而国家的形塑是正向的，国家因此而强大并尊严存在于世界之林，更因此而存在于它的缔造者之中，而配享国民对它的执爱与崇敬。反之，**人对政府的主动性，意味着政府需要诸多的改进**，如果面对人的主动性而无动于衷，或者刻意地压制甚至动用国家机器来解构人对政府的主动性，政府就丧失对国家的服务功能，将国家变成服务自己的工具，国家因此沦为病弱，并以病弱的存在方式承受来自世界各方面的鄙夷和歧视，国家的尊严就这样在政府的操控中丧失本有的尊严存在，缔造它的人也因此饱受侵犯、剥夺和压榨。在这种状况下，治愈国家的病弱，消解国家遭受的鄙夷和歧视，重塑国家的尊严存在，不能靠国家本身，因为国家始终是静持的，只能靠它的缔造者也即动变性质的人，对它的重新塑造，这种重新形塑国家尊严的努力，就是改变现行的政府，使之成为人性、人本的政府。

何为人性、人本的政府？政府成为人性、人本的政府，有两条亘古不变的标志。

第一条，**以人和国家为主人**，并在任何时候都服务人和国家的政府，就是人性和人本的政府。政府以国民为主人，可用潘恩的话来表述："政府不是出自人民之中，就是凌驾于人民之上。英国政府是那些由征服不是由社会产生的政府之一，因而它是凌驾于人民之上的；虽然从征服者威廉以来，由于

---

① ［美］托马斯·潘恩：《潘恩选集》，马清槐译，商务印书馆1981年版，第3页。

形势的变化，它已作了很多改革，但这个国家本身从未更新，因而也没有宪法。"① 以人和国家为主人并服务于人和国家，需要政府摆正自己的位置，即政府本身出自人和国家；否则，凡是凌驾于人和国家之上的政府，都是反人人的，而反人人的政府，本质上是反人性、反人本的政府。政府以国家为主人，可用亚当·斯密在《国富论》中对政府的功能定位来表述：一是保卫国家，使国家领土完整、人人安全；二是建设公共事业，使国家繁荣旺盛，人人安居乐业；三是维护社会公正，使国家成为尊严的国家，促进人人尊严的生活。

　　第二条，**政府的权力是被授予的权力**。被授予的政府权力，只能是有限绝对权力，而不能沦为无限绝对权力。如何是有限绝对权力？如何是无限绝对权力？客观主义哲学家爱因·兰德（Ayn Rand，1905–1982）做出了明确的区分，她指出："考察一下在流行的关于政府的观念中，存在着道德与政治的颠倒。**政府不再是人们权利的保护者，而是成为最危险的侵犯者；不再是自由的保护者，而是建立一种奴役的体制；不再是使人们免受武力，而是首先使用武力，并在任何方式和问题中，以它愿意的方式作某种强迫；不再是人们相互关系中，基于客观准则的服务者，而是成为一种极端的和隐蔽的用偶然和恐惧来控制的机构，它没有客观的法律，而是由盲目的官僚机构所作的任意决断来解释法律；不再保护人们免受奇想的伤害，而是傲慢地把权力植于无限制的奇想之中**。在这里，我们很快地发现了这样一种颠倒：**政府可以做它想做的任何事情，而公民只有得到同意才可以去做**；这是人类历史最黑暗的时代，由野蛮的力量所控制。"②（引者加粗）维护道德与政治之本原关系的政府权力，是有限绝对权力；颠倒道德与政治的本来关系的政府权力，必是无限绝对权力。无限绝对权力的政府的基本标志有五：第一，"政府不再是人们权利的保护者，而是成为最危险的侵犯者"；第二，政府"不再是自由的保护者，而是建立一种奴役的体制"；第三，政府"不再是使人们免受武力，而是首先使用武力，并在任何方式和问题中以它愿意的方式作某种强迫"；第四，政府"不再是人们相互关系中，基于客观准则的服务者，而是成为一种极端的和隐蔽的用偶然和恐惧来控制的机构，它没有客观的法律，而

---

① ［美］托马斯·潘恩：《潘恩选集》，马清槐译，商务印书馆 1981 年版，第 146 页。
② ［美］爱因·兰德：《新个体主义伦理观》，秦裕译，上海三联书店 1993 年版，第 118 页。

是由盲目的官僚机构所做的任意决断来解释法律"；第五，政府"不再保护人们免受奇想的伤害，而是傲慢地把权力植于无限制的奇想之中"。归纳这五个方面的反人性、反人本作为，将原本有限绝对权力质变为无限绝对权力的"政府可以做它想做的任何事情，而公民只有得到同意才可以去做"。

爱因·兰德认为，将"道德与政治颠倒"的政府，就是无限绝对权力的政府，无限度绝对权力的政府把持国家，不仅使国家处于最黑暗的时代，也是将人类历史变成"最黑暗的时代"，因为国家和人类历史都"由野蛮的力量所控制"着；被这种"野蛮的力量所控制"的国家和国民都只能沦为病弱，遭受歧视和屈辱。

政府、国家、人民，此三者之间关联存在的性质决定了政府只是服务国家和人人的公共机构，因此，政府权力只能是国家和国民的共同授予的权力，由国家和国民授予的权力只能是有限绝对权力，它应该受国家和国民的双重监约。政府、国家、人，此三者之间关联存在呈现的静持与动变取向，决定了政府服务静持的国家必须接受动变的人人的监管，以规训授予的政府权力，只是服务国家和人的有限绝对权力，这是政府谱写国家尊严的基本准则和必须责任，也是政府维护和保障人人尊严存在的基本准则和必须责任。

政府运用被授予的有限绝对权力服务国家和国民，谱写国家尊严和维护、保障人人尊严存在的基本方式有四：其一，政府是权利宪法的政府，必须捍卫人权宪法，成为国家法律的榜样。其二，政府必须接受权利宪法的约束和国民权利的监督，使手中权力成为有限绝对权力，全面维护国家权力，维护国家的尊严；全面维护人人的权利，维护人人的尊严。其三，全面接受人人对政府的主动性，避免任何形式的集权、专制，尤其是避免威权产生的任何可能性。其四，保卫优良的国家文化传统和人类文明，使政府行为成为社会道德的榜样。

基于如上四个方面要求，有限绝对权力的政府谱写国家尊严和人人尊严的社会方法有三：一是保卫国家，使国家和人人无安全之虞。二是发展社会公共事业，不断提升国民生、教、病、养等方面的服务水平，不断改善和提升人人可自由地创造性探索和发展的社会条件，促进人人安居乐业。三是尊重人人的平等之道和自由之道，**悦纳人人的批评之道，从小事和细节方面入手维护社会公正**，努力消除任何形式的权利侵犯、剥夺行为的发生，避免资源和财富的掠夺、占有和囤积，全面保护人人免受来自任何方式的歧视和屈辱，帮助人人尊严地生活。用温家宝政府工作报告中的话讲：政府"所做的一切都是为了让人民生活得更加幸福、更有尊严，让社会更加公正、更加和谐"，所以，只有"建设服务型政府让人民生活得更加幸福、更有尊严"，而"让老百姓活得更有尊严主要是指三方面内容：第一，每个公民在宪法和法律规定的范围内，都享有宪法和法律赋予的自由和权利，无论是什么人在法律面前都享有平等；第二，国家的发展最终目的是满足人民群众日益增长的物质文化需求，除此之外，没有其他；第三，整个社会的全面发展必须以每个人的发展为前提，因此，我们要给人的自由和全面发展创造有利的条件，让他们的聪明才智竞相迸发"。①

四　正态的思想尊严

作为社会组建者和国家缔造者的人，作为国家和政府之主人的每位国民、每个人，其正态面向政体、制度、法律和社会安排的核心议题和根本任务，是人人享有本原性质的政治自由，因为只有政治自由，才有经济自由的保障，才有隐私自由的权利，才有自由地创造劳动和自由地生活的全部可能性。纵览古今，不自由的生活，是失尊严的生活；无权利的存在，也是失尊严的存在；无公正的社会，是尊严沦丧的社会。尊严存在的必要社会前提，是平等的经济权利和财产权利；享有平等的经济权利和财产权利的社会前提，是有普遍的政治权利和政治自由；平等政治权利和政治自由的社会前提，是思想权利和思想自由。人的平等思想权利和思想自由，却根源于人身处存在中对自由的基本认知。

1. 思想的正态关联

思想，是流行广泛的一个词，它的英语 though 来自古英语中的 thōht，thōht 却源自古日耳曼语的词根 – thaubhta，意为考虑、思考。所以，thought 既指人的想法或思维的过程，也指人的心智活动或思维能力。将"思想"作为认知的对象，可追溯到古希腊。古希腊哲学家对"思想"有其较广泛的讨

---

① 参见《人民日报》2010 年 3 月 6 日第 3 版。

论，尤其是柏拉图和亚里士多德，他们各自提出了有关于"思想"的主张甚至理论，认为思想是人类理性和智慧的呈现，因为它构成我们认识世界和理解世界的根本方式。① 其后，对"思想"的探讨构成一种传统，比如笛卡尔的《第一哲学沉思》（*Meditations on First Philosophy*）、尼采的《查拉图斯特拉如是说》（*Thus Spoke Zarathustra*）以及康德的《纯粹理性批判》（*Critique of Pure Reason*）等发展了"思想"的思想，从不同方面揭发"思想"这种认知和理解世界的理性方式，打开了人们认知世界、分析问题和推阐道理、抽象法则和原理的神奇世界，成为指导人类生活的高级精神方法。

思想是人类认识和理解世界的基本方式，也是人类认识和理解世界的基本成果。作为认知和理解世界的认知方式，它是理性的，是理性认知方式；作为理性认知方式，它超越感觉思维的本能倾向和经验认知的利害局限而呈现超越性品质，体现普遍性诉求。作为认知和理解的基本成果，思想负载了世界之道和存在之理，体现律法、原理的功能，能释放出牵引人的认识和引导生活的方法。前者揭示了思想的存在本质，后者揭示了思想的生存本质。思想，就是以其存在本质和生存本质两个方面敞开自身持中持正的位态，所以，思想亦是正态的。

思想的正态性不是指正态思想，而是指**思想就是思想，它本身是持中持正的**。思想的持中持正性形成与意见、观念的根本区别，首先体现在意见或观念可能是普遍的，更可能只呈特殊性诉求，甚至违逆持中持正的位态，一切违逆持中持正者皆违逆世界之道和存在之理，违逆根本的存在律法或生存原理。思想始终是持中持正的，是普遍的，是承载道与理、律法与原理的。其次是持中持正的思想被正态地运用，意味着对思想的运用要发挥出思想本身的正态效果，必须在运用思想时对思想本身持中持正，这样才可避免歪斜，具体讲是避免思想的异化与僵死。

思想生成的正态呈现和思想运用的正态诉求，与四个基本的方面发生关联。一是**思想关联信仰**。从存在事实言，信仰本身不是思想，信仰自成系统，不需要思想的扶助。但信仰的选择却源于思想的助力，并且这种助力并非或

---

① 参见柏拉图《理想国》中"Republic"部分内容和亚里士多德《形而上学》中"Metaphysics"部分内容。

然。对个体言，信仰的选择有两种方式，即直觉和思想。直觉性选择信仰，属**原**选择，也属于童年性选择；思想性选择信仰，往往属**继**选择，也是成年性选择。直觉性选择信仰，体现本能性激情，也带有一定程度的盲目性。思想性选择信仰，体现理性激情，也体现相当的明智倾向。对社会言，信仰的选择更多是需要思想的启动。二是**思想关联激情**。客观观察，思想可以催发出激发，激励激情；反之，激情能激励思想，在许多情况下，思想的诞生往往是激情使然。合言之，**思想创造存在的激情，激情生成思想创化的动力**，因为"激情的隼目能看透未来的幽谷：麻木生来就愚盲"。① 三是**思想关联文化走向**。文化，是人力作用于事物而改变事物的性质或存在方式的同时，也改变了人自己的方式的对象性成果。文化与人的关联是：文化是人的造物、人的存在，形成文化的持存；人的活动，推动着文化的创新、繁富或发展、前行。但文化的创新和繁富，可能需要思想，也可能不需要思想；并且，无思想的文化创新和繁富，是文化创新和繁富的**常态**，虽然它不是文化创新和繁富的**正态**。**文化创新和繁富的正态，必以思想为动力**。以思想为动力的文化创新和繁富，才是文化走向发展和前行的根本保障。因为**文化的本质是文明**，文明构成文化的进步状态，只有蕴含并舒张着文明的文化，才是创新中诉求着发展和前行的文化。诉求发展和前行的文化创新和繁富，必须以思想为动力，并最终以思想为灵魂。所以，没有思想的文化，或压制思想、消灭思想的文化创新和繁富，是没有灵魂和生命活力的文化，这种性质的文化只能是浣洗大脑之肠的污泥浊水。四是**思想关联存在道路和生存方式**。由于思想这一认知和理解世界的方式是理性诉求的，并承载存在之道和事物之理，书写着存在的律法和生存的原理，体现一般、普遍。所以它始终表征为存在道路，并可实现对人的存在道路的正态牵引，帮助人们构建持中持正的生存方式。

2. 思想形塑尊严存在

根本不同于意见和观念的思想，始终是持中持正，它象征道与理，张扬律法和原理，标定限度与边界，构成最为根本的认知和理解的约束方式，也

---

① ［美］沃格林：《政治观念史稿·卷八：危机和人的启示》，刘景联译，华东师范大学出版社 2019 年版，第 51 页。

成为最为根本的主体性行为约束力量；并从认知理解约束和主体性行为约束两个方面形塑尊严，包括形塑人的尊严、国家的尊严和政府自身的尊严。

思想创造尊严存在　西美尔（Georg Simmel, 1858 – 1918）说："尊严完全是一个理性概念：它意味着某人与某事是相称的，此事按照一个客观标准是与此相宜的，无论他是否想要得到它。尊严的印象却完全是由某一种人格造成的，这种人格以它的全部举止和行为，显然只为自己恰如其分地要求按照客观标准来衡量应当属于它的东西，不多可也不少。"① 西美尔所论从三个方面揭示人的尊严存在的基本条件。首先，尊严之于人，需理性的参与。只有当理性入场人的生活世界和人的精神世界，构成人的生活的指导力量和方法时，人的存在才有尊严的可能性。理性作为认知和理解世界及其事物的方式必然是思想的，而思想的存在本质是存在之道和事物之理，所以人的尊严存在必以理性为先导、以思想为奠基。其次，无论从人作为世界性存在者观，还是从人是他者性存在者论，人在任何情况下都存在于**事态**之中，并以事态的方式存在着。这就意味着人的尊严必然与存在的事态方式直接关联，即人的存在的事态方式决定了人的存在总是处于具体的情景中面对具体的事态，并要求与事态及关联存在的事态相和，获得存在的尊严；反之，与事态不和或相违，就丧失存在的尊严。客观地看，将人的存在纳入事态之中的事态，始终呈现事物自身存在的位态，它关联起存在之道并呈现事物之理。最后，存在于事态之中的人，当与事态"和"时，它亦如存在于其中的事态一样，获得持中持正之态，这一持中持正的正态内聚为人的精神框架，就是人的精神存在之格，简称人格；这一持中持正的正态发散为人的行为方式，就是思想对人的存在敞开为生存行动的引导。或许正因如此，帕斯卡尔（Blaise Pascal, 1623 – 1662）才如是说："思想——**人的全部的尊严就在于思想**。"（引者加粗）② 因为，就自然本性言，人在自然界里是最脆弱的存在物，如同一根苇草；但他又是宇宙世界中最高贵的存在者，并尊严地存在着，全在于他能思想并会运用思想。所以，人的尊严存在根源于思想，思想创造人的存在尊严。

思想创造尊严存在，个人的尊严存在和国家的尊严存在，都是因为思想。

---

① ［德］西美尔：《叔本华与尼采：一组演讲》，莫光华译，上海译文出版社 2006 年版，第 209 页。
② ［法］帕斯卡尔：《思想录》，何兆武译，商务印书馆 2000 年版，第 164 页。

思想对尊严的创造，源于**思想锻造理性，思想更锻造勇敢。理性和勇敢，既是力量的源泉，更是高贵和尊严的源泉**。

思想创造尊严价值　思想不仅创造尊严存在，更创造尊严价值。罗尔斯（John Rawls，1921－2002）认为："价值来源于社会中公正和平等的原则，公正和平等是人类社会的基本原则，它们不仅是道德价值，也是政治价值。"①道德价值和政治价值的等同，在于构成道德价值和政治价值的原则，即平等和公正是普遍的。因为平等的普遍性，才有公正的社会性。因为普遍的平等，人才享有同等的人生起点，同等的机会；因为普遍的平等，人才内生出同等的存在人格、同等的存在尊严而免除了歧视；因为普遍的平等，才有全面的社会公正，由于全面的社会公正，人才免除了屈辱而享有同样的尊严存在。从根本言，平等和公正不仅将人的同等价值凸显了出来，也将尊严、价值、人三者贯通起来成为整体存在，这个整体就是它自己的目的，即尊严、价值、人是自己的目的。尊严、价值、人此三者之间的内在生成逻辑可表述为：由于人是自己的目的，尊严才得以产生。并且，人作为自己的目的，必须通过尊严来彰显；但尊严的主体性来源是其本己存在的价值。当从尊严入手来审视人本己存在的价值，必然会打开价值的认知视域。首先，价值是多元的，既可呈使用取向，也可呈存在取向：前者是使用价值，后者是存在价值。存在价值是客观的，它的主体性内驻就是内在价值。其次，内在价值虽然构成尊严的主体性来源，但二者并不等同，因为尊严是一种人（包括人与人、人与社会）相互关切的生活状态和生活努力，内在价值只是这种生活状态和生活努力的固有朝向。所以，尊严不等于内在价值，尊严也不是内在价值，它只是敞开和实现内在价值的方式或朝向状态。最后，相对人而言，尊严是自予的，人作为自己的目的也是自予的，这一双重自予性均源于人有内在价值，并敞开为存在价值。

不仅如此，思想揭发人在群居存在的生活世界里的实际状况和应有位置。在群居存在的世界里，每个人都要以自己为目的，并且每个人都必得成为自己的目的。每个人成为自己的目的这一存在事实决定了人的存在必须努力做到两个方面：一方面，任何人必不能因为自为目的的存在而侵犯他人自为目

---

①　Rawls J. , *A Theory of Justice*, Harvard University Press, 1971, p. 3.

的的存在；另一方面，任何人必因其互不侵犯各人自为目的的存在而相互关切地存在和生活。这两个方面的要求和激励，成为人的尊严既是自予的同时也是他予的"相互关切地生活着"的原本性理由，还成为人争取自我存在的尊严和维护他人存在的尊严的根本理由，更是尊严成为人与人交往的"第一原则"或"首要原则"的根本依据。

当从思想的方式厘清人的尊严、价值和人是自己的目的此三者之间的生成逻辑，思想就会引向深入，发现尊严之所以成为人的政治生活的核心问题，它并不源于尊严本身，而是源于人成为人和人成为自己的价值。人成为人和人成为自己的价值，不仅引出人的尊严问题，也将人的尊严问题推入政治世界的旋涡，开辟出权力走向威权的可能性。人成为人和人成为自己的价值之引发权力向威权沦陷，在于**人成为人**的价值是天赋人的内在价值，而**人成为自己**的价值，是天赋人的存在价值。从根本讲，人成为人的内在价值是相对存在世界而产生，构成人区别于存在世界万物而使自己成为人的内在规定，这就是人性。人性是天赋人的生命存在本性。天赋人的生命存在本性是"生"，它构成人不可逆的生命朝向。所以，人的生命诞生了就必须朝向生，并生生不息地推动人自己必须继续存在下去，这是天赋人的生命权利，也是天赋人的生命责任。这种天赋的生命权利和责任构成人的尊严可以转化为人的基本权利的秘密，也是人的尊严能够从道德价值转化政治价值的秘密。因为生之于人本来是很简单的事，却因为权利和责任而变得很是复杂，并因此复杂性而产生诸如生活尊严、生存自由和存在平等的个人存在问题，这些问题既关联起个人的动变，也将社会公共权力、权威、暴力、制度等卷了进来而构成动变不息的社会问题。生的本性之所以产生权利和责任，并由其权利和责任而制造出各种复杂的问题来，是因为生命既以个体方式诞生于存在世界，更因为个体化的生命需要资源来滋养才可存在下去，而滋养生命使之继续存在的资源没有现存，人必须劳动、必须创造、必须付出才可获得。因而，天赋人之生的朝向落实于人的存在敞开的生命进程中，必然要求利，并因其利之得失而滋生爱或恨。①

---

① 参见唐代兴《生境伦理的人性基石》，上海三联书店 2013 年版，第 177—278 页。

　　思想揭发人以自己为目的的尊严和价值同构与内外表里将道德价值与政治价值有机地贯通一体的根本因素却是人性。客观地看，尊严作为人与人相互关切的生活状态和生活努力是德性取向的，这种德性取向的尊严既直接地源于内在价值，最终还要接受人性的鼓动。从发生学讲，人性创造出人的内在价值，内在价值演绎出人的尊严。以人性为原动力的内在价值也因为人性而获得两可朝向：内在价值的感性朝向，使它本身创造尊严并最终归于尊严而成为尊严的内在支撑；内在价值的理性朝向，使它本身以存在价值的方式创造出存在权利。这是尊严、价值、人性的三维逻辑。在这三维逻辑中：第一，支撑尊严的德性和强化权利的理性，都只是人性敞开的两极取向，而不是人性本身。因为人性是天赋人的生命存在的内在事实，并且，它作为生命存在的内在事实始终是客观的；与此相反，德性和理性都后起于人性，是人性朝向人与人的合生状态的表述：德性是人与人合生状态的情感性表达，理性是人与人合生状态的认知表达。第二，人性向内凝聚生成内在价值，其内在价值以德性方式释放，就是尊严。人性向外释放则生成存在价值，其存在价值以理性的方式释放就是权利。第三，在感觉的层面，权利与尊严之间伫立着价值，因而二者之间没有直接关联性，如果是这样的话，尊严"提升为人的基本权利"以及"尊严从道德价值转换为政治价值"则根本不可能。实际情况却相反，尊严与权利之间有直接关联，这种直接关联可表述为权利创造尊严，尊严呈现价值。正是这种直接关联性，"人的尊严提升为人的基本权利，或者说把人的尊严具体化为人的权利"[①] 才成为可能。尊严与权利可互相转化的内在机制恰恰源于两个方面：首先因为尊严是人与人相互关切地生活及其努力状态，其次是权利构成人与人相互限度的自由空间。所以，无论是尊严还是权利，都是人始终在由他者构成的世界中，既以自己为目的又尊重他人自为目的的存在为根本依据和绝对准则，基于这一根本依据和绝对准则，人既是目的也是手段，既是自己的目的也是自己的手段，既是他人的目的也成为他人的手段，既是环境的目的也是环境的手段，既是将自己看成是自然的目的也实际地成为自然的手段，总之，人始终是

---

　　① 　俞可平：《权力与权威：政治哲学若干重要问题》，商务印书馆 2020 年版，第 31 页。

目的－手段合生论者。

思想激发创造独立存在和生活的尊严 思想，不仅以理性的方式认知和理解世界，更以激情的方式想象和创造世界。所以，思想是理性的，思想更是激情的。理性推阐思想创造**逻辑的力量**；激情激发思想**打开心灵的宇宙空间**。历史哲学家和政治哲学家沃格林（Eric Voegelin，1901－1985）指出："仅从惯性和烦恼本身不可能产生体现于历史和社会中的道德宇宙。我们需要一种把人推入更耗人精力的行动中的动力，而激情就提供了这种动力。激情在道德世界中就相当于物理世界中的运动；**激情创造然后毁灭，护持而又鼓动**；离开激情便只有一片死气沉沉。不是所有的激情都能提供这样的动力；要产生伟大的影响，就需要爱尔维修所谓的'强烈的激情'（passions fortes）。强烈的激情'的对象对我们的快乐十分必要，没有这种激情生活就变得不可忍受'。只有这么强烈的激情才可以产生壮阔的行动，让人勇于面对危难，置死生于不顾。强烈的激情是'精神的生产性源泉'（le germe productif de l'Esprit），促使观念不断发酵，激励人冒险渡过身体和理智的艰险。**强烈的激情造就人。强烈的激情是活跃思想的源泉**，使人能够区分什么是不平凡，什么是不可能。而在另一方面，缺失强烈的激情成为感性之人（l'homme sensible）——平庸之人——的特点。人类精神的进步有赖于激情之人。感性之人遵循旧路，不会偏离旧路，因为他会迷失。在他身上占主导的是惯性；他的灵魂不活跃，没有打开新的视野，没有在当前撒下未来的种子。只有激情之人才能够承担不断思考的疲累，让他看到一直延伸至未来的因果之连续。"[①]（引者加粗）

激情不是感性的情感，也不是感官的情感，激情不来自感官和感性，来自感官和感性的只是意见和观念，并且，来源于感官和感性的意见和观念始终不能净化为理性、上升为思想，这是因为感官和感性直接与**肉身**关联，并通过肉身才可接触浩瀚的存在世界和神性的人性世界。思想的来源、思想的动力是心灵，**激情来源于心灵**。只有以心灵为源泉和动力，激情才创造出思想。这是因为心灵既可能借助肉身而与事物交道，但更可能摆脱肉身与存在关联。在一般情况下，并且在根本方面，只有激情才能叩开心灵的大门，启

[①] ［美］沃格林：《政治观念史稿·卷八：危机和人的启示》，刘景联译，华东师范大学出版社2019 年版，第 50—51 页。

动心灵直通浩瀚的存在世界和神圣的人性世界，打开思想的视野，插上思想的翅膀，赋予思想创造的力量。所以，思想创造独立存在和生活的尊严，**既需要理性的牵引，更需要激情的推动**。

在创造独立存在和生活的尊严中，作为牵引力的理性，源于平等的意愿：平等成为推助尊严存在和生活的理性力量的增强。作为推动力的激情，源于自由的冲动：自由成为推助尊严存在和生活激情的壮阔力量。"我们不是思想着的物（Ding），而是思想着的生物（Wesen），并且我们的思想和我们的本质在一个到头来被特殊的时间性所打下烙印的发生中聚合一致。思想是有前提的，没有这些前提，它根本不可能成为它所是；这些前提没有思想的话，也将不可能成为它们所已经成为的。我们的本性是能思想的、理性的，只要它为了能够成为它自身而去要求一个超越此本性的成就。人的本性是不能与自由的决断割离的，没有自由的决断就没有它所关涉的人。"① 创造尊严存在和生活的思想激情之所以源于自由，是因为自由是天赋人的自然本性、生物本性和人文本性，它始终激荡，永不匮乏，永远鲜活，永远生机勃勃、涌动澎湃。并且，因为创造尊严存在和生活的思想激情，源于生生不息的自由冲动，源于永远生机勃勃涌动澎湃的人类本性，人才成为"思想的生物"。人类作为思想的生物，因为思想和创造思想的激情，才相互构筑一种尊严的存在关系和生活方式。

施瓦德勒说，人作为"思想的生物，是有前提的"。这个前提是什么？既是理性，更是激情。而理性和激情都根源于人的存在本性，包括人的自然本性、人的生物本性和人的人文本性。对于始终处于事态关联中的人来讲，创造尊严存在和生活的思想与理性、思想与激情、思想与本性是互为前提的：将思想因为本性而产生纳入事态存在的框架中来审视，恰恰是思想因为激情和理性的合力而产生，激情和理性也因为思想的创造而获得增强和提升、壮阔和弘大。这是因为"凡是有规则的地方，我们都确定地知道，我们以文化的面貌出现。与此对称，这并不会给在普遍性中去认识自然准则带来困难。因为在所有人那里永久的东西，都不可避免地摆脱了风俗、技术和制度这些

---

① ［德］瓦尔德·施瓦德勒：《论人的尊严：人格的本源与生命的文化》，贺念译，人民出版社2017年版，第42页。

彼此之间相互区分而又对立的领地。由于缺乏一个实在的分析，所以一个双重的规范和普遍性的准则给我们带来了一个观念性的分析，此观念性的分析至少在某些情况下，或者某些限度内，使自然的要素与文化的要素分离，而后者总是出现在以更加复杂的方式进行的综合之中。由此我们断定，**对人来说普遍性的东西，全部隶属于自然的秩序**，并且自发性是其首要特征；另一方面，所有受规范决定的东西，都隶属于文化，并且指明了各自相对和特殊的属性"① （引者加粗）。属于人的"普遍性的东西，全面隶属于自然的秩序"，即本性的秩序，包括人的本性的秩序、生命本性的秩序，物的本性的秩序和存在世界之存在本性的秩序。秩序是负载和敞开本性的实存形态，本性是秩序的内在框架和本体形式。人作为造物主原创化和继创生中的一物，无论它如何深度地创造文化人类学存在，仍然不能摆脱物的存在本色，所以人的本性始终内驻了自然的本性、生命的本性和物的本性。根源于人的本性且又受激情催发和理性引导的尊严，不仅是一种存在关系，更蕴含一种原则，这即是尊严的原则。尊严作为一种原则，构成一种规则、一种规范、一种限度、一种边界和约束。

从根本讲，尊严之于人的存在，是自为约束，也是互为约束，是自为约束和互为约束的相予生成和相互促进。"尊严原则的具体化关乎的是我们政治秩序在法权上和道德上的决策。譬如：根据区分性概念，人的本性从来不是单独地通过我们对诸生活形式的描述，而是在为了区分'我们是如何的'与'我们应当如何以及我们在必要条件下必须被强制地如何'的奋斗中，尊严才成为了人的本性。譬如：人的本性被思考为一种形式，对于生物生命来说，它通过生物种差而先行被给予，并且在此形式中生命的内容不断地长进去；另一方面，生命的内容也可能未切中此形式，因此人的尊严只能被把握为**一种关系**（Verhaltnis），它联结了作为'智人'（Homo sapiens）这一种差的所有成员并且同时只对他们作为单独的个体而言是适宜的，但是它却并不是存在于实际性的现成的属性（Eigenschaft）之中。**人的尊严作为一种形式的关系，它不同于每个人可能具有的现成的具体属性。**"② （引者加粗）

---

① Levi Strauss, *The Distant Gaze*, Frankfurt edition, 1983, p. 52.
② ［德］瓦尔德·施瓦德勒：《论人的尊严：人格的本源与生命的文化》，贺念译，人民出版社2017年版，第39页。

第6章 形塑尊严的方式

医学伦理学家丹尼尔·苏尔麦斯（Daniel P. Sulmasy）在《人的尊严和价值》中将尊严看成权利的基础，并认为不能将尊严理解为权利的同义词。① 这一主张赋予尊严**在先**权利的神圣地位，为尊严"神圣不可侵犯"提供一种天赋论依据。但仅实际存在言，尊严的有无以及尊严是否免受侵犯，却需要社会和个人对尊严的合力。就个体方面言，人要按人的方式存在，并能遵循人性的方式生活，需要人本身实际地成为**平等的**社会主体。人成为平等的社会主体，必须有个人对尊严的努力，但社会和奠定社会基石的历史是根本性因素。这就形成个人尊严存在并不只个人之事，既要有使自己成为平等社会主体的必需社会条件，更要有使自己成为平等社会主体的历史基础和文明土壤。人成为有尊严的存在，既是以有尊严的社会为平台，也是以有尊严的历史和文明为土壤。仅尊严的社会方面讲，个人才是根本的。潘恩在《人权论》中指出："撇开所有那些赞成形式和结构的民族自傲与偏见不谈，昭然若揭的真理是：英国国王所以不象土耳其国王那样暴虐，这完全是由于人民的素质，而不是由于政府的体制。"② 尊严虽然受社会和历史的影响，但社会是人基于共同意愿和需要形塑的体现，历史和文明同样是人们共同努力的杰作，所以尊严与否的根本在于人本身。人是否活得有尊严，是否尊严地存在，根本不在于社会的制度和政府的体制，而在于"**人民的素质**"。从根本讲，人的尊严

---

① Daniel P. Sulmasy, "Human Dignity and Human Worth", in J. Malpas and M. Lickiss eds. , *Perspective on Hyman Dignity: A Conversion*, Springer, 2007, pp. 9 – 18.

② ［美］托马斯·潘恩：《潘恩选集》，马清槐译，商务印书馆 1981 年版，第9页。

由人自身形塑。人自我形塑尊严，是人**对社会的**完整投入，但有两个方面至为紧要。一是**持中持正地成己为人**和**高贵而在**的视野；二是自为**德能兼备**的强大，包括内心的强大和能力的强大，可以抗击来自任何方面的压抑、压迫、压制、侵犯和剥夺。其中，能力的**自为强大**，能自行解决生活无虞，杜绝饥饿并远离贫穷，保持生活的富裕；内心的自为强大，可自行解决生活的贫困，免除灵魂的纷扰，保持心灵宁静致远。合言之，自为德能兼备的强大，即生存自由和幸福，尊严自在其中生成，也自在其中彰显。

一 尊严与正态存在

对于尊严，无论将它看成权利的基础，还是将它看成一种权利，权利都不能等同尊严。从实际生活言，无论环境好坏，或者社会有无法与德为主导，任何人都有一定的权利，但并非任何有一定权利的人就有一定的尊严，即使是拥有完整或者理想的权利的人，也并非就有其尊严存在。客观地看，权利之于尊严是或然的：权利为尊严提供了可能性，但并不能为尊严提供必然性。这表明权利只是尊严生成的一个要素，德和能，应该是人有尊严存在的两个更为重要的因素。此外，最为根本的却是人的**存在位态**，它将人的德、能、权利三者统摄起来发挥整体功能，或尊严地存在，或屈辱或卑鄙地存在。

1. 姿态·格局·视野

人的存在位态，是人能否有尊严存在的根本因素。人若表现出非中非正的存在位态，哪怕是极富于身或极权在手，可以享有使许多常人无上艳羡的尊荣，却也并非能获得真实的尊严存在。与此相反，即使物质贫穷和地位低下，其自具持中持正的存在位态，也能获得备受世人敬重的尊严存在。因为人持中持正地存在敞开必能有尊严存在的姿态、格局和视野。

人正态存在的姿态 正态存在的姿态，就是**持中持正的姿态**。人要能有尊严地存在，需要具备一种持中持正存在的姿态。姿态的英语形式 posture 源自拉丁语 positura，指"放置、安置"的方式，最初指身体姿势，用以描述人或物的存在之**自为**姿势、朝向或态度。在汉语中，姿态既可指人的身体姿势、朝向或态度、立场，也可指人和社会的心理状态，更可指群体存在的姿势、面向、态度、立场。

人的持中持正的正态存在就是一种姿态，这种姿态之所以构成人有尊严存在的必要条件，就在于持中持正的正态存在始终保持一种**正当面向**。面向，其字面语义是朝向或对准某个方向或对象；正当，意为正面的、合适的或恰当的。合言之，正当面向，指正面朝向某个方向或对象，意指其朝向的位态合适、恰当、准确，或曰，**以中正的、公正的、客观的姿态面向事物本身，就是正当面向**。

人要有尊严地存在，必须具备的正当面向事物本身的存在姿态。人因为尊严而正当面向事物本身客观地敞开三个基本维度：首先是正当面向世界本身，包括正当面向存在世界本身和人的世界本身，前者对应人的世界性存在，正当面向存在世界本身就是持正地面对人的世界性存在，心有存在世界；后者对应人的他者性存在，正当面向人的世界本身，就是持正地面对人的他者性存在，心有人的世界。其次是正当面向自我存在，包括正当面向自我的肉身存在、精神存在和心灵存在，也包括正当面向自己的过去存在、现在存在和未来存在。正当面向自己的肉身存在、精神存在和心灵存在，才既不极端的唯物，也不片面的唯心，而是持正地面对自己的身心存在。正当面向自己的过去存在、现在存在和未来存在，是既不忘本，也不短视，而是持正地面对自己的生成性存在和生成性存在的实际起点和必为方向。最后是正当面向他者的存在。一是正当面向他人，他物、他种存在的存在；二是正当面向文化的存在，包括正当面向自己的文化存在，正当面向他种文化存在和正当面对人类文化存在；三是正当面向历史的存在，包括正当面向自己的历史存在和正当面向他者的历史存在，其基本的要求是正视**历史事实本身**，不抹灭，不虚构，不谎言。

如上三个维度的正当面向，奠定起人有尊严存在的认知基石。因为尊严要求自由、要求平等、要求公正、要求人道，但所有这一切都贯穿着中与正，没有持中持正的基本姿态，难有真正的自由、平等、公正、人道。所以，人正当面向的存在，就是尊严存在。也或说，尊严存在就是人正当面向一切的存在，所有的事物，包括自由、平等、公正、人道，人性和物性，本能、理性和明智。

人正态存在的格局　人，一旦正当面向事物本身，就形成一种**存在格局**。

"格局"一词，其汉语意思是认识事物或世界呈现出来的视域范围或阔远程度，在英语中，pattern（structure）一词源自拉丁语 patternum，意为存在式样或模式，或物理存在的式样或模式，或非物理存在的式样或模式。后来用以描述某种具体的形式或人为的设计、安排，也可表述整体的布局、结构或模式，这些整体的布局、结构或模式，既可是物理性质的，也可是抽象的观念或概念。由于后者，"格局"引发哲学、社会学、心理学以及其他领域的讨论。在哲学讨论中，格局也用以指向宇宙结构、秩序及运行方式，并牵引出宇宙的本质、存在的意义以及组织方式。比如 Gilles Deleuze 在《尼采的哲学》（*Nietzsche's Philosophy*）中讨论了尼采关于宇宙"格局"的思想，涉及宇宙整体结构、永恒重复和意志的生成关联。社会学中的"格局"却将社会结构、阶级、权力关系以及文化模式关联起来，比如 Anthony Giddens 的《社会学想法的历史》（*The History of Sociological Ideas*）无意揭发出从古到今的社会学发展的各种思想都渗透了"社会格局"的认知；Charles Lemert 的《社会理论：概念和抉择》（*Social Theory：The Multicultural and Classic Readings*）却意识地梳理了诸多社会学家对社会结构、社会格局以及社会发展的思考。心理学的"格局"讨论却关联起人的思维模式、认知结构、心理形成等因素，比如 Ulric Neisser 的《认知心理学》（*Cognitive Psychology*）和 Alfred Adle 的《个体心理学》（*Individual Psychology*）等心理学著作都涉及"格局"的概念及思想。

从哲学观，"格局"概念始终相对存在言。在抽象意义上，格局是存在敞开的**视域**状态和**高远**状态，其中，"视域状态"描述格局的广阔度；"高远状态"描述格局的高远度和深厚度。具体而论，格局相对人的存在言，包括人的个人存在，人的社会存在和人的世界存在，分别意指人看待个人存在、社会存在以及人的世界存在的视域状态和高远状态。

世界因为人的诞生和存在才演绎出诸多的复杂与烦盲，包括"格局"本身也是这种复杂和烦盲的产物。所以，无论是从存在世界言，还是从个体存在论，格局都因为人而产生关注的意义和讨论的价值。因此，格局因为人而生成、廓大或萎缩，其主要的催发因素有三，即观念、广纳与慎取、包容与辨非。

格局促成、静持或动变的首要因素是**观念**。观念之于人，其实异常复杂。

影响格局的观念，第一个方面是**存在观念**，即人如何看待世界存在、社会存在、自我存在和历史存在，是为关键，其中，看待存在世界和自我所形成的视域度和阔远度，则潜在地生成其存在的大致面向。而关联存在的观念一旦生成，则大致定型人的存在位态。整体观之，存在观念的形成构成格局的框架；关于生命的观念、生活的观念以及利益的观念形成，则构成格局的内在结构，将外向性的框架与内在的结构统摄起来形成存在的视域状态和高远状态的格局的这个因素，就是**关联存在**的观念。

　　观念形成格局，格局的静持与动变，却是**观念的固守或变化**。观念的固守或变化取决于两个方面因素的相互激发。一是广纳与慎取；二是包容与辨非。广纳，是指广泛接受新的东西，但实际上指姿态开放、认知开放、思想开放，从不自我封闭或故步自封。但广纳并不等于照单全收，而是在源源不断地接受新的东西，谨慎地选择性吸收以为所用，这就涉及理性地审辨和明智地弃旧革新。理性审辨和明智革新就涉及辨非，即通过辨别真知、真理、知识与假知、歪理、意见而行包容之能。在汉语中，"包容"指接纳不同观点、习惯、特点，展现宽容和理解的态度。在英语中，tolerant（或 tolerance）源自拉丁语 "com—" 和 "pāc—"（或 pāx—），前者意为 "一起"，后者意为 "和平"。二者相组合形成 comprehendere，意为包含、理解；后来演变为英语 comprehend（理解）和 comprehensive（全面的）。合起来，tolerant 意指全面理解、平等善待。所以，包容，不仅指容纳、容受，首先指深刻认知、全面理解，其深刻认知和全面理解的是广纳所成的东西，深刻认知和全面理解广纳的东西之根本目的是慎取，对慎取得来的东西与已在的东西的融合和会通的基本方法就是平等善待，即以慎取得来的东西与已在的东西的自为对比而生成的取向为准则而完成融合和会通，由此推动观念的固化或革新。在广纳与慎取和辨非与包容的新知运动中，观念的固化即是格局的静持；观念的革新即是格局的动变，或廓大之动变，或萎缩之动变。

　　当初步理解 "格局" 内涵及其形成、静持与动变的可能性机制，再来看正态存在的格局，必然成为尊严存在的根本因素，如果说正态存在的姿态构成尊严的不可逆朝向之位态，那么格局则构成尊严存在的内在结构和对外开放的生成性框架，它从个人、社会、世界三个维度为尊严存在提供了支撑。

即正态存在的格局与尊严之间的生成关系，可具体表述为人之正态存在的个人格局构建起个人尊严，人之正态存在的社会格局构建起社会尊严，人之正态存在的世界格局构建起世界尊严。

人正态存在的视野　人正态存在的姿态和格局的融合和会通，必然敞开**其存在视野**。

"视野"本义指肉眼所能看见的空间范围（或事物），后引申为人自生成性的思想领域或知识领域。英语 field of vision 一词源自拉丁文 visus（视力）和 horizon（视野、范围），在中世纪英语中，这两个词合并 visus 和 horizon 成 visioun（或 visyon），并在现代英语中演变成 vision，其语义内涵从肉眼能见的范围扩展出远见、愿景或展望等内涵。所以，视野不仅指认知的空间范围或思想、知识所敞开的领域，更指立足于当下想望未来的愿景，即视野不仅是当下的、现实的、已成的，同时也是前瞻的、未成的、可能的，它融进了实然和必然，并体现从实然指向必然的应然诉求。从这个角度观，如果说正态存在的姿态为尊严存在注入**必然立定**的位态，正态存在的格局为尊严存在提供了**自稳态**的骨架（即内外结构和框架），那么，正态存在的视野则为尊严存在赋予了朝向未来的**愿景和期待**，以展示尊严存在的不可逆性。这种不可逆性才是人捍卫尊严，使之免遭来自任何方面的侵犯和剥夺的内动力量和存在激情。

从构成论，能为人之尊严存在提供朝向未来的愿景与期待的正态存在之视野，并不是单一的，而是复合性因素的融合与会通所成的感性认知状态，它是世界视野、社会视野、人本化的自我视野和他者视野的融通。其中，正态存在的世界视野敞开自然视野（宇宙视野和地球视野）、万物视野、生命视野，即正态存在的世界视野由自然、万物、生命三维构成，这源于自然、万物、生命此三者是造物主赋予其原创世界的实存样态，即造物主原创的世界本身就由自然、万物、生命构成，所以，自然、万物、生命既构成存在世界本身，也构成存在世界本体。

造物主原创化，创造出正态存在的世界；造物主继创生，不仅创造出正态存在的世界生生不息，也创造出了人的世界。人的世界的诞生，才产生了社会。所以，正态存在的社会必以正态存在的世界为底色和基座，并受纳世界之自然、事物、生命三维导向，形成正态存在的社会视野不仅以人为主体，也要容纳自然、事物、生命三维，形成社会视野的人本性、自然性、事物性和生命性取向。

以世界视野为底色和基座，以社会视野为框架，正态存在的自我视野与他人视野互为生成尊严存在的出发点和目标，即人的正态存在的视野生成的出发点，是己与人的互为视野，人的正态存在的视野朝向的目标，即愿景与期待，仍然是己与人的互为视野，具体地讲，是己与他"生活在一起"的愿景和期待与人与己"生活在一起"的愿景与期待的相向合生的状态。

自我、他者、社会、世界，此四者构成人的正态存在的完形。在人的正态存在的完形构成中，其自我视野才是正态存在的起点、基础，并构成人正态存在的目的。因为，对他人的看待源于人本己。每个人都是从本己出发看待他人，形成他人视野。所以，人的正态存在的自我视野，开出其正态存在的他者视野；人的正态存在的他者视野，开出正态存在的社会视野；人的正态存在的社会视野，开出其正态存在的世界视野。反之，人的正态存在的世界视野，为其正态存在的社会视野提供了世界性愿景；人的正态存在的社会视野，为其正态存在的他者视野提供社会性愿景；人的正态存在的他者视野，为其正态存在的自我视野提供了他者性愿景。自我、他者、社会、世界之间的互为愿景，构成人的尊严存在生生不息地朝向未来的基本动力，也为人的动力学存在提供了多维指向的解释依据。

2. 尊严的动力学存在

人的尊严形成，以及其静持与动变的存在，必有其固守或变化的推动力量，这一推动力量就是尊严的动力学。理解尊严的动力学，需要先了解动力学问题。从本源讲，动力学（Dynamics）问题生发于存在世界，更具体讲，生发于物理世界，即指物理世界中，物体在不同的力的作用下呈现出的运动状态及其规律。

动力学思想可追溯到古希腊的自然哲学。泰勒斯（Thales，公元前 624 – 前 546）是其动力学思想的最初发现者，他从发问世界的原本起步，继之于"宇宙是如何生成"之问，其自问自答于"水是一切之本"（Water is the basic principle of everything）和"水的潮湿与蒸发生成宇宙和万物生命"（Water's moisture and evaporation engender the universe and all life），揭示存在的动力学思想来源存在世界。其后阿那克西曼德的"无定"说、阿那克西美尼的"气本原说"、赫拉克利特的"活火理论"、恩培多克勒的"四根说"、阿那克萨戈拉的"种子说"、留基波和德谟克利特的"原子论"等，都从不同方面入手探究世界生成与运动并试图以自身方式揭露世界的动力学机制和规律。这种关于世界动力学的思考发展到亚里士多德这里形成一次综合，他在《物理学》中讨论了物体的运动、变化和力的性质，揭示并区别了自然形成的四种原因，认为"自然是自身具有运动来源的事物的形态或形式，这些形态或形式只有在思想中才能与事物相分离"①。发现运动是由于物体内在的特定品质和潜在的能力而产生的，物体自身的这种潜在能力成为促使物体朝向其本性发展或实现的内动力。亚里士多德的动力学思想揭示了世界的动力学源于世界自身，事物的动力学源于事物自身。

亚里士多德关于物理世界的动力学来源于物理世界本身的思想，几乎构成后世对动力学思考的一种传统。比如，水的动力学来源于水，于是就有了阿基米德（Archimedes，公元前 2012 – 前 287）对浮力定律的发现。阿基米德的动力学贡献不仅于此，他还发现了来源于世界、事物本身的动力学机制，即蕴含于世界或事物自身中的动力学功能的释放源于它自身会聚生成的临界点，他用"杠杆"来表述，形成"杠杆原理"。然而，源于世界或事物自身的动力因素如何会聚发挥"杠杆"功能的？伽利略（Galileo Galilei，1564 – 1642）予以了重力学解答，揭示事物的动力学或者说事物的运动与事物的重力关联，事物的重力与事物的位态及空间距离相关，这就是惯性运动。后来者牛顿（Isaac Newton，1643 – 1727）做了类似亚里士多德的工作，对动力学思想予以再综合，提出了三大运动定律和万有引力定律。前者是具体的动力学，即物体的惯性定律（物体在没有外力作用时将保持匀速直线运动或静止状态）、运动定律（物体的加速度与作用在其上的力成正比，反比于物体的质量）和作用与反作用定律（每一个作用在物体上的力，都会有一个大小相等、方向相反的反作用力作用在施力物体上）；后者是整体的动力学，即任何两个

---

① 参见［古希腊］亚里士多德《物理学》，张竹明译，商务印书馆 1982 年版，第 45 页。

物体之间都存在引力，其大小与它们的质量成正比，与它们之间的距离的平方成反比。其后，爱因斯坦（Albert Einstein，1879 – 1955）从牛顿出发，提出动力学的相对论和引力场理论，前者发现动力学的时间与空间的变换和质量与能量转换机制，实际地改变了牛顿力学的框架；后者发现了质量和能量的变换运动如何影响时空，即引力乃是由质量与能量的变化催发物质扭曲了时空结构而产生的效应。比较地看，爱因斯坦的动力学理论侧重揭示物理世界动力学发生的确定性，量子力学却通过微观世界的探测而揭示物理世界动力学发生的非确定性和随机性。宇宙大爆炸的种种理论猜想，似乎在无意中探索物理世界动力学动力的确定性与非确定性达于综合的可能性路径和方式。

　　自然哲学和物理学对动力学问题的探讨，清晰地呈现动力学问题不是一个观念问题，虽然不同时代、不同的人对它的思考可以用自为体系的概念表述出来，体现了观念的特征，**但它本身不是观念的造物，而是客观存在本身**。世界上的动力学问题，包括存在世界的动力学问题、人的世界的动力学问题，甚至一株草、一片云彩、一次风暴乃至人的一次跑步以及躺身于床的睡眠，所引发或牵动的动力学问题都是存在性质的。大到宇宙世界，具体到一举一动，其运动的动力始终是存在论的。

　　动力存在论，构成了动力学的依据。

　　动力存在论，是说动力是客观存在的，即动力乃是一种存在，它是以自身方式存在。动力作为一种存在，它是以自身方式存在于存在之中，构成存在之内在存在。动力作为存在之内在存在，它从三个方面敞开。首先，它是一种具有生之本性的存在。或者，动力作为存在之内在存在，它就是存在之本性。存在之本性，即**生性**。其次，它是一种能够生生不息的存在。或者，动力作为存在之内在方式，它是存在推动自己生，并成为生生不息的生机和原动力。最后，它是一种自创动力的存在，即作为存在之内在存在的动力，始终是自生的，也是生它。动力是自生的动力，也是生它的动力，是自生而生它的动力。

　　在动力存在论中，动力的自生和生它的双重动力功能，根源于动力乃造物主使然。造物原创化世界，创造了世界的生和生生不息的机能（或曰生机）；造物主继创生世界，创造了世界简单创造复杂和复杂创造简单的原则

（详述见卷 4《限度引导生成》第 3 章）。原创世界的生性和生生不息的机能，成为动力自生的源泉；继创世界的简单创造复杂和复杂创造简单的原则，成为动力生它的源泉。原创世界之生性和生生不息的机能敞开继创世界，继创世界从简单创造复杂向复杂创造简单的循环往复地回归原创世界的生生运动，打通了动力之自生和生它的往返通道。物理世界的动力学探讨最终必要上升到哲学和神学的位态，才可获得最终的解释。

人是宇宙中的存在者，他既有造物主原创化的依据，更有造物主继创生的依据。从动力存在论观，人既蕴含造物主原创化赋予存在世界——即宇宙自然和万物生命——之生之本性和生生机能，同时也内在地具有造物主继创生赋予存在世界——宇宙自然和万物生命——之简单创造复杂和复杂创造简单的生生原则。所以，无论是从原诞生讲，还是从继诞生论，人的存在始终是动力学的存在：在原诞生阶段，自然人类学的人是动力学存在的物、物种生命，正是因为这种内生的动力学，人类物种才**自具**从自然人类学向文化人类学方向进化的内动力。在继诞生阶段，自然人类学的人类向文化人类学的人类进化，使文化人类学的人成为动力学存在的人、人文生命，正是这种内生的动力学，人文存在的人类才源源不断地从人文存在的低阶向永无终极的高阶方向展开，且生生不息。

人作为一种动力学存在的根本性质，主要有三个方面。首先，人的动力学存在源于他始终保持天赋的本性，即天赋人的**生性**，以及由此演绎出来的**生生机能**。这一由生之本性演绎出来的生生机能向他者性方向敞开，就构成生、利、爱、群的动力学体系。其次，基于其天赋的动力学存在，人始终是自己的主人，在任何语境下都内在地具有拒绝任何外部力量对他的存在论安排。因为人作为自己的主人，其内生的动力使他的存在必然由他自己来安排自己的力量。当这种自己安排自己的天赋动力被弱化或解构后，人才丧失尊严存在的底气而沦为工具。更具体地讲，人的动力学存在源于天赋的生性和生生不息的生生机能，源于简单创造复杂和复杂创造简单的生生原则，当人丧失或被剥夺其动力学存在方式，他就沦为被动安排或任意处置的物，而不是人。所以，人的尊严存在的最终解释依据是人的动力学存在，而人的动力学存在的依据却是人的原诞生和继诞生所拥有的为造物主所赋予的生之本性和生生机能，以及简单创造复杂和复杂创造简单的互为催发原则所张扬的生生动力。最后，人不仅是物，是动物存在，拥有本来的**生生物性**；人还是人，是人文存在，拥有本来的**生生人性**。对于人来讲，其天赋的物性与创生的人性的合生，创造出一种更新的也是超越存在世界及其所有存在物的全新的动力学力量，那就是**学习力量**。人的学习力量的存在敞开，生成人的学习的存在。人是学习的存在者。人作为学习的存在者，将天赋的生之本性和生生机能化为生生不息的学习的动力和探索性的存在。所以，人作为动力学存在，即是学习和探索的存在，学习和探索本身构成人之生之本性和生生机能全面打开的两维方式：人作为学习的存在，由外向求知而达于内在凝聚，自我培育，不断提升，不断升华，为探索的存在提供内生动力；人作为探索的动力，由内向外释放心灵的智慧和真知的力量，不断地拓展，不断地发现，不断地获取新知，不断地向学习的存在者注入更新的动力。

由于天赋的生之本性和生生机能源源不断地化为学习和探索的动力方式。人由此获得两个方面的动力学方式，即整体动力学（Global Dynamics）方式和局部动力学（Local Dynamics）方式。这两种动力学方式使人既成为整体的动力学存在，也成为局部的动力学存在。

人作为一种整体动力学存在，自具三个维度的内涵，并从三个维度展开其整体的动力存在。首先，人是世界性存在者，它内具世界性存在的动力机能和动力智慧。比如，古代人类的日出而作、日落而息，以及遵从春夏秋冬四季循环运动而春播夏耘秋收冬藏，并且始终敬畏气候的周期性变换运动的规律而存在等，都呈现人作为世界性存在者的动力学存在方式和存在规律。其次，人是一个历史性存在者，历史如同孔子所揭发的那样，始终以自身方式行返本开新的存在进程，且这一返本开新的存在进程呈现不可逆，人总是从本能到理性地遵从这一历史存在的智慧的牵引和存在规律的力量的鼓动，这就是**明往知来，前车而鉴**。最后，人是一种文化存在。人是一个肉身化的个体，但遵从世界性存在和历史性存在的双重牵引和推动，而在改变自然存在事物的同时改变自己并在改变自己的同时革新存在事物的对象化进程中，创造出整体性存在的文化，并也同时接受整体性存在的文化的哺育，源源不断地打开世界性存在和他者性存在的视野，生成世界性存在和他者性存在的

格局，建构起世界性存在和他者性存在的姿态，并层累性探索世界性存在和他者性存在的真知、真理、知识、方法。由此生生不息，人成为文化存在者。要言之，世界、历史、文化构成了人的整体动力学存在，生成建构起人的整体动力学智慧、方法和力量。

　　然而，人的整体动力学存在必以人的局部动力学存在为出发点，为最终的归宿，这是因为人是一个体存在者。人作为一个个体存在者，既是一个为己的个体存在者，也是一个必须为他的个体存在，其为己与为他的合生，才构成人的个体存在的完整性。由于个体规定性，人既是一个体的思想存在，也是一个体的情感存在，更是一个体的心灵存在。作为个体的思想存在者，人总是以自为形成的思想为准则来选择自己的存在方式、生活方式和行为方式。由于思想是超越的存在方式，也是关联的存在方式，思想才把自己与他者、局部与整体、当前与未来、现实与想望等联系起来，形成理性和明智的存在力量。人作为个体的情感存在者，总是以内生的情感为存在动力，而成为有情、有爱、有义的人，并且，以内生的情感为存在动力，人更会成为同情、慷慨、慈悲的存在者。人作为心灵主义的存在者，因为心灵不仅使他的存在获得与造物主共在的通道，与存在世界共生的主体力量，也使他自己内生神性、神圣，而神性地和神圣地存在。因为心灵，人拥有灵魂，更拥有自由意志，还拥有天赋的生命激情，而这一切是人从个体存在达于整体存在的全部条件、依据和内动力量。

　　他者、思想、情感、有灵，使人成为局部动力学的存在者。他者、思想、情感、有灵，亦使人通向整体动力学的存在。更因为他者、思想、情感、有灵，人作为局部动力学存在和整体动力学存在相向走向对方，而形成整体动力学存在向局部动力学存在的实现和局部动力学存在向整体动力学存在的回归。这其中的激发机能，不仅仅是天赋的生之本性和生生机能，也是化天赋的生之本性和生生机能的学习与探索的动力学催发，即通过求知、体悟、践履的循环往复，开启了人的整体动力学存在与局部动力学存在的互为实现和有机统一。不仅如此，他者、思想、情感、有灵，更是构成其整体动力学与局部动力学对尊严存在的实现，因为人的尊严存在既是本己的也是他者的，既需要思想的理性和明智，更需要情感的滋养和心灵的涵化。

二　保持人性的本朴

人要能免遭歧视和屈辱而得尊严存在，既涉及社会，更因为个人。即使生活在善业国家环境里，个人也可能没有尊严。所以，尊严之于人的形成和持有，必有其主体性要求。两千五百年前，古希腊哲人普罗泰戈拉提出"人是万物的尺度，是存在者如何存在的尺度，也是不存在者如何不存在的尺度"①，不仅是第一次宣扬人在存在世界中的独特身份、主体地位，更可以说是最早的关于人的至高无上尊严的表述，也是最早的关于人得以尊严存在的依据的表述。人要有尊严，一定要成为万物的尺度。人要成为万物的尺度的前提，是人要成为**自己的**尺度。尺度，无疑是标准，但它首先是限度、是边界、是约束。所以，人要有尊严地存在，不仅要有尊严存在的权利，更要具自为限度、自为边界、自为约束和己与人互为限度、互为边界、互为约束的能力。苏格拉底继智者运动之后，将哲学思考以关注自然为中心转向以关注人事为中心，并将普罗泰戈拉的命题予以理性拷问，探求人如何才可使自己成为万物的尺度。苏格拉底以自己的方式发现使人成为万物的尺度的两个心灵原则，即如何将"人是万物的尺度"化为自为限度、自为边界和自为约束的准则，这就是"认识你自己"和"知识即德性"。亚里士多德继之以考察人如何可能真正认识自己和具备知识的德性，认为"认知你自己"就是知德，将知识化为德性就是行德。并指出，知德，就是获得理智的德性，使自己达于**明智之境**；行德，就是获得伦理的德性，使自己达于**明智之行**。人既达于明智之境又达于明智之行，就是尊严。然而，通过理智的德性达于明智之境和伦理的德性达于明智之行的实质性努力是什么呢？是对**人性本朴**的认知和生活保持。

1. 人性本朴的构成

德性达于明智之境，是人对人性本朴的认知所成；德行达于明智之行，是人对人性本朴的生活保持的方式。无论是德性达于明智之境界，还是德行

---

① 北京大学哲学系外国哲学史教研室编译：《西方哲学原著选读》上册，商务印书馆 1981 年版，第 54 页。

达于明智之行动，都是对人性本朴的把握，前者是对人性本朴的**认知把握**；后者是对人性本朴的**行动把握**。而人性的本朴，不过是人对其人性的本原性敞开。历史地审视，人的本性既是生物学的，也是人文学的。由此，人性本朴既是自然主义的，也是人文主义的。人性本朴从自然主义向人文主义方向进发，却将良知、人格、自我凸显出来。而良知、人格、自我此三者，则是人尊严存在的内在构成和主体呈现。

良知之于尊严　良知，是一个主体论问题。最早关注良知并对其予以至高定位，可能要追溯到《圣经·罗马书》。罗马书对罗马人宣教良知是自己的律法："没有律法的外邦人若顺着本性行律法上的事，他们虽然没有律法，自己就是自己的律法。这是显出律法的功用刻在他们心里，他们的良知（是非之心）同作见证，并且他们的思念互相较量，或以为是，或以为非。"① 奥古斯丁更形象地表述了这一关于良知的认知定位，认为**良知是神镌刻在人心灵之中的律法**。② 这是卢梭将良知理解为"神性的本能"的依据。康德承之而将良知看成"一个本能（Instinkt，或译'天陛'），它不是对自身进行判断，而是超出自身指向"，但同时又认为良知是"一个意识，一个对自身具有义务的意识"。③ 康德将良知之天性化的"本能"表述为"一个对自身具有义务的意识"，实是将天性的良知转化为人性的良知，符合其将以**实在的**上帝为本体的本体论形而上学转化为**用人来替换**上帝之本体位置的认识论形而上学，至神至圣的良知一旦降落为平常的良知，它也就有了被弃置或被尊崇的两可性。或许正因如此，力倡回归人的本真性的加拿大哲学家查尔斯·泰勒（Charles Taylor）才重新强调良知的神性来源：

良心！良心！神性的本能，来自天上的不朽之声；是无知、有限但

---

① ［美］施尼温德：《自律的发明 近代道德哲学史》，张志平译，上海三联书店 2012 年版，第18 页。

② 奥古斯丁在《（诗篇）注解》（*Enarratio in psalmos*）中说："因为真理已经通过我们创造者的手在我们心中写下了：己所不欲，勿施于人"（Quandoquidem manu formatoris nostri in ipsis cordibus nostris veritas scripsit. Quod tibi non vis fieri, ne facias alteri）

③ ［德］瓦尔德·施瓦德勒：《论人的尊严：人格的本源与生命的文化》，贺念译，人民出版社2017 年版，第 88 页。

有智力和自由的造物之明确向导；善恶之永远正确的法官，使得人与上帝相像！是你造就了他的本性的卓越和行动的道德；没有你，我在我里面找不到让我上升到野兽以上的东西——有的只是在没有规则的理解和没有原则的理性的帮助下不断误入歧途的悲惨特权。①

客观地看，良知不是"神性的本能"，但良知**确实有神性的渊源**。这就涉及良心。**良心不是良知，良知也不是良心**。理解这个问题需要定位良心。

汉语中，"良心"是一合成词，其中"良"字原义为善、好："良，善也。"（许慎《说文》）"心"本指思维器官，其最早的表述如"他人有心，予忖度之"（《诗·小雅·巧言》）；"心之官则思"（《孟子·告子上》）。将"良"和"心"合成新词"良心"，其"好""善"之原生语义在后来的词典定义中被消解了。比如《辞海》"良心"条目将其定义为"本然之善心，仁义之心"。如此定义"良心"实属望文生义。良心与本心有根本区别：本心，是本然之心的简称。从人的两次诞生的历史观，也即从自然人类学向文化人类学方向演进言，本心和良心刚好构成其对应性表述：本心对应自然人类学，属造物主原创化人类物种赋予该物种的物理心、生物心，简称物心，或曰本然之心、本心；良心对应文化人类学，属造物主在其自然人类学基础上继创文化人类学之人文存在并赋予其人文存在的人文心、人心，简称良心。所以，本心不是良心，本心要成为良心有一个质变过程，也有其质的性质和内涵。仅此而言，《说文》释"良"为好、善，以良心为好善之心，实是良心之词源本义。《辞海》释良心为"本然之善心"，则属大谬，因为"善"源于人文，属文化人类学范畴，只有当自然人类学的人类物种向文化人类学方向进化而形成人文存在时，善的意识、观念和生活诉求才产生。原本属于自然人类学的人类物种的物心（物理之心、生物之心）或曰本然之心、本心，是没有好或善的含义的。所以，从词源本义观，良心不是本然之心、本心，良心是对人的本然之心、本心的人文进化状态，它呈现好善倾向或诉求。人的本然之心如何演绎成为良心？汉语"良心"的词源语义没有提供这方面的信息，

---

① ［加］查尔斯·泰勒：《世俗时代》，张容南等译，上海三联书店 2016 年版，第 232 页。

但西语中的 conscience（法语 conscience morale；德语 Gewissen）却提供了这方面的信息。conscience 源自拉丁语 conscientia，其前缀 con－、Ge－都有"共同""一起"的意思；其词干"－science、－wissen、－scientia"表"知""知识"义，合起来，conscience 即"共识""共同知晓"之义。也就是说，良心之所以是倾向于好和善，是因为它从本心出发，走向**共同知晓**而达成**某种共识**，所以既是好的，也是善的。

良心源于本心，却是将本心**进化为好善之心**。好善之心，既有美、完美的意思，更有德、修养、教养的含义。美、完美可能来源感觉的赋形或心灵直觉的把握，启动的是先验认知；德、修养、教养却既是经验的层累，更可能有理性和明智的参与。所以，无论是好或是善都体现知、知晓、知识、知道的倾向或诉求。所以，良心必是本心之知和知对本性的净化、提升。这是本性、良心、知三者的本源关联：本性因为知而上升为良心，良心向外化为好善的行为，必有使良心导向行为使之成为好善行为的能力，这就是良能。从良心到良能，知又成为桥梁。但这个层面的知，不是面对自然状态的本心之知，而是面向良心之知，所以它是以好善为依据并以好善为准则的知，即良知。所以，从良心到良能，必生成良知。良知诞生于良心向良能方向的生成，并且良知一旦生成，就构成从良心到良能的桥梁，也成为良能的践履在更高水平上回返良心、提升良心或固化良心的桥梁，所以，良知在良心与良能之间构建起往返互运的桥梁。从良心到良能，再从良能到良心这一往复互运的桥梁之上所伫立的就是尊严。

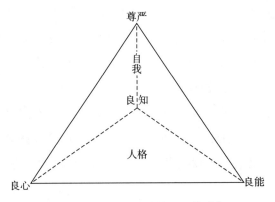

[图 6－1：尊严生成的心灵构成]

　　良知的形成，是一个行为过程，也是一个生命过程，并且既是人格生成的过程，也是自我建构的过程。在这一过程中，良知从良心起步，形成良能，良能亦促进良知，以此循环开进的上升过程，形成并纯化人格、强健自我，固化尊严的根基。要言之，尊严的根基是自我和人格，但其动态生成的心灵土壤却是良心、良知、良能互为催发的良性运行。

　　良心、良知、良能互为催发的良性运行，既关联起良知与道德、法律，也关联起灵魂和理性。要言之，道德和法律分别从柔性和刚性两个维度构建起维护和保障尊严的行为边界与约束机制：法律是维护、保障尊严的刚性行为边界与约束机制；道德是维护、保障尊严的柔性行为边界和约束机制。运作良心与良能使之首尾呼应、互为催发良性运作的良知，却构成托起道德和法律的人格化的自我的基石。因而，关联并运作良心和良能的良知，既构成道德和法律的主体论基石，也构成道德和法律的源泉。反之，生成性构建良心和良能并运作良心和良能的良知，构成了道德和法律的主体论边界和心灵性约束机制。"法和道德不可能完全分离，否则的话，国家就将能够通过民主决议性立法而推行对它的公民，尤其是公民中少数人的确信的蔑视和不尊重。那法和道德分离的边界究竟在哪呢？如果立法者按照宪法决定允许出口武器或者使用原子能，那我为什么要违反我良知的确信而忍受这两个决议呢？相反，没有法律能够带走我的小孩，没有法律能够禁止我从事宗教，即使其他公民确信，如果这样干被允许的话恐怕还将更好。对此的回答是明确的：**正是人权划清了这一边界**。在这一边界上，国家不能屈从它的公民任何强有力的良知确信；**而人权的根据是人的尊严**。人的尊严站立在前现代国家中对人，这也意味着：**人权和人的尊严塑造了一个尺度，这个尺度教会我们：如果良知呼吁我们去伤害人权和人的尊严，那我们的良知就在犯错**。"①（引者加粗）

　　在另一个维度上，良心、良知、良能互为催发的良性运行又将灵魂和理性关联起来。良知、灵魂、理性三者的关系复杂。首先，良知来源于心灵，心灵由自由意志、灵魂、生命激情三者构成，从心灵的构成性言，良知也来源于灵魂；然而，心灵由内向外地舒张，经过情感和精神而释放，其间却需

---

　　① ［德］瓦尔德·施瓦德勒：《论人的尊严：人格的本源与生命的文化》，贺念译，人民出版社2017 年版，第 93—94 页。

要良知这个中介，即心灵向外舒张敞开情感和精神两个扇面，却需要通过良知的疏导。所以，源发于心灵的良知，在心灵朝向情感和精神扇面敞开时，又成为疏导情感和精神的灵魂。这是良知与灵魂（或曰良心与心灵）的双重关联性。正是这种双重关联，良知虽然不是灵魂，却成为**对灵魂的觉醒**，这种觉醒虽然原发于本心的土壤的滋养，却要指向对良能的发动。然而，良知对灵魂的觉醒却总是不能抛弃"知"本身，因为没有知，良知根本不存在。知对良知的必然规训，使良知与理性甚至明智不能脱离干系。由此观之，良知虽然不是理性，但良知总是本能地启动理性对良知本身予以思维轨道的定位和认知方式的赋予，或者说定格，这就是良知的内在理性化和外在明智化：良知的内在理性化，就是良知以其理性之知而启动本性化的本心，使之良心化；良知的外在明智化，就是良知以其理性之智启动良能，使之明智化。由于良知具有向内理性化良心和向外明智化良能的双重功能，所以"良知是启发性的原则，而非司法性的原则。这就是说：良知可以成为**认识的源头**（启发性原则），然而，对其使用价值的判断则是理性的事（合法性原则）。**良知扎根于心灵深处**，而它比主要靠外在观察、清晰观点和理论确立起来的理智更可亲证。良知可以依靠与无意识的联系。然而，理性不能把这种非理性'良知'当作是充足的合法源泉。这有两个原因。首先，非理性'良知'会产生相互矛盾的结果——不同的人和群体，其良知是相互矛盾的。其次，理性只承认有事实基础以及能进行主体间讨论的认识。主体间讨论确保了问题当中有尽可能多的方面能得到考虑"①（引者加粗）。由此两个方面，"良知判断是绝对的和自生的。人们只能遵从或违背良知判断。两个人之间相互矛盾的良知判断是彼此独立的。**理性判断不同于良知判断**；人们不仅可以遵从或违背理性判断，还可以反驳理性判断。**理性判断在原则上是开放的、可以修正的**。理性判断首先以开放的态度对待矛盾的观点。理性理论不仅包括支持其立场的缘由，还包括反驳不同观点的缘由"②（引者加粗）。因为，理性判

---

① ［瑞士］爱尔马·霍伦施泰因：《人的自我理解：自我意识、主体间责任、跨文化谅解》，徐献军译，商务印书馆 2019 年版，第 83—84 页。

② ［瑞士］爱尔马·霍伦施泰因：《人的自我理解：自我意识、主体间责任、跨文化谅解》，徐献军译，商务印书馆 2019 年版，第 86—87 页。

断是或然性质的，是或然判断；良知判断却是必然性质的，是必然判断。正因如此，良知成为尺度，是心灵性尺度和主体论尺度。更具体地讲，良知是人格尺度，也是自我尺度，也理所当然地构成道德的尺度和法律的尺度，最终成为尊严的尺度，没有良知，无所谓尊严。内心还拥有良知，必然有尊严。从整体观，良心是尊严的人性源泉；良知是尊严的内在主体，是尊严形成和保持的认知指南；良能是尊严的主体行为保障。

　　人格与尊严　尊严与人格的关系最早为康德所关注。康德认为，与"尊严"密切关联的因素有三，即"人"（Mensch）、"人格"（Person）和"人性"（Menschheit）。康德认为，人客观地存在"作为现象的人"（homo pha-enomenon）和"作为本体的人"（homo noumenon）的区分。前者之"人属于感觉世界"只是处于感性状态的自然存在者，其存在喧哗本能、欲望和偏好，只能接受自然因果律支配，或曰接受自然法则支配，并无自由可言。后者之"人属于理智世界"必是理性存在者，不仅拥有绝对自发性，而且意志能够独立于自然法则的强制而受理性的支配，其生发出自由的行动并为之负责。所以，人是自由的存在者，也是能够道德实践的人。① 当把人予以"感觉世界"和"理智世界"的区分之后，"人格"自然属于"理智世界"的人，因为只有处于理智世界中的人才有自发性、意志自由的行动能力和自由行动的责任能力，而"人格是其行为能够归责的主体"，它"仅仅服从自己给自己立的法则"，并且"人惟有作为人格来看，亦即作为一种道德实践理性的主体"，"理性把意志的每个准则都当作普遍规律和其他意志联系起来，同时也和对自身的每一行为联系起来。这种联系并不是由于其他什么实践动机或预期的受益，**而是由于一个有理性东西的尊严观念**，这种有理性的东西除了自己的立法之外，不服从任何其他东西。目的王国中的一切，或者有价值（Preis），或者有尊严（Wurde）。一个有价值的东西能被其他东西所代替，这是等价；与此相反，**超越于一切价值之上，没有等价物可代替，才是尊严**"②（引者加粗）。并且，"唯有立法自身才具有尊严，具有无条件、不可比拟的价值，只有它才配得上有理性东西在称颂它时所用的**尊重**这个词。所以自律性就是人和

---

① ［德］康德：《道德形而上学原理》，苗力田译，上海人民出版社 2017 年版，第 57—78 页。
② ［德］康德：《道德形而上学原理》，苗力田译，上海人民出版社 2017 年版，第 41 页。

任何理性本性的尊严的根据"①。李秋零对康德的"人格""人性"和"人格性"三个概念做出解释，认为康德所论的真实意义的人性就是"人格中的人性"，或曰"人格性"，它是"无条件地立法的"实践理性："康德在'目的公式'中引以为人的行动的目的的，绝不是作为现象的、受物理学规定所累的理性自然存在者或曰自然人，而是作为本体的、独立于物理学规定的道德存在者或曰人格人。"② 李秋零将康德的"人性"解释为"人格中的人性"，且又把"人格中的人性"简化为"人格性"，是合康德本意的。康德就是在这个意义上将人性与尊严关联起来，即将"人性"等同于"人格性"，然后将人的"尊严"等同于"人格性"。③ 当人的尊严被"人格性"的"人性"来定义，那么，"人格性"或"人性"就必然成为康德"尊严"思想的内核，尊严也就在康德的定义中成为一种"绝对的、内在的、无条件的和无与伦比的"价值。④ 这是人们通常认为康德的尊严思想"具有普遍性"⑤ 并体现不可侵犯性的原因。

康德讨论人的尊严时，发现尊严与人格、尊严与人性的关系。但尊严、人格、人性三者虽有内在的存在关联及观念、思想的生成渊源性，却是不能等同或互释的概念。客观地看，人性是尊严的存在之根，它关联起两个存在世界，一个是物性导向的存在世界，它以宇宙自然、万物生命为实存样态，或者说实存主体；另一个是物性与人文性合生导向的人的世界，它以人为实存样态，或曰以人为实存主体。人既是存在世界的存在者，它内具造物主原创化赋予世界的物性，但人也是人的世界的存在者，它内具造物主继创生赋予人的人文本性。人性即人的物性和人文本性的合生形式，它构成人作为人文存在的人的内在规定，是人的本质存在，并由此成为将人作为肉身化的生物存在提升为精神性的人文存在的主体性生成的内在依据。人要从物成为人

---

① ［德］康德：《道德形而上学原理》，苗力田译，上海人民出版社 2017 年版，第 42 页。
② 李秋零：《"人是目的"：一个有待澄清的康德命题》，载金泽、赵广明主编《宗教与哲学（第五辑）》，社会科学文献出版社 2016 年版，第 39 页。
③ ［德］康德：《道德形而上学原理》，苗力田译，上海人民出版社 2017 年版，第 67 页。
④ ［德］康德：《道德形而上学原理》，苗力田译，上海人民出版社 2017 年版，第 42 页。
⑤ 刘静：《有道德的权利尊严如何可能：以道德为基础的康德尊严理论》，《道德与文明》2015 年第 2 期。

的主体构建，必是以人格为内在规定的自我，从人性起步并受人性的规训而生成人格和自我，人性必然贯通人格和自我，使人格和自我获得人性的诉求，由此或可称"人格的人性"以及"自我的人性"，即人格负载人性或自我接受人性的指南，但绝不能以为"人格的人性"或"自我的人性"，就是人性。因为人性对人格的主导，要通过良知运作良心与良能的互为催发、互为生成来实现，具体地讲，人性是人格生成的土壤，也是人格生成的原发机制，但人性向人格发挥生成构建的动力功能，却要经过良知启动良心与良能的互运来实现。从这个角度讲，"良心→良知→良能→良心……"的互运才构成**人格构建**的直接动力，但推动"良心→良知→良能→良心……"互运的**原发动力**是人性。

自我与尊严　尊严与自我的关系亦是尊严与人格的关系。这是因为人格是自我的**内在规定，自我是人格的形态呈现。**

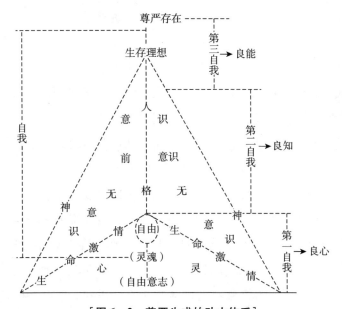

[图 6-2：尊严生成的动力体系]

虽然人格与自我构成表体关系，但并不等于说人格与自我是同一个东西，它们具有内涵的同构性，也具有内涵的异构性。其同构性体现在自我由内向外形成三步阶梯，即第一自我、第二自我和第三自我，它们分别对应良心、良知、良能，在这一结构关系上，自我的内在规定是人格，人格由良心、

良知、良能所书写。在异构性方面，人格是自我的内在支柱，但人格的**底座**是自由，人格的**目标指向**是生存理想，人格虽然关联起自由和生存理想，但自由和生存理想并不是人格的构成内涵。自我却相反，它不仅以人格为支柱，还要以自由为动力、以生存理想为目标。如图6-2所示，人的尊严存在是属己的尊严存在，自我才构成尊严的主体条件。作为主体的自我，要成为尊严存在的支柱，必扎根于心灵的土壤，以灵魂为底座，既要以自由为动力，也要有生存理想的牵引力，更要有独立之人格，并以良知为牵引机制。

如此构成内涵的自我，其形成、强化、提升敞开为一个自我鼎新的主体化生命过程。这一过程敞开三个环节，其一是自我形成。自我生发于认可，即肉身化的本己对自身之事态性存在的认可，这种自为认可生成自我。"认可之于身份就像食物之于身体，是不可或缺的。认可肯定了我们的身份，确认了我们的尊严，从而保证我们在集团中的成员资格是安全的。如果得不到认可，我们的生存就有危险。个人得不到认可，就会自我怀疑，集团中部分人群得不到认可，就会被边缘化，沦为受欺压的对象。"① 其二是固化认同。自我一旦形成，就面临稳固强化，自我之稳固强化源于认同，其认同既是外部的，即关联存在的他者认同，但首先且根本是自为认同，即本己对自身的事态性存在的认同。本己从对其事态性存在的认可到自为强化性认同，是自我固化的基本方式。其三是自我提升。自我提升源于作为与贡献。作为与贡献、自我提升、尊严存在的内涵，此三者构成复杂的动变关系。首先，作为与贡献与自我提升构成动变关系：作为与贡献越小，自我提升度越小；作为与贡献越大，自我提升度越大。其次，自我提升与尊严存在内涵构成动变关系：自我提升力越弱，尊严存在内涵越单薄，得到关联存在的他者的尊重度会越低；自我提升力越强，尊严存在的内涵越丰富，得到关联存在的他者的尊重度会越大。整体观之，人从自我认可到认同再到固化存在，完全在于自为和为自己的作为和贡献。作为创造贡献，作为的持续展开创造不断增长的贡献，通过作为而创造出来的贡献越大，自我的认同和固化程度越高。自我认同和

---

① ［美］罗伯特·W. 福勒：《尊严的提升》，张关林译，上海人民出版社2008年版，第21页。

固化程度越高,尊严存在感越强,尊严存在的内涵越丰富,则越能得到关联存在的他者的尊重。自我与尊严之间的这种动变关系里面蕴含一个基本事实,那就是人的尊严存在与人的实际社会地位之间也是呈动变关系:人的作为与贡献之所以既直接影响自我的认同和固化,也直接影响人的尊严存在的实际状况,源于人的作为与贡献的大小决定着人的实际社会地位:作为与贡献越大,人的社会地位发生向上提升的变迁,这种向上提升的变迁才直接地丰富着尊严存在的内涵,提升着人的尊严存在的位态。根本说来,尊严来源于人的主体性生成,但人的主体性生成并不仅仅是认知的、修养的,也不仅仅是教养,更是作为和贡献。只有当主体性的认知、修养、教养、德性等均向行动领域敞开而发挥出源源不断的作为与贡献,尊严存在才被自己注入了源头活水。

要言之,对任何个体存在者言,第一,有自我,才有尊严。因为自我,实现尊严。只有通过作为与贡献来改变生活地位,才可真实地固化自我、提升自我;只有不断地固化自我、提升自我,才可丰富尊严、提升尊严,强化尊严存在。第二,不断丰富、提升和强化的尊严,又构成强大的主体性存在力量,推动人增强自我认同,固化自我地位,提升自我意识和水平,开发自我作为,开创自我贡献,提升社会地位。自我与尊严之间如此互为催发,循环反复,构成光辉灿烂的人生存在。

2. 人性本朴的呈现

尊严存在敞开两个面向,一是面向自己,二是面向他者。尊严的自我面向将良知、人格、自我放大,并带出内在性的心灵、自由、生存理想,这些复杂因素互相融合和贯通,生成构建起尊严存在的主体论体系。尊严的他者面向,则将自尊、认可和贡献统一起来,形成尊严存在的行为体系。在这个行为体系中,自尊的行为敞开即"我善待自己";认可的行为敞开即关联存在的"他人善待我";贡献的行为敞开即我在关联存在中"善待他人"。在我善待自己、他人善待我和我善待他人的关联行为体系里,中枢性的因素却是"我善待人"。只有我善待人,才引发出他人善待我;也只有我善待人,才自为注入自我认同而善待自己。

责任担当　从根本讲,尊严之于人既不是恩赐所得,也不是施舍所得,

而是源于自我作为所成。自我作为，并不是索取、抢夺、搜刮、占有、囤积，而是创造和贡献。创造和贡献可能是爱好或兴趣，它的本质和灵魂却是**责任**。所以，我善待人，并不只是言说，而是责任担当的行为，只有这种性质和内涵的创造和贡献，才是理性的和明智的、才可持续和持久、才能长远和恒存。也只有如此内涵的责任担当行为，才实现对他者的善待，这份善待才引发他者对自己的尊重，生成自我认同的尊严存在。

讨论责任，必然将担当、贡献、权利等关联起来，形成一个责任系统。

首先是担当。责任是一种行为上的担当。这种行为上的担当不是或然的，或然的行为担当不是责任，而是义务，它呈义务取向。义务取向的行为担当是可为亦可不为，具有选择的或然，选择为与不为都是正当的。与此不同，责任取向的行为担当，没有或然的可选择性，而是呈必然性质，即**必须如此**。所以，责任是一种必须的行为担当。将责任与担当合起来表述，是责任的必然性质和必须要求使然。责任的必然性质和必须要求，就是凡责任，必须担当；没有担当，没有责任；即使被赋予责任，当担当不在，责任不会存在，或者将担当变成应付，责任不能完整地存在。其次是贡献。必须，是责任的性质定位；贡献，是责任的本质规定。合言之，贡献构成责任的应有之义：**责任必须贡献**。并且，责任创造出贡献，就是对担当的践履，或者，只有担当，才使责任创造出来贡献；也只有创造，才使责任实现贡献，贡献表彰责任。最后是权利。责任指向担当而创造出贡献的必须前提，就是每份责任都拥有与其相对等的权利。唯有权利与责任的对等，对责任的践履才可创造出与之相对应的贡献来。

整体观之，责任、担当、贡献三者构成尊严的必要条件。从本质讲，责任通过担当创造贡献，获得尊严，是以权利为先决条件，也以权利为实际的行动范围和最终的效果边界。在实际的生活世界里，逾越权利边界的所有责任、担当和贡献，都是名副其实的剥夺，是对尊严的解构或亵渎；反之，不足于责任的权利要担当起超越其权利的责任并由此要求与责任匹配的贡献，虽然有其可能性，却是对尊严的羞辱，因为它真实地体现了剥夺、伤害和屈辱。一般而言，缺乏与责任相对等的权利的担当行为往往也难以创造出应有的贡献佳绩来。在这种状况下，尊严也不复存在。

体面存在　人体面存在的首要条件是个人的责任担当而创造贡献。但个人的责任担当和创造贡献仅仅是人体面存在的个体条件，这个条件具备了，只意味着体面存在具有可能。体面存在的实现，却有其比个人责任担当与创造贡献更为根本、更为本质的条件要求，这就是人必须且只能成为**公民**。

罗伯特·达尔（Robert Alan Dahl，1915 – 2014）从人权民主社会角度提出"公民尊严"概念，很有见地。因为尊严始终是人与他者关联存在的造物，但这仅从构成论讲。从性质论，只有当人与所有（直接或间接）关联存在的人之间形成一种人性的、人道的和平等的、自由的存在关系时，尊严才可发生。从这个角度讲，普遍的而不是等级和特权的尊严，只能在人权民主的公民社会存在。所以，本书讨论的尊严实际上是**公民尊严**。达尔认为，能够形成普遍的公民尊严的国家社会，必须具备的要求起码有六个方面，一是选举产生的官员；二是自由、公正、定期的选举；三是无阻碍表达意见的自由；四是信息公开化，并拥有多种信息来源；五是所有社团的自治；六是具有包容广泛的公民身份。[①]　达尔认为，只有同时具备这八个基本方面，人居住于其中的国家社会才达到如此的状况而成为人们向往的地方：一是完全地避免暴政；二是平等地拥有基本的权利；三是普遍的自由；四是凡事自主的决定；五是道德的自律；六是人性的培养；七是保护基本的个人利益；八是广泛的政治平等。[②]

达尔之所以认为只有公民社会才创造出公民尊严，并认为公民社会必须具备六个基本条件，并获得八个方面的公民保障。这是因为在达尔看来，公民尊严只能是一种由国家提供的"公共产品"（public goods）。只有当尊严本身成为一种普遍的公共产品并由国家来提供时，人才可有真实的体面存在。

"体面"（dignified）一词源于拉丁语 dignus，指"值得的"和"有价值的"。在英文中，dignified 意为庄重、有尊严的，蕴含高贵、受尊重等特质。体面存在（dignified presence）意指个人在人与人或人与社会的关联存在中保持一种受尊重、值得尊敬的那样一种感性状态或存在位态，而尊严的感性呈

---

① ［美］罗伯特·达尔：《论民主》，李柏光、林猛译，商务印书馆 1999 年版，第 93 页。
② ［美］罗伯特·达尔：《论民主》，李柏光、林猛译，商务印书馆 1999 年版，第 53 页。

现就是体面，尊严存在就是体面存在。

人的体面存在，既有个人方面的要求，更有社会方面的要求。就社会方面讲，人能体面存在就是个人成为公民，并拥有使个人成为公民的全部社会条件和国家环境，这就是达尔给出的六个方面的基本要求和八个方面的公民保障，这两个方面相合生，则形成抽象的能保障人人体面存在的社会律法，这就是必须以自然律为依据和准则而对社会律和人文律的统一①，并且使尊严本身成为统一社会律和人文律的主体性方式，这应该是公民社会构筑公民尊严而体现存在的先决条件。

尊严之所以必须成为统一社会律与人文律的主体性方式，首先在于尊严相对的是**屈辱**。有关于屈辱，马格利特将其理解为"让一个人意识到自尊受到伤害的所有行为形式与关系"，因而屈辱不是心理现象，"而是一种客观的伦理事实情况。所以会有这样的人，虽然他们客观上受到屈辱，却未感到羞辱。反之，也会有这样的人，他们感到屈辱，但从这一伦理意义上看，客观上并没有受到屈辱"②。屈辱并不只是一种伦理事实，它首先是且最终是一种群居性的存在事实，这种群居性存在事实是被迫地生成，对这种群居的存在事实——比如屈辱、羞辱、贫穷、被迫卑鄙、被迫屈从、被迫工具化或者耗材化地存在等等——的反省性意识，就是尊严。所以，人在群居的存在中意识屈辱是尊严的体现，人在群居的存在中意识羞辱也是尊严的体现，人在群居的存在中意识贫穷以及意识被迫卑鄙、被迫屈从、被迫工具化和或耗材化地存在，更是尊严的体现。贫穷之于人既可能是物质的，更可能是精神的，并且精神的贫穷比物质的贫穷更可怕，更具有屈辱和羞辱性："贫穷迫使人过着一种面对羞辱的行为和情形的生活。"与此相反，人性之生、人性之利、人性之爱的存在恰恰解构贫穷，消灭屈辱、羞辱、被迫卑鄙、被迫屈从、被迫工具化或者被耗材化的存在而享有尊严地存在。从根本讲，"一个人类个体若没有自尊的能力，便意味着他没有感到屈辱的能力，在一种实质性意义上说，

---

① 有关于何为自然律、人文律、社会律，以及此三者何以可能统一，详述请参见卷5《律法规训逻辑》第2篇第5—8章。

② ［德］尤利安·尼达－鲁莫林：《哲学与生活形式》，沈国琴、王鸳嘉译，商务印书馆2019年版，第236—237页。

这同时意味着其人的尊严不存在问题"。所以,"人们不应做任何使他人有理由感到屈辱之事",因为"侮辱一个人意味着剥夺其自尊"。① 体面之人不会做出侮辱人的行为,能够杜绝侮辱人的行为发生的社会,应该是诉求体面的社会。只有人人享有尊严的社会才是真实的体面社会,只有真实的体面社会才营造出人人体面存在的场域环境,因为只有"体面社会的机制不羞辱人,这同样可视为一种隐喻表征,它可这样表述:对相关机制来说,极为根本的行为方式(也就是说,与机制所具有的规范性准则相一致的行为方式)不羞辱人"②。体面社会必然是将平等的人性之生、人性之利和人性之爱的人性律法融通于社会的律法之中的社会。

能够生成和营造体面存在的向心力和凝聚力的体面社会,为存在于其中的每个人能体面存在提供了环境,个人要能真实地体面存在,就需要个人的意愿性努力。因为体面既不是恩赐物,也不是施舍物,从社会讲,体面存在应该是国家为之提供的公共产品;但从个体言,体面存在只能是作为与贡献的创造物。从个人方面言,人要得体面存在,必要同时具备如下德性和德行能力。

一是有成己为人的教养,具备文质彬彬的修养和文雅。人的体面存在必须文雅,必须文质彬彬地焕发出修养和教养风采,否则,哪怕再有作为和贡献,再有地位和身份,在许多时候也难有尊严存在可言。

二是有理、有节。有理,指凡事有道理,凡事可讲道理,因而凡事有依据、有出处、有法则。有节,凡事有限度、有边界、有约束,能凡事不野性、不野蛮,避免鲁莽、冒犯、轻率、轻狂,傲慢,目中无人。

三是包容和谦让。体面存在的本质是自由,即自己自由的同时人自由,或者说人自由以实现自己自由,就是体面存在。包容和谦让的实质是容忍,容忍是实现自由的方法,此方法的实质是**容纳和善待**。子贡向夫子请教"有一言而可以终身行之者乎?"孔子告诉他"其恕乎! 己所不欲,勿施于人"

① [德]尤利安·尼达-鲁莫林:《哲学与生活形式》,沈国琴、王鸶嘉译,商务印书馆2019年版,第237、255、239页。
② [德]尤利安·尼达-鲁莫林:《哲学与生活形式》,沈国琴、王鸶嘉译,商务印书馆2019年版,第238页。

（《论语·颜渊》）。"己所不欲，勿施于人"之"恕"，即己对人的容纳姿态和善待方式：己所不想为之事，不要鼓动或诱惑他人去做。恕既是容忍、包容，也是忍耐、谦让，体现推己及人。推己及人的依据是天赋的人性，即个体以自身之力勇往直前、义无反顾的**生之朝向**。这一生之朝向落实到人"因生而活，为活而生且生生不息"的生活进程中，就是利、爱，即因生而权衡利害，因利害萌生爱恨。基于生、利、爱的人性要求，人最利的无疑是自己，最爱的也是自己。据此，自己不愿为之事，一定是对自己有害之事，根据推己及人的方法，对自己有害之事，也一定对别人有害，这是"己所不欲，勿施于人"的深层人性理由，以此观推己及人的准则，只能是"**不损**"的自由。以"不损"的自由为准则的包容和谦让、容纳和善待，既实现了己之自由，也实现了对他人自由的善待。

四是远见和未来。体面存在的是当下，但体面存在来源于过去，当下的体面存在是过去的作为与贡献、包容与谦让、容纳和善待所成。但当下的体面存在要得到继续保持或不断获得更丰富的内涵，却需要面对明天，具备朝向未来的视野、胸襟和远见。缺乏这种远见和未来，人要拥有并保持体面存在的尊严，实难以可能。

五是名誉。体面存在是作为与贡献、包容和谦让、容纳与善待所成。任何个人的作为与贡献、包容和谦让、容纳和善待所生成的，不仅是地位的垒筑或身份的更新，更为根本的却是名誉的滋养。对名誉的持重和保有、纯化和丰满，实是体面存在的根本方法。因为，人在关联存在的世界中存在，他人对你的看待往往最为直观你的名誉状态及其所呈现出来的倾向性，因为"没有感官的世界，人们根本就无法体会到幸福和悲伤。只有在这种感官世界里，生活才能作为一个整体而具有意义。超越了其范围的种种思想都是幻想的结果，只会把人们引入歧途而让生活变得毫无希望可言"①。对任何存在者言，以体面存在的感性方式呈现的尊严，既是一种存在关系，又是一种感觉。作为一种存在关系，它意味着人是以自身的方式高贵地存在。作为一种感觉，意味着它是对这种存在关系的刻骨铭心的深度感觉，这种感觉就是幸福；对

---

① ［德］R. 奥伊肯：《人生之意义与价值》，张蕾译，北京联合出版有限责任公司 2015 年版，第 8 页。

这种刻骨铭心的深度感觉的麻木或丧失，就是悲伤。因为个人的尊严虽然离不开必然的物质传播体和感受体，却是一个灵魂上、精神上的东西，是一个人本性的内在必然。世界各国的法律都遵从这样一个原则，作为公民个人尊严的名誉权，是指公民享有的要求社会对自己的人格尊严给予尊重的权利。

幸福生活　责任担当为创造体面存在添砖加瓦，体面存在的实在方式是幸福生活。所以，幸福生活成为尊严存在的目的。

幸福生活必以物质为基础。这意味着，第一，物质可成为快乐的来源，但物质并不是幸福的来源。第二，物质能够为幸福提供可能性，却不能为幸福提供必然性。只有尊严，才成为幸福的来源。有尊严的人，尊严而存在的人，无论如何是幸福的。丧失尊严，甚至被屈辱地存在，有再富裕的物质、再优越的地位和身份也是不幸福的。当然，可以在形式上产生幸福的眩晕感，或者在自己之外的他者看来是幸福的样子以及幸福的做派。"给予一个人的生命以意义的东西，那命令我们不要像机器和动物那样去行为的东西，本身是无价的。它乃是一种纯粹的礼物，一种给予，一种洞见的眼力。幸福就意味着去洞见到我们乃是无价的，是这样一种纯粹的礼物。谁如果企图将一切都建基于权力或者意志之上，那它就完全站立在了任何形式的未预料之物和惊喜之物的对立面，然而，幸福和意义本质上却是令人惊喜的和未曾预料的。"①

幸福生活不仅要以物质为基础，更要以劳动为滋养方式。从根本讲，劳动不仅解决生计，也不仅积累和创造财富，更创造存在尊严，并成为幸福生活的源泉。不仅如此，幸福生活更应有诚实的品质、善美的情意、悠闲的情趣和纯朴的优雅。

三　厚重的质朴关切

在生物主义盛行和威权主义猖獗的生活场域中，人性本朴的丧失越发普遍，它主要从四个方面泛滥：一是人心败坏，生活机心生成；二是人的意志脆弱，认知模糊和烦盲；三是人成为人的定力丧失，没有方向地动荡生存；

---

① ［德］瓦尔德·施瓦德勒：《论人的尊严：人格的本源与生命的文化》，贺念译，人民出版社2017 年版，"中文版序言"第 6 页。

四是物欲主义牵引，凡事有利而往不顾一切，凡事无利而不往无视一切。在人性本朴如此丧失的存在境遇里，歧视、侮辱、屈辱成风。在这种生存环境里，人要抗争歧视，摆脱来自各方面的侮辱和屈辱，需要重新发现自己，恢复人性的本朴，重建良知、独立人格、强健新生的自我，具备责任担当的能力、体面存在的精神和追求幸福生活的动力。但仅有此还远远不够。人要能真正自立地尊严存在并保持久远，更应具备质朴关切的品质、精神和能力。

1. 诚实尊重生活

马克思认为："尊严就是最能使人高尚起来，使他的活动和他的一切努力具有崇高品质的东西，就是使他无可非议，受到众人钦佩并高于众人之上的东西。"① 阿克塞尔·霍耐特（Axel Honneth）认为尊严之所以最能使人高尚起来，是因为尊严是爱、法权平等和社会尊重的结晶②，是充分运用爱、法权平等和社会尊重反抗歧视、侮辱、屈辱的成果。霍耐特在《为承认而斗争》中指出，侮辱是与尊严相对的概念，它有三个层次含义：一是肉体的侵害，即对行为主体的身体的暴力性侵害，这是最严重、最根本的侮辱。二是社会排斥，即通过社会结构使人丧失其应有的社会地位和权利。三是对主体自我价值的贬损，即有意贬损个体或族群的价值、基本信念和生活方式。③ 但人能够以其爱、法权平等和社会尊重为武器与歧视、侮辱、屈辱做斗争，首先是学会诚实地尊重生活本身。

首先，何为尊重生活？

尊重生活，就是以生活本身为根本，对生活本身所关联起来的人与自然的存在、物与事的价值持真心诚意的敬畏和尊重的态度。

生活，始终是属人的。人既是生活的本体，也是生活的主体。以生活本身为根本的实质，是以人为根本。以人为根本，既涉及己，也涉及人。以人为根本，就是以本己和他人为根本。本己与他人，构成尊重生活的两个面向：尊重本己与尊重他人。首先是尊重本己。尊重本己，就是张扬本己之重，就

---

① 《马克思恩格斯文集》第 1 卷，人民出版社 2009 年版，第 459 页。

② 张廷国、任彩虹：《霍耐特承认道德的建构》，《江苏社会科学》2008 年第 4 期。

③ ［德］阿克塞尔·霍耐特：《完整性与蔑视：基于承认更让作道德概念原则》，《世界哲学》2011 年第 3 期。

是以自己为重，即**自重**：自重者，人重。其次是尊重他人。尊重他人，就是张扬他人之重、以他人为重，即**重人**：重人者，自重。尊重本己与尊重他人二者之间的逻辑生成关系，是本己在先，他人在后，具体敞开方式就是从本己出发，通过他人而最终回归本己。这表明，在尊重人的问题上，本己之重是尊重的前提，不自重己者，不可能重他人。通过自重来重人，体现一种人性的方法，即推己及人方法。这个方法的正面表述是：己之所欲，必施于人，或"己欲立而立人，己欲达而达人"（《论语·雍也》）。其反面表述是"己所不欲，勿施于人"。概括地讲，一个人，只有真正地自重，才知道如何重人；反之，一个人真正做到如何重人，也就实现了怎样重己。

客观地讲，生活的本己之重并不是说在利害权衡与选择上以自己为重，如若是，则是实利主义，实利主义最终是自我解构本己之重的做法。真正的和真实的以自己为重，是自重。所谓自重，就是自己看重自己，自己重视自己，自己对自己的行为、品格和态度持有一种真诚的自我尊重和自我控制的态度。这种态度包括正反两个方面：一是真诚的自我尊重。对自己的价值有充分的肯定，对自己的尊严有清晰的认识。这种自我肯定和认识不仅通过日常行为体现，也构成自我价值感的有机内容。二是完全的自我把握，即具有对自己的情绪、行为和言辞的控制能力，这种自我把握体现在言行方面不受外界因素影响而始终保持冷静、理性和适当、得体的行为应对。基于这两个方面的要求，自重应遵从的基本原则有三，一是自重自我言行与价值观相一致的原则，自己的所有言行都与自己所坚守的价值观保持一致。二是自重推己及人原则，任何利益行为都从他人角度考虑如何才是最好的选择。三是自重责任原则，凡事对自己负责，最终是对他人负责。

真诚地尊重生活，根本的方面是做到自重。在生活中做到自重，就是凡事从自重始至自重终。自重为何要以自重始并以自重终？孔子之论"君子不重则不威"（《论语·学而》）做出了形象的解答。人只有自重才生威严、尊严，并得到人的尊重，即自重才使自己成为人。反之，人若不自重，人在他人面前丧失威严、尊严，则就不成其为人。自重为何会产生威严、尊严并得到人的尊重呢？表面看，自重即自爱，但本质上，自重就是自我尊重、自我持重。孔子之论"人不知而不愠，不亦君子乎？"就是在阐述自重，即人在任何时候都要平等地善待自己、宽容自己，才可容忍别人。所以，自重不仅是自爱，还包括自信、自立、自强。但无论自爱还是自信、自立、自强，都要以自重为基础：没能自重，难以有自信、自立、自强；没有自重，也难以有真正的自爱。自重是自爱、自信、自立、自强得以展开的奠基方式，但其基石是人性。以人性为基石的自重一旦形成，人就具备了自我尊重、自我持重，在任何时候都善待自己，在他人面前享有做人的尊严，赢来他人的敬重、敬畏，并且文质彬彬的言谈举止自然对人产生积极影响。

其次，尊重生活的什么？

从主体论，以生活为根本就是以尊重人为根本。从客体论，以生活为根本，则铺开两个方面。第一个方面，尊重尊严的人本要求。尊严的人本要求有二，一是你尊重人，人才尊重你；二是自我尊重，才能尊重人。此两个方面构成尊重生活的奠基性内容。第二个方面，尊重生活的本质。生活的本质是生成性的，也敞开多维度，包括生活的存在本质、生活的人性本质、生活的行为本质、生活的目的论本质等内容。具体而言，生活的存在本质，是**合生**。生活既属己，也属人，既关联物也关联事，既立足当下而敞开过去，也朝向未来。生活，就是对既从四面八方涌来又向四面八方播散开去的各因素的拢集与合生构建。尊重生活之存在本质，就是尊敬并敬畏生活的静持与动变相生。生活的人性本质是生、利、爱、群。具体地讲，是人之生己、利己、爱己、群己重于生他、利他、爱他、群他。尊重生活的人性本质，就是尊重生活的人性律法，并以人性律法为准则脚踏实地地生活。生活的行为本质是因其生之利益诉求而必然以责任、担当、贡献和获取，尊重生活的行为本质就是尊重人以责任、担当、贡献为基本准则的期待与道德应得。生活的目的论本质，是追求幸福存在。因而，尊重生活的目的就是尊重己与人的幸福存在本身。

2. 从清洁到干净

尊严的存在和保持，必须真诚地生活。尊重生活的基本方法，是清洁生活和干净生活。这是因为，尊严之于人就是清洁和干净地活着，清洁和干净成为尊严存在和保持的日常方式。

在充满喧嚣和利益倾轧的群化生活世界里，人能清洁和干净地活着，就是优雅。优雅的方式，优雅的情调，优雅的行为，优雅的为人处世，即贵族精神的显现。从根本论，人能清洁和干净地活着，就是成为贵族而生活着。贵族能优雅地生活，主要凭借的不是物质，不是地位或身份，更不是权力，而是精神，贵族活的是一种精神，即清洁、干净、优雅的精神，这种精神的享有和铺开，却需要担当、富有德性、崇高的责任，还有行动的勇气。

客观地看，**尊严的存在和保持之于社会就是清洁**。清洁生活，是个人的作为，但主要是尊重生活的社会方法。所谓清洁，本义是指个人的身体状态或行为以及与此相关联存在的物体、环境没有污垢、污染，没有细菌或病毒的威胁，始终保持卫生和整洁。清洁之于人和由人组成的环境或社会，不是天赋，而是意识地作为。这种意识的作为就是**勤打扫**。

清洁的个人生活是勤打扫得来和保持。清洁之于社会，则需要两个方面的努力，一是清洁的社会机制的建立、健全和良性运作。最根本的社会清洁机制是对权力的规训，使之只能在有限度的范围内行使其社会功能，这需要权力者完全透明的财产申报与审查制度，需要权利对权力的监约与博弈的社会机制，需要法治的社会体系，更需要广泛自由的社会机制，包括社会自由的言论机制、思想机制、舆论机制。二是社会共建和维护其清洁社会机制的社会力量，这就是人人对清洁社会的关心和投入。关心，就是督促关联存在的他人清洁；投入，就是自我清洁环境和生活。王小波在《我的精神家园》中举了一个人生活环境的事例，或可最能说明关心和投入对于人的尊严存在的重要和根本，他说："我住在一座高层建筑里。从一楼到十七楼，人人都封阳台，所用的材料和样式各异，看起来相当丑陋。公用的楼道上，玻璃碎了一半，破了的地方用三合板或纤维板堵住；楼梯上很脏，垃圾道的口上更脏。如果它是一座待拆的楼房，那倒也罢了，实际上它是新的，建筑质量也很好，是人把它住成了这样。至于我家里，和别人家里一样，都很干净，只是门外面脏。假如有朋友要见我，就要区别对待：假如他是中国人，就请他到家里来；要是外国人，就约在外面见面。这是因为我觉得让外国人到我家来，我的尊严要受损失。"①因为"尊严（dignity），是指某人受到尊敬，同时也是个人的价值所在。笔者曾在国外居住四年，知道洋鬼子怎样想问题：**一个人住**

---

① 王小波：《我的精神家园》，中国人民大学出版社 2006 年版，第 151 页。

在某处，对周围的一切既有权利，也有义务。假如邻居把门前和阳台弄得不像话，你可以径直打电话说他，他要是个体面人就不会不理。反过来，假如你把门前弄得不像话，他也会径直打电来说你，你也不能不理。因此，一个地方住了一些体面人，就不会又脏又乱。**居住的环境就这样和个人尊严联系在一起**。假如我像那些洋人想象的那样，既有权利，又有义务，本人还是个知识分子，还把楼房住成了这样，那我又算个什么人呢。这就是我不敢让洋人上家里来的原因。但你若是中国人，就会知道：我有权利把自己的阳台弄成一种模样，别人不会来管，别人把家门外弄成任何一种样子，我也没有办法"①（引者加粗）。在关联存在的群化生活里，**当人的权利没有边界，最终演绎成人没有权利**。反之，**当权利不足于对应责任，责任也不复存在**。"中国这地方有一种特别之处，那就是人只在家里（现在还要加上在单位里）负责任，出了门就没有了责任感（罗素和费孝通对此都有过论述，谁有兴趣可以去查阅）。大家所到之处，既无权利，也无义务；所有的公利公德，全靠政府去管，但政府不可能处处管到，所以到处乱糟糟。一个人在单位是老张或老李，回了家是爸爸或妈妈，在这两处都要顾及体面和自己的价值，这是很好的；但在家门外和单位门外就什么都不是，被称作'那男的'或是'那女的'，一点尊严也没有，这就很糟糕。我总觉得，**大多数人在受到重视之后，行为就会好**。"②（引者加粗）

与此不同，**尊严的存在和保持，之于个人就是干净**。所谓干净，就是个人的身体处于整洁状态，拓展开去也指个人的生活居所、环境以及与此相关联存在的物质也保持清洁、整洁的存在状态。相对尊严而言的干净，是指人的心灵、精神、情感的干净，能够洁身自好地保持人的人性本分、情感清洁和精神干净等方面的卫生。干净地生活，干净地做事，干净地善待一切事物和所有往来。凡事不要有利而往，凡事不要无利而不往；凡自己能做的事，一定不要去麻烦别人，将自己能做之事麻烦别人，表面上是偷懒，实质上却是建基于本能地高人一等的心理和认知，如此心已被"利用"所染而不干净。生活实是平常，凡事尊重常识，亦是干净自我的方式。不能以自己喜欢的为

---

① 王小波：《我的精神家园》，中国人民大学出版社 2006 年版，第 152 页。
② 王小波：《我的精神家园》，中国人民大学出版社 2006 年版，第 153 页。

喜欢，也不要以自己讨厌的为讨厌，更不要以自己关注的为关注，以自己不关注的为不关注。凡属正当的且需要人去做的任何事情，都应该去做，都可以主动地做。凡事以做为先，如果以说为先，热衷于滔滔不绝地说而更多的轻慢做，忽视做甚至讨厌做本身，心就充塞了太多的污染而难有干净的片刻。干净之于人，最能体现在欲望与得失方面。孔子告诫门徒："君子有三戒：少之时，血气未定，戒之在色；及其壮也，血气方刚，戒之在斗；及其老也，血气既衰，戒之在得。"（《论语·季氏》)，实说人要活得尊严，应该有一种超越欲望与得失污染人身和肮脏生活的方法，即**戒备**：少年戒色，成年戒斗，而老年戒贪。而戒之方法源于一个原理：得失源自公正的分配。该自己得到的一定会得到，不该得到的一定不会得到。因而，**奢望是病，贪图是病，从不满足是病，图谋不轨是病，贪婪是病，囤积更是病**。对己的基本姿态以及感觉，同样将人的干净或不干净的两个方面照耀出来，每个人无论多能或多无能，其实都是平常的存在者，**自大是病，自卑是病。不可一世是病，猥琐卑鄙是病。以狗眼看人低是病，以人眼望狗高也是病。傲慢是病，轻蔑同样是病。自以为知是病，以无知自得是病。知之而轻狂是病，不知而狂更是病**。所有的疾病之于人都是污染所成，都是怠慢或无视自我卫生所致，都是放弃勤打扫所致。保持身心干净，必是信爱节勇，勤谨恭俭。信爱节勇，勤谨恭俭，即修炼尊严存在和持久保存的日常方法。

3. 从平等到信爱

诚实地尊重生活，源于尊严之根必深扎于生活的土壤之中。保持清洁和干净，是实实在在地为尊严存在培土。始终保持平等的信爱，却是以日常的生活方式浇灌尊严之树使之长青。

无疆界平等　培育和浇灌尊严长青之树的平等之水，应该是无疆界。

世界始终是有疆界的，我们用广袤、无垠、无边无际、浩瀚等语言来形容存在世界，都是以小尺度的眼光来看大事物或整体存在所形成的感觉性描绘，或者以原本窄小的肉眼方式来想象地放大存在所生发出来的幻觉性想象或想象化幻觉。真实的事物、真实的存在，哪怕是宇宙世界，也是有疆界的。以此为参照来看人世的存在和生活，处处有疆界。平等更是如此，因为人所组成的社会，本身由不平等构成，不平等是人所构建的社会的本质。也正是

因为不平等的社会存在，才催发出对平等的诉求。在不平等的社会框架下诉求平等，始终是有限的。基于尊严存在的需要的平等之所以可无疆界，是指人应该为尊严而存在尽其所能行平等之实。所以，无疆界平等是指人行平等之能没有限度、没有边界、没有约束，只要你愿，只要你能，你无论怎样诉求平等、践履平等，都是应该的，都是没有限度和约束的。

平等，始终是己与人的关联存在位态，是己对人的姿态、行为、做法，如容器中的水那样持平。因为尊严存在而无疆界平等的本质，是善待，是以善待自己的方式善待人、善待事物、善待环境。路边的草是弱小的，但它也如同人是有生命的，是生命的存在者，因而与你或任何人一样具有同等的存在价值、同等的存在权利，其存在权利和存在价值同样应得到尊重，无论是你还是其他任何人，都没有任何权利甚至蔑视和傲慢无端地践踏这株小草，应该以平等的方式善待它，善待它的存在和它的存在方式。从根本讲，无疆界平等的本质，是己与他者生活在一起；无疆界平等，就是己与人生活在一起、己与环境生活在一起、己与事物生活在一起。总之，己与他者生活在一起，就是平等；以平等方式己与他者生活在一起，就是尊严。

无疆界平等的日常方式，是**温暖**。温暖（warmth）一词，指物理气候形成的物理温度以及这种物理温度给人的暖和感。在古英语中，warmth（或warmthu）的本义指发热、温暖的状态，后来其词义演变，既指物体的温度，也可描述情感上亲切、温存或温暖。作为无疆界平等的日常生活方式的温暖，是指人性善美的**情感温度**，或曰善美人性的情感温度。这种情感温度的实质是对人特别关注，**即将人放在心上，以心温暖之**。温暖是一种日常的生活方式，释放出来的却是人性光辉，这种人性光辉即是温暖的生活本质。客观地看，体现善美人性本质的温暖的日常方式有两种：一是自我温暖；二是给人温暖。

自我温暖，就是自爱，即自己把自己放在心上，**以心暖己**。自我温暖的基本方式有三种。

一是劳作。生命的本质是生，生命的价值在生生不息。人作为存在世界里最高贵的生命存在，其堕落猥琐之一重要根源是无所事事，无事可做，放弃至于最后丧失劳作的激情和能力。人得以尊严存在的基本方式是劳作，脚踏实地地劳作所得到的馈赠和回报就是尊严。因为劳作自我振作，劳作自我疗伤；劳作自我提升，劳作实现收获，收获构成尊严人存在的基础。

二是自我奖励和鼓励。对人来讲，最利自己和最爱自己的人，只能是自己；最关心并最能给自己的温暖的人，同样只能是自己，我们作为个体，如果没有这样做，实际上是我们缺乏自我意识，缺乏自我意识所形成的一种结果就是缺少对自己的关注、关心和关爱，由此形成在生活中往往总是将赞许、奖赏的目光投向别人，这当然是应该的，却忘记了自己也是一个存在。而且相对自己言，自己才是第一个存在者，所以本原的关注、真诚的关心和持久的关爱应该是自己。当克服困难渡过难关时，奖赏自己。当把该自己做和需要自己做的事情做好，做出漂亮和赞许时，奖赏自己。当以生命投入方式去做任何事而成为习惯，奖赏自己。能以己之力去帮助他人，鼓励自己。将慷慨传递给与自己关联存在的人，鼓励自己。总之，自己的劳作、自己的努力、自己的付出、自己的贡献、自己的关爱、自己的帮助、自己的同情与理解、慷慨与慈悲，都是值得自我奖赏、自我鼓励、自我激发而继续前行，如此的前行方式、如此的前行脚步、如此的前行过程既谱写出存在的尊严，也是尊严本身。

三是给人温暖。给人温暖的方式很多，但最重要的方式有四种。第一种是**互助**。这是基于共生存在需要的相互协助。人是不能单独以自身之智－力解决所有生存问题，人要求得生存和更好的生存，必得互借智－力以共谋生存。所以，无论你我，"为了自保，为了享受幸福，与一些具有与他同样的欲望、同样厌恶的人同住在社会中。因为道德学将向他指明，为了使自己幸福，就必须为自己的幸福所需要的别人的幸福而工作；它将向他证明，在所有的东西中，人最需要的东西乃是人"①。互助成为人良好生存的基本方式。主动互助、善于互助和乐于互助的人，不仅是受益最多的人，也是最具尊严存在感的人。因为互助不仅给人温暖，互助也自我温暖，互助是平等的互予温暖的普遍生活方式。第二种是**扶助**。互助是**普遍的**温暖方式，是强者之间的施予与获得的温暖方式，是平等的相互帮助，它的性质是**合作**，它的本质是**互利、共利、共赢**。与此不同，扶助是**特殊的**温暖方式，是强者与弱者之间的

---

①　周辅成：《西方伦理学名著选辑》下卷，商务印书馆 1996 年版，第 189 页。

施予与获得的温暖方式，是不平等的相互帮助，它的性质是无私贡献或自我牺牲，它的本质是损己利他、是他利，他赢。从伦理观，互助是道德的行为方式，道德的行为方式是互利、共利、共赢；扶助却是美德的行为，美德的行为方式是无私奉献或自我牺牲。所以，互助培育人的基本尊严感，扶助却培育更高水平的尊严感。第三种是**同情**。同情有两种性质取向，一是认可他人，赞赏他人，以他人的快乐为快乐，以他人的幸福为幸福，以他人的进步为进步，以他人的成功为成功。二是心怀悲悯和慈悲之情，善待他人，并以悲悯和慈悲之心理解他人的遭遇、不幸或痛苦，并尽其可能给予情感和精神的抚慰，尤其是实际困难方面的扶助，以使其渡过难关。第四种是**慷慨**。这是一种日常的温暖人心的方式。慷慨与悲悯性质的同情不同：悲悯性质的同情，是指他人处于匮乏状态需要扶助，而针对性的给予解困化难。慷慨，却是他人处于非匮乏的富足状态或不需要状态，而给予物质上的馈赠。悲悯性质的同情与慷慨的根本区别是：**同情是有难同当；慷慨是有福共享**。慷慨的性质就是自有有人、自富富人、自美美人，比如回老家过年，给乡邻家家买礼物，即慷慨。春节从老家回到城里，将从老家带回来的东西给邻居或同事分享，亦是慷慨。

非实利的信望之爱　培育尊严的日常方式是信仰、希望和爱，简称信望之爱，信望之爱作为培育尊严的日常生活方式呈非实利、非功利倾向。

爱的形式博杂多样，由此形成不同的性质诉求和取向。概言之，不同性质与取向的爱可归纳为四种，一是**势利之爱**。势利之爱的基本准则是：有奶就是娘。二是**实利之爱**。实利之爱的基本准则是：只讲目的，不讲手段，为达目的，不择手段。实利目的就是爱；你实现了实利目的，就产生爱，或者你帮助达到了实利目的，也就爱你；没有达到目的，则没有爱；或者，你的帮助没有达到实利目的，也不会给予你爱。三是**功利之爱**。功利之爱遵从的基本准则是：平等善待，互助互爱。爱呈现礼尚往来，即使没有达到预期目的，但对你给予的帮助仍然心存感恩，而随时予以关爱之回馈。四是**无功利之爱**，其爱的性质，不仅超越势利、超越实利，也超越了功利，是超功利之爱。超越势利、实利和功利之爱是一种独特性之爱。对于无功利之爱者，"他相信独特性是重要的。他相信独特性是爱的本质，对于他来说，这是所有对人、对物的特殊依系的范式。他相信，意义和理解、痛苦和幸福都产生于人们特殊的、独特的、非普遍性的依系"①。

超越一切利益内容的这种独特性的无功利之爱内蕴两个东西，或可说需要两个东西作为内在的支撑，一是信仰，二是希望。从根本讲，善待的平等只有获得无功利之爱的信仰和希望的滋养时，它才是无疆界的。反之，无疆界的平等努力，或者说无疆界的平等温暖，只有注入信仰和希望时，它才焕发出人性和神性的光辉而真正成为温暖本身。只有在充满人性和神性的光辉沐浴下，其温暖哺育的尊严，才是真实的尊严。

四　切实的尊严教育

生物主义的吞噬和威权主义的侵犯与剥夺，会使人的尊严丧失。尊严丧失始终根源于人的存在的退场，而沦为一种工具甚至一种耗材。改变尊严丧失的存在处境，恢复其存在尊严，必要人以人的姿态重新进入存在之场，使其存在本身在场，但前提是人意识地去工具化存在，这需要自我医治观念形塑精神的疾病，"只因为这个观念是一种深刻的精神疾病的表现，只因为这个观念把疾病带到新的极端，才能迷住患病社会的大众"②。观念形塑精神的疾病在于观念的自我修辞，观念的自我修辞就是装潢虚假的思想。虚假的思想有两种，一种是将意见或观念修饰为思想，二是抽取思想的灵魂使之变成思想的空壳。这两种虚假的"思想"都是思想的不诚实，"思想的不诚实，会导致以之为官方信条的社会自毁"③。也导致人沦丧人格和自我而为工具或耗材。所以，去掉所有虚假的思想，解构工具或耗材的生存方式，恢复人的存在和尊严，需要一种**切实**的尊严教育。

1. 尊严教育的一般认知

尊严教育即是切实教育　在最终意义上，人类教育可归纳为尊严教育。

---

① ［英］约瑟夫·拉兹：《价值、尊重和依系》，蔡蓁译，商务印书馆 2016 年版，第 14 页。
② ［美］沃格林：《政治观念史稿·卷八：危机和人的启示》，刘景联译，华东师范大学出版社 2019 年版，第 17 页。
③ ［美］沃格林：《政治观念史稿·卷八：危机和人的启示》，刘景联译，华东师范大学出版社 2019 年版，第 16 页。

尊严教育既是做人教育，更是成人教育。但成人教育不等于尊严教育，做人教育也不等于尊严教育。要使成人教育和做人教育成为尊严教育，必须使无论是成人教育还是做人教育都成为一种**切实教育**。所以，切实的做人教育和成人教育就是尊严教育，理解和定位尊严教育，需从"切实"二字入手，从切实教育开始。何为切实教育？客观而论，切实教育就是恰当的人性教育。

首先，切实教育即**恰当教育**。有关于恰当教育，夸美纽斯（Jan Amos Komenský，1592－1670）概括得相当准确，他说：

> 我们已经知道，知识、德行与虔信的种子是天生在我们身上的；但是实际的知识、德行与虔信却没有这样给我们。这是应该从祈祷，从教育，从行动去取得的。有人说，人是一个"可教的动物"，这是一个不坏的定义。实际上，**只有受过恰当教育之后，人才能成为一个人**。（引者加粗）①

夸美纽斯给出"恰当教育"一个总的框架，并将此总体框架具体化为两个维度。首先，恰当教育的基本框架是：将动物存在的人变成人文存在的人。怎样才可将动物存在的人化为人文存在的人呢？夸美纽斯认为，就是将动物存在的人化成有文化、有知识、有能力、有教养、有德行、有灵魂的人。两千多年前的孔子用"文质彬彬，然后君子"概括，将动物本性的人变成文质彬彬的人的努力方式，就是恰当教育，因为它使人的本性的自由与理性的节制相得益彰，既互为催发，又互为边界约束。另外，恰当教育应该从三个大的方面展开：一是虔信教育，培育人有信仰地存在并虔诚地坚守。二是知识教育，培育人摆脱无知带来的愚昧、野蛮和强暴，理解真知，掌握真理，成为真在。三是德性教育，培育人养成德性，向善抑恶、明权责、行善美、扬人性、弘神性。

其次，切实教育就是**人性教育**。

人性教育就是生、利、爱、群教育。其一，**教人无限地生**，即教人"因生而活，为活而生，且生生不息"的教育。其二，**教人有限的利**，即教人明

---

① ［捷］夸美纽斯：《大教学论》，傅任敢译，教育科学出版社 2004 年版，第 24 页。

白和践履所谋求之利必是行权责对等之能，无视权责对等或超越权责对等之利，是逾度之利，既不符合生之要求，也违背爱与群的准则。其三，**教人行无限的爱**。爱是既有疆界，也无疆界。爱之有疆界，指爱必益人、养人，而不能行纵容和败坏，因为任何方式的行纵容和败坏之爱都是无德之爱。爱之无疆界指爱一切值得爱和需要爱的一切人、一切事和一切存在者，这就是爱之无疆。超越一切形式的贫富、贵贱、阶层和各种性质的阶级、主义的悲悯和慈悲，是爱之无疆的基本方式。因而，人性教育必得教人悲悯之心和慈悲之情。其四，**教人爱群**。人是他者性存在者，每个人的生命产生、存在、成长的日常生活过程，无不充满他人的关爱和付出，人回馈他者之爱的根本方式是入群、合群，行入群合群之爱。所以，教育必须教人爱群，引导人们学会如何爱群。爱群的教育是教会人辨别群的善恶好坏，行普遍之善求人人之好的群，是需要人人以爱去滋养和壮大；反之，行个别、特殊、等级之善与好的群，行横行、侵犯、剥夺民众之权和民众之利的群，比如"与民为敌，向民抢钱"的群，无论如何粉饰得正义凛然或替天行道，都应该教人学会辨别的能力，教人学会剥开其光鲜之外衣而无遗地暴露其极端之丑恶的面目的能力。

基于生、利、爱、群的要求，人性教育的特别责务有五：第一，揭露仇恨教育的丑恶，培育人去一切形式的仇恨教育，使每一个接受教育的人自觉地远离任何形式的仇恨教育，能够辨别任何形式的仇恨教育的实质。第二，揭露谎言教育的虚假和虚伪、阴险和罪恶，培育人去一切形式的谎言教育，使每个接受教育的人自觉远离任何形式的谎言教育，辨别任何形式的谎言教育的本质。第三，揭露虚无主义教育，尤其是揭露历史虚无主义和价值虚无主义的教育，培育人去任何形式的虚无主义的能力，使每一个接受教育的人自觉地远离任何形式的虚无主义教育，辨别任何形式的虚无主义教育的虚无和阴谋。第四，揭露阶级教育和主义教育的丑恶和虚伪，培育人去任何形式的阶级教育和主义教育的能力，使每一个接受教育的人自觉地远离任何形式的阶级教育和主义教育，辨别任何形式的阶级教育的丑恶性和主义教育的虚伪性。第五，揭露极端爱国教育与狭隘的民族教育，培育人去任何形式的极端爱国教育与狭隘民族教育的能力，使每一个接受教育的人自觉地远离任何

形式的极端主义与狭隘主义，辨别任何形式的极端主义和狭隘主义的仇恨本质与险恶用心。

最后，切实教育就是面向事实本身的教育。

面向事实本身的教育主要有四个方面内容，一是面向存在世界、面向事物，培养人尊重存在、尊重事实，尊重存在和事物的生变运动的规律。二是面向社会、面向人类，培养人关心社会、关心人类，尊重社会规律和人类前景。三是面向现实、面向正在发生的一切，培养人立足当下，热爱现实，理解不变中变和变中不变的道理。四是面向历史、面向未来，培养人返本开新的意识和能力。

尊严教育是一种拒绝教育　人的尊严教育，既是做人和成人的接纳教育，也是做人和成人的拒绝教育。前者是尊严的正面教育，后者是尊严的反面教育。比较而言，尊严的反面教育比尊严的正面教育更为根本。

拒绝教育遵从的准则，就是人为目的。康德认为："在全部造物中，人们所想要的和能够支配的一切都只能作为手段来运用；只有人连同人在内所有的有理性的造物才是自在的目的本身。"① 尊严，只在人的世界里发生，它只属人，因为只有在人的世界里，才有目的王国，尊严就是人的"目的王国"本身。在康德看来，"目的王国中的一切，或者有价值（Preis），或者有尊严（Würde）。一个有价值的东西能被其他东西所代替，这是等价；与此相反，**超越于一切价值之上，没有等价物可代替，才是尊严**"② （引者加粗）。

以人为目的，拒绝教育的首要内容是引导人**学会辨识谎言**，并拒绝谎言。在人类历史上，任何形式的谎言教育都是解构"人为目的"。解构人为目的的教育，则是将人培养成工具的教育。在教育中，要将人切换成工具，只能行谎言教育，因为谎言教育的本质是以假乱真和以假换真。拒绝谎言教育，就是向人揭露谎言以假乱真和以假换真的本质，公开谎言教育将人沦为工具、沦为非人的真实目的，使谎言无处藏身。

以人为目的，拒绝教育的基本内容是**拒绝赞美苦难**。引导人学会反省和远离对苦难的赞美教育。因为苦难不是人的目的，苦难是人的不幸；并且，

---

① ［德］康德：《实践理性批判》，邓晓芒译，人民出版社 2003 年版，第 119 页。
② ［德］康德：《道德形而上学原理》，苗力田译，上海人民出版社 2017 年版，第 55 页。

苦难只是人生的偶然，非人生的必然。一切形式的赞美苦难的教育，都是将苦难当成人生的必然，将苦难定义为人生的目的，将苦难当成人的幸福的来源，赞美苦难的教育，就是引诱人从苦难中寻找快乐、从苦难中挖掘幸福、从苦难中阐发人性的绝美和存在的伟大意义。**赞美苦难的教育，不是非人的独裁者的教育，就是人世间最邪恶的畜牲的教育**。拒绝赞美苦难的教育，就是揭露赞美苦难的教育的非人道、反人性和工具主义的本质，揭露赞美苦难教育的极端丑恶和极端邪恶。

拒绝赞美苦难的教育，就是揭露邪恶的赞美苦难的教育的本质，是在培养人的盲从，鼓励人们盲目地追求苦难，盲目地享受苦难和以苦难为光荣。以培养人赞美苦难的方式来训练人的盲从，将原本是目的的人驯化成盲从的观念工具，这是人类世界里最邪恶的教化。所以，拒绝一切形式的对苦难的赞美教育，是要直接地、清醒地告诫所有人：苦难不值得赞美，更不值得追求。鼓动人们赞美苦难和引诱人们追求苦难的个人或团体、组织或机构，不是畜生，也是畜牲。拒绝任何形式的赞美苦难的教育，更是要直言于世间：苦难降临于任何人都是不幸，都是偶然。人来到这个世界上，注定以人本身为目的，注定要追求对苦难的避免和对顺利的想象、对平安的经营、对幸福生活的享有，这些均构成人的尊严存在的组成部分。

以人为目的，拒绝教育的根本内容是**拒绝屈辱**。教育之所以培养人拒绝屈辱，是因为屈辱与人的目的背道而驰。

2. 尊严教育的基本内容

尊严涉及人的生命展开的方方面面，走进社会或进入家门，其言其行无不呈现尊严的有无。但最为紧要的方面是权责、过程、修养，此三者将关涉人的尊严的所有方面都网络了起来。所以，权责能力、过程观和文雅三个方面构成尊严的教育的基本面。

权责教育　权责教育是尊严教育奠基性内容。人有无尊严意识、有无尊严诉求和有无尊严存在，根本地取决于人有无权责意识、权责诉求和权责能力，有，人必获得尊严的可能性；无，则难以有尊严的任何可能性。

权责教育，即权利和责任教育。权责教育肩负两个基本任务，一是培养人正大光明地追求权力的意识、责任和能力。人的责任和能力建基于意识的

生成。权利教育首要应培养人真正意识到：第一，权利是天赋；第二，天赋的权利是平等；第三，平等的权利是共享；第四，共享平等权利的必须条件，是为此担当责任。第五，人必须为争取权利和捍卫权利而努力、而斗争。二是培养人堂堂正正担负责任的意识、责任和能力。培养人真正知道：第一，责任来源于权利，享有权利，必须为此担当责任。第二，为权利而担当的责任，必须是对等的。第三，超越权利的责任，如果是自为的主动，则是义务。义务可为，也可不为，为与不为全在于自己，包括全在于自己的条件、自己的能力、自己的意愿。第四，超越权利的责任，如果是己之外的他者强行安排且被迫而为，也不是责任。如果这强行安排和被迫而为的劳动，有另外的报酬，则属于权责对等之外的加班劳动；反之，如果这种超出权利之外的强行安排和被迫而为的劳动，没有任何报酬，那就是强迫劳动，而任何形式的强迫劳动，对于劳动者来讲都是屈辱，既非合法，也非人道。这是权责教育应该使人人明白和知道的。

权责教育也涉及权力和责任之外的许多内容，其中最重要的内容有三：一是生命教育。尊重生命，敬畏生命和挚爱生命的教育是根本的权责教育，即对生命的尊重、敬畏和挚爱，既是一种权利，更是一种责任。这种权利和责任，既相对自己言，也相对他人、他物、他种生命言。相对自己言，作为一个人，有权享受自己的生命，有权经营自我生命，有权创造自我生命；更应有责任爱惜生命、保护生命、养育生命，却没有任何权利处置自己的生命，因为生命是得之于天，受之于地，承之于血缘，形之于父母，简言之，生命是天地人神共育的体现，任何个人都没有权利任意地处置自己的生命，也没有任何权利处置他人的生命，这是堕胎、自杀、安乐死不能被轻易允许的根本原因，上帝赋予一个人生命，就给予他全部的生命经历，每一步，无论是苦是乐、是难是幸，都需要一一经历，这是真正意义的和完整的人生。堕胎、自杀、安乐死是以人为的方式阻断了生命的自身运动，既违背生命的神圣和律法，也违背上帝对生命的神圣安排。野蛮的酷刑和死刑只是人类文明处于野蛮阶段的特有非人性、非人道方式，人类文明，尤其是人类政治文明的向前，必然使酷刑和死刑消失。二是人格强健教育。人格强健教育是基本的权责教育内容。对任何人而言，人格强健既是生之权利，也是生之责任。蔡元培在出任第一任国民教育总长时提出"两个世界，五育并举"的教育思想，指出"军国民教育、实利主义教育、公民道德教育、世界观教育、美感教育皆近日之教育所不可偏废"，主张"尚自然，展个性"，强调教育即"养成完全人格"，是因为只有完全的人格，才是强健的人格；只有强健的人格，才可有力量担当起权责，人才可成为权责的存在者，勇敢于尊严存在的经营。三是独立自主教育。独立自主教育是权责教育的奠基教育。独立是自主的前提，自主是独立的呈现方式。独立自主从两个不同方面奠定起权利和责任能力，没有独立和自主的能力，根本不可能配享权利、争取权利和捍卫权利的能力，也根本不能为权利而担当责任。联合国教科文组织出版的《教育：财富蕴藏其中》指出："教育应围绕四种基本学习加以安排，可以说，这四种学习将是每个人一生中的知识支柱：学会认知，即获取理解的手段；学会做事，以便能够对自己所处的环境产生影响；学会共同生活，以便与他人一道参加各种活动并在这些活动中进行合作；学会生存，这是前三种学习成果的主要表现形式……新的教育概念应该使每一个人都能发现、发挥和加强自己的创造潜力，也应有助于挖掘出蕴藏在我们每个人身上的财富。"[1] 这四个方面的学会学习是培养人独立自主能力的基本方法，只能通过这四个方面的学习培养起人的独立自主能力，并使其能力得到健康发展，人才成为自由的尊严存在者。

过程教育 尊严教育之所以必须关注过程，训练人的过程意识，培养人的过程能力，源于两个方面的激发。首先，无论是从自然人类学观还是从文化人类学观，人都是未完成、待完成和需要不断完成的生命存在。人的未完成、待完成、需要不断完成的过程性，决定了尊严教育和所有的教育一样，是一种生活过程、人生过程的教育。最早的人文主义者皮科在其人文主义宣言《论人的尊严》中指出，人是"形象未定的造物"，他被上帝"置于世界的中心，在那里你更容易凝视世间万物"，所以对每个人来讲，"你既不属于天也不属于地，既非可朽亦非不朽；这样一来你就是自己尊贵而自由的形塑者，可以把自己塑造成任何你偏爱的形式。你能堕落为更低的野兽，你也能

---

① ［法］雅克·德洛尔等：《教育：财富蕴藏其中》，教育科学出版社译，教育科学出版社1996年版，第75—76页。

照你灵魂的决断，在神圣的更高等级中重生"①。因为人出生时就已被播下了"各类种子以及各种生命的根苗。这些种子将在每个培育它们的人那里长大结果。培育其植物性的种子，他就变成植物；培育其感觉的种子，他就变成野兽；培育其理性的种子，他就变成天上的生灵；培育其智性的种子，他就成为天使和神子"②。其次，人是造物主的造物，在其原诞生上，人是物，是自然人类学的存在者，却被赋予了生的本性和生生机能，并因造物主所赋予的生之本性和生生机能而获得了继诞生的潜在可能性。在继诞生上，人从自然人类学变成文化人类学，从动物存在上升为人文存在，但人并没有因此变成最终的结果，它仍然在拥有人文本性的同时继续保持生物的物性，因而，人始终是"物在形式"和"人在形式"的混合存在。正是这种混合存在，使人始终成为未完成、待完成和需要不断完成但永远都没有最终完成的**生成性存在者**。人的生成性存在决定了人必须是过程的，必须接受过程教育。人的权利和责任、人的尊严和存在等都只能在过程中敞开，在过程中生成，在过程中扩展或萎缩。

过程教育的核心内容有两个方面，一是过程能力教育；二是过程认知教育。比较而言，过程认知教育才是根本，它是过程能力生成建构的主体性教育，也是过程能力生成提升的动力能力。在本质论和本体论意义上，过程认知教育就是对人的未完成、待完成、需要不断完成却永远无法最终完成的过程性本身的教育，这种性质和内涵的过程性教育，就是过程性的人、人性、生命的观念形成、改变的认知教育，这个方面的教育的持续展开，才形成人的过程性主体和主体化的过程能力。林语堂在《关于人类的观念》中将"生物学的观念"和"诗样的人生"关联审视并以详细表述，则是其最好的案例。他说："如果我们对自己身体的功能和智能的程序有了深一层的了解，我们对于人类就能具有较真切较广泛的观念，使'动物'一名词减掉一些旧有的恶味。'会了解便会宽恕'，这句俗语可以应用到我们身体的功能有更深切的认识，我们便绝不会轻视这些功能。这个事实看来似乎很奇怪，然而却是正确

---

① ［意］皮科·米兰多拉：《论人的尊严》，顾超一、樊虹谷译，北京大学出版社2010年版，第25页。

② ［意］皮科·米兰多拉：《论人的尊严》，顾超一、樊虹谷译，北京大学出版社2010年版，第29页。

的。关于我们的消化程序，要点不在乎批评它的贵贱，而仅仅是在了解它，这样它已变得非常高贵了。这情形也适用于我们身体中各种生物学上的功能，如出汗、排泄、胰液、胆汁、内分泌腺，以及更微妙的情感程序和思想程序。我们不再蔑视肾脏，我们只想了解它；我们不再把一双坏牙齿当作身体最后腐败的象征，也不当作拯救灵魂的警告者，我们只跑去找一位牙医生，检验一下，把那坏牙齿补好就完了。一个人由牙医生处出来后，便不再轻视他的牙齿，反而增加了对它们的尊严——因为他对于啃嚼苹果和鸡骨等，将要感到更大的乐趣了。"① 所以，"从生物学的观点看起来，人生几乎是像一首诗。它有韵律和拍子，也有生长和腐蚀的内在循环。它开始是天真朴实的童年时期，嗣后便是粗拙的青春时期，企图去适应成熟的社会，带着青年的热情和愚憨，理想和野心，后来达到一个活动较剧烈的成年时期，由经验上获得进步，又由社会及人类天性上获得更多的经验；到中年的时候，才稍微减轻活动的紧张，性格也圆熟了，像水果的成熟或好酒的醇熟一样，对于人生渐抱一种较宽容、较玩世、较温和的态度：以后到了老年的时期。内分泌腺减少了它们的活动，假如我们对于老年能有一种真正的哲学观念。照这种观念调和我们的生活形式，那么这个时期在我们看来便是和平、稳定、闲逸和满足的时期，最后生命的火花闪灭，一个人便永远长眠不醒了。**我们能够体验出这种人生的韵律之美，像欣赏大交响曲那样地欣赏人生的主旨，欣赏它急缓的旋律，以及最后的决定。这些循环的动作，在正常的人体上是大概相同的，不过那音乐必须由个人自己去演奏。**在某些人的灵魂中，那个不调和的音键变得日益宏大，结果竟把正式的曲调湮没了，如果那不调和的音键声音太响，使音乐不能继续演奏下去，于是那个人便开枪自戕，或跳河自尽了。这是因为他缺乏良好的自我教育，弄得原来的主旋律遭了掩蔽。反之，**正常的人生是会保持着一种严肃的动作和行列，朝着正常的目标前进。**在我们许多人之中，有时震音或激越之音太多，因此听来甚觉刺耳；我们也许应该有一些以恒河般伟大的音律和雄壮的音波，慢慢地永远地向着大海流去"② （引者加粗）。林语堂散漫的诗性的语言表述了尊严之于人的人性根源和尊严之于存在

---

① 林语堂：《生活的艺术》，群言出版社 2010 年版，第 27 页。
② 林语堂：《生活的艺术》，群言出版社 2010 年版，第 30—31 页。

的生成过程，它一头连着人的生物学世界，一头连着人的人文学世界。天赋尊严的种子开出实际存在的尊严的花朵，实需要"良好的自我教育"和始终"朝向着正常的目标前进"。

文雅教育 尊严教育之诉求过程而形成的过程性教育，落实在生活的轨道上，既突出为了生活的行动，也凸显做人的方法。所以，生活的行动和做人的方法构成尊严存在的过程性教育的两个基本维度，将此两个维度统摄起来使之形成综合性质的教育方式，就是文雅教育。

文雅教育应该是人类教育的共识，它源发于古希腊和春秋这一轴心时代。Liberal Education 即自由教育，也译为文雅教育或博雅教育。苏格拉底以其助产婆方式激发人"认识你自己"，展开探究存在的根本之道和事物普遍之理而形成"知识即德性"，实开启文雅教育之先河。其后，柏拉图创立阿卡达米学园（Academy），奠定文雅教育的自由的博远方向；亚里士多德创建吕克昂学苑（Lyceum）研习文法、修辞、逻辑、算术、几何、天文、音乐"七艺"，定型文雅教育的基本内容并构建起文雅教育的**视域框架**。文雅教育不以实用为目的，而是以培养**自由精神、博远视野和高尚情操**为目的。比苏格拉底、柏拉图、亚里士多德更早的孔子，其开门办学就是为文道救世培养文质彬彬的君子，这是典型的文雅教育。孔子基于人之"质胜文则野，文胜质则史"（《论语·雍也》）的两种极端状况提出"文质彬彬，然后君子"，揭示人的存在，当其质朴胜过文采时，就会变得粗野；当其文采胜过质朴时，就会出现浮华。文雅教育的基本努力，就是通过自由的培育而使人的质朴的本性的力量与文采的智慧相得益彰，这种相得益彰就是文雅，文雅就是君子。孔子关于"文质彬彬，然后君子"所表达的是：文雅教育所能做的和所要做到的，就是如何使本性与教化、本性的野性与教化的约束达于**恰当**、形成**合生**状态。因为，没有教化与约束的天性，只能是野性，不能形成气质；教化和约束完全压制甚至泯灭天性、本性，同样使气质丧失。人的文雅一定是天性与教化、本性与约束的共生，或者是使人的天性与教化、本性与约束互为限度的生成。

由此观之，**文雅教育的本质，是对人性的形塑**，即将自然的生物本性形塑为限度生成的人文本性。**文雅教育的目的，是自由**，所以又称自由教育。**文雅教育的方法，是博远**，所以又称博雅教育。自由与博远之间构成方法与目的的关系，人要成为自由的人，存在者，需要通过博远的方法来养成。所以，自由与博远的关系，也是目的与手段的关系。因为自由之目的而行博远努力，也使文雅教育被现代人理解为通识教育。通识教育是基于专业而言，是指突破专业的局限而行**文理会通**的教育。但古人不称通识教育，而称博雅教育，却自有其人性论和目的论上的考虑。现代社会的通识教育，虽然讲文理会通，终究还是基于技能、能力、创造力之培养目的。古人的文雅教育，虽然其文法、修辞、逻辑、算术、几何、天文、音乐也涵盖了自然科学和人文艺术，却不是从专业角度考虑，或许更多从人认识神性的宇宙、理解存在世界和人自身之人性存在的需要。

结合古今而言，文雅教育的精髓不过两个方面。一是教育追求博雅。只有打破学科、专业的限制而行广博之学，才可养成关于看待、认知、理解存在世界、人的世界以及人的存在敞开的历史、现在与未来的整体视野、高远认知、健全的开放生成的思维。这是人尊严存在所必须具备的视域与境界。二是教育追求自由。充满永恒魅力的自由，既以天赋为依据，更以平等为准则。由此，文雅教育必因为自由的激励而开启三个方面的无限可能性。其一，文雅教育必因为自由关注信仰，敬畏上帝，尊重神学，理解宗教。其二，文雅教育必因为自由而诉求平等，尊崇人道，培养公正。其三，文雅教育必因为自由而培养理性，训练明智，养成节制。因而，文雅教育因为自由和平等而行限度教育、边界教育、约束教育。博远、自由、文雅的培养，因为理性而获得方向，因为节制而自为规范，因为明智而尊严存在。

参考文献

A. John Simmons, *Justification and Legitimacy*, Cambridge University Press, 2000.

A. M. M. Lebech, *On the Problem of Human Dignity*, Wurzbourg: K nigshausen & Neumann, 2009.

Burnet, J. , *Platonism*, California University Press, 1928.

C. J. Friedrich and Z. Brzezinshki, *Totaliarian Dictatorship and Auaocracy*, New York: Praeger, 1967.

E. O. Wilson: *On Human Nature*, Cambridge-London, 1978.

Fromm, E. *The Sane Society*, London: Publisher Name, 1963.

gnacio L. Gotz: *Conceptions of Happiness*, University Press of America, Inc, Lanham, New York, 1995.

Hill Thomas E. , *Virtue, Rules, and Justice: Kantian Aspirations*, Oxford: Oxford University Press, 2012.

Ignacio L. Gotz: *Conceptions of Happiness*, University Press of America, Inc, Lanham, New York, 1995.

Johann G. Fichte, Gesamtausgabe 1/4, ed. , byReinhard Lauth and Hans Jacob, Stuttgart/Bad Cannstatt: Friedrich Frommann Verlag, 1962.

Kants Gesammelte Schriften, Band 7, herausgegeben von E. Cassirer, Berlin, 1916.

Levi Strauss, *The Distant Gaze*, Frankfurt edition, 1983.

Mary Wollstonecraft, ed. *On Liberty*, New American Series, New York, 1974.

Myers Milton, *The Soul of Modern Economic Man*, Univ. of Chicago Press. 1983.

Rawls. J. , *A Theory of Justice.* Harvard University Press. 1971.

Robert Nozick，*Anarchy，State，and Utopia*，Basic Books，1974.

Robert Spaemann，*Grenz，en. Zur ethischen Dimension des Handelns*，Klett-Cotta Verlag，Stuttgart 2001.

Robert Spaemann，*The Dignity of the Person*，Gifford Lectures，Eerdmans Publishing Co，2008.

Rules，and Justice：Kantian Aspirations，Oxford University Press，2012.

Whitehead，A. N. ，*Process and Reality*，Cambridge University Press，1929.

［德］R. 奥伊肯：《人生之意义与价值》，张蕾译，北京联合出版有限责任公司 2015 年版。

［德］阿明·格伦瓦尔德主编：《技术伦理学手册》，吴宁译，社会科学文献出版社 2017 年版。

［德］格奥尔格·西美尔：《叔本华与尼采：一组演讲》，莫光华译，上海译文出版社 2006 年版。

［德］黑格尔：《历史哲学》，王造时译，上海书店出版社 1999 年版。

［德］康德：《道德形而上学原理》，苗力田译，上海人民出版社 2017 年版。

［德］康德：《法的形而上学原理：权利的科学》，沈叔平译，商务印书馆 1991 年版。

［德］康德：《康德著作全集》第 8 卷，李秋零编译，中国人民大学出版社 2013 年版。

［德］康德：《历史理性批判文集》，何兆武译，商务印书馆 2011 年版。

［德］康德：《实践理性批判》，邓晓芒译，人民出版社 2003 年版。

［德］莱布尼茨：《人类理智新论》上下册，陈修斋译，商务印书馆 1982 年版。

［德］马克斯·韦伯：《经济与社会》，林荣远译，商务印书馆 1997 年版。

［德］诺贝特·埃利亚斯：《文明的进程：文明的社会发生和心理发生的研究》，王佩尧、袁志英译，上海译文出版社 2018 年版。

［德］瓦尔特·施瓦德勒：《论人的尊严：人格的本源与生命的文化》，贺念译，人民出版社 2017 年版。

［德］乌尔里希·贝克：《什么是全球化？全球主义的曲解：应对全球化》，常和芳译，华东师范大学出版社 2008 年版。

［德］尤利安·尼达 – 鲁莫林：《哲学与生活形式》，沈国琴、王鸳嘉译，商务印书馆 2019 年版。

［法］爱弥尔·涂尔干：《乱伦禁忌及其起源》，汲喆等译，上海人民出版社 2003 年版。

［法］邦雅曼·贡斯当：《古代人的自由与现代人的自由》，阎克文等译，商务印书馆 1999 年版。

［法］保罗·富尔基埃：《存在主义》，潘培庆、郝珉译，上海译文出版社 1988 年版。

［法］古斯塔夫·勒庞：《乌合之众 大众心理研究》，陈昊译，法律出版社 2011 年版。

［法］古斯塔夫·勒庞：《乌合之众 大众心理研究》，冯克利译，广西师范大学出版社 2015 年版。

［法］卢梭：《社会契约论》，何兆武译，商务印书馆 2003 年版。

［法］孟德斯鸠：《论法的精神》上下册，张雁深译，商务印书馆 2004 年版。

［法］帕斯卡尔：《思想录》，何兆武译，商务印书馆 2000 年版。

［法］让·鲍德里亚：《消费社会》，刘成富、全志钢译，南京大学出版社 2014 年版。

［法］雅克·德洛尔等：《教育：财富蕴含其中》，教育科学出版社译，教育科学出版社 1996 年版。

［古希腊］亚里士多德：《尼各马科伦理学》，苗力田译，中国社会科学出版社 1999 年版。

［古希腊］亚里士多德《物理学》，张竹明译，商务印书馆 1982 年版。

［古希腊］亚里士多德：《政治学》，吴寿彭译，商务印书馆 1983 年版。

［荷］胡果·格老秀斯：《战争与和平法》，何勤华等译，上海人民出版社 2005 年版。

［加］查尔斯·泰勒：《本真性的伦理》，程炼译，上海三联书店 2012 年版。

［加］查尔斯·泰勒：《世俗时代》，张容南等译，上海三联书店 2016 年版。

［捷］夸美纽斯：《大教学论》，傅任敢译，教育科学出版社 2004 年版。

［美］B. F. 斯金纳：《超越自由与尊严》，陈维纲、王映桥译，贵州人民出版社 2006 年版。

［美］B. R. 赫根汉：《人格心理学》，冯增俊等译，作家出版社 1988 年版。

［美］J. B. 施尼温德：《自律的发明 近代道德哲学史》，张志平译，上海三联书店 2012 年版。

［美］埃里希·弗罗姆：《健全的社会》，王大庆等译，国际文化出版社公司 2007 年版。

［美］爱因·兰德：《新个体主义伦理观》，秦裕译，上海三联书店 1993 年版。

［美］安德鲁·德斯勒、爱德华·A. 帕尔森：《气候变化：科学还是政治?》，李淑琴等译，中国环境科学出版社 2012 年版。

［美］丹尼尔·贝尔：《资本主义文化矛盾》，赵一凡等译，上海三联书店 1989 年版。

［美］弗兰克尔·戈布尔：《第三思潮：马斯洛心理学》，吕明、陈红雯译，上海译文出版社 1987 年版。

［美］弗朗西斯·福山：《身份政治：对尊严与认同的渴求》，刘芳译，中译出版社 2021 年版。

［美］罗伯特·W. 福勒：《尊严的提升》，张关林译，世纪出版集团、上海人民出版社 2008 年版。

［美］罗伯特·达尔：《论民主》，李柏光、林猛译，商务印书馆 1999 年版。

［美］罗洛·梅：《焦虑的意义》，程璇、郑世彦译，浙江教育出版社 2023 年版。

［美］乔治·萨顿：《科学史和新人文主义》，陈恒六、刘兵、仲维光译，华夏出版社 1989 年版。

［美］唐娜·希克斯：《尊严》，叶继英译，中国人民大学出版社 2016 年版。

［美］托马斯·潘恩：《潘恩选集》，马清槐译，商务印书馆 1981 年版。

［美］威廉·詹姆斯：《心理学简编》，伍况甫译，商务印书馆 1933 年版。

［美］沃格林：《政治观念史稿·卷八：危机和人的启示》，刘景联译，华东师范大学出版社 2019 年版。

［美］肖恩·卡罗尔：《大图景：论生命的起源、意义和宇宙本身》，方弦译，湖南科学技术出版社 2019 年版。

［日］池田大佐、［英］阿·汤因比：《展望 21 世纪》，荀春生译，国际文化出版公司 1997 年版。

［瑞士］爱尔马·霍伦施泰因：《人的自我理解：自我意识、主体间责任、跨文化谅解》，徐献军译，商务印书馆 2019 年版。

［意］吉奥乔，阿甘本：《敞开：人与动物》，蓝江译，南京大学出版社 2021 年版。

［意］皮科·德拉·米兰多拉：《论人的尊严》，顾超一、樊虹谷译，北京大学出版社 2010 年版。

［英］R. G. 柯林武德：《自然的观念》，吴国盛、柯映红译，华夏出版社 1990 年版。

［英］阿尔弗雷德·马歇尔：《经济学原理》，朱志泰译，商务印书馆 2017 年版。

［英］边沁：《道德与立法原理导论》，时殷弘译，商务印书馆 2000 年版。

［英］霍布豪斯：《自由主义》，朱曾汶译，商务印书馆 1996 年版。

［英］霍布斯：《利维坦》，黎思复、黎廷弼译，商务印书馆 1986 年版。

［英］洛克：《政府论》上下册，叶启芳、瞿菊农译，商务印书馆 1987 年版。

［英］尼古拉斯·布宁、余纪元编著：《西方哲学英汉对照辞典》，人民出版社 2001 年版。

［英］斯坦利·杰文斯：《政治经济学原理》，郭大力译，商务印书馆 1984 年版。

［英］休谟：《道德原则研究》，曾晓平译，商务印书馆 2002 年版。

［英］休谟：《人性论》上册，关文运译，商务印书馆 1983 年版。

［英］亚当·斯密：《国富论》下册，郭大力、王亚南译，商务印书馆 2006 年版。

［英］约翰·穆勒：《群己权界论》，严复译，上海三联书店 2009 年版。

［英］约瑟夫·拉兹：《价值、尊重和依系》，蔡蓁译，商务印书馆 2016 年版。

北京大学哲学系外国哲学史教研室编译：《西方哲学原著选读》上册，商务印书馆 1981 年版。

邓小平：《邓小平文选》，人民出版社 1988 年版。

黄裕生：《权利的形而上学》，商务印书馆 2019 年版。

林语堂：《生活的艺术》，群言出版社 2010 年版。

《马克思恩格斯全集》第 40 卷，人民出版社 1982 年版。

《马克思恩格斯全集》第 1 卷，人民出版社 1982 年版。

《马克思恩格斯文集》第 1 卷，人民出版社 2009 年版。

《马克思恩格斯选集》第 4 卷，人民出版社 1995 年版。

《马克思恩格斯选集》第 1 卷，人民出版社 1995 年版。

马如森：《殷墟甲骨文实用词典》，上海大学出版社 2008 年版。

钱乘旦、许洁明：《英国通史》，上海社会科学院出版社 2002 年版。

（清）阮元校刻：《十三经注疏》，中华书局 2008 年版。

唐代兴：《伦理学原理》，上海三联书店 2018 年版。

唐代兴：《生境伦理的人性基石》，上海三联书店 2013 年版。

唐代兴：《生态理性哲学导论》，北京大学出版社 2005 年版。

万俊人：《现代西方伦理学史》上下卷，北京大学出版社 1997 年版。

王小波：《我的精神家园》，中国人民大学出版社 2006 年版。

夏勇：《中国民法哲学》，生活·读书·新知三联书店 2004 年版。

杨伯峻：《孟子译注》，中华书局 2000 年版。

俞可平：《权力与权威：政治哲学若干重要问题》，商务印书馆 2020 年版。

周辅成主编：《西方伦理学名著选辑》上下卷，商务印书馆 1996 年版。

周天玮：《法治理想国》，商务印书馆 1999 年版。

索　引

后　记

　　哲学之于存在世界的存在之问，或是人的世界的存在之问，最终都要聚焦到人的生存上来。对存在世界的存在之问和对人的世界的存在之问，不过是剔除感觉和经验的障碍发现人的本原性存在方位，以求矫正实然状况中的人的应然生存位态。根据人的世界性存在和他者性存在的本原性方位，人的应然生存的位态应该是以尊严的方式存在。这是几十载存在之问和思想的触摸之旅，得出的仅仅是原本如此平常的常识。

　　休谟说，人的经验源于感觉，感觉源于印象和观念，只有当空间性的印象落入时间的沉降之中生发为观念时，方有可能挤入记忆而侥幸保留。以此来看原本异常贫乏的生活和经历所形成的贫乏得不能再贫乏的、愈发模糊而遥远的记忆中，仍然依稀留有少许的印象的残片。最早一幅模糊得已无形态只隐隐些微痕的印象残片，似乎与合作化有关。但实际上合作化之于自己没有任何关联，只是合作化的"帽儿头干饭"，即冒出碗面而高耸鼻尖的白米干饭。"冒儿头干饭"的印象之所以始于童年至今仍然特别地精致，实是与肚皮直接关联，因为它没有几天很快就没了，接下来的是每日的饥饿，对始终处于饥饿生存状态中的生物体而言，不会有尊严的感觉和意识，更不会有尊严的渴望与向往。古往今来，我们本能地保持的优良传统是人与人见面时，总是发乎本性地问候对方"吃饭了没有？"或"吃了没有？"吃了，就意味着很幸运，也很幸福；如果"没吃"，则总不免引来善意的同情或关切，甚或暗中的幸灾乐祸。我们之从"吃了没有"开始起步而特别地关注物质、特别地崇尚物质，并特别地不能满足其掠夺性的占有和囤积的欲望，确实与"吃"的

尊严之有无的历史和传统息息相关。

......

然而,"尊严为何物"的问题能够成为一个存在和生活的问题吗?

谨以此书祭奠那些死而"活该"的屈辱灵魂且活着依然"活该"的物质主义的肉身。

甲辰己巳乙酉书于狮山之巅